47都道府県・妖怪伝承百科

小松　和彦　監修
常光　徹

香川　雅信　編
飯倉　義之

丸善出版

まえがき

　アニメやコミック、ライトノベルなどが描く日本のファンタジーの世界では、「妖怪」と呼びうるさまざまな存在が、物語のなかを縦横に動き回っています。極端な言い方をすれば、妖怪的な存在なしではファンタジーは成り立たないのではないでしょうか。

　それでは、妖怪的存在はどこで生まれ、どのようにして育ち、どのような経緯をへて物語世界のなかにやってきたのでしょうか。もちろん、創作者たちのまったくの独創という場合もあります。しかし、その多くは、長い歴史をもった豊かな妖怪文化のなかからやってくるのです。とりわけ、日本の妖怪の温床は、全国各地に伝わる民間伝承でした。

　妖怪とは、身の回りに起きた不思議・怪異のことであり、それを引き起こした存在、とりわけ人々に恐怖の念をいだかせる存在のことです。人々は、こうした怪異現象の理由づけをして安心するために、それを妖怪のせいだとし、さらに名づけをして、独立したキャラクターにしてきました。日本各地の民間伝承から、「かまいたち」とか「小豆とぎ」などといった名称が付された妖怪現象・妖怪存在を拾い出していけば、その数の多さに圧倒されることでしょう。

　しかしながら、フィクションのなかではおおいに活躍している妖怪たちですが、その母胎ともなっていた民間伝承は、明治時代以降、近代化・都市化がどんどん進行するにつれて消滅していきました。とりわけ農山村地域の過疎化の進行は、民間伝承それ自体の担い手の消滅を意味していました。その結果、私たち現代人は、自分たちが生まれ育った、あるいは父母や祖父母が育った地域の生活文化・民間伝承を十分に知ることなく育ったのではないでしょうか。少し前までは、自分たちの「ふるさと」にもたくさんの民間伝承があり、そのなかには妖怪伝承もあったことを知らないのではないでしょうか。

　日本の妖怪文化は、奥深く豊かな内容をもっています。これは、日本列島が南北に長く、四方を海に囲まれ、陸地は豊かな水をたたえた山地で占

i

められ、四季の変化に富んでいることと関係しています。妖怪文化もまた、そうした自然環境のなかから多くの栄養分を得てきたのです。

　この本は、そのような環境のもとで、私たちの先祖が生み出した日本の民俗的な妖怪に関する伝承を知ってもらうことを目的として編集されました。民間伝承に、とりわけ民俗社会における妖怪に関心のある方のお役に少しでも立てば幸いです。

2017 年 8 月

監修者代表
小　松　和　彦

目　　次

第 I 部　概　説

1. 妖怪とは何か……………………………………………………………………… 2

民間伝承のなかの妖怪　2 ／概念としての妖怪　3 ／妖怪「によって」考える　4 ／伝説としての妖怪、世間話としての妖怪　5 ／妖怪図鑑の登場と妖怪のキャラクター化　7 ／妖怪の三つのカテゴリー　8 ／「自然」の象徴としての妖怪　10

2. 妖怪の歴史……………………………………………………………………… 11

古代の「神」と「鬼」　11 ／邪しき神、荒ぶる神　12 ／不定形の「鬼」たち　13 ／「天狗」の登場　14 ／「妖怪バブル」の時代　16 ／動物としての妖怪　17 ／「幽霊」の近代　18

3. 妖怪出現の時間と場所……………………………………………………… 20

妖怪は時や場を定めて──柳田國男の妖怪論　20 ／妖怪は境界に出る──宮田登の「境界論」　22 ／妖怪の「場所のセンス」と「偏在化」24

4. 妖怪研究の歴史と現在……………………………………………………… 25

妖怪研究事始め──井上円了の「妖怪学」　25 ／妖怪愛好者の源流──江馬務と風俗史学　27 ／民俗学の妖怪研究──柳田國男の登場　28 ／妖怪研究再始動──宮田登・小松和彦　29 ／これからの妖怪研究に向けて　31

iii

第Ⅱ部　都道府県別 妖怪伝承とその特色

北海道　34 /【東北地方】青森県　40 / 岩手県　46 / 宮城県　52 / 秋田県　58 / 山形県　64 / 福島県　70 /【関東地方】茨城県　76 / 栃木県　82 / 群馬県　88 / 埼玉県　94 / 千葉県　100 / 東京都　105 / 神奈川県　111 /【北陸地方】新潟県　117 / 富山県　123 / 石川県　128 / 福井県　134 /【甲信地方】山梨県　140 / 長野県　146 /【東海地方】岐阜県　152 / 静岡県　158 / 愛知県　164 /【近畿地方】三重県　169 / 滋賀県　175 / 京都府　181 / 大阪府　187 / 兵庫県　193 / 奈良県　199 / 和歌山県　204 /【中国地方】鳥取県　210 / 島根県　215 / 岡山県　221 / 広島県　227 / 山口県　233 /【四国地方】徳島県　239 / 香川県　245 / 愛媛県　251 / 高知県　257 /【九州 / 沖縄】福岡県　263 / 佐賀県　269 / 長崎県　275 / 熊本県　281 / 大分県　286 / 宮崎県　292 / 鹿児島県　298 / 沖縄県　303

章別・都道府県別参考文献リスト　309

第Ⅰ部

概　説

1
妖怪とは何か

▌民間伝承のなかの妖怪

　妖怪とは何か。こう聞かれて多くの人が思い浮かべるのは、水木しげるの漫画や妖怪図鑑に描かれたものか、あるいは「妖怪ウォッチ」などのゲームやアニメに登場する架空の存在ではなかろうか。いずれにしても、それらは実際に存在する動植物のように固有の名前をもち、決まった姿かたちや性質を帯びた「生き物」に類似したものとして、あるいは一種の「キャラクター」として認識されているように思われる。

　だが、そうした認識には、民間伝承を研究してきた民俗学の立場からすると若干の違和感を覚えてしまう。今日、妖怪とよばれているものの多くは民間伝承にその起源をもっているのだが、実際に伝承されていた妖怪は、姿かたちについて語られることは非常にまれなのである。

　例えば、よく知られた「砂かけ婆」を取り上げてみよう。水木しげるの漫画『ゲゲゲの鬼太郎』のなかで、主人公の鬼太郎を助ける主要な妖怪キャラクターとして有名だが、水木はおそらく柳田國男の『妖怪談義』をもとにしたと思われる。『妖怪談義』の巻末には「妖怪名彙」と題した「妖怪事典」的な文章が掲載されているが、そのなかに『ゲゲゲの鬼太郎』の主要キャラクターであるスナカケババ、コナキジジ、ヌリカベ、イッタンモメンなどの名前が軒並み見出されるからである。

　スナカケババ　奈良県では處々でいふ。御社の淋しい森の蔭などを通ると砂をばら〳〵と振掛けて人を嚇す。姿を見た人は無いといふ（大和昔譚）のに婆といつて居る。

　「砂かけ婆」というからには老婆の姿をしているのだろう、と私たちは想像してしまうのだが、実際には「姿を見た人は無い」のだという。よく知られている「砂かけ婆」の姿は、あくまで水木しげるが創作したものなのである。

　もう一つ、「ヌリカベ」についてみてみよう。

　ヌリカベ　筑前遠賀郡の海岸でいふ。夜路をあるいて居ると急に行く先

が壁になり、どこへも行けぬことがある。それを塗り壁といつて怖れられて居る。(後略)

「夜路をあるいて居ると急に行く先が壁になり、どこへも行けぬこと」、それが「塗り壁」とよばれているのである。つまり「塗り壁」は「存在」ですらない、一種の「怪異現象」なのである。水木しげるの手によって、その多くにビジュアルが与えられてしまったために誤解されがちなのだが、民俗学が対象としてきた妖怪は、本来、姿かたちがない、あるいは視覚的特徴が重要な意味をもたないのが当たり前だったのである。

概念としての妖怪

では、民間伝承のなかの妖怪とはどのようなものだったのか。それは日常的思考では理解することのできない出来事——すなわち「怪異」を共有し、語り得るものとするための「概念」であった、といえるだろう。人間は常に「意味」を求める動物であり、理解しがたい出来事にも、何らかの意味づけをしないではいられない。例えば、病気だと思って医者にかかっても「何の病気だかわからない」といわれてしまうと不安になるが、「これは○○という病気です」と説明されれば、取りあえずは納得することができる。ただし、これは厳密には「説明」ではなく、単に名付けをしただけなのだが、それでも人はその出来事を理解したように錯覚してしまう。少なくとも「何だかわからない」といわれるよりも、受ける苦しみは軽減されるのである。妖怪とはこの「病名」のようなものだといっていい。

例えば、夜になると川の方からショキショキと小豆を洗うような音が聞こえてくる、ということがあったとしよう。しかし、そんな時間にそんな場所で小豆を洗うような者がいるはずがない。それは怖い、怪しいということになる。そこで、誰かがそれは「小豆洗い」だ、と語る。理解不能な、どうにも収まりのつかなかった出来事は、一種の妖怪話としてようやく落としどころを見出すのである。

ただよく考えてみれば、これは「小豆を洗うような音が聞こえてくる不思議な出来事」に「小豆洗い」という名を与えただけで、何の説明にもなっていないということがわかるだろう。だが、これによって不思議な出来事は、錯覚とはいえまったく理解のできないものではなくなり、怖れや不

安は大きく軽減される。さらに「小豆洗い」という名前を付けたことによって、それは多くの人間と共有できるものとなり、次に同じような出来事に遭遇したときのためのデータベースとして蓄積されるようになる。これがもともとの、伝承としての妖怪のあり方だったと思われる。

妖怪「によって」考える

　そして、妖怪の伝承についての聞き取り調査をしていると感じることなのだが、妖怪を伝承している人々は、妖怪「によって」何事かを語ることは得意だが、妖怪「について」語ることは不得手である。筆者はこれまで、能登のミズシや徳島の犬神といった妖怪の伝承について調査を行ってきたが、「スイカやキュウリを食べて海に入るとミズシに取られる」とか、「犬神に憑かれると学校に行かないようになる」といったことについては雄弁に語っていた人々が、ミズシとは、あるいは犬神とはどのようなものですか、といった質問には、とたんに答えられなくなってしまうという事態にしばしば直面してきた。文化人類学者の梅屋潔も、佐渡のトンチボ（ムジナ）についての話を聞くなかで同じような場面に出会い、それを日常的ではない経験をひとつの「物語」として構成するために用いられる「間に合わせもの（stopgap）」と表現している。こうした概念の特徴は、それ自体は空虚であったり、不確定であったりするのだが、その中身についてあらゆる問いを発することが（明確なかたちではなく、無意識のうちに）禁じられている。なぜならば、これらの概念を用いなければ、その特異な経験は語ることができないからである。これは、多くの「妖怪」の伝承に共通する事柄であるように思われる。

　とりわけ、妖怪の「姿かたち」についての質問に対しては、「そんなこと今まで考えてみたこともなかった」とでもいいたげな、当惑した表情が返ってくることが多い。漫画やアニメの妖怪に慣れ親しんだ人々には意外に思われるかもしれないが、妖怪を伝承している人々は、妖怪の姿かたちに関しては驚くほど無関心なのだ。それは、妖怪「について」考えるのではなく、妖怪「によって」考えているからである。妖怪が「概念」であるというのは、そういう意味においてである。

　もちろん、妖怪のなかには天狗や河童のように、具体的な姿かたちがイ

メージされているものも多い。だが、実際に天狗や河童にまつわる話を聞いてみると、それらが目に見えるかたちで登場することはきわめて少ないのである。例えば、「天狗にさらわれた」という話もよくよく聞いてみると、村の子どもが行方不明になったときに「これは天狗にさらわれたのだ」と語られた、というだけで、天狗そのものが姿を現すことはめったにない。また「河童が出た」という話も、川で子どもが溺れ死んだときに「これは河童に引かれたのだ」と語られただけだった、ということがしばしばである。結局、天狗や河童も、ある非日常的な出来事を物語るための「概念」として用いられていることに変わりはないのである。

▌伝説としての妖怪、世間話としての妖怪

　一方で、例えば「酒呑童子」や「九尾の狐」「鵺」「土蜘蛛」など、絵巻や御伽草子、語り物など、古典的な物語に登場する妖怪たちは、その姿かたちが明確に伝わっており、あまつさえ絵に描かれてもいる。だが、これらは民間伝承の妖怪たちとは異なるレベルに属しているといえるだろう。すなわちそれらは、もはや誰も直接に出会ったことのない、「お話」のなかの存在なのである。

　「お話」といっても、完全な作り話であるフィクションとは少し違う。例えば、鳥羽上皇の愛妾玉藻前に化けて国を滅ぼそうとした九尾の狐が退治された後に化したという「殺生石」は、最も有名な栃木県那須町のものだけでなく、そのカケラとされるものが日本各地に存在し、また近衛天皇を悩まし源頼政に退治された「鵺」の亡骸を葬ったとされる「鵺塚」もいくつかのものが伝えられている。つまり、それが「事実」であったことを伝える遺跡・遺物が残されているのである。

　こうした物語を民俗学では「伝説」とよんでいる。昔話が「昔々、あるところに……」で始まるように、いつの時代のことか、どこの場所かもはっきりしない普遍的な物語であるのと対照的に、伝説はその舞台となった時代や場所が特定されており、さらにその事績を今に伝える具体的なモノや行事などが存在しているのが特徴である（むしろ、そうしたモノや行事の由来譚として語り伝えられていることがほとんどである）。

　先にあげた妖怪たちは、いわばこのような「伝説」としての妖怪である。

概　　　説　　5

それはかつてあった出来事に関わるものとして伝えられ、その「証拠の品」ともいうべきモノや、その出来事に由来するとされる行事や慣習が今も遺されており、しかもそれについて疑うことは暗黙のうちに禁じられていたりする。しかし、それはあくまで「過去の出来事」であり、同時代の人間がそれらに直接出会うことはないのである。

　これに対し、先にあげたスナカケババやヌリカベ、小豆洗いなどのように、実際に体験した者が存在する怪異がある。これを「伝説としての妖怪」に対して「世間話としての妖怪」とよぶことができるだろう。「世間話」もまた民俗学の用語で、「伝説」よりもはるかに近い時代に、どこの誰が体験したか特定することのできる出来事として、場合によっては話者自身が体験した出来事として語られる話のことをいう。

　ここで、柳田國男の「妖怪名彙」を再び取り上げてみよう。「妖怪名彙」は、民俗学の妖怪研究の基本的な文献とされる柳田の『妖怪談義』の巻末に収録された文章で、一種の「妖怪事典」的な性格をもったものとして読まれている。そこで列挙されている妖怪は、「タヌキバヤシ」「アズキトギ」のような「音の怪」、「オクリイヌ」「ベトベトサン」のような「後をつける怪」、「スネコスリ」「ヌリカベ」のような「進行を妨害する怪」、「キツネタイマツ」「ジャンジャンビ」のような「火の怪」、「ヤギョウサン」「クビナシウマ」のような「行き遭う怪」などに大別されるが、それらの多くは、実際に体験した者が存在する怪異、つまり「世間話としての妖怪」なのである。

　「妖怪名彙」は、いわば民俗学が対象とする「妖怪」のサンプルを示したものであったのだが、そう考えると、民俗学が対象としてきたのは、「伝説としての妖怪」よりもむしろ「世間話としての妖怪」の方であった、ということができる。「妖怪名彙」が書かれたのは1938（昭和13）年から翌1939年にかけてであったが、実はこの時期、柳田は「共同幻覚」というものに強い関心を寄せていた。「共同幻覚」とは複数の人間が同時に体験する幻覚のことで、山中で木を切り倒すような音が聞こえるが、行ってみると何もない「天狗倒し」などの音の怪や、「狐の嫁入り」などとよばれる幻の火などをその例としてあげている。これらはまさに柳田が「妖怪名彙」で列挙した「妖怪」そのものであり、「妖怪名彙」とは実は「共同幻覚名彙」であったという推測も成り立つ。いずれにしろ、柳田が「妖怪」

は「幻覚」というかたちで実際に体験しうるものと考えていたらしいことは窺い知ることができるだろう。

「伝説としての妖怪」も、かつてはそれらと実際に遭遇したという者がいたのかもしれない。しかし、もはやそれは遠い過去のことで、確かめようがない。「伝説としての妖怪」が語られるのは、同時代の人々の体験談ではなく、すでにかなり物語化の進んだ説話のなかのみなのである。「伝説としての妖怪」に明確な姿かたちが備わっているのも、結局はそうした物語化によるものといえるだろう。

本書では、民間伝承として語られている妖怪を扱っているが、そのなかには「伝説としての妖怪」も含まれている。しかし、リアリティのレベルにおいては、「伝説としての妖怪」と「世間話としての妖怪」は本来区別されるべきものであることは注意しておいたほうがいいだろう。

妖怪図鑑の登場と妖怪のキャラクター化

もっとも「世間話としての妖怪」も、それを伝承している人々のリアリティから遠ざかることによって、異常な出来事を物語るための「概念」から、一種の「キャラクター」へと変貌していく。これは決して現代に限られた話ではなく、実はすでに江戸時代において急速に進行した事態なのである。

1776（安永5）年に刊行された鳥山石燕の『画図百鬼夜行』は、1頁（半丁）に1種類ずつの妖怪の名前と姿かたちを描いた、まさに江戸の「妖怪図鑑」とよぶべきものだった。こうした「妖怪図鑑」の登場が、日本人の妖怪観を決定的に変えてしまったといっていいだろう。これによって、妖怪とは一つの名前と、決まった姿かたちをもった存在なのだという認識が広く共有されることになったのである。

こうした「妖怪図鑑」の登場の背景には、博物学的な思考の広まりがあった。江戸時代中期の18世紀は、幕府による殖産興業政策を背景として、さまざまな自然物や物産を調べ上げる本草学が盛んになった時期であった。本草学とは、もともとは薬として使える動植物や鉱物などを調べる学問であったが、自然界に存在するあらゆる物を分類・列挙し、その性質について解説する西洋の博物学（natural history）に相当する学問としての様相

概　　説　7

をみせるようになる。そうしたなかでつくられたのが、さまざまな自然物を絵入りで解説する百科全書的な書籍や、動植物を細密に描いた図鑑的な書物であった。

　「妖怪図鑑」の誕生は、このような博物学的な関心が妖怪に向けられた結果であったといえる。まさに妖怪は「動物」になぞらえられるようなかたちで、描かれ、記述されるようになっていったのだ。

　『画図百鬼夜行』、そしてそれに続く『今昔画図続百鬼』『今昔画図百鬼拾遺』といった妖怪図鑑には、実際に民間伝承として伝えられていた妖怪が数多く紹介されている。「天狗」「山童」「山姥」「猫また」「河童」などのようにもともと具体的なイメージを備えていたものもあるが、「鳴屋」「反枕」「天狗礫」のように、本来は姿かたちのない「現象」であったものも妖怪の一種として紹介され、視覚的形象が新たに与えられている。また、本来は首だけが体から離れて飛んでいく「飛頭蛮」や、背丈が伸びていく妖怪だった「見越」が、ともに「長い首をもつ妖怪」として描かれているように、民間伝承に由来しながら、よりヴィジュアル的にわかりやすく、見て面白いものへと改変された例もみて取れる。このように、妖怪は視覚的な存在になった時点で、本来のあり方からはかけ離れたものになっていったのである。

　1841（天保12）年に刊行された、これも有名な妖怪図鑑である『絵本百物語（桃山人夜話）』には、先に触れた「小豆洗い」の姿が描かれている。本来、「小豆を洗う音が聞こえてくるのに、そこには誰もいない」ということ、つまり「姿が見えない」ことこそがそれを怪異たらしめていたはずなのに、その姿を描き、なおかつそれを「妖怪」として紹介するということには、ある種の「転倒」があるといわねばなるまい。にもかかわらず、我々はこれこそが「妖怪」であると思い込んでいる。それは江戸時代の「妖怪図鑑」によってつくり出された、新たな妖怪観だったのである。

▐ 妖怪の三つのカテゴリー

　「妖怪図鑑」の登場が、日本人の妖怪観に与えた影響は他にもある。それは日本にはきわめて多くの種類の妖怪が伝承されている、というイメージを与えてしまったことである。これはとりわけ、諸外国との比較の際に

しばしば言及されるイメージであるが、実はこれも江戸時代の「妖怪図鑑」、そして柳田國男の「妖怪名彙」と、それを踏まえた水木しげるの「妖怪図鑑」などによって創り出されたものであるといっていい。

　確かに、おびただしい数の妖怪の名称が、民俗学者たちによって収集されている。だが、実際にさまざまな地域で妖怪の伝承について調べてみれば、どこも似たような妖怪が伝えられていることに気づくだろう。それらは①山の妖怪、②水の妖怪、③境界領域の妖怪、の3種に大別することができる。

①山の妖怪　山の妖怪として、天狗の伝承は全国的に聞くことができる。「天狗倒し」や「天狗笑い」「天狗囃子」など、山中で聞こえる怪音の主体とされることも多い。また、男性の天狗に対して、女性の山姥に関する伝承も広くみられる。なお、四国では「山爺」「山父」、九州では「山童」などとよばれる山男、山人の類の伝承も、地域によってさまざまな名称や属性のヴァリエーションを生じながら広がりをみせている。

②水の妖怪　水の妖怪を代表するのは、何といっても河童であろう。もっとも、「カッパ」は関東地方での呼び名に基づく一般名称で、東北では「メドチ」、能登では「ミズシ」、関西では「ガタロ」、中国・四国では「エンコウ」、九州では「ヒョウスベ」など、地域によってさまざまな呼称があり、その属性についても細かな異同がある。また池や淵にはしばしば「ヌシ」が棲むとされ、蛇、あるいは竜とされていることが多いが、他にも大魚、蜘蛛、牛鬼、女性など、さまざまなパターンがある。海は海で独特の妖怪伝承があり、とりわけ舟幽霊、アヤカシといった船を沈めてしまう存在が怖れの対象となっていた。

③境界領域の妖怪　人間の生活領域がその外部と境を接する場所に出没する妖怪である。路上で遭遇する「見越し入道」や「ヌリカベ」「ヒダルガミ」、水辺に現れる「小豆洗い」「洗濯狐」など、多くの妖怪がこれに含まれる。その現れ方は実に多彩だが、よくよくみていくと、怪音・怪火、進行の妨害など、いくつかの共通するパターンを見出すことができる。さらには、結局のところそれらはすべて狐や狸の仕業とされてしまうことも多い。

■ 「自然」の象徴としての妖怪

　一見おびただしい種類の妖怪が伝承されているようにみえて、そのほとんどはこれら3種のヴァリエーションに収斂してしまうといっていいだろう。それでは、これらは何を示しているかというと、いずれも人間にとっての「自然」の象徴であるとみなすことができる。

　「自然」とは人間によって手を加えられていない領域、人間のコントロールを受けない領域のことであり、山や川・淵・海といった水中の世界はまさにそうした場所で、これは①と②の妖怪に対応する。そして③はそうした「自然」が人間の領域と接するところに発生する怪異で、しかもその正体はしばしば狐や狸などの動物とされる。これらの動物は、いわば「移動する自然」、自在に動き回る「自然」とのインターフェイスであり、しばしば人間の領域である「里」にも入り込んでくる。それゆえに③を「里の妖怪」と表現することもできよう。

　「自然」は人間によってコントロールできない領域であるため、恐怖と畏怖、二つの「おそれ」の感情を喚起する。それが具体化されたのが妖怪であるとすれば、これら3種の妖怪が普遍的に見出されるのもうなずける。

　なお、先の3種に比べれば数は少ないが「家の妖怪」というものもあり、また人間が死後に生前の姿で現れる「幽霊」は、今もなおリアリティのあるものとして人々のあいだに伝えられている。これらはむしろ「人間」の領域の内部に生ずるものであり、「自然」の象徴としての妖怪とはやや異なる性格をもっている。これらの問題については、あらためて考えてみるべきだろう。

　さて、本書では、47都道府県それぞれの妖怪伝承について紹介しているが、子ども向けの妖怪図鑑などによくみられるように、「○○県の妖怪」といったはっきりしたかたちで提示できるような差異は実は存在しない。全体的にみれば、正直どこの都道府県の妖怪伝承も似通っているといわざるを得ない。それは結局、人間が怖れを抱く物事に大して違いはないからである。また、近代以降につくられた行政的区分である都道府県によって民間伝承を切り分けていくのはナンセンスであり、少なくとも、妖怪に「県民性」をみるなどという安易な試みは捨て去ったほうがよいだろう。

　もっとも、根っこは共通しているとはいえ、その現れ方にはやはりその

地域（必ずしも都道府県で切れるわけではないが）特有の物理的・文化的な条件が影響を及ぼす。そういった意味での地域的特徴なら見出すことは可能である。本書ではできるかぎりそうした地域的特徴を示すような事例を優先的に取り上げたが、その代わりに河童や天狗、狐狸、大蛇など、全国どこででもみられるような妖怪の事例は、紙幅の都合上しばしば割愛せざるを得なかった。そのため見かけ上は都道府県ごとの差異が強調されているが、実際は多くの部分で妖怪伝承は共通しているということを忘れない方がいいだろう。

2 妖怪の歴史

▌古代の「神」と「鬼」

　「妖怪」という言葉は近代の用語であって、現在我々が「妖怪」とよんでいるような存在は、時代によってさまざまによばれていた。まず古代においては、それらは「神」もしくは「鬼」とよばれていた。『日本書紀』（720〔養老4〕年成立）によれば、天孫が降臨する前の葦原中国（日本）は、「蛍火光神」（蛍のように夜怪しく光る神）や「蠅声邪神」（蠅のようにうるさく騒ぐ神）が数多くいて、さらに草木がことごとく人語を発するという魑魅魍魎の支配する土地であった。「蛍火光神」「蠅声邪神」はいずれも「神」と表現されてはいるが、いわば「怪火」と「音の怪」という、後に「妖怪」の典型的な例とされるものに相当していることに注目すべきである。柳田國男は、「妖怪」は「神」の零落したものといったが、そもそも日本において「神」とは「妖怪」をも包括したものであったのだ。

　また『日本書紀』では、同じものを「葦原中国の邪鬼」と表現しており、また「山に邪神有り、郊に姦鬼有り」という表現もみられる。「邪神」と「鬼」は、ほぼ同様のものであったのだ。これらの「邪神」「姦鬼」は、「衢に遮り、径を塞ぎ、多に人を苦しびしむ」、つまり路傍に現れ、人々の通行を妨害するという、後の「妖怪」の性質を十分に備えたものであった。

概　　説　　II

邪しき神、荒ぶる神

　『日本書紀』には、人間に災いをもたらす「邪神」たちがしばしば登場する。巻第7の景行紀には、皇子日本武尊が、毒気を放って道行く人々を苦しめていた吉備の穴済の神と難波の柏済の神を退治したことが記され、信濃ではやはり毒気を放って信濃坂を越える者を悩ませていた山の神を、一箇蒜（ニラ・ニンニクの類）を用いて退治している。

　さらに、近江の胆吹山（伊吹山）では山の神が化した大蛇（『古事記』では白猪）が道に横たわっているところに出くわすが、それを無視して先へ進んだところ、体調を崩してついに命を落とすことになる。山の神の毒気に当てられたということだろう。なお、信濃坂の神、胆吹山の神のいずれも尊を山中で道に迷わせており、その点は後世の「狸惑わし」を彷彿とさせる。これらのことから、「邪神」とは毒気を放って人々の通行を妨害する存在であると考えることができる。後世の「ひだる神」や「ツチコロビ」などの「路上の怪」は、その後裔であるといえるだろう。

　『日本書紀』とほぼ同時期の『風土記』（713〔和銅6〕年の官命により編纂）は、同様の存在を「荒神」と表現する。『播磨国風土記』『肥前国風土記』には、それら「荒ぶる神」に関する記述が多くみられ、道行く人々の半数を死に至らしめるという定型的な表現によって語られている。例えば播磨国神前郡の生野（現・兵庫県朝来市生野町）は、「荒ぶる神」がいて「往来の人を半ば殺し」たため「死野」と名付けられたのを、応神天皇が嫌って「生野」と改めた、とされている。

　興味深いのは、「荒ぶる神」も祭祀を受けるようになれば善なる「神」となることが記されていることだ。肥前国（佐賀県）の佐嘉川の「荒ぶる神」は、土蜘蛛（土着住民）の大山田女・狭山田女という二人の女性の助言を容れて祭祀を行ったところ「遂に応和」いだので、そこから国の名を「賢女の郡」とし、後の「佐嘉（佐賀）」の地名の起源となったという伝承が記されている。『釈日本紀』に引かれる『筑後国風土記』の逸文にも、筑前と筑後の境に「㒵猛神」がいて、道行く人々の半数を死に至らしめたので「人の命尽の神」とよばれたが、甕依姫を祝（祭祀者）として祀らせたので、それより「筑紫の神」というようになったという、筑紫の国の地名伝承として同様の話が記されている。

『常陸国風土記』に記される「夜刀の神」の伝承は、こうした「神」の性格をよく表しているといえる。継体天皇の時代に、箭括の氏の麻多智という人がいて、谷を新たに開墾しようとしたところ、「夜刀（谷）の神」とよばれる角の生えた蛇の妨害に遭った。麻多智はみずから矛をとってそれを追い払い、山の口に標の杖を立て、そこより上は神の土地、下は人の土地とすることを宣言し、今後は祝（祭祀者）となって「夜刀の神」を祀ることを約束した、という。

この伝承から窺えるのは、「夜刀の神」はまさに「自然」の象徴として現れ、人間が自分たちのテリトリーを侵犯しようとしたときに、その恐ろしい側面を顕在化させる（すなわち「祟る」）ということである。しかし、いったん「自然」と人間の領域の境界が画定され、一種の不可侵条約がその間に結ばれたときに、「自然」は牙を剥くのをやめ、恩恵をもたらす存在へと転化する。それが日本の「神」というものだったのである。「邪しき神」や「荒ぶる神」が道行く人々に祟るのも、本来は人間の領域侵犯に対する「自然」の報復であったと捉えることができるだろう。

▌不定形の「鬼」たち

一方の「鬼」についてはどうだろうか。日本の文献に最初に「鬼」が現れたのは、『出雲国風土記』の大原郡阿用の郷の地名伝承について記された部分とされている。

　　古老の伝へていへらく、昔、或人、此処に山田を佃りて守りき。その時、目一つの鬼来りて、佃る人の男を食ひき。その時、男の父母、竹原の中に隠れて居りし時に、竹の葉動げり。その時、食はるる男、動動といひき。故、阿欲といふ。

ここにみられる「鬼」は、人を食う怪物であり、「目一つ」というはっきりした特徴をもっているが、古代の「鬼」を現在一般的に広まっている「鬼」イメージで捉えてしまうのは大きな間違いである。承平年間（931～938）に成立した『和名類聚抄』には、「おに」という言葉は「隠」からきているという説が紹介されている。「鬼は物に隠れて顕はるることを欲せざる故に、俗に呼びて隠と云ふなり」、つまり「鬼」とは「隠れる」もの、目に見えないものであるがゆえに「おに」とよばれるようになった

概　　　説　13

というのである。この語源説が正しいかどうかは疑問だが、少なくとも「鬼」が不可視のものだという認識が存在したからこそ、このような説が語られたと推測することができる。そもそも「鬼」という漢字は死者の霊魂を意味しており、中国では今でもその意味で用いられている。

また古代においては、「鬼」を「もの」と訓じることも多かった。この場合の「もの」とは「もののけ」の「もの」と同じで、形のない、霊的な存在を意味する言葉であった。つまり古代の「鬼」とは、人を食う実体を備えた怪物も、また形のない霊的なものも含む広い意味内容をもつ、いわば現在の「妖怪」に相当する言葉だったのである。

やや時代は下るが、平安時代末期に成立した『今昔物語集』では、「鬼」はさまざまな姿に変じて現れている。巻第27第18「鬼、板と現じ人の家に来たりて人を殺せる語」では、木の板に姿を変えて侍を押しつぶしているし、続く第19「鬼、油瓶の形と現じて人を殺せる語」では、小さな油瓶に変じて鍵の穴から屋敷に侵入し、住人を取り殺している。なお、後者の方はタイトルでは「鬼」とよんでいるが、本文では「物の気」と表現されている。「気」とは霊的存在の働きや力の発現を指す言葉であり、油瓶の化け物は「もの」が形となって現れたものであると考えられたことがわかる。

なお『今昔物語集』には、猪や狐といった獣がさまざまな怪異を起こす話も多く収められているが、それらは「鬼」に比べればたいしたことはないと受け止められていたようで、人間によって退治されてしまうこともしばしばである。人の生死に関わるような怪異、人の力をはるかに凌駕するような怪異に際して、その主体として想定されたのが「鬼」であったといえるだろう。

▌「天狗」の登場

古代の「神」、そして「鬼」に対し、平安時代から中世にかけて一気に怪異の主役の座に躍り出たのが「天狗」である。

日本の文献に「天狗」が初めて登場したのは『日本書紀』である。637（舒明天皇9）年の2月、大きな星が東から西の方に流れて雷鳴のような音が響き渡った。これに対し、旻という僧侶が「流星に非ず。是天狗なり。

其の吠ゆる声、雷に似れるのみ」と言ったという。旻は遣隋使として中国に長く留学していた知識人であり、通常であれば流星と判断される現象に対して「天狗」という中国の知識に基づく解釈を下したのである。

中国では、「天狗」とは文字どおり「天の犬」であった。そしてその正体はまさに流星であり、隕石が大気圏内で発する衝撃波が犬の吠える声のように聞こえたことから、犬のような怪物と想像されたのである。しかしこうした中国的解釈は日本には根づかず、その後しばらく「天狗」に関する記述はみられなくなる。

「天狗」が再び人々の口の端にのぼり始めるのは平安時代のことである。10世紀末の成立とされる『宇津保物語』に、山中から聞こえてくる不思議な音を「天狗」の仕業と疑う場面がある。すでにこの頃、「天狗」は山中で怪異を引き起こすものとする認識が成立していたことを物語っている。また、11世紀前半成立の『源氏物語』の最終巻「夢の浮橋」には、横川僧都が宇治川に入水した浮舟を救い出したときのことを「天狗か木魂などのようなものが、だまして連れていったのかと思った」と語る場面がある。いわゆる「神隠し」を「天狗」の仕業とする考え方を、早くもここにみることができる。やがて11世紀から12世紀にかけて、「天狗」は怨みを抱いて死んだ僧侶が化すもの、あるいは僧侶の信仰を惑わすものといった、仏教に関わる魔物として位置づけられるようになる。「天狗」が鳶のような姿をした妖怪とイメージされるようになるのもこの頃である。

さらに中世になると、保元の乱で敗れて讃岐国に流された崇徳院のような政治的敗者が天狗に化すと考えられるようになり、乱世を待望し、その予兆として現れる存在として意味づけられていく。例えば『太平記』のなかで、北条高時の前に現れ「天王寺ノヤ、ヨウレボシヲ見バヤ」と囃した「天狗」は、鎌倉幕府滅亡の予兆としての意味をもたされている。なお、「天狗」たちの囃し言葉にある「ヨウレボシ」は「妖霊星」であり、災いをなす悪星とされている。ここには流星を「天狗」とする中国的知識の残存をみることができよう。

江戸時代になると、「天狗」は鳶のような姿をした怪物から、現在の我々もよく知る高い鼻をもった山伏姿の妖怪へと大きくイメージを変え、出版物などの力もあって、この「鼻高天狗」のイメージの方が大衆化し定着していく。しばしば天狗の正体を「古代に日本に渡来した鼻の高い外国人」

とする俗説をみかけることがあるが、鼻の高い「天狗」の姿はそれほど古くまでさかのぼるものではないことに注意すべきだろう。

■「妖怪バブル」の時代

　日本にはたくさんの妖怪の種類があると考えている人が多いと思われるが、実は近世に入るまでは、妖怪の種類はそれほど多くはなかった。主なものとしては、これまでにあげた「神」「鬼」「天狗」、そして狐や狸の化けたものくらいで、他に「鵺」など突発的に現れるものもあるが、それらはほぼ一個体であった。例えば『今昔物語集』には「人を招く子どもの手」や「ひとりでに飛び回る赤い単衣」、『古今著聞集』には「老婆の顔をした光り物」や「子どもをさらう垂布」「どこからともなく石を投げてくるもの」など、後の世ならば「イッタンモメン」とか「スナカケババ」といった名前が付きそうな怪異が多く記されているが、それらはざっと「鬼」や「物の霊」「物の怪（気）」、あるいは狸の仕業などとして解釈されるだけであった。おそらくそれは、怪異を解釈し、また記録する者が限られていたため、多様性が表れる余地がなかったからだと考えられる。

　それが大きく変わるのが、江戸時代であった。250年もの長きにわたって平和が続いた江戸時代には、都市や交通網・流通網、出版メディアなどが大きく発達を遂げ、また識字率が飛躍的に向上したことで、民衆の生活や風俗が詳細に記録されるようになっていった。そのようななかで、日本各地の怪異に関する情報も都市に集積され、それが出版物などを通じて多くの人々に共有されるようになる。延宝から明和（1670〜1760年代）にかけて数多く出版された、「百物語」をタイトルに冠する怪談集はその代表的なものである。

　そのうちの一つ、1686（貞享3）年に京都で刊行された『古今百物語評判』には、越後新潟の「かまいたち」、肥後の「轆轤首」、京都の「釣瓶をろし」、四国の「犬神」、比叡山の「油盗人」、丹波の「姥が火」、摂津の「仁光坊の火」など、さまざまな地方の妖怪話が収められている。注目すべきは、それぞれの怪異に独自の名前が付けられているという点である。『古今百物語評判』には、上記以外にも「見こし入道」「うぶめ」「垢ねぶり」「銭神」「河太郎」「野衾」「雪女」「舟幽霊」など、名前の付いた妖怪が数多く取

16

り上げられている。

　怪異がごく限られた層の人々によって一義的に解釈され記録されていた時代には、個別の妖怪の名前は一種のノイズでしかなく、記録されることは少なかったと思われる。しかし、江戸時代になってこうした「民俗語彙」は、それ自体に情報としての価値を認められるようになった。こうして数多くの妖怪の名前が記録され、さらにそれが出版物を介して広まることで、「妖怪を名付ける」という行為自体が一般化していったと考えられる。ここに至って、妖怪の種類は激増し、いわば「妖怪バブル」の時代を迎えたのである。

▌動物としての妖怪

　また江戸時代には、前述のように動植物・鉱物などの自然物について調べる本草学（ほんぞうがく）が盛んになり、それら自然物を挿絵とともに紹介する百科全書や図鑑の類が数多くつくられたが、そのなかでも各地の妖怪がしばしば取り上げられた。例えば大坂の医者・寺島良安によって著された『和漢三才図会』（1715〔正徳5〕年跋）には、「山精（さんせい）」「魃（ひでりがみ）」「魍魎（もうりょう）」「水虎（すいこ）」など中国の本草書に記された怪物と並んで、「送り狼」や「黒眚（しい）」「黒坊（くろぼう）」「みこし入道」「山童（やまわろ）」「川太郎（かわたろう）」「野槌（のづち）」など、日本独自の妖怪が紹介されている。そして、これらは一種の「生き物」に類するものとして扱われているのである。

　とりわけ注目すべきは「川太郎」である。これはいわゆる「河童」であるが、実は「カッパ」という呼び名は関東方言であり、18世紀の時点では、当時の文化の中心地だった上方（かみがた）の「川太郎」という呼び名の方が一般名称として用いられていた。さらにその姿は猿に似たもので、現在知られている「河童」の姿とはまったく異なっていた。だが、いずれにしても「河童」が一種の動物として紹介されていることに注意すべきであろう。

　さまざまな妖怪のなかでも、特に「河童」は学者たちの関心を惹いたようで、本草書のなかでは必ずといっていいほど取り上げられている。極めつきは、「河童」の「写真図」の存在である。これは、実際に捕らえられた（！）「河童」の姿を写し取った図とされるもので、特に19世紀に入って学者たちのあいだで筆写を繰り返され、またさまざまな書物のなかに引

概　　　説　17

かれることで広まっていった。そこに描かれた「河童」の姿は、背中に甲羅があり、鼻先はくちばしのように前に突き出ており、青緑色の体色をした、まさに現代の人々が思い描くとおりの「河童」であった。実はこうした「河童」イメージは、「カッパ」の呼び名と同様に江戸特有のものだったのであるが、この「写真図」が一定の権威をもったこと、そして文化の中心が上方から江戸に移ったことで、むしろこちらの「カッパ」のイメージの方が支配的になっていったのである。

　このように、妖怪が一種の動物に類するものとして扱われるようになったのは、妖怪が本来もっていた神秘性が失われつつあったことを示している。かつては「神」として、人の力を凌駕する「鬼」として、人知を超えた霊的な「もの」として恐れられた妖怪は、いまやただの「動物」に成り下がってしまったのである。そして、さまざまな怪異現象はことごとく狐狸の仕業とされ、「万物の霊（長）」たる人間にとっては恐るるに足らないものと考えられるようになった。第1章「妖怪とは何か」で述べたように、妖怪は「自然」を象徴するものであったが、かつて人間よりも上位にあった「自然」がその権威を失墜させるにしたがい、妖怪もまた狐狸に等しい下等な存在となっていったのである。妖怪を描いた錦絵や草双紙、絵双六、あるいは妖怪の登場する芸能や見世物など、江戸時代に妖怪が娯楽の題材として盛んに用いられるようになったのは、都市部においてそれがもはや畏怖の対象でなくなったことを示しているといえよう。

▌「幽霊」の近代

　近代になると、妖怪は「迷信」として啓蒙の対象となり、その「撲滅」が社会的な課題となっていった。哲学者の井上円了（1858～1919）は「妖怪学」を創始し、不思議とされる出来事を「偽怪（人為的に作り出された妖怪）」「誤怪（偶然の出来事を妖怪と誤認したもの）」「仮怪（自然現象であるがその仕組みが不詳のもの）」などに腑分けして、それらが真の妖怪（「真怪」）ではなく説明可能な出来事であることを主張した。円了のいう「妖怪」とは、いわゆる「迷信」全般を指すものであったが、江戸時代に妖怪を指す言葉として用いられていた「化物」という言葉に代わる新語としてもてはやされ、広く用いられるようになった。実は「妖怪」という言

葉が人口に膾炙していくのはこのときのこと、すなわち近代以降のことだったのである。

　西洋科学の急速な導入・普及のなかで、妖怪の伝承はそのリアリティを失っていった。江戸時代にはかろうじて妖怪的な物事が実在することの担保としてあった、狐や狸が人を化かすということに対する信仰も、非科学的なものとして否定されていったのである。それでは、近現代において妖怪は完全に滅びてしまったのかといえば、決してそうではない。今もなお戦慄とともに語り継がれる「幽霊」は、むしろ近代において特権的な地位を築いている「妖怪」であるといえる。

　もちろん、江戸時代にも「幽霊」の話は数多く存在する。しかし「妖怪」に比べて「幽霊」の方が格別にリアルだったというわけではなく、むしろ民間伝承の怪異としては、「妖怪」の話の方が圧倒的に多かった。江戸時代の人々は、何か怪しい出来事に遭遇したときは、まず「幽霊」ではなく「妖怪」あるいは狐狸の仕業と考えるのが常であり、「幽霊」さえも狐狸が死者に化けて現れたものとされたのである。いわば江戸時代の人々と現代の人々のあいだでは、リアリティのあり方がまったく逆転しているのである。

　現代において、「幽霊」がこれほどまでにリアリティを帯びたものになっているのはなぜだろうか。思うに、「妖怪」が「自然」に対する畏れを象徴したものであったのに対し、「幽霊」は「人間」そのものに対する怖れを象徴したものであるからではないだろうか。すでに江戸時代に「自然」は人間よりも下位に位置づけられるようになっていたが、人間そのものは近代以降、人間にとっての「不気味な存在」へと化していったのである。

　何より大きいのは、あらゆる地域が「都市化」してしまったことである。何世代にもわたって同じ土地に暮らし、濃密な人間関係を形成していたかつての共同体とは異なり、現在は、隣の住人がどんな人かも詳しく知らないという状況が普通に存在する。見知らぬ他人同士のなかで暮らす不安、すなわち「人間に対する恐怖」を潜在的に抱えているのが、現代の人間なのである。「幽霊」とは、そうした現代人の恐怖、不安を象徴する存在なのだ。

　結局のところ、人間が恐怖や不安から完全に解放されない限り、妖怪もまた滅びることはないのである。

概　　説　19

3
妖怪出現の時間と場所

妖怪は時や場を定めて── 柳田國男の妖怪論

　妖怪はその出現する時間と場所が定まっている、と論じたのが日本民俗学の祖である柳田國男（1875〜1962）だ。第4章「妖怪研究の歴史と現在」で詳しく説明するが、柳田は民間に伝わる妖怪の伝承を収集・考察し、民俗学からの妖怪研究の基礎をつくり上げた。その妖怪論の特徴の一つが、妖怪と幽霊を区別し、前者をより重視することであった。

　柳田は妖怪と幽霊の区別を以下のように説明する。いわく、妖怪はその出現位置が定まっており、「どこそこに出る」と伝承された位置以外に出ることはなく、またその場所をたまたま通りかかった人間の前に無差別に出現し、その出現は夕暮れ時などを中心とするとした。

　例えば、水木しげるの『ゲゲゲの鬼太郎』に登場する妖怪キャラクターとして有名になった「油すまし」は、熊本県天草地方の草隅越という峠に出現したと伝わる妖怪である。老婆が孫を連れて草隅越を通るとき、孫に「ここに昔、油瓶下げたのが出たそうだ」と言うと、「今も一出るーぞー」といって油すましが出てきたという[1]。

　この油すましは、この峠にしか出ない。不意に町中や海岸、川辺などに移動して人を驚かすことはない存在である。同様に怪火はいつも同じ場所に灯り、河童は出現する淵が決められており、天狗は縄張りの山が決まっている。妖怪は場所に執着する存在だと考えられた。そうして出現の時間は夕暮れや夜が多いが必ずしも決まったものではなく、あるいは早朝や白昼にも出現すると指摘した。妖怪は場所に憑き、その場所に侵入する者を無差別に、（夕暮れなどが多いがそれでも）自由な時間に驚かすとしたのである。

　対して幽霊は怨みをもつ人間の前にのみ出現し、対象の人物を追いかけて自由に出現の場所を変える存在であり、出現の時刻は深夜、いわゆる「草木も眠る丑三つ時」に限られるとした。例えば、鶴屋南北の歌舞伎作品『東海道四谷怪談』（1825年初演）の怨霊として有名な「お岩」は、怨み重な

る夫の民谷伊右衛門とその周囲の者どもに恨みを晴らすべく、お尋ね者となって逃げ隠れする伊右衛門の立ち回り先に現れては怪異をなす。しかし怨みの対象ではない、無関係の人物はお岩を見ることはない。

　幽霊は一定の場所に縛られることなく、特定の人物に対して恨みを晴らすために、多くは深夜に出現する存在だと柳田は考えた。柳田の妖怪と幽霊の区別は、妖怪の出現は「特定の場所で、不特定多数の前に、比較的自由な時間に起きる」のに対し、幽霊の出現は「不特定の場所で、特定個人の前に、深夜に起きる」と整理することができる。

　この違いを柳田は、神が信仰を失って零落したものが妖怪であるという、信仰零落説で説明した。現在において妖怪として伝承されているものは、かつては土地の自然神や精霊として敬われ、祀られていたものであった。その祭祀の場所は神聖なものとされ、標山などとよばれる禁足地として大切にされ、みだりに立ち入ると神罰を負うとされた。

　しかし、時代を経てそうした土地の自然神や精霊への信仰が衰えると、その土地に入ってはいけない、その土地を通りかかると恐ろしいことが起こるという言い伝えだけが残り、そこに出る「恐ろしいもの」が妖怪として伝えられたという妖怪の説明である。

　こうした妖怪と幽霊の区別の必要は、柳田が民間信仰の一領域として妖怪を研究しようとしていたことに関連する。柳田は、日本のごく普通の生活者である「常民」が伝えてきた信仰を解明しようとし、そのために各地の古い、今は衰えてしまった信仰の残存として妖怪を研究しようとした。そのとき、近世の都市社会を中心として、歌舞伎や落語・講談といった芸能などで発達した幽霊[2]は、柳田にとっては研究対象外だった。妖怪と幽霊の区別は、幽霊を研究対象から排除するためだったといえる。

　しかし、柳田の説は、現在では必ずしも支持されていない。時と場所だけでは、妖怪と幽霊の区別はあまりにも曖昧である。例えば怪談「皿屋敷」で、毎夜井戸から出現し皿を数える幽霊「お菊」や、事故現場や殺害現場に出現して祟るという「地縛霊」などは十分に妖怪的である。また、妖怪とされる狐や狸、河童なども特定個人に取り憑いてその人の前にだけ出現するなど、決して場所に固執し無差別に脅かす存在だけではない。

　現在の妖怪研究においては、幽霊は妖怪の範疇に含まれる、特殊な1カテゴリとして考察する立場が一般化している[3]。さらに妖怪が必ずしも神

概　　　説　21

の零落したものだけではないということも、やはり定説化している[4]。しかし妖怪を場所や時間と結びつけて論じようとした柳田の妖怪論は、後世に多大な影響を与えたといえる。

妖怪は境界に出る —— 宮田登の「境界論」

こうした柳田の場所への注目を、さらに発展させたのが宮田登（1936〜2000）だった。宮田は江戸随筆の怪談や現代の怪異譚を分析し、怪異や妖怪はある特定の場所で発生・出現しやすいと説明し、この怪異・妖怪多発地点を「境界」とよんだ[5]。「境界」は、この世界と「他界」や「異界」との接点であり、この世の人間とこの世ならぬものとの出会いが起こりやすい場所である。この宮田の指摘は「境界論」とよばれ、注目された。

この「境界」は、橋・河原・海岸・辻・村境・峠・坂・社寺・墓場などに設定される。これらの場所は、いずれも「こちら側」と「あちら側」の境であり、どちらにも属しているともいえるし、どちらにも属していないともいえる、両義的であいまいな場所である。そうして同時に「こちら側」がおしまいとなる、周縁的な場所である。

宮田はまず、怪異は都市や共同体、家の中など、日常生活を営む場所では起こらず、そうした日常の空間が終わり、外部へとつながる境で起きると説明した。怪異は私たちの生活空間の内部でもなく、またまったくの外部でもなく、その境と意識している場所で起きると思われてきたのだといえる。境とはまさに、こちらとあちらが接する空間である。

例えば、橋はこちらの岸とあちらの岸の間に存在する空間であり、どちらの所属とも言い難い。また橋は水の上に渡された陸地であり、水と陸とにまたがって存在している。こうした二つの領域にまたがって存在するあいまいな場所に、我々が住む世界の外の世界——「他界」「異界」とよばれる領域——の存在が出現するのである。

橋に出現する妖怪は多い。英雄・俵藤太に大百足退治を依頼した龍は、琵琶湖にかかる瀬田の唐橋の上で待ち構えていた。民間信仰として「橋占」がある。悩み事があるときは、夕暮れ時に橋の上にたたずんで通りがかりの人の声に耳を澄ますと、そこにヒントが見出されるという占いである。橋が異界と繋がる空間であるがために、そこで聞こえてくる言葉は神霊の

告知だと考えられたのである。また物語においても、牛若丸、後の源義経と忠臣・弁慶が出会う場所が京の五条大橋に設定されるなど、奇跡的な出会いが起こるとされる空間として扱われている。

　その他の場所も、河原や海岸は陸地と水界の、辻は二つの道の、村境はムラ内とムラ外の、峠は山のこちらとむこうの、坂は上と下の、社寺や墓場はあの世とこの世の接する空間だといえる。宮田の境界論は、怪異・妖怪の場所（トポス）の意味を指摘したといえる。

　この境界論が、現代の怪異譚にも共通することを指摘したのは常光徹だった。常光は中学校教員の立場から、生徒たちがささやいている「学校の怪談」を聞き集めて分析した[6]。そこから浮かび上がってきた生徒たちの怪談の場所の意味は、かつての村落共同体の境界をなぞるものであった。

　学校の怪談は、生徒たちが学校で多くの時間を過ごす普通教室を舞台とすることは少なく、特別教室や体育館、プール、運動場、階段、廊下、トイレなどが主な舞台となる。理科室の動く人体模型や骸骨、美術室の動くモナリザ、音楽室の独りでに鳴るピアノや目が光るベートーヴェンやモーツァルトの肖像画、夜に校庭を走る二宮金次郎像、夜に一段増える階段、トイレに現れる花子さんや四時婆や紫婆や赤い紙・青い紙・黄色い紙、赤いちゃんちゃんこなど、学校の怪談は普通教室以外を舞台として話される。

　特別教室は、学校の一部でありもちろん生活空間のうちにある場所である。しかし同時に、特別教室は授業時のみ立ち入ることが許される空間であり、日常の学生生活を送る空間ではない。理科室は理科の時間に、美術室は美術の時間に、音楽室は音楽の時間にのみ立ち入れる場所であり、日常生活の中心にはない。みずからが属する学校の空間にありながらも、本当に自分たちのコントロール下にあるとはいえない空間が特別教室である。その意味で、これらは生徒にとって、日常空間の周縁にある場所といえる。

　境界性の最も強い場所はトイレだ。トイレは排泄の場所であり、人間が最も無防備になる場所のひとつである。知識と社会性を習得するための場所である学校のなかで、排泄という根源的な欲求を満たすべく、社会的にはさらしてはいけない陰部を開放するトイレは、秘められた両義的な場所である。また古いボットン便所では地下への穴、水洗便所では水界へと、異界・他界へ開かれた入口が明確に現れている場所でもある。かつての村落共同体の伝承においても、河童やカンバリ入道などトイレを出現の場と

する妖怪は多い。排泄の場は人類文化において普遍のウィークポイントといえるだろう。

付け加えていえば、普通教室が怪異の空間になる場合もありうる。それは放課後だ。生徒が下校するべき時間である放課後になると、そこはもはや日常の学校空間ではない。普通教室で起きる怪異のほとんどは「放課後、みんなで残ってこっくりさんをしていたとき」や「夜、忘れ物を取りに来たとき」といった、学校文化において非日常の時間に学校を訪れたときに起こる。日常の空間が非日常の時間と重なったときに、普通教室で怪異が起こる。ここからも、怪異・妖怪は日常生活を送る空間と、異界・他界とが接触したときに出現しやすいと、我々が思っていることが見えてくる。

しかしこうした境界論に、急いで付け加えなくてはならない落とし穴がある。「境界」は、共同体に暮らす生活者の実感が積み重ねられて成立し、伝承される感覚だということだ。宮田の境界論は本来、怪異・妖怪の出現や事件事故、奇跡的な出会いが起こるとされる場所がどこに配置されているのかを考え、その場所の意味を問うものだった。しかし、宮田の境界論が一般化されていくなかで、「橋だから境界」「辻だから境界」というように、その地域でその橋や辻がどのような意味をもつのかを深く考えないままに境界として論じてしまうような言説が商業メディアで消費され、境界論は「メディアによって手垢がついた」扱いになってしまった。しかし境界論そのものは、いまだ有効性をもっているのである。

▎妖怪の「場所のセンス」と「偏在化」

怪異・妖怪の出現する場所は、現実にはそのままでは保存されるわけではない。土地が開発され、人々の生業や土地利用のかたちが変わっていくなかで、怪異・妖怪の出現する場所は大きく変貌を遂げていく。そのことを佐々木高弘は、文化地理学の知見から鋭く指摘した。

四国には「首切れ馬」という、首のない馬が駆け抜けると伝えられる道筋が存在する土地が多くある。そうした「首切れ馬の走る道」は、現在は何の変哲もない――住宅街の一角であったり、国道沿いであったり、畑の真ん中であったりする――道なのだが、古地図と比較してみるとその道は、かつての集落の境であったことがわかると佐々木は指摘する。怪異・妖怪

の出現は、その怪異・妖怪を信じる人たちにとっての「境界」、すなわち日常生活の場所と、その外側との境に配置されるということを、この首切れ馬の伝承は証明している。佐々木はこうした、地域において怪異・妖怪が出現する場所が選び取られ、後世にその境界性が忘れ去られても、まだその場所を怪異・妖怪の出現地として伝承することを「場所のセンス」とよんだ[7]。境界であるという場所への感覚が失われても、その場所への恐れや忌避感は、説話と共に保持されることがあるのだ。

しかしそうした「場所のセンス」は、現在、希薄になりつつあると髙岡弘幸はいう[8]。現代の怪異譚——心霊スポットや都市伝説、地縛霊や浮遊霊の登場する話——においては、場所性は重要なものではない。携帯電話を通じてアクセスしてくる怪異・妖怪を例として髙岡は「怪異・妖怪の非－場所化」を指摘している。現代においては怪異・妖怪が場所に縛られなくなっているのである。

これはことばを変えれば、怪異・妖怪の偏在化といえるだろう。現代の都市においては、怪異が起こらない日常の安心できる空間が縮小し、どこでも恐ろしい目に遭うかもしれないと、多くの人が感じているのである。かつての村落共同体の境界論のようにある一定のわかりやすい境をもつことなく、どこが境かわからずどこが安心できる空間かを見極められないまま、怪異に対して不安を抱いているのが、現在の都市住民の心意なのかもしれない。

4 妖怪研究の歴史と現在

▌妖怪研究事始め —— 井上円了の「妖怪学」

現在、妖怪研究は盛んである。本書のような学術的な妖怪事典や妖怪文化を研究した専門書が刊行され、それらをもととしてわかりやすく書かれた一般書も数多く出版されている。

しかし、妖怪は初めから学問の俎上にあげられていたわけではない。むしろくだらない迷信、キワモノのゲテモノとして、学問の世界では相手

概　説　25

にもされない時代が長かった。

そんな妖怪を学問的対象とする「妖怪学」を唱えたのが、明治期の宗教哲学者で哲学館（後の東洋大学）創設者の井上円了（1858〜1919）であった。「妖怪」は、現在では超自然的な「存在」を指す語となっているが、当時はもっと広く、不可思議な現象や事物すべてを指し示す語として使われていた。

円了の妖怪学も、妖怪や幽霊、憑き物といった存在だけでなく、占いやまじない、こっくりさんなどの俗信、病気が治る御利益があるという神仏や生まれ変わりといった民間信仰、食べ合わせや民間薬（マムシを焼酎に漬け込むと傷薬になる、といった類の薬）などの民間医療知識など、現在では「オカルト」や「超常現象」とも言い換えられるような分野だけでなく、蜃気楼や竜巻といった気象現象、間欠泉や地震といった地学的現象までをも含みこむ、多様な現象を研究の対象としていた。円了の妖怪学は、そうした不思議に思えるような現象や事物のほとんどは無知や誤解、錯覚によるもので、西欧近代科学の知識を用いれば合理的に解釈できると説いた。円了の妖怪学は、そうした迷信から人々を解き放つための啓蒙活動だったのである。

円了は妖怪を「虚怪」と「実怪」に分けて考える。そうして錯覚や作為による「虚怪」（誤認や勘違いなど心理的要因と思われる妖怪を「誤怪」、人間がわざと起こした妖怪騒ぎを「偽怪」とよぶ）を排し、実際に不思議な現象が起きている「実怪」からさらに、物理的・心理的原因で説明がつけられる事象（竜巻などの一見不可思議な自然現象や、罪悪感から幻覚を見るなどの心理的現象によるものを「仮怪」とよぶ）を排除する。

怪異・妖怪の原因を科学的知見からばっさばっさと斬る円了の姿勢は文明開化の世の中で多くの人々に歓迎され、円了は「妖怪博士」のニックネームで親しまれた。

円了の妖怪学は迷信・妖怪撲滅を目指した啓蒙活動と思われがちだが、円了は単なる近代合理精神の宣伝者ではなかった。円了の真の狙いは、漠然と不思議がられていた事柄を合理的に検証して、誤解や錯覚・知識不足による不思議を解決し、そのうえで解決のつかない、この世界の真の不思議——「真怪」——を知ることであった。円了の活動は「科学万能論者の妖怪退治」などではなく、哲学をもって世界の真の姿を探るための実践的

な啓蒙活動だったのである。

さらに、円了は通信教育や講演活動で妖怪学を広めるかたわら、公演で赴いた地方では積極的に現地の人の妖怪話を聴き、新聞記事などの怪談資料を貪欲に収集した。円了は実は「お化け好き」だったのだ。円了の、「人は迷いを経てのち真理にたどり着く」という思想は、彼がつくった東京都中野区にある「哲学堂公園」を散策することで追体験できる。

▌妖怪愛好者の源流 ── 江馬務と風俗史学

円了が新時代の妖怪研究の旗手だとすれば、旧時代の娯楽としての妖怪愛好の流れを引き継いだのが、風俗史学の江馬務（1884〜1979）だといえる。風俗史学は歴史学に立脚する学問分野で、衣食住や建築、儀礼などといった過去の生活文化のありようを「風俗」と名付け、その風俗の歴史を資料をもとに明らかにしていくことを目的とする。江馬は朝廷や公家・武家の儀礼や年中行事の次第とそれに伴う装束・調度・食事などの決まり事を記した「有職故実」といわれる文書資料や、生活の光景が描かれた絵巻物などの図像資料を用いて、過去の生活を目に見えるかたちで再現することを目指した。やがてそれは「風俗史学」という学問領域として認知され、江馬は日本風俗史学会の初代会長に就任する。

それゆえ江馬の妖怪研究も、浮世絵などの近世の図像を主な資料として、日本人が想像してきた「異形のもの」を考えるものであった。江馬の特徴は妖怪の容姿への注目である。江馬は著作で「妖怪」と「変化」とを分けて考え、前者は最初から異形として存在しているもの、後者は狐狸や幽霊のように「正体」があって化けているもの、と区別した。そうしてそのような存在がどのような姿かたちで表現されているかを追うことで、日本文化における「妖怪」を追いかけようとしたのである。江馬にとって「妖怪」もまた、歴史上の風俗資料に他ならなかったのである。

江馬の著作はその挿絵の面白さから版を重ね、多くの人に読まれた。また江馬の仕事のエッセンスは、風俗史学者兼民俗学者兼児童文学者の藤澤衛彦（もりひこ）が引き継ぎ、一般向けに「妖怪」を紹介する著作を多く世に出していく。こうした江馬や藤澤の妖怪研究は、現在の通俗的な「妖怪」イメージの形成に多く寄与したといえる。

概　　説　27

■民俗学の妖怪研究 —— 柳田國男の登場

民俗学は一般に、妖怪も研究対象とする（少し変わった）学問であると認識されている。そうした民俗学＝妖怪研究というイメージの形成には、日本民俗学の創設者である柳田國男（1875～1962）が手掛けた妖怪研究が大きく関わっている。

柳田は東京帝国大学（現在の東京大学）で農政学を学び農商務省の官僚となったが、視察や講演で赴いた土地の知見を活かして『後狩詞記』『遠野物語』など、それまでは注目されてこなかった各地域の生活や伝承を克明に記した著作を刊行し、民間伝承への関心を深めていった。貴族院書記官長にまで上りつめるも辞任。以降官職に就かず、新聞や雑誌、郵便というメディアを駆使して、地方の向学心ある青年層とのネットワークをつくり上げ、「常民（文化を伝える、ごく普通の生活を送るごく普通の人々）」の生活文化史の解明を目的とする民間伝承の学、民俗学を樹立した。

柳田は、民間に伝わっている妖怪の伝承や説話を、民俗学の資料として研究することを提唱した。妖怪は、常民の想像力の産物であるとし、その妖怪を考察することにより、ごく普通の人々のもつものの考え方や感じ方（柳田の言葉では「心意伝承」）を明らかにすることができると考えた。「妖怪」を、現実世界に存在する実体として論じるのではなく、妖怪を見る・聞く人間の側の文化の問題としたところが、妖怪をある・ないの次元で考察した円了、風俗史・美術史の図像のレベルで分類した江馬と異なる。

柳田の妖怪研究の特徴は、①民間伝承を直接採集した、聞き書きの資料を主な対象とする、②妖怪と幽霊を区別し、前者をより重視する、③妖怪を神仏や祖霊への信仰の衰退（零落した神）として説明する、という三点にまとめることができる。

①は文献に記載された過去の資料ではなく、現在地域で生活している人たちから直接聞いた報告を主な資料とすることにより、生の生活実感に迫ろうとする態度といえる。②の妖怪と幽霊の区別は前章でも述べたとおり、妖怪は出現する場所が決まっていて、出現する時間に偏りはあっても定めはなく、その場所を通りかかれば誰の前にも出現するもの、幽霊は出現する時間が深夜と決まっていて、出現する場所が不定であり、特定の個人を目指して出現するもの、とした。この分類は、近世都市的な存在であり、

歌舞伎の『東海道四谷怪談』などの創作で知れ渡った「幽霊」を、より民間信仰的な「妖怪」から引き離す必要上設けられたと考えられる。さらに柳田は、妖怪とはもともと土地の神霊や祀られた祖霊であり、その聖地への畏怖であったのだが、信仰が衰退し神聖さが忘れられたことにより土地を侵す恐怖感だけが伝わって妖怪になったのだとし、妖怪を零落した神霊と説明した。この柳田の分類と考察は民俗学の定説となり、妖怪研究は民間信仰の一分野である「俗信」の一部として扱われていくようになる。

　しかし柳田は、いつまでも妖怪に関わっていたわけではなかった。柳田の妖怪研究の主著書『妖怪談義』収録の論考は、主に明治末～昭和初年に発表されたものであった。明治末期の怪談の流行もあり、文学青年・柳田は怪なるものに強く興味をもっていた。だが民間伝承の学に本格的に取り組むようになった柳田は、だんだん妖怪に冷淡になっていく。日本人の固有信仰を祖霊信仰に求め日本の基層文化の解明に目標を定めた柳田にとって、妖怪は民間信仰が零落した断片的な事例であり、興味が離れることとなった。

　現在の妖怪研究では、柳田の妖怪論の②③は必ずしも支持されていない。幽霊を妖怪の特殊な一部として考察する立場は一般化しているし、妖怪が必ずしも神の零落したものではないということも定説化している。しかし、妖怪を常民文化の問題としてみつめ直した柳田の後世への影響は、やはり大きいといえる。

▌妖怪研究再始動 —— 宮田登・小松和彦

　民俗学は第二次世界大戦後長期にわたり、柳田國男の妖怪論の枠組みを受け継いだまま再検討しようとはしてこなかった。昭和後期から平成初年にかけて、その手詰まりを「都市」と「境界」を鍵として破ったのが、宮田登（1936～2000）だった。

　前章でも触れたが宮田は、江戸期の随筆と現代の世間話の怪異譚を分析して、妖怪は辻・橋・河原・村境といった特定の場所で出現すると説明した。そうした怪異多発地点は、日常空間の周辺に設定された「他界」や「異界」との接点である「境界」であり、そこではこの世ならぬもの（妖怪や神仏）との出会いが起こりやすい場所だと宮田は説いた。そうして都市化

概　　　説　29

された現代にもそのような「境界」は存在しており、現代の怪異譚を生んでいると指摘した。また怪異の体験者に女性・子どもが多いことにも注目し、そこに巫女や稚児の霊力の痕跡を見出し、近世と現代の連続性を強調した。それは同時代の、民俗学の方法を用いて都市という空間と関係性を読み解き、現在学としての民俗学を再構築しようとした「都市民俗学」とも同調する動きであった。

　宮田に続いて小松和彦（1947～）により、柳田の妖怪研究の限界の指摘と新たな視座の提示がなされた。小松は柳田の「妖怪は神の零落したもの」という一直線の衰退史観を批判した。そして「構造分析」の手法を用いて高知の山姥伝承の事例などから、妖怪と神はどちらも超越的な存在であって、人間がそれらを祀れば神として扱われ、祀り捨てられれば妖怪になると論じた。神の妖怪化は妖怪が神に祀られることの逆転であり、構造として同一であることを証明したのである。小松の導入した「構造分析」は、現象の表面の異同にとらわれずに、潜在するものの考え方を抽出し、現象を理解する研究手法である。妖怪はそのおどろおどろしさやコミカルさに目が向きがちだが、そうした表層に惑わされずに基礎の構造を分析することで、妖怪と神とが表裏一体の存在であることを指摘したこの論は、妖怪を人間と社会の認識の問題としてとらえ直す「総合人間学としての妖怪研究」の出発点でもあった。小松の構造分析の視点は妖怪研究を新たなステージへと進めたといえる。

　この平成1ケタ年代の時期、国文学でも怪異文学研究が活発化する。江戸幻想文学の領域を拓いた高田衛（1930～）、江戸怪異文学を研究した堤邦彦（1953～）、中世の百鬼夜行から都市論を展開した田中貴子（1960～）、黄表紙の妖怪を読み解いたアダム・カバット（1954～）、歌舞伎などの怪談文化を丹念に追った横山泰子（1965～）らが意欲的な成果を発表する。

　民俗学では常光徹（1948～）が「学校の怪談」への注目を喚起、湯本豪一（1950～）が「幻獣」という新たな視座を提示、香川雅信（1969～）による「江戸の妖怪革命」の指摘など、怪異・妖怪研究の機運が高まりつつあった。

　小松はそうした流れをまとめつつ、国際日本文化研究センター（日文研）を拠点として妖怪を主題とした共同研究プロジェクトを始動、成果報告書をまとめつつ、民俗学研究雑誌の妖怪異・妖怪事例をデータベース化した

「怪異・妖怪伝承データベース」（http://www.nichibun.ac.jp/YoukaiDB/2002年公開）、日文研所蔵の妖怪画像をデータベース化した「怪異・妖怪画像データベース」（http://www.nichibun.ac.jp/YoukaiGazouMenu/2010年公開）を公開、その蓄積から事典を編纂するなど、妖怪研究の成果を世に問うた。

　一方で歴史学では、西山克（1951〜）を中心として「東アジア恠異学会」が結成され、歴史学に軸足を置く怪異・妖怪研究の拠点として活発に成果を発表、あいまいな信仰や伝承に立脚した立場でのみ論じられてきた怪異・妖怪の実証的研究の道を拓き、榎村寛之（1959〜）の古代怪異論など、優れた成果が生まれた。

▌これからの妖怪研究に向けて

　平成1ケタ年代には、エンターテインメントでも妖怪ブームが訪れていた。藤田和日郎（1964〜）の『うしおととら』（1990）などの妖怪漫画や、京極夏彦（1963〜）の『姑獲鳥の夏』（1994）を皮切りとする百鬼夜行シリーズなどのヒットにより、妖怪コンテンツの人気は一気に高まった。そのような機運のなか、妖怪愛好家と妖怪研究者の入り混じる「世界で唯一の妖怪マガジン」である文芸誌『怪』（KADOKAWA、1997〜）が創刊。同誌には京極の優れた妖怪論が連載されるなど、妖怪の研究と創作と愛好の間隙が縮まった。また、2001年に国立歴史民俗博物館で開催された企画展「異界万華鏡――あの世・妖怪・占い――」以降、公立の博物館・美術館における妖怪展示も活発となっている。妖怪はもはや日陰の身ではなくなり、多くの人に好まれるコンテンツとなった。

　以上、妖怪研究は1990年から2000年初頭にかけて飛躍的に発展し、その後もゲーム『妖怪ウォッチ』のヒットなど、創作ともお互いに影響を与え合いながら現在に至っている。今後の妖怪研究は、このような創作をも含めた、新たな妖怪のありようを考える方向を探っていかなくてはならないだろう。

概　　　説　　31

第Ⅱ部

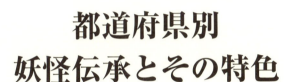

都道府県別
妖怪伝承とその特色

オキナ

地域の特徴

　北海道は日本の最北端であり、47都道府県で最大の総面積を有する。西に日本海、南東に太平洋、北東はオホーツク海と、周囲は海に面する。
　かつて「蝦夷地」とよばれた北海道は、サハリン（樺太）、千島列島とともに、アイヌ民族の生活の場として、アイヌ文化がはぐくまれてきた土地である。現在でも道内の地名の多くがアイヌ語地名に由来するのは、このためである。
　明治に入ると、政府は蝦夷地を北海道と改め、開拓使を設置した。以降、和人の移住も増え、「開拓」が進められるなかで、アイヌ民族の生活は圧迫されるようになった。北海道における和人のルーツの多くは、こうして明治以降になって本州などから移住して来た人々である。そのため、江戸時代からすでに和人地があった松前など道南の一部を除き、和人の民俗文化にあっては、津軽海峡を挟んで隣り合う東北地方との連続性はほとんどない。むしろ、全国各地からの移住者によって持ち込まれた多様な文化をもとに、寒冷地に適したかたちで発展した文化が北海道の特徴である。

伝承の特徴

　北海道の伝承には、アイヌ民族の口承文芸と、移住してきた和人の口承文芸とがある。だが、もともと北海道がアイヌ民族の生活の地であり、北海道における和人の歴史も浅いことから、道内における和人の伝承は、比較的新しいものに限られ、話の種類や量もアイヌ民族の伝承と比べて乏しい。そのため、本項では北海道の伝承として、アイヌ民族の伝承を中心に紹介する。なお、アイヌ語の名称は、「ㇻ」「ㇱ」などの小文字も用いる、アイヌ語カナ表記による。
　アイヌの妖怪の多くは、普通の人間や動物とは違う姿をしていることが特徴として語られる。例えば、チチケウという熊のような化け物は、やせ

て毛がなく耳の先にだけ毛がある、などと語られる。

　道内には大きな湖や湾がいくつかあるが、そこには、巨大な生物が住んでいたという話が伝わっていることが多い。湖の端から端まで体が届くと語られるほど、異常に大きい動物たちもまた、化け物だといわれる。こうした化け物魚たちの伝説は、単なる怪異譚として終わるのではなく、湖の真ん中にある島（中島）ができた理由など、それぞれの土地にみられる特徴的な地形の由来を説明する話と関わってくることが多い。

主な妖怪たち

アラサルシ　アイヌ民族の伝承に登場する化け物。アラは「一つの」、サラは「尾」、ウシは「〜に付く」の意。熊のような化け物だとされる場合が多い。その具体的な姿についての描写は地域や伝承によってまちまちで、赤毛で尾が長い（地域不明）、耳の先と尾の先に少しだけ毛が生えているがその他は毛がなく、歯は上も下も長い牙をむき出している（門別町〔現・日高町〕）などとされる。説話では、非常に気が荒く、人や他の動物を襲うものとして語られる。特に神謡という、カムイ（神）が自叙する形式の説話ジャンルでは、位の高い神がアラサルシに襲われて、これと戦うという話がいくつかみられる。平取町には、実はアラサルシであった夫によって兄が殺され、母や自分もあやうく殺されかけたという、位の高い熊神の娘が語ったという話がある（『カムイユカラと昔話』）。

イワエトゥンナイ　アイヌ民族の伝承に登場する化け物。死者を包んだござの真ん中に４本の足をつけたような形の化け物で、頭を上下に振りながら歩くという。熊やオオカミでもかなわないほど力が強い。また、一つ目の化け物で、岩でも何でも穴を穿って突き進むといわれることもある。

オキナ　アイヌ民族の伝承に登場する巨大な怪魚。巨大なクジラだといわれることもある。シオキナ、ショキナなどともいう。口を開けば、上あごは空に、下あごは海底に届くという大きさの魚。クジラまでも丸呑みにするため、多くのクジラが乱れ走るのは、オキナに追われているためだともいう。昔、ショキナという巨大なクジラが漁に出る舟を丸呑みにしようとするので恐れられており、カワウソの神がこれを退治しに行った。この際、助言をしてくれた登別の神にお礼として、真っ二つに斬

って退治したオキナのうち、頭のついた半分を置いていった。これが登別市にあるフンペサパ（「クジラの頭」の意）という小山だという話がある（『アイヌ伝説集』）。

オヤウ

アイヌ民族の伝承に登場する大蛇。ホヤウともいう。毒気を含む強い悪臭を発していて、それに当たると体が腫れたり死んだりしてしまう。翼のあるオヤウを「ラプシオヤウ（「翼がついているオヤウ」の意）」ともいう。また、サクソモアイエプと同一視される場合もある。洞爺湖など、いくつかの湖の主だともいわれ、八雲にある沼にもオヤウがいたという話が伝わっている。その沼に近寄った人が沼の淵にイルカくらいの動物が並んでいるのを見て、「オヤウらしい」と恐ろしくなって逃げた。しかし、一緒に連れて行った犬はその動物の近くに行ったまま帰って来なかった。それはおそらくオヤウの毒に当たって目が見えなくなり、沼に落ちて死んだのだろうということだったが、その人も間もなく死んでしまったので、この沼には近寄るなといわれたという（『アイヌ伝説集』）。

ケナシウナラペ

アイヌ民族の伝承に登場する化け物。ケナシは「木原」、ウナラペは「おばさん」の意。ニタッウナラペ（「湿地のおばさん」）ともよばれる。コノハズクという鳥の姿をしているともいわれるが、多くの場合は「編みかけのカゴを頭からかぶったような姿」の女の化け物だとされる。すなわち、肩が隠れるくらいの長さのざんばら髪で、顔の方へも同じように髪が垂れている姿である。そのため、見ただけでは前も後ろもわからないようだという。しかし、髪を分けて顔を出すと非常に美しいといわれることもある。新平賀村（現・日高町）には、人間の国から神の国に戻ろうとする子熊が、ケナシウナラペに嫉妬されて矢を射かけられたせいで毛皮に異常をきたして、本来戻るべき親の元には行けず、祖父の元に行くことになってしまった話がある（『神謡・聖伝の研究』）。この話のように、嫉妬のために、子熊を傷つけたり、人間の赤ん坊をさらって隠したりする化け物である。

コシンプ

アイヌ民族の伝承に登場する化け物。地域によってコシンプイ、コシンプクともよばれる。コシンプのなかには、山にいるイワコシンプ、海にいるルルコシンプなどがいる。イワは「山」、ルルは「潮」の意味。いずれも、色白な美男美女の姿として現れることが多

いが、変幻自在であり、海の泡などさまざまなものに化けることができる。人間に惚れることが多く、魅入られた者は遠からず死んでしまうというが、人間の憑き神になって、憑かれた人間が一生不自由しないように守る場合もあるなど、善いものも悪いものもいるという。海の中にある高い山にいるコシンプが、ある人間の男に惚れてしまい、交易のために海に出たその男を神通力で山に呼び寄せた。冬の間に男が死んだら魂を奪って夫にしようとしたためである。それに気付いたカラスが、男に肉を与え、羽で温めて助けたうえ、コシンプと戦って男を守った、という話が平取町にある（『炎の馬』）。

サゥソモアイエプ

アイヌ民族の伝承に登場する、毒を発する大蛇。「夏に言わないもの」という意味。蛇の性質として、暑くなると自由に動けるようになって力を発揮するため、夏にはこの化け物のことを口にしてはいけないという。逆に寒さには弱い。激しい臭気を発しており、その毒気に当たったという話が多く、オヤウと同一視されることもある。頭と尻の方が細く、腹は太くて翼が生え、全身は黒味を帯び、目と口のまわりが赤く、鼻先のみが尖っているともいう。昔、鵡川にあった沼にサゥソモアイエプが住んでいたという話がある。その悪臭で周囲は草も木も枯れてしまい、人間が風下を通ると毒気で身体が腫れあがり、腫れがひくと髪が抜け落ちる有様だった。雪の上を通った跡は、丸太を引っ張ったかのようで、2mごとに雪の上を翼で叩いた跡があり、その跡の上を歩くだけでも毒気にやられたという（『アイヌ伝説集』）。

大魚

アイヌ民族の伝承には、国造りの神が大きなアメマスの背の上に大地をつくってしまったため、地下にいるこの魚が時々動いて地震が起きるという話がある。また、洞爺湖、屈斜路湖、支笏湖などの大きな湖には、きわめて大きな魚が住んでいたという話も伝わる。魚の種類はアメマスやイトウに似た魚だといわれることが多い。江戸時代に北海道を歩いてまわった松浦武四郎も、アイヌ民族から聞いた伝説として、洞爺湖にアメマスのような大きな魚がいて、鹿を丸呑みにしていたと『後方羊蹄日誌』に記している。こうした巨大な魚の様子は、頭は湖の上手に、尾びれは湖の下手に届き、腹びれは湖底をこすり、背びれは水の上に出て天日に焦げるほど大きく、舟ごと丸呑みにする（屈斜路湖：『アイヌ伝説集』）、体長が60mほどもある大きなイトウが熊を丸呑みにした（然別湖：『アイ

ヌ伝説集』）などと語られる。さらに、大魚（大アメマス）を退治しよう
とした際に魚が暴れて山が湖に崩れたために、湖に中島ができ、魚はその
下敷きになった（『アイヌ伝説集』）というように、湖の地形ができた理由
などを説明する由来譚に関わることも多い。

チチケウ　　アイヌ民族の伝承に登場する化け物。チチケウナ、チチケ
ウニッネヒなどともよばれる。「幽霊」と訳されたり、鹿の
ような化け物とされたりする場合もあるが、多くの伝承では小型の熊の
ような悪い化け物で、人を襲う。姿の詳細は、地域や伝承者によって多少異
なり、体が小さいが足は大きく、馬の尾のように長い尾をもつ（穂別町〔現・
むかわ町〕、幌別市）、毛が縮れて、体の毛色の半分は赤く、半分は黒い（千
歳市）などのような異形の姿として語られる。平取町の貫気別に住む男が
語ったとして伝わる説話では、あるとき女が刀を抜いている姿を夢に見て、
翌日、山に入るとその女が本当に刀を振るっていた。斬られそうになって
驚き、逃げおおせてから確認すると、女だと思っていたのは実は、全身に
毛がなく、耳と尾とに少し毛があるだけのチチケウニッネヒだったという
（『人類学雑誌』29-10）。

パウチ　　アイヌ民族の伝承に登場し、「淫魔」「淫乱の神」などと訳さ
れる。通常は天の国のススランペッという川のほとりにいるが、
時々、人間界に来ては裸で群れて踊り、人間を誘惑して仲間に加えつつ世
界をまわって歩くという。これに魅入られると、狂ったようになり、裸で
踊りまわったり騒がしく暴れたりする。浮気などもパウチに憑かれたせい
だと考えられた。心のよくないものだが、工芸に巧みだともいわれ、層雲
峡（上川町にある峡谷）はパウチがつくったともいわれる。知里真志保に
よる『えぞおばけ列伝』には、千歳に住む男がパウチに出会った話がある。
男が山から下ると、川岸で大勢の男女が一糸まとわず、にぎやかに踊って
いた。そのなかから美女が出てきて、彼の方へ近寄ろうとしたが、男は「こ
れはパウチの群れだな」と気づいて神に助けを求めた。その祈りで神に目
をかけてもらったおかげで、女は遠くから手を差し伸べるだけで、男のそ
ばには近寄れなかったという（『アイヌ民譚集』）。

化け熊　　アイヌ文化では熊は重要な神の一つだが、なかには人間を襲
うような性質の悪い熊もいる。良い熊は山の上の方に住んでい
て体毛が黒もしくは金であるのに対し、悪い熊は山裾の方に住んでいて体

38

毛は赤い。そして、特に異形である熊は化け物として語られる。更科源蔵・更科光の『コタン生物記Ⅱ』には、四つ指（熊は通常五本指）、前足と後ろ足の長さが違うなどの異形の熊が、悪い熊として紹介されている。平取町には、前にも後にも走れるウホシサパウシ（「反対に頭がついている」の意）という化け熊に出会った少年の話がある。この熊は、前と後ろに頭があり、それぞれの頭の額に、へらのような角が生えており、人をさらっては食べるという噂であった。体に松やにを塗っているため、毛が固く、矢が刺さらなかったが、ハリガネムシの神の助けもあって、ようやく退治できたという（『炎の馬』）。

ミントゥチ

アイヌ民族の伝承に登場する化け物。地域によってニントゥチ、フントゥチなどともよばれる。河童と訳されたり同一視されたりすることも多いが、必ずしも和人の伝承における河童と同様の特徴ばかりではない。姿の特徴として、人間の子どもくらいの大きさである（新ひだか町）、頭には毛がない（旭川市）、足跡は鎌のような形である（平取町）などといわれる。また、ヨモギを束にして十字に結んでつくった草人形がミントゥチになったという由来譚がある。そのために両腕が体の中でつながっているので、一方の手を引っ張ると両手ともに抜けるのだという。日高町には、十勝川の川上に住む男の娘と結婚しようとしたミントゥチが、正体を暴かれたために十勝川から出て行き静内川に住むようになって以降、静内川では魚はたくさん捕れるようになったが、毎年水死人が出ることになったという話が伝わる（『神謡・聖伝の研究』）。このように、人間に悪さをするばかりではなく、魚を授けるという水の神の親戚としてのミントゥチの性質がうかがえる話もある。

モシリシンナイサム

アイヌ民族の伝承に登場する化け物。見たと思ったらすぐに姿を消すという。その姿は、人によって、まだらの牛や、頭も足もない馬の姿、あるいは熊、鹿などといった動物に見えるともいう。これを見ると長生きしないとか、一生不幸になるといわれた。知里真志保『えぞおばけ列伝』には、道ばたなどで、大きな雌鹿が草を食べているのを見たと思っても次の瞬間にはもう姿がない、といったときには、この化け物に狙われているので、神に祈りながら体を清めなければならないという話がある（『アイヌ民譚集』）。

北　海　道　39

シガマニョウボウ

地域の特徴

　東北地方はかつて陸奥国や陸奥(「道の奥」の意)とよばれていたが、現在の青森県はそのなかでも最北端に位置する。県内全域が豪雪地帯に指定されており、冬場は非常に雪深い地域である。北は津軽海峡、西は日本海、東は太平洋に面しており、西側に突き出た津軽半島と東側に突き出た下北半島が陸奥湾を囲い込む印象的な県の形は、全国でも広く認知されている。1年のうち、厳寒の時期が長く続くと同時に、暖流と寒流が出合う青森県沿岸の海は豊富な海産物に恵まれた優良な漁場でもある。

　海との繋がりが深い一方で、内陸には世界遺産の白神山地や、十和田湖や宇曽利湖、八甲田山や岩木山、恐山などといった景勝地が広がり、海と山の県だといえる。三内丸山遺跡など、縄文時代に大規模集落があったことを示す遺跡もあり、県内に残る多くの遺跡の発掘調査から、古くから北海道や東北の近隣地域との間に交流があったことがわかっている。西日本に端を発するヤマト王権は、陸奥に住む人々を「蝦夷」とよんで支配下に置こうとしたが、平安時代に至って征夷大将軍の坂上田村麻呂が「蝦夷」の指導者である阿弖流為らを降伏させるまで、長きにわたる抵抗が続いた。

　江戸時代に入り幕藩体制が敷かれるようになると、現在の青森県西部に津軽藩が、東部に南部藩が置かれた。県の名称は、明治の初めに県庁が弘前町から青森町に移されたことに由来する。現在、県内の人口の半分ほどは青森市、八戸市、弘前市に居住している。県の中央を走る奥羽山脈の西に位置する津軽地方と、東に位置する南部地方は、今日に至るまで異なる文化や習俗をもち続けていることで知られる。

伝承の特徴

　青森県の伝承には、社寺に伝わる縁起類や、一般の民衆の間に伝わった口頭伝承や古記録類のほか、津軽や南部など県内各地に分布するイタコな

どの民間宗教者が伝える祭文その他の口頭伝承が大きな役割を果たしている。イタコが語る「岩木山一代記」その他の祭文には、説教節「山椒太夫」などの口承文芸と共通した筋書きをもつものがあり、強い物語性を有する。

　下北半島の恐山は、イタコが夏と秋の大祭時に、死者の想いを代弁するという「口寄せ」を行うことでも知られる。しかし、恐山でイタコが口寄せを行うようになったのは古来からの習俗ではなく、昭和に入って以降のことだという。イタコは占いなどを通して、依頼者が抱える問題の原因を河童や狐、死者の霊などに求めることなどもあり、妖怪の伝承とも浅からぬ関係をもっているといえる。神や死者、また、時には生者の口寄せを行うこともあった口寄せ巫女は、イタコに限らず、カミサマやアズサなど多様な名でよばれ、全国各地に分布していた。しかし、近代に入ってから全国の口寄せ巫女は激減した。そうしたなかで、口寄せ巫女の伝統を長く残してきたのが青森県をはじめとする東北地方なのである。

主な妖怪たち

アカテコ

八戸のとある小学校の前の古木から、アカテコという赤い小児の手のようなものがぶら下がるという言い伝えがある（『郷土趣味』5-2）。かつて、この古木の根元には若宮神社という小さな祠があり、傍らに17、8歳の美しい振袖姿の娘が立つことがあった。この娘を見た者は熱病にかかるのだという。

甘酒婆

夜中に甘酒を求めては、家々の戸口を叩いてまわる老婆姿の妖怪。青森市などに伝わる。「甘酒はないか」という甘酒婆の問いかけに対して返事を返してしまうと、病気になるという。しかし、戸口に杉の葉を吊るしておくことで、これを防ぐことができる（『旅と伝説』13-6）。山梨県の「アマザケバンバア」、奈良県や石川県の「白粉婆」など、他県にも同様の話を伝える地域がある。家の戸口に、何かを記した紙を貼ったり、魔除けとなる物を提げたりするのは、疫病神による病を防ぐための一般的な対策である。

オガリヤワラシ

お仮屋の座敷に出るという子ども姿の妖怪。八戸の観音林には殿様が泊まるための座敷を備えた「お仮屋」という家があった。その座敷には昼間であっても、いつでもオガリヤワラシが歩いているといわれており、子どもはこれを恐れて座敷に近づ

けなかったという（『伝説雑纂』）。岩手県や青森県でいうところのザシキ
ワラシに近いものであるが、ザシキワラシほど広く分布する名称ではない。
八戸にもザシキワラシの伝承はある。明治の初め頃まで、八戸の湊には
貸座敷を家業とする店があり、ザシキワラシが出ると評判だった。夜半に
なると綺麗なチャンチャンコを着た子どもがどこからともなく現れて、客
の男に腕相撲をせがむと怪力でへとへとにさせていた。あるとき、赤い
襷をかけて箒を持った見慣れぬ女の子がこの店の２階から降りてくると、
黙って外へ出て行った。それ以降、この店は廃れてしまったという。

オシッコサマ

津軽では河童に類する妖怪を、メドツ、メドチのほか、
オスイコサマ、オシッコサマ、セッコウサマなどとも
よぶ。中国の水神「水虎」の知識が江戸期以降の知識人、例えば僧侶、山
伏、その他の民間宗教者などを介して在地の伝承に流れ込み、なまったも
のだと考えられている。メドツを祀ったものがオシッコサマだともいわれ、
両者は名称こそ異なるものの、非常に似ている存在である。ただし、名称
に「様」を付けて祀られているオシッコサマなどは、水難や火難を防ぐた
めの神なのでもあり、その点で、主として人間に悪さをするメドツとは性
格が異なる。

恐山の死霊

恐山では、死んだ人の声を聞いたり、姿を見たりする
ことができるといわれる。恐山は下北半島の中央部に位
置した、宇曽利湖を中心とする外輪山の総称である。地元では「死ねばお
山さ行ぐ」といわれるとおり、古くから死者の霊が集まる山だと考えられ
てきた。本来は地蔵信仰に基づく死者供養、現世利益の霊場であるが、い
つからか、直接死者に出会える山として知られるようになった。恐山の敷
地内には温泉が湧いており、この温泉に浸かっていると、窓の外に知人の
霊が見えるともいう。恐山といえば、自らに死者の霊を憑依させて、その
想いを代弁するという口寄せ巫女の「イタコ」が有名であるが、イタコは
恐山には常駐しておらず、年２回の大祭のときなどに入山するのみである。
また、イタコが恐山に来て口寄せをする習俗が一般化したのも、昭和に入
ってからのことであるという。

カワオナゴ

青森市の十川にかかる釜谷橋近くの土手に現れて、男
に取り憑く美女姿の妖怪（『津軽口碑集』）。江戸期の『谷
の響』には、声だけの妖怪「川媼」の言い伝えが載っている。月の明るい晩

に山小屋を訪ね、老婆の声で子どもたちが世話になったと告げるという。

鬼神社の鬼

弘前市の鬼沢には、古くは「鬼の宮」ともよばれた「鬼神社（きじんじゃ・おにじんじゃ）」という神社があり、その名のとおり、鬼（鬼神）が祀られている。鬼神社には、地元の村人が水の少ない農地の開拓に難儀していたところ、鬼が現れて用水路の建設を手伝ってくれたという話が残されている。これに喜んだ村人が建立したのが鬼神社であるという。神社には鋤や鍬などの、鉄製の巨大な農具が奉納されている。このように、津軽の鬼は必ずしも人に害を為す恐ろしいだけのものではない。例えば津軽には、鳥居に立体的な鬼の彫刻（「鬼ッコ」）を付けた神社も複数存在する。この鬼は、悪いものが外から入らないようにするためのものであり、鳥居に鬼を付ける習俗は、明治の初め頃に弘前市内の八幡宮から始まったという。津軽における鬼は、善と悪の両方のイメージをもち合わせているといえよう。

櫛引八幡宮の白狐

メドツの彫刻が残る八戸の櫛引八幡宮には、狐の伝承もある。本殿の横板には狐の持ち物である「宝珠」形の穴が開けられており、御室とよばれている。これは八幡宮の使いの狐が出入りするためのものだという。櫛引八幡宮には、八戸中に甚大な被害をもたらした八戸大火の際、夜中に白狐が御室から出てきて本殿のまわりを駆けまわって、火災の発生を伝えたという伝承が残っている。八幡宮本殿のすぐ近くには、この白狐を祀った末社である悶破稲荷神社がある。かつての日本では、狐が火を自在に操って火事を起こしたり、逆に、火事を消してくれることがあるとも考えられていた。櫛引八幡宮の場合は、人を助ける稲荷神の「神使」（神のお使い）としての狐である。

狗賓

恐山を構成する山の一つである大尽山の山腹から、場違いな管弦の音が聞こえ始めることがあり、これは「狗賓」（天狗）の仕業だと考えられている。この音楽が聞こえると、それまでどんな晴天であっても一転して山が荒れだす。そのため、こうしたときには、宿坊を守る者が裃を着けて威儀を正し、高張提灯をかざした小者を先に立たせて、宿坊ごとに「今にお山が荒れて参ります。何か御不浄はござりませぬか。お慎みなされませ」といった警告を発してまわったものだという。そして、もしも山の霊威を汚すような者があった場合、即座に下山を命じたのである（『あしなか』53）。また、恐山の境内には明神堂というお堂があり、ここ

東北地方　43

へ女人が上がると、ただちに雨が降るといわれていた。これも狗賓の仕業であった。夕闇の迫る頃に奇怪な舞を舞う白衣の山伏が、たびたび目撃されたものだという（『旅と伝説』2-7）。

シガマニョウボウ

東北地方を中心として各地に伝わる雪女、雪女房に類した話。シガマ（つらら）のように細くて美しい妻が欲しいと呟いた男のもとに、そのとおりの女がやってくる。唯一の欠点は、風呂に入ろうとしないということだった。隣の女房に頼んで無理やり風呂に入れてもらうと、湯船には櫛だけが浮いていた。

嶽の大人

津軽には鬼に類した「大人」（巨人）の伝承もある。江戸期には、岩木の嶽や鬼沢村の嶽といった場所に出没した大人が、樵夫に相撲を挑んだり、大量の薪を一夜のうちに運んでおいてくれたりするという伝承があり、近代以降にも広く語られてきた。また、温泉地としても有名な酸ヶ湯で死者が出ると、風雨が起こって大人に死体をさらわれるともいう。これは、全国的に広がる、死体をさらう妖怪「火車」の知識が大人伝承に混入したものと思われる。大人と交わって遊ぶようになった鬼沢村の樵夫が、ついにはみずから大人になってしまい行方をくらましたという話もある（『津軽俗説選』）。津軽の大人伝承は、江戸期から近現代にかけて鬼の伝承と混じり合ってきたようである。

タタリモッケ

津軽地方などでは、恨みをのんで死んだ人は祟りを引き起こすと考えられていた。堕胎された胎児や非業の死を遂げた人などが変じるという（『日本民俗史大系』12）。

タンコロリン

弘前市の周辺では、大人の言うことを聞かない子どもに対して「タンコロリンが来るぞ」と言って脅すことがある（『津軽口碑集』）。青森県や宮城県などの東北地方には、タンコロリン、あるいはタンタンコロリンといった妖怪の伝承があり、宮城県のタンタンコロリンは古い柿の木が化けたものだと考えられている。

テンコロバシ

坂道を転がる妖怪。八戸では、雨の日に坂道をグルグルと上下する大きな丸い光をテンコロバシとよんでいた。類似したものに三戸の南郷村に伝わっていたデンデンコロバシがある。夜に坂道を歩いていると、ゴロゴロと転がって来た石が、くるぶしなどに当たるという。これは狐の仕業だと考えられていた（『常民』17）。岡山県のテンコロコロバシも坂道を転がる妖怪であり、ツチノコやツチコロ

ビを含めて、坂道を転がる妖怪は広く全国各地に分布している。

八の太郎

　　青森県、岩手県、秋田県には、八の太郎（八郎太郎）という名前をもった巨人もしくは蛇神の子の伝承がある。各地に伝わる八の太郎の伝承は、それぞれ少しずつ異なるかたちをもつが、多くは十和田湖や八郎潟などの広い水域を中心に据えたスケールの大きい伝説である。江戸期の津軽に伝わる話は以下のようであった。昔、相内村（現在の五所川原市に位置する）に八の太郎という樵夫がいた。ある日、川で岩魚を釣って食べていると、急に喉が渇いて仕方がなくなった。川の水を飲み始めたが、飲んでも飲んでも喉の渇きが止まらない。ついには異形の体になり、山にも里にもいられなくなってしまった。そこで十三潟（津軽半島北西部の十三湖）に入ろうとすると、もとから棲んでいた河伯（河童）に追い払われ、平川の淵に入ろうとすると、ここでも河伯に責め出された。そうして秋田へ逃げ去って、とある潟の主となった。それが今の八郎潟であるという。別の伝承においては、やはり人間から龍に姿を変じた秋田県田沢湖の「たつこ」と、八の太郎が夫婦であるともいう。

メドツ

　　津軽や八戸の周辺では、河童に類した妖怪のことをメドツあるいはメドチという。八戸の櫛引八幡宮は馬淵川流域に位置する南部一宮である。大工の名匠、左甚五郎が櫛引八幡宮の本殿を建てた後に、余った木材を川に捨てた。すると、それに精が付いてメドツになり、人や馬を襲うようになってしまった。これに怒った八幡神が鷹を遣わしてメドツを懲らしめたという。本殿に施された彫刻には、以上のような伝承に関わるメドツの彫刻が残されている。また、八戸の昔話には次のようなものもある。甚四郎という男が、子どもたちがいじめていた鷹を買い取ってやった。すると鷹は、田んぼで遊んでいたメドツに襲いかかった。メドツは「えめこ槌」「えめこ袋」という宝物を与えるから許してくれと言い、これを受け取った甚四郎が妻と一緒に槌を振ると、大きな家や米倉が出てきて裕福になった（『青森県史　民俗編』）。青森県を中心に岩手県、宮城県にも広がるメドツやメドチといった妖怪の名称は、古代の水の神「ミヅチ」が変じたものだと考えられている。そうした意味では、北海道に伝わり、やはり「ミヅチ」が変じたものだと考えられている「ミントゥチ」とも近しい関係性にある。

東北地方　45

ザシキワラシ

地域の特徴

47都道府県のうち、岩手県の総面積は北海道に次ぐ第2位の広さをもつ。県内全域が豪雪地帯に指定されており、冬季は厳しい寒さにさらされるが、奥羽山脈の影響もあり、同じ岩手県内であっても地域によって気候は大きく異なる。北上盆地は特に冬場の冷え込みが激しく、県庁所在地である盛岡市は、より北に位置する北海道の札幌市や青森県の青森市よりも最低気温が下回ることが少なくない。広大な面積を誇る反面、遠い過去から現在に至るまで、峠を越えつつ県内の離れた地域に移動するのには多くの時間を要する。

西日本のヤマト王権によって、「蝦夷」とよばれていた東北地方の人々の征伐が進められると、現在の岩手県にあたる地域はヤマト王権の権力が及ぶ北端となった。征夷大将軍の坂上田村麻呂によって蝦夷の指導者である阿弖流為が制圧されると、北上川流域はヤマト王権の統治下となる。江戸時代に入ると、現在の岩手県にあたる地域は仙台伊達藩や盛岡南部藩などによって統治され、明治に入って盛岡県が設置されると、数年後に現在の岩手県に改称された。

伝承の特徴

盛岡市の三ツ石神社には、「鬼の手形石」という巨大な三つの石が今も残されている。江戸期の地誌『盛岡砂子』は、この石の由来を次のように記す。地元の人々に悪さをはたらいていた鬼が捕まえられて石に縛り付けられたときに、もう決して悪さはしないという約束の証拠として、石に手形を押し付けた。これが岩手という地名の由来だという。

このように、県名に採用された「岩手」という地名の起源譚にも妖怪が関わっており、岩手県は妖怪をはじめとした豊富な在地伝承をもっている。現在も残されている岩手県の伝承について考える際に重要となるのが、近

代の岩手県という環境に根差した文筆活動を行っていた二人の人物である。一人は、遠野地方の説話伝承を集めた柳田國男『遠野物語』の情報提供者である遠野出身の佐々木喜善。もう一人は、『銀河鉄道の夜』など、数々の小説や詩をつくった宮沢賢治であり、二人の間には交流があった。喜善は柳田に遠野の伝説や昔話、世間話や俗信などにまつわる情報を集めて提供するだけでなく、みずからも筆をとって遠野の伝承を書き留めた。それは『聴耳草紙』などの著作として結実している。

　賢治は岩手県の郷土の風景にヨーロッパ的な印象を重ね合わせて、「イーハトーブ」という架空の物語世界を創り出した。イーハトーブとは、岩手＝イハテの発音を、エスペラント語などを意識しつつ改変した、賢治による造語である。賢治の作品には、岩手を中心とした東北地方に伝わる説話からの影響が強くみられる。例えば、『風の又三郎』には東北地方などに伝わる妖怪「風の三郎」からの影響があり、また、同じく東北の妖怪「ザシキワラシ」を題材にした作品もある。もともと豊富な伝承を有していた岩手県であるが、それが近代において柳田國男、佐々木喜善、宮沢賢治に代表される文人たちに再発見されたことにより、現代にも命脈を保つ民俗資料や創作物として残されることに繋がったのである。

主な妖怪たち

悪路王
　東北地方の語り物文芸や在地伝承に登場する鬼の頭目「悪路王」は、坂上田村麻呂によって征伐された東北地方の蝦夷の族長、阿弖流為のことだともいわれる。岩手県を中心とする東北地方では、悪路王率いる鬼たちは平泉町達谷にある達谷の窟を根城にしていたと伝えられる。また悪路王の首を模したという木彫りの彫刻が、茨城県の鹿島神宮に納められている。

岩手山の鬼
　岩手山には大武丸という鬼の首領がいた。大武丸は後に「鬼ヶ城」とよばれる土地の穴を根城にして、数多くの鬼を従えて麓の人々を苦しめていた。田村将軍が奥州征伐を行った際、立烏帽子と名乗る神女が現れて先達を務めた。この立烏帽子が鎮座したのが、岩手山の東にある御姫ヶ岳であるという。立烏帽子の助力を得て田村将軍は鬼の征伐を進め、生き残った鬼は閉伊郡の方に逃げ去った。結局、最後には1匹の片目の鬼が岩手山の権現様のお使いとして生き残ったのみ

東 北 地 方　47

であった。毎年、登山客が汚した山を綺麗に掃除しておくのは、この片目の鬼の役割であるという（『旅と伝説』3-8）。こうした伝承には、東北地方の語り物文芸である奥浄瑠璃『田村三代記』の筋書きなどからの影響があるものと考えられている。

オシラサマ　青森、岩手などの東北地方には、オシラサマ、オクナイサマなどといった名称の屋敷神を祀る家が少なくない。多くは男女一対の、木製の人形の姿をした神である。子どもと遊ぶことを好み、大人が扱いを誤って機嫌を損ねると罰が当たる。オシラサマは屋敷の守り神であると同時に、祟りにも似た罰をもたらす激しい性格を宿してもいた。時に中空を飛んで、みずから収まるべき家を探し出すこともあるという。遠野地方には、次のようなオシラサマの起源譚が伝わっている。長者の美しい娘が、飼っている馬に恋をして厩舎で寝るようになってしまった。これを知った娘の父は、馬を桑の木に吊り下げて殺した。死んだ馬の首にとりすがって嘆き悲しむ娘の後ろから、父親が馬の首を切り落とすと、娘は馬に乗って天に昇っていった。これがオシラサマの起源であり、ゆえに馬を吊り下げた桑の木で神像をつくるのだという（『遠野物語』）。

ガタゴン　現代に入って登場した妖怪の伝承。1992（平成4）年、岩手県山形村（現・久慈市）の畑で、類人猿のものにも似た大きな足跡が発見され、巨大な人型の生物に関する噂話が生じた。ガタゴンの名称は、山形村に由来する。ガタゴン命名のもととなった広島県のヒバゴンや、イエティ、サスクワッチなど、世界各地の霊長類型 UMA（未確認動物）目撃情報とも共通する、現代的な妖怪の一種だといえる。

河童　遠野には河童にまつわる話が多い。現在も残る河童淵は、往年の遠野の面影を残している。『遠野物語』には、有名な「遠野の河童は面の色赭きなり」という一文がある。姿かたちも名称もさまざまなものであった全国各地の「河童」的な妖怪たちが、江戸期から近代にかけてそのイメージを共通化させていったのに対して、遠野の河童が赤いという情報は、『遠野物語』によって印象づけられ、遠野においても他の地域においても、比較的よく知られた事実となった。佐々木喜善「奥州のザシキワラシの話」は、地元の人々の話として、河童とザシキワラシとが同一のものだという説を紹介している。遠野における両者はどちらも赤い姿をしており、人間の子どもに似ている。川から上がった河童が、座敷に上がっ

て枕返しなどの悪戯などをするのだという。遠野にはまた、河童の別名らしき「フチサル」という妖怪もいる。

カブキレワラシ

遠野地方に伝わる、木に棲む妖怪。胡桃の木の三叉のところで遊んでいる、顔の赤い子ども姿の妖怪だという。また、同じく遠野には、マダの木のうろ（穴）に住む妖怪もおり、これは時に子どもの姿をとって座敷に上がると、その家の娘に対して悪戯をはたらいたという。東北地方にはザシキワラシに類した、屋敷に棲みついている妖怪の伝承が多いが、カブキレワラシなどは庭木に棲んでいるところにひとつの特徴がある。

クサイ

人に取り憑いたり化かしたりする妖怪。青森県、岩手県などに分布する。動物妖怪としての狐や狸に近い存在ではあるものの、「クサイ」という独立した名称をもっており、狐狸とは似て非なるものとして認識されていたようである。その名称は、臭気に由来するともいう。岩手県九戸郡では、クサイは人に取り憑こうとする際、鼠、猫、犬、子馬、あるいはこれから取り憑こうとしている人の知人などに化けて通うと考えられていた（『伝説雑纂』）。クサイに憑かれた人は、具合が悪くなったり、おかしな言動をみせたりするようになる。下閉伊郡の「さいの神」という峠にはヤズクサエ（クサエはクサイと同義）という妖怪がおり、これに騙されると死ぬとして恐れられていた。

ザシキワラシ

柳田國男『遠野物語』で有名になったザシキワラシは子どもの姿をしており、裕福な屋敷だけに住み着き、時折いたずらなどをする。しかし、屋敷以外の者には見えないという。屋敷以外の者が目撃するときは、ザシキワラシが屋敷を出ていくときであった。出ていかれた屋敷は、やがて没落する。『遠野物語』に情報を提供した遠野出身の佐々木喜善は、「奥州のザシキワラシの話」などで、遠野に伝わるもっと多様なザシキワラシのイメージを紹介している。佐々木によれば、ザシキワラシにはチョウピラコ、ウスツキコ、ノタバリコなどさまざまな種類があるという。その姿かたちも、よく知られた男児や女児のほか、老婆の姿をとるものもあり、細長い手だけをみせるものもあるという。

現代に入ってからは、金田一温泉の旅館に出るザシキワラシの話などが、マスメディアを通じて全国的に有名になった。本来、ザシキワラシという妖怪は、近代以降の岩手を中心とした東北地方の一部のみに伝わる妖怪で

東 北 地 方　49

ある。ザシキコゾウ、クラワラシ、クラボッコ、オクラボウズなど、屋敷や蔵に住む子どもの妖怪は各地に伝わるが、「ザシキワラシ」という名称は岩手を中心とした東北以外にみられないものであった。それが、『遠野物語』その他の文芸作品や、マスメディアなどを通して広く全国区に伝えられた結果、東北地方以外の各地にも「ザシキワラシ」の名称が知られるようになったものと考えられる。

ザンビキワラシ

気仙沼周辺では、河童に類した妖怪を指してザンビキワラシという。ザンビキワラシは小学校低学年の児童程度の大きさをしており、子どもと見間違えて近づいたりすると、水中に引きずり込まれてしまうという（『民俗採訪』）。

ノリコシ

はじめは小坊主のような姿で現れるが、次第に大きくなって人を驚かす妖怪。影法師のようにはっきりと姿が見えず、正体を見極めようとすると背丈が伸びて見上げざるを得なくなる。そのため、はじめに頭を見てから段々と視線を下にずらすと消えてしまうのだという。各地に伝わる見越し入道や入道坊主などに類したものである。

経立（ふったち）

長い年月を生きた動物が、神や妖怪のような存在に変化するという考え方は日本中に存在している。遠野地方では、年を経た猿や犬を「経立（ふったち）」とよんで恐れていた。山に近づくと、こうした動物の妖怪に出くわすことがあったという。『遠野物語』は、子どもをおどす際に「六甲牛山の猿の経立が来るぞ」などと言うことがあったと記す。猿の経立は人間に似ていて、時に人間の女をさらったという。また、毛に松脂を塗ってその上に砂を付けているため、毛皮が鎧のようになっていて鉄砲の玉が効かないともいう。

御犬（オオカミのこと）の経立も遠野の人々に恐れられていた。あるとき、御犬の経立が数匹、二ツ石山の岩の上にいて、代わる代わる吠えていた。その躰は通常のオオカミよりも大きく、生まれたての子馬ほどあったという。かつての日本では野犬とオオカミとの区別が曖昧であったため、オオカミのことをオイヌ・オイヌサマなどとよぶことがある。

マヨイガ

遠野地方では、山中にある不思議な家をマヨイガ（迷い家）とよぶ。山に入った人が、ごくまれに見慣れぬ立派な屋敷を見つけることがあるが、その中の座敷では鉄瓶の湯がたぎっているにもかかわらず、誰の姿を見かけることもない。マヨイガに行き当たった者は、

必ず屋敷の中にある食器や家畜などを持ち帰るように言い伝えられていた。その人に富を授けるために、こうした家を見せるようになっているからだという（『遠野物語』）。何も持ち帰らずに里に帰ると、川上から椀が流れてきたりする。こうして得た椀を、米などの穀物をはかる器にすると、いつまで経っても穀物の絶えることがない。再び訪ねようとしても、決してマヨイガに辿り着くことは叶わない。

モウジャブネ

九戸郡に伝わる海の妖怪。盆になると亡者船が出るといい、漁船は日没前に帰るものだという。これに出くわした場合には、節分の豆を撒くと消え失せる。盆以外の時期に出るときは「淦取り（船に溜まった海水を汲む柄杓）を寄越せ」と言われるので、底を抜いて貸すのだという（『九戸郡誌』）。各地に伝わる船幽霊や、青森県、岩手県、愛知県などの亡者船とも関連する伝承だと思われる。

山男・山女

岩手県各地には、山男、あるいは山女に関する伝承が多く残る。山男は基本的に、もとから山で生活する異人として語られるが、山女の場合は、もとは人間の女であったものの、山男にさらわれるなどして里に帰ることのできなくなった異人と化すことが多い。例えば岩手郡には次のような話が伝わっていた。紫波郡と岩手郡の間の山奥に、一軒の家があった。ある年のこと、その家の娘が出産した翌日に姿を消してしまった。数日後、家の縁側に山男の草鞋が片方だけ置いてあった。後に里の青年がマダの木の皮をとろうとして山奥に入ったところ、偶然、失踪した娘に出会った。娘は青年に、もはや実家に戻れる身分ではなくなったので、家族に達者で暮らすよう伝えてくれと告げ、マダ林へと案内した。その後、青年が山に入ってマダ林を探しても、マダ林も娘も、ふたたび見かけることはなかったという（『旅と伝説』4-8）。

ユキオナゴ

陸中では、夜中に樵たちが山小屋で休んでいるとユキオナゴがやってくると言い伝えられていた。ユキオナゴは透き通るような白い肌を真っ白な着物姿で包み、小屋の入り口から中を覗いて微笑みかける。誘いに乗って小屋を出て行くと、明け方頃に呆けた状態で戻ってくる。こうした男はその後一生、精を失うと考えられていた。遠野地方では、小正月の1月15日あるいは冬の満月の夜には雪女がたくさんの子どもを連れて外で遊ぶという。そのためこの時期、子どもたちは早く家に帰るように言い含められるのが常であった（『遠野物語』）。

テンテンコブシ

地域の特徴

　宮城県は旧仙台藩領の3分の2を占める面積であるが、岩手県南部の旧仙台領とも文化的な交流があり、「南部神楽」などの同様の民俗文化が多い。県の西側には、奥羽山脈が北から南へ向けて立ちふさがり、栗駒山・船形山・蔵王など、信仰と関わる山々が並んでいる。中央の平野部へ向けて県北からなだらかに連なるのが、北上山地の南端の丘陵である。大崎市を中心とする大崎平野は「大崎耕土」ともよばれる肥沃な地で、良質の米を産出する。一方でその「耕土」は、それゆえにこそ低湿地でもあり、多くの洪水に見舞われながらも、人々は河川管理に努めてきた。宮城県の海岸北部は、リアス式海岸の南三陸地方であり、親潮と黒潮の交わる豊かな漁場を擁し、それは金華山まで続いている。松島のある仙台湾を南下すると、県南は海浜地帯である。県内の多様で特質のある海岸線に立地する多くの集落も、海からの恵みとともに、度重なる津波を被ってきている。現在、県庁所在地である仙台市へ人口が集中しつつある状況だが、食文化の豊かな県としても、東北地方を牽引している。

伝承の特徴

　宮城県において、自然からの恵みと災いという両面の姿に向き合ってきた人々は、山や川、海に対する信仰も深く、山の神などの神格に対して直感的に対応してきた。一方で、その山や海に対する妖怪も多様で、人々は山中や海上で感じる怖れを、それらの妖怪に代表させてきた。妖怪の語りや伝承者も、山や海で働く者が多いようである。

　宮城県東北部の山陵地帯は、北上山地の南端であり、北上山地の旧家に出没する妖怪の典型であるザシキワラシも、宮城県には多い。また、海にも「河童」が居ると伝えられ、石巻市・女川町・塩釜市などの離島には、キツネにだまされた話と同型の、猫にだまされた話が主に語られている。

主な妖怪たち

糸車を回す婆様

夜に鉄砲を持って化け物を撃ちにいった者が、山中の家で糸車を回している婆様の影を見た。化け物だと思って、ねらって撃ったところ、その人影が一瞬消えてから、また元に戻り、「アハハアハハ」と笑われた。何度も繰り返したが、最後に家の明かりをねらい、さらにカヤの尾花を鉄砲に入れて撃ったところ、明かりが消えて、年月を経たサルが正体を現して死んでいた。婆様だと思って撃っていたのは、木の根だった。

海人魚

気仙沼市唐桑町津本の漁師が、カツオ船に乗っていて目撃したのは、髪の毛が長く、美しい顔をしている女性で、クジラのようなヒレがあって胴体は人間のような姿だった。これを「海人魚」とよんでいた。同町鮪立では、つかまえた人魚を逃がしてやったところ、その人魚から「なめただけでも3年長生きするのに、どうして放したのだ」とからかわれたという。

海坊主

石巻市の網地島のカツオ船が大漁するたびに、船上からカツオを熊野神社に投げ与えていたが、もったいないからといって、オカに上がるやいなや潜って、そのカツオを拾い続けていた船頭がいた。ある夜明けに、その船頭の名前が呼ばれ、大戸を開けたところ、雲を突くような大坊主に片手をつかまれた。柱に抱きつき、大戸の仕切りに足をかけて、こらえているうち、その仕切りが抜けて坊主の脛に当たった。坊主は、「お前が行かなかったら馬を連れていく」と語って、馬屋から馬を、土手を崩しながら、海に引っ張りこんでしまった。

気仙沼市の大島では、灯台長がオカから帰還するときに、美しい女に化けた海坊主が現れて、泳ぎくらべをしようと挑戦された話がある。

大鱈

気仙沼市の五駄鱈の海に近い家の娘に、毎夜通ってくる和子様（若者）がいた。和子様とお付き合いすると体が冷えると言うので、家のお年寄りが、その男の袴に麻糸を付けた縫針を刺すことを勧める。翌朝、その麻糸をたどっていくと、沼のなかに大きな鱈が死んでいた。馬に付けると五駄もあったというので「五駄鱈」という地名が生まれた。

南三陸町戸倉の同様の話は、「姫子岩」とよばれる、鱈の親分のところに子分の鱈が集まるところの話となっており、鱈網で大漁する漁場であった。

片目の鮒

大郷町大谷のメッコ沼の鮒は、みな片目だというが、猟師がその沼の大鮒の眼を貫いて殺したからだという。その猟師も片目を刺されて死んでいたという。

河童

宮城県内では、旧暦の6月15日は「天王様」の祭日で、各家で初物のキュウリを神様に上げる。初なりのキュウリの味を記憶している子どもたちは、朝早くからいそいそとキュウリを手に持って、川や海に供えに行った。気仙沼地方などの、海に流すムラでは「河童様に上げ申す」と唱えた。子どもが危険な場所で泳ぐことを禁じるために、「河童に引かれるから泳ぐな」と注意を与えることもある。

この地方では、河童をクラゲのことだと捉えており、クラゲは潮とともに移動するので、満潮時に川をさかのぼることがある。このことを「河童の川流れ」といい、一般的な「達人もときには失敗を招く」という意味ではなく、「困難なことが転じてスムーズに事がはかどるようになる」ことを、たとえて語っている。一方で女川町では、雨の降る夕方に、頭の上の皿に水が溜まって元気がよくなった河童が立って川を上っていく姿が何べんも目撃されたという。

気仙沼市台のろくろ淵では、足首を痛めていた馬が患部を冷やしていたところ、河童が悪戯をしたが、逆につかまえられて詫びを入れたという話がある。同市の沖ノ田橋にも近くの砂原では、河童と知らずに相撲をとっていたお年寄りの話もある。河童は人間のワタ（腸）を取る魂胆なので、相撲をとりながら相手の尻にばかり手をまわすものだという。

色麻町一の関地区にある磯良神社は「オカッパ様」とよばれ、木造の河童像がご神体として祀られている。祭日は旧暦の6月15日で、この神社の宮司の姓は、代々「川童」である。この地方にも、切られた腕を接ぐことができる「河童膏」を、河童から切った腕と交換して持ち伝えている話がある。

ザシキワラシ

北上山地を主要な分布地とする家の妖怪。気仙沼市大島の村上家ではザシキボウズが居たという（佐々木喜善「ザシキワラシの話」）。村上家は村長を出した旧家で、家を役場にあてていた。気仙沼市の旧長磯村の斎藤家も村長を出し、役場を兼ねていたが、ここでも一時ザシキワラシの噂が出た。役場用のつくったばかりの糊が一晩で空になり、これはザシキワラシが食べたとされた。同市八日町に

あった気仙沼尋常小学校でも、ある生徒が便所でザシキワラシを見たといい、全校生徒が怖がって便所に行かなくなったこともある。町役場にしろ小学校にしろ、それは近代のマチの民俗であった。

北上山地の南端に位置する南三陸町入谷の菅原家では、代かきの馬を扱う者がいなくて困っていたとき、どこからかワラシがやって来て、手伝ってもらった。夜になって魚をごちそうしようとしたところ、クックッと笑ってから奥座敷へ行き、それから外へ出て雲南神社の祠の中へ入っていった。それから菅原家では、田仕事に魚を食べなくなったという。

登米市南方町原の佐々木家では、ザシキワラシが居たのは離れの部屋で、座敷を掃く音がしたという。代替わりとして財産の受け渡しをしたときに、必ず6〜7歳の女の子の姿が、新しい当主の目に見えたものだという。

東松島町の宮戸島の観音寺では、本堂の執中とよばれる座敷の隅から現れて、そこでにぎやかに酒を飲み交わすというから、人数も多いザシキワラシである。これらは座敷を浄めるために出てくるのだから、見るものではないといわれた。もし見た者は小人になってしまうそうである。ここのザシキワラシ自体が非常に小さく、3寸（約9cm）くらいだったという。

大蛇

気仙沼市名木沢に門兵衛という猟師がおり、山奥で糸車を回している婆様の妖怪を退治した。ある日、大蛇に出会い、得たりとばかりに鉄砲を撃つと、みごとに左眼に命中した。これと同時に、大雨が降り、大蛇は門兵衛を流そうとするが、逆に大蛇のほうが押し流され、とうとう海まで出て、大島の葡萄口というところで沈んだ。その後、門兵衛の親戚が大島へ渡るときには必ずさざ波が立ったという。また、門兵衛の一族が代々片目の悪いのは、大蛇の祟りだといわれている。

一説には、この大蛇は葡萄口に沈まず、大島の亀山を這い登っていったという。その通った跡は、大蛇の脂で草木も生えず、「枯木沢」という地名が残っている。さらに、その大蛇は大島のお薬師さんに祀られ、眼の神様となったという。

黒川郡の大郷町では、板谷斎兵衛という名猟師が大蛇を撃ったという話があり、ゆかりの残間家では、「大蛇の骨」という物品も伝えている。

また、七ヶ浜町花淵浜の花淵善兵衛は、大蛇の歯の間に刺さっていた獣骨を抜いてやったところ、山に入るときの蛇除けの呪い言葉として、「花淵善兵衛のお通りだ」と唱えることを教えられたという。

東 北 地 方　55

テンテンコブシ

気仙沼地方では、ワラ打ちツチを椿の木でつくると、その晩に化け物が来て、「テンテンコブシ殿はいませんか？」と、戸の口から尋ねられるという。テンテンコブシが家に居ると、「南山の一目鳥」や「北山の馬頭」「東山の白猿」「西山の鶏三足」とよばれる化け物が訪問に来るともいわれ、椿でワラ打ちツチはつくってはいけないといわれている。

人をだます猫

宮城県の離島には、猫が人をだましたという話が多い。小野喜惣治は『田代管見録』(1888)のなかで、田代島（石巻市）には「恰も吾人ガ幼児老婆ノ狐狸談ヲ聞ガ如ク」とある。網地島（石巻市）では、二重マントを着て、高帽を被った男が漁師に金を渡して、田代島から渡ってきたというが、その金を見たら木の葉であったという話が伝わっている。その男が船から飛び跳ねて上陸するのが上手だったので、猫だとわかったという。その網地島の学校では、宿直していた先生が、毎晩、猫が「追分」を歌ってきて、窓から覗き込むのを目撃した。その猫は船賃として、その当時で2円の金を出したという。船便の少ない田代島では、臨時に網地島へ船を出してもらうときは、今でも、そのために2,000円を支払うという。〈2〉という数字は、猫が付けてくれたものとして、現在も重んじられている。

出島（女川町）では唄を、野々島（塩釜市）には浄瑠璃を歌う猫の話が伝わっている。田代島では「猫神様」、野々島には「猫神社」が祀られている。

ヒヒ

気仙沼市本吉町に、ヒヒ（年老いたサル）にさらわれた娘がいた。故郷の者が南部参詣で五葉山に行ったところ、その娘が洗濯をしていたのを発見して、家に戻るように説得したが、何不自由なく暮らしているので帰らないと語ったという話が伝えられている。

船幽霊

菅江真澄（1754～1829）は、1786（天明6）年7月、気仙沼市の大島へ渡るときの船中で、「船幽霊」の話を聞いている。「もやの日」に出るといわれ、ヒシャク（ひしゃく）を貸せと語られたときは、底を抜いて貸すものだという（菅江真澄「はしわのわか葉　続」）。船幽霊の出現は、季節を選ばず、総じて、春先のモヤのかかった時分とか、雨の降る夜、雪が降って四方が真っ白にみえるなど、海で視界が遮られたときに出る。

真澄が聞いた船幽霊の話は、沖に碇泊していたカツオ船に船幽霊が近づき、次々と人が乗り移ってきたという。それを狭い一室に閉じ込めたところ、翌朝にはみな、クラゲになっていた。同様の話は七ヶ浜にもあり、カツオ一本釣り船が次々とカツオを釣っていたが、近づいた船が見たところ、カツオではなく、水クラゲを釣っていたという。

　南三陸町の寺浜では、大阪徳蔵という船頭が元旦に船を出したところ、船の前に急に山が現れた。山を避ければ、逆に暗礁に乗り上げると判断した徳蔵は、山を乗り切って助かった。「大阪徳蔵、山乗った」という地口も残っている。

　一時代前までは、船上などから、ぼんやりとした明かりを見たときなどに「船幽霊」を見たと語られることが多かった。南三陸町の清水浜では、ハモドウ（ハモ漁で使う筌）を上げているときに、人の手が現れ、それが海に落ちたときに、たくさんの手が出てきて船べりにすがり付いて離れなかったという。トランシーバーで友人の船に助けを求めたが、救いに来たときは消えていた。

　真澄は「船幽霊」について、「ここらのふねの、あやまちて浪にとられ、海に死にたる者の、たましひ」が留まったものと記している。

まさぼう滝

　気仙沼市の山間部を流れる渡戸川には「まさぼう滝」とよばれる小滝がある。ある作男がこの滝に毒もみをかけて、イワナやカジカを捕っていたところ、大ウナギが浮いてきた。男は大喜びで取り上げ、早速、背負いダツ（運搬具）に入れて帰りかけた。そのとき、滝の中から「マサボウ、マサボウ、いつ来るや」と聞こえたと思うと、背中のダツのなかで「マサボウはいつ来る来ずさ」と大ウナギが声を返した。男は驚いてダツを滝に投げ、一目散に逃げ帰ったという。同じ話が付いている「昌坊滝」は、登米市東和町と岩手県藤沢町との境にも伝えられている。

山小屋の妖怪

　気仙沼市塚沢にあった「きのこ小屋」に炭焼きに行った者が化け物に出会い、その化け物は人の心をよむ化け物で、木やマサカリで退治しようと思っても見破られてしまう。そのうちに、小屋のオキリ（炭火）が化け物に急に跳んでいき、化け物は退散するという話である。同市の西中才の同型の話では、小屋を訪問したのは、婆さんに化けたムササビであった。

アクバンバ

地域の特徴

秋田県は奥羽山脈の西に位置し、南北にもそれぞれ鳥海山や白神山地などの山々をもつ。県の西側は日本海に面しており、海と山に囲まれた南北に長い県である。冬期は特に県南部の盆地で豪雪に見舞われるものの、奥羽山脈があるため、しばしば冷害をもたらす北東風「やませ」の影響を受けることも少なく、大凶作に見舞われることもほとんどなかった。江戸時代は常陸から転封された佐竹氏が現在の県域の大部分を領したものの、鹿角市および小坂町にあたる地域は盛岡藩に、由利本荘市および、にかほ市にあたる地域は天領を含む由利諸藩が領したため、現在でもこの２地域は県内でも異なった文化圏をもつとされる。県民性はおおらかで新しいものを好むといわれる。

伝承の特徴

狐、狸（ムジナ）、猫、ヘビなど身近な動物の怪が数多く伝えられている。河童の伝承も多い。それら以外には固有名詞をもつ妖怪はあまり伝えられておらず、雪国ではあるものの、雪に関する妖怪の伝承も限られた地域にあるのみである。また、「妖怪が出るので○○をしてはいけない」という話が最後に付け加えられ、子どものしつけの一役を担っていた。

江戸時代以降、妖怪から授けられた刀や薬などの伝承が、特に城下町などで伝えられるようになった。そこで本項は、妖怪の残した遺物にまつわる話を中心に取り上げることにしたい。

主な妖怪たち

アクバンバ（灰ばんば）　由利本荘市や、にかほ市で語られる妖怪。イロリの灰の中にいるという。アクバンバは目がなく、頭の上に口があって灰の下にもぐっているといわれる

（『秋田むがしこ』第1集）。アクバンバがいるので、子どもたちは、火を乱暴に扱ってはいけないといわれたものだった（『本荘市史文化民俗編』）。

小豆とぎ

小豆をとぐ音のする怪。県内各地で伝えられている。たいていは夜に、集落のはずれや橋の下など、決まった場所で聞こえる。人間に危害を加えることはなく、音の正体も不明である。ただ、由利本荘市ではイタチ（『本荘市史文化民俗編』）、羽後町では「小豆とぎ石」の仕業であるといわれている（『元西の地域誌』）。

ウブメ（産女）

子どもを身ごもったまま亡くなった女の霊。昔、今の横手市に住む梅津忠兵衛という武士が夜勤で町内を巡回していたところ、丑三つ時（午前2時頃）に子どもを抱いた女に出会った。女はこれから大切な用事に行かなければならないと言って、梅津忠兵衛に赤ん坊を預けた。女がいなくなると、腕の中の子どもがどんどん重くなっていく。抱いていられないほどになり、梅津は思わず「南無阿弥陀仏」と念仏を唱えた。そのとたん、抱いていたはずの子どもが消えてしまった。そこへ女が汗だくで戻ってきた。女は山に住む氏神であり、お産があって手助けをしていたが大変難産であった。とうてい助からないと思ったが、梅津が念仏を唱えたおかげで無事に生まれたという。抱いていたのはその日に生まれる前の子どもであった。その礼に、梅津忠兵衛は手拭いを軽く引きちぎれるほどの怪力を女から授けられ、その後怪力で評判となった（「伊東園茶話一の巻」）。

同じ話は、横手市内で妹尾五郎兵衛の話としても伝えられており、子どもを抱いた女に出会ったのが蛇の崎橋であったという（『横手盆地のむかしっこ』）。なお、この話は小泉八雲の『怪談・奇談』や、与謝蕪村の『蕪村妖怪絵巻』で「横手蛇の崎橋のうぶめ」として紹介され、県外にも知れる話となった。

おぼう力

ウブメから怪力や富を授かる話は各地に伝えられている。県内では特にその力を「おぼう力」という。女が髪を結っている間、赤ん坊を抱いているように頼まれる。赤ん坊は大きく重くなっていき、途中で手を離せばたちまち命を奪われるが、最後まで抱いていると怪力が授かるという。仙北市角館町周辺では、古い墓地や、墓地の近くにある石など、おぼう力を授かる場所が数多く伝えられている（『旅と伝説』75）。

東北地方　59

河童 水の中に住む怪。しばしば水辺にいる牛馬や人間を水の中にひきずり込もうとする。一方で、人間に捕まった河童を助けてやるとその礼として食べ物や薬、刀などが授けられる。県内にも河童から授けられた薬を販売していた家が何軒かあった（『奇々怪々あきた伝承』）。

　また、佐竹家に河童に縁のある話がある。初代藩主佐竹義宣が大仙市神宮寺の川のほとりへ鉄砲撃ちに行ったとき、水中から黒い毛の生えた腕が出てきて義宣の鉄砲を奪ってしまった。義宣は烈火のごとく怒ったが川底深く沈んだためどうすることもできなかった。その後、近くに住む六兵衛という男が密かに川に潜って鉄砲を探し出し、角館の佐竹北家へ売った。六兵衛は怪獣に祟られ、翌年淵にはまって死んだ。この鉄砲は1722（享保7）年に佐竹北家から佐竹本家に献上されたという。鉄砲には怪獣の握った跡が残っていると伝えられているが、残念ながら現在その所在は明らかになっていない（「月の出羽路仙北郡七」）。

カブキリ 年をとった蛙の妖怪。県北の山間部に伝えられている。幕末の頃、若者たちがヤグラという材木を組んだ高いところで休んでいると、腰から下のない化け物の立っているのを見た。若者の一人が枕を投げようとしたが、手も足も動かなかったという（『みんなで綴る郷土誌2山村民俗誌』）。

　また上小阿仁村では、カブキリは真っ黒い汚い子どもであるともいわれている。カブキリがいる間は家が繁盛するが、いなくなるととたんに落ちぶれるという、ザシキワラシのようなものと考えられている（『上小阿仁史通史編』）。

狐 狐にまつわる話は県内各地に数多く伝えられている。多くが狐にだまされた話であり、各地域で人間を化かすことの上手な狐たちには、その名まで知れ渡っていた。1955（昭和30）年頃まで、田畑でよく狐を見かけたという話を聞くので、馴染みの深い動物であったのだろう。

　だまされた話ばかりでなく、狐火や狐館などの現象についても伝えられている。狐火は松明のような明かりで、羽後町では、狐火は集落に良いことの起こる前兆であると伝えられている（『民間伝承』38）。男鹿市では、夏から秋にかけてともるこの火のことを「狐の嫁入り」といっていた。

　狐館は現在でいう蜃気楼のことで、主に干拓前の八郎潟に多くみられた。主に夜明け前、潟の向こうに大勢の人の行き交う姿などが映し出される。

狐館は山市ともよばれ、冬の風物詩であった（「氷魚の村君」）。

ザシキワラシ

ザシキワラシ、ザシキボッコなどとよばれる子どもの妖怪。鹿角市や由利本荘市で伝えられている。ザシキワラシは金持ちの家の奥座敷や土蔵などにいて、いる間は家が繁盛するが、いなくなるととたんに落ちぶれるという。なお、性別や容姿も一様ではなく、ただ家の中でいたずらをするだけのもの、亡くなった子どもの姿をしたものなどとされる（『西郊民俗』109）。

ツチノコ

ヘビに似た幻の生物。県内でもしばしば目撃されているが、いまだ捕獲はされていない。姿は頭が三角形、茶褐色の背をして、しっぽがない一升瓶のような形をした生き物だという。横手市山内筏、羽後町西馬音内掘回の堂山で報告があったが、ここ10年ほど目撃談はない（『山内村のむかしっこ』）。

二の舞面

能代市清助町にある龍泉寺に伝わる話。昔、秋田市上新城の羽鳥沼に夜な夜な妖怪が出るとの噂があった。秋田近646右近太夫藤原秀成という武士が妖怪を退治しようと羽鳥沼で待ち伏せをしていると、ある夜、女が歩いてきた。行灯も持たないのになぜか女の体が光っている。怪しいと思い、武士が斬りつけると女は闇夜に紛れて逃げた。その血の跡を追ったところ、上新城石名坂の竜泉寺まで続いていた。寺の書院に翁嫗一対の面があり、翁面の方には血がべっとりとついて、眉間から口元にかけてざっくりと割れていたという。妖怪の正体はこの二の舞面であった。

この面は現在能代市龍泉寺に保管されている。1307（徳治2）年の朱漆銘があり、県の有形文化財に指定されている。

猫婆

猫が人間に化けたり、いじめられた復讐をするという話は県内各地に伝わっている。大館市では寺の和尚に化けた猫が諸国漫遊していた武士に退治された話が伝えられたり（『大館市史』第4巻）、秋田市新屋では猫をいじめた子どもがその夜ひどくうなされたので、父親が念仏を唱えたところ、子どもがうなされなくなったという話がある（『秋田市史 民俗編』）。狐と同様身近な存在だったからこそ、さまざまな話が伝えられている。

そのなかで、秋田市の天徳寺にある佐竹家墓所に猫婆の墓とよばれる場所がある。第3代藩主佐竹義処の側室の墓であるが、猫が人を噛み殺して

人間に化けていた者といわれ、明治の初め頃までは墓に縄が掛けられていたという。この側室はキリシタンであったために殺されたといわれている（「秋田名蹟考」）。

狸（ムジナ）

狸に関する話も県内各地に伝えられている。県内ではムジナと狸を同じものとしている場合が多く、大砲や木を伐る音などをさせて人間を驚かせる。正体を見せずに音のみさせるものがほとんどだが、なかには学のある狸がおり、人間と対等に話をするものもいた。宝暦年間（1751〜64）の中頃、秋田市のはずれに住む赤石六郎兵衛という者のもとに、夜な夜な狸が来てさまざまな話をした。狸は姿を見せることを嫌い、いつも障子の陰にいたという。やがて互いに打ち解け、酒などを酌み交わすうちに、狸は年をとった女の姿に化け、六郎兵衛の前に出て来てさまざまなことを語った。その狸との話が『水口夜話』という冊子にまとめられている。現在写本のみ現存するが、儀礼などを書いた堅苦しい内容になっており、随分学識の高い狸であったことがわかる（「久保田の落ち穂」）。

その後毎晩寺に狸が遊びに来た。狸はちらいという専念寺の若い僧と親しみ、狸の一族の命日に読経をしてもらった。そして二百文の布施を約束したという。狸の書き残した書には「二百文」や「ちらい」の文字が書かれている。専念寺に残されている『家内年鑑』には、1817（文化14）年11月1日から10日まで毎夜、狸が来て妖技をなしたと記されている。この話は当時から評判になっていたようで、江戸時代後期から明治時代の紀行文などに「狢の書」がしばしば登場する（「秋田名蹟考」「雪の山越え」）。

ムラサキギモ

正体はよくわからないが、1〜2歳の子どものなかに入る怪といわれ、由利本荘市で伝えられている。ムラサキギモが入った子どもは、イロリの傍にいて、薪の残りの灰を食べるという。そのために、子どもは薪のそばから離れないといわれている（『本荘市史文化民俗編』）。

山おんじ

北秋田市阿仁の山中にいた大男。阿仁中村と阿仁長畑菅生に足跡が残っており、たいそう大きなものであったと伝えられる。山中で山おんじに出会うと「里の人間に話をするな。話をすると背中を折るぞ」と言われたというが、約束を守っていれば特に何もされないという（『阿仁町の伝承・民話』第4集）。

雪男・雪ばば

　　　　雪の日に里に下りてくる怪。大館市では、雪男は山の神の日である12月12日に山から酒を買いに来る男だといわれている（『秋田の迷信と説話』）。また、五城目町では、雪がたくさん降る夜に子どもが泣いていると、「小豆煮えたか、包丁研げたか」と言いながら雪ばばが降りてきて、子どもをさらってしまうといわれている（『秋田むがしこ』第1集）。

鮭の大助

地域の特徴

　山形県は、北には秋田県、西には新潟県、東には宮城県、南には福島県と県境を接する。秋田県、新潟県と同じく日本海に接した日本海側気候で、県内の大部分が特別豪雪地帯に指定されている雪深い県である。ただし、日本海に面した庄内地方は平均気温が北関東並みに高く、比較的、温暖な気候である。庄内平野の北側には鳥海山が、南東には出羽三山（月山・羽黒山・湯殿山）がそびえる。出羽三山は、修験道における日本有数の重要拠点でもある。修験道とは、大陸から渡来した仏教と日本の山岳信仰とが混合した信仰であり、入山修行が重要な意味をもっている。

　山形県は周囲を山で囲まれていると同時に、県内を流れる最上川を利用した舟運や、日本海を行き来する北前船を使った交易などで次第に豊かな生活を築いていった。山形県の名産としては漆器、織物、紅花などが知られる。古代には、庄内地方は越後国の一部であり、置賜・村山・最上地方は陸奥国の一部であった。後に出羽郡が置かれると、陸奥国から置賜と最上を分けて出羽郡に編入し、庄内には国府が置かれた。そして明治時代に入ると、羽前国に羽後国の飽海郡を加えた地域が山形県となった。県名の由来は、現在の山形市南部が「山方郷」とよばれていたことによるという。

伝承の特徴

　山形県の伝承の特徴として第一にあげられるのは、「山」にまつわるものが少なくないということであろう。四方を山に囲まれているという地勢に加え、修験道の行場としての出羽三山（月山・羽黒山・湯殿山）や、山形県と秋田県にまたがっており、やはり修験の行場である鳥海山などの山々を抱えていることが、修験者（山伏）のイメージを宿した天狗の伝承などに深く関わっているものと考えられよう。また、動物にまつわる伝承や、動物妖怪が多いのも、山形県の特徴のひとつに数えられる。古代から

伝わる豊かな自然が近代以降も県内各地に残されているという地理的な条件も、山形県の伝承に影響を与えているものと考えられる。

妖怪伝承の隣接分野に目を向ければ、東北地方にはイタコのほかにも、カミサマ、ワカサマ、アズサなど、さまざまな口寄せ巫女がいた。口寄せ巫女とは、死者や神などをみずからに憑依させてその声を代弁する民間宗教者のことである。山形県においては、「オナカマ」という口寄せ巫女が存在していた。東北地方の各県は、ある程度、重なり合った文化や習俗をもつが、似ている文化であっても、それぞれ少しずつ異なった特徴をもち併せているのである。

主な妖怪たち

犬の宮・猫の宮

置賜にある「犬の宮」は、人身御供を求める狸の化け物を退治した犬を祀った神社である。そのすぐ近くにある「猫の宮」は、庄屋の妻の体調を悪化させていた屋根裏の大蛇を退治した猫を祀っている。山形県内には、全国に広がる「猿神退治」に類する伝承が散在しているが、狸（貉）や蛇など、猿以外の獣が退治されることが多い。

ウコン・サコン

米沢市に伝わる狐の伝承。江戸時代のこと、米沢藩の侍が、中身を間違えた書状を飛脚に持たせて幕府に向かわせてしまった。上代の岩井大膳が、飼っていた狐を走らせて、下総古河あたりの道中で飛脚がうたた寝をしている隙に中身をすげ替えさせた。たったの一昼夜で往復をしたので、米沢の城中に戻ると、狐はすぐさま倒れて死んでしまった。死んだ狐がウコン（右近）・サコン（左近）のどちらであるのかはわからないという。狐の遣いを走らせる、いわゆる「狐飛脚」とよばれる説話は各地に残る。

大山の犬祭り

犬の宮の伝承に似たものとして、鶴岡市に伝わる、人身御供を求める古狸（古貉）を退治した犬の伝承がある。椙尾神社で毎年続く人身御供の噂を聞きつけた旅の僧侶が深夜の社殿に忍び込んだ。すると、奥から大入道が現れて生贄の女を食らった後、「丹波の国の和犬に、ちっともこのこと知らせるな」と繰り返した。これを聞いた僧侶は丹波の国に赴いて1匹の白犬を手に入れると、ちょうど1年後に再び神社を訪れた。そして、大入道と犬とは相打ちになり、人身御供

の必要はなくなったのである。椙尾神社で行われる「大山の犬祭り」はこの伝承にちなんだものである（『旅と伝説』1-8）。

片目の鮒

日照りが続いたときには、鶴岡市の薬師社にある池を掃除して、雨乞いをするとよいと伝えられている。すると、この池に棲む小さな片目の鮒が怒って、雨を降らせるのだという（『庄内大谷の民俗』）。片目魚の伝承は全国各地に伝わるが、鶴岡市の片目の鮒の場合は、雨乞いの習俗と関わっているところに特徴がある。

河童地蔵

尾花沢市毒沢の川原子地蔵は河童地蔵ともよばれている。かつて、川原子地蔵の近辺を流れる最上川では水難事故が絶えず、溺死者の多発は河童によるものと考えられていた。川原子地蔵は、水難者の供養と安全を願って建立された。河童は全国各地に伝わる妖怪であるが、それぞれの土地における扱いは同一ではない。例えば、寺社が河童をどのように扱っているかをみると、河童に対する認識の違いがわかってくる。河童を一種の水神として祀っている場合もあれば、川原子地蔵のように河童の被害を防止しようとして水難者を祀ることもあるのである。

ケサランパサラン

白い毛玉状の呪物で、もつ者に幸福をもたらすという。ケセランパサラン、テンサラバサラ、ヘイサラバサラなどの別名をもつ。一種の薬品として珍重されてきた動物の結石の意味が変じたものと考えられている。山形や宮城県などには、宝物として神棚に祀る旧家や寺社もある。念珠関村（現在の鶴岡市）では、テンサラバサラは白粉を食べさせて育てると子を産んで増えるといわれていた。落雷のあとによく落ちているという（『民間伝承』16-1）。

1970年代にマスメディアを通してケサランパサランのブームが捲き起こると、一気に全国的な知名度が上がった。そして、マンガのタイトルや化粧品メーカーの名前にも使われるようになったのである。現在でも開運グッズとしてその名を付けた商品が販売されていることがある。世間で一般的にケサランパサランなどとして認識されているものは、基本的には動物の毛玉、球状の鉱物、植物の綿毛の3種に大別できる。

ケボロキ

奥羽地方の山村に伝わる、山中に響く怪音の妖怪。夜間、小屋の中で休んでいると、誰も木を伐っていないにもかかわらず、まるで鋸で木を挽いているかのような音が響く。ついには木の皮の軋む音に続いて大木が倒れ掛かる気配までするが、地響きや振動はなく、

またすぐに鋸の音が始まる。こうした山中の音の怪を、ケボロキあるいはケブルキとよぶが、語源は不明である（『旅と伝説』9-4）。日本各地に伝わる、テングダオシやソラキガエシといった、木を伐る音に似た怪音の妖怪と同様のものだと考えられている。

鮭の大助 （おおすけ）　見てはいけない巨大な怪魚。東北地方や新潟県などには巨大な怪魚「オースケ」（大鮭の意）や「鮭の大助」「オースケコースケ」（大助小助）にまつわる伝承がある。山形県の庄内地方では、旧暦の10月20日、あるいは11月15日などの特定の日に、「鮭の大助、今、のぼる」などと大声で叫びながら川を上る大魚が現れるという。新庄市では、この声を聞いてしまった者は三日のうちに死ぬと伝えられていた（『新庄のむかしばなし』）。特定の日に特定のルートを辿る、見てはいけない怪異という点では、かつて京の都に出たという百鬼夜行とも共通する。

白髭水 （しらひげみず）　吾妻山中腹の集落には、1659（万治2）年の大洪水の際、白鬚の老人が水の上に座ったまま流れていったという伝承がある（『民間伝承』8-1）。ほかにも東北地方には、老人が、大水が出た際に水の上に座って流れてきたり、大水が出る前にそれを予言したりといった「白鬚水」あるいは「白髪水」の伝承が残る。災害にまつわる怪異伝承の一つであるといえよう。

仙人嶽　湯殿山の後ろに続く「仙人嶽」という山には仙人が棲んでいるという。この仙人は、人間が山に入って聖域を侵すことを嫌う。そのため、仙人嶽に入った者は二度と村に帰ることができない。もし帰ることがあっても、じきに死んでしまう。仙人嶽の山裾には仙人沢という場所があり、湯殿山に奉仕して、一生、山を下らない修行者が暮らしているという（『旅と伝説』17-1）。

デエデエボウ　羽黒山周辺に伝わる雪山の妖怪。一本足の巨人だと考えられている。雪が降った後、飛び飛びに大きな足跡のようなものが付いていることがあり、これはデエデエボウが足跡を付けていくのだという（『旅と伝説』17-1）。雪の上に一本足の足跡を点々と残すという特徴は、和歌山県の一本ダタラなどに共通する。

手長足長　並外れて手の長い「手長」と、並外れて足の長い「足長」で一対となる妖怪。東北地方の伝承ではときに恐ろしい存在として語られるが、本来は中国の『山海経』などに記載された、辺境の国

東北地方　67

に住むと考えられていた異人であった。山形県と秋田県の県境である「有耶無耶の関」では、手長足長が、関を通過しようとする人々を捕らえては食っていたという。関には三本足の烏がいて、手長足長がいるときには「有耶」と鳴き、不在のときには「無耶」と鳴いて、関を通ろうとする人々にその有無を知らせたものだという（『郷土趣味』3-12）。

出羽三山の天狗

日本でも有数の修験道の修行場である出羽三山（月山・羽黒山・湯殿山）には、天狗が棲むと言い伝えられてきた。羽黒山の入峰修行中に起こる不思議な現象は「天狗様の悪戯」だと考えられていたのである（『旅と伝説』17-1）。明治の初め頃のこと、狩川村の佐吉という男が荒沢の杉を買い取った。しかし、杉に斧を打ち込むと血のような真っ赤な液体が流れ出たり、杉材の搬出をする男たちが怪我をしたりしたが、なんとか仕事を終えることができた。3年後、出羽三山詣りに出かけた佐吉が古峰ヶ原の山伏宿で風呂に浸かっていたところ、風呂の火の様子を見に来た寺男が「佐吉、しばらくぶりだな」と話しかけてきた。男の顔に見覚えのない佐吉が、いったい誰なのか問うと、寺男は「俺は荒沢の天狗だ」と言って睨みつけた。よく見ると、男の顔色は赤く、鼻は飛び出しており、紛れもない天狗であった。佐吉が逃げようとすると、天狗は風呂を持ち上げてしまった。そして、「お前に木を伐られてしまい、荒沢にもいられなくなった。そのためここに来て働いているのだ」と語るので、恐怖のあまり気絶してしまった。これ以降、佐吉は寺社の杉を買わないことにしたという（『羽黒山二百話』）。

また、山深いところに急に開けた平らな場所があれば、それは天狗が相撲を取るための場所だと言い伝えられてきた。こうした場所は、人が汚したり、荒天で乱れたりしても、いつの間にか元どおりになっている。天狗の相撲取り場は、月山のバラモミ沢、朝日岳、母刈山、黒森山など山形県内各地のほか、宮城県などにもあった。月山・湯殿山にわたる連峰の中には「天狗相撲取山」という名の山があり、峰の一部の10mほどのところが綺麗にならされた砂地になっている。毎年、正月十日の未明になると、置賜・庄内・村山に棲む天狗たちがこの場所に飛び集まり、京都の鞍馬山から来た天狗が行司を務めて、相撲を取り合うという。この日は決して山に登ってはならないと、きつく戒められている（『あしなか』165）。

ナベオロシ

東村山郡では、夕暮れ時に、杉の木の梢から真っ赤に焼けた鍋が降りてくるという伝承があり、これをナベオロシといった。類似の伝承に、近畿地方などにおけるツルベオロシ、ツルベオトシなどがある。ナベオロシの場合は、真っ赤に焼けた鍋であるというところに一つの特徴がある。

化け石

上山市の生居には「生居の化け石」とよばれる巨石がある。昔、化け石が庄屋に向かって「飯を食わせろ」と言ったので、一俵分の握り飯を食わせた。すると、お礼に小さな石をよこした。屋敷内の池に投げ込めば家が栄えると言うのでそうすると、家は末代まで繁盛した。

雪女房

米沢に伝わる、いわゆる「雪女」に類する伝承。未婚の若者が冬場の山奥で炭焼きをしていると、夜半に美しい女が訪ねてきて、道に迷ったという。泊めてやると、女は男のもとに居つくようになり、いつの間にやら夫婦になっていた。しかし女は、寒いから火にあたるよう勧めても、寒くないと言って、決してあたろうとしなかった。いつしか二人の間には子どももできて、仲睦まじく過ごしていた。正月の近くなったある吹雪の日、女は、暇をもらって外に出てみたいと言った。男は止めたが、女は一人で出ていってしまった。すると、大きな音がしたので男が表に出ると、雪崩が起きていた。雪のなかから、女の着ていた着物がちらっと見えた。男は、女が死んでしまったものと思い、子どもを連れて里に降り、幸福に暮らした。里の者は、女が雪の精であったと噂した（『雪女房─米沢の民話』）。同様の伝承が各地に伝わるが、少しずつ話が異なる。小国に伝わる雪女郎は、人間の子を攫うなどと伝えられるほか、ウブメのように、出会った男に怪力を授けることもあるという。

与次郎稲荷の狐

東根市に祀られる稲荷神社の狐。秋田県秋田市にも祀られている。与次郎稲荷は水戸から秋田に移った佐竹氏が与次郎という狐を神として祀ったことに端を発する。佐竹氏が久保田に城を築く際、棲家を奪われた白狐が佐竹義宣の夢枕に立ち、城内に土地が欲しいと訴えた。そこで稲荷社を祀ると、その恩義に報いるため、白狐は与次郎という名の飛脚の若者に化けて佐竹氏に仕えた。幕府の姦計により狐罠で殺された白狐を祀るために建立されたのが与次郎稲荷である。

東 北 地 方　69

奥州会津怪獣の絵図

地域の特徴

　福島県は、東北の最も南に位置し、西に新潟、南を北関東の茨城・栃木・群馬各県と接する。その面積は全国3位を誇り、県都は福島市である。県東部に阿武隈高地、中央に磐梯山や猪苗代湖を含む奥羽山脈が縦貫し、西には越後山脈、北に飯豊連峰があって、その谷間に大小の盆地が形成され阿武隈川や阿賀川などの河川が流れる。

　福島県は、地形や気候により、県西部を「会津」、阿武隈高地と奥羽山脈にはさまれる「中通り」、太平洋沿岸部の「浜通り」の三つに大別される。近世、会津藩など10を超える中小の藩や幕領が複雑に入り組み、その歴史が自然の環境とともに地域性豊かな独特の生活世界を生み、同時に広く共通する県民意識といったものを希薄にしている。

　一方、福島県は、関東と東北、日本海沿岸地域をつなぐ接点に位置し、古くから奥州・越後をはじめ大小の街道が整備され、また阿武隈川や阿賀川を中心に発達した舟運により、交通・交易の要衝であるとともに中央文化と東北文化、さらに日本海文化が融合、交差する場でもあった。また近世から近代には「奥州蚕種本場」と称され全国でも屈指の養蚕地帯として知られ、蚕種をはじめ繭や生糸、絹織物を広く出荷していた。

伝承の特徴

　県南の「白河の関」以北は、古代より「みちのく」とよび異郷とみなされ、その境界的な風土がさまざまな妖怪を創造させ、また関東、北陸、東北の接点としての地理的特性は多くの妖怪をこの地へともたらした。

　数的にみれば、上位は「狐」「大蛇」「化け猫」である。なかでも「狐」が群を抜く。それは居住地の多くが大小の盆地にある本県の特徴と、城下町や在郷町を核に村があり、原野や山麓が囲む盆地的景観のなかで、田畑や宅地開発めぐり人為と自然とがせめぎあう境域が生じ、そこに名をもつ

狐が登場し実在人物を化かす話が生成されている。

　一方「大蛇」「化け猫」は、沼沢沼の「沼御前」、猫魔ヶ岳・大辺山の「化け猫」伝承から窺えるように、その登場場面が里から遠望する高山や霊峰、普段人が近づかない山奥の沼・湖である。この他、天狗、磐梯山の手長足長、大滝根山の大滝丸（悪路王）などの山の妖怪、あるいは河海に登場する河童、龍神、海坊主などの妖怪も含め、単純にそれらを自然環境との関係だけでは語れない。そこには火山、噴火、土砂崩れ、白髪水（洪水）、沼の決壊、津波など自然災害に対する恐怖や不安があり、また奇怪な地形や奇岩、鉱山や鍾乳洞は人為を超えた神秘な不思議な異界空間と映ったのである。

　そして、県内の妖怪の存在感や特徴をより濃密にしているのが、近世に溯る地方色豊かな妖怪や怪異伝承を記す書物や絵の存在である。その代表的なものに『老媼茶話』『奥州会津怪獣の絵図』がある。

主な妖怪たち

アカヒトリ　　高目（西会津町）の諏訪神社の森に棲む鳥の妖怪。この森を通りかかると、蓑笠をつけたアカヒトリが現れ、「アカとって食べか、人取って食べか」と鳴く（『西会津地方の民俗』）。

赤目たら主　　長谷堂大尽という長者屋敷の裏手の沼に棲む沼の主。長者屋敷の火事で、消火のため沼の水がなくなり少女に変身して沼を去り「主沼」に移る。しかし、川の氾濫で「主沼」も流れてしまい、今度は15、6歳の少女の姿になって「女沼」に移り棲み沼の主となったという（『安達町民俗誌』）。

安達ヶ原の鬼婆　　二本松市安達ヶ原に棲む鬼女。黒塚はその墓とされる。仕えた姫の病を治すため「身重の女の生き肝」を求め、京から奥州にくだり安達ヶ原に住みついた「いわて」が、気づかず実の娘と孫を殺したことを悔い、苦しみのあげく発狂し、旅人を殺して金品を奪い生き血を吸い人肉を喰う鬼婆になった。ある秋、鬼婆の棲家とは知らずここに泊まった僧祐慶は、その正体を知り逃げ出し、追う鬼婆に捕まりそうになったとき、祐慶が一心に如意輪観音を祈ると、天空から如意輪観音が現れ、破魔の真弓を射て、その矢は命中し鬼婆は息絶える（『ふるさとの伝え語り』『安達町民俗誌』）。

奥州会津怪獣の絵図

「奥州会津怪獣の絵図」と題された瓦版風の一紙物に記された妖怪。挿絵も描かれている。1781（天明元）年の夏頃から陸奥国会津から出羽国象潟（現・秋田県にかほ市）にかけ、15歳以下の男女を問わず子どもが失踪する事件が頻発した。磐梯山の麓塔の沢でも大勢の子どもが一度にさらわれる事件が発生し、「南部大膳太夫様（南部藩領主）」とその家臣たちが磐梯山周辺を捜索した結果、1782（天明2）年、恐ろしい風体の怪獣を大筒で仕留めたという。背丈4尺8寸（約145cm）、顔は大きく2尺（約60cm）もあり、口は耳まで裂け牙がある。鼻はくちばしのようで地面に着くほど長く、髪の毛は黒く尾の長さと同じくらいあり、体型はヒキガエルにも似、身体全体に毛が生えている。この事件の詳細は不明で、会津藩関連史料にこの事実がない（『会津若松市史24 民俗編④』）。

大滝丸（悪路王）

大滝根山に棲む鬼。坂上田村麻呂によって征伐される。伝承は阿武隈高地中央部から西部にかけ分布し、大滝丸と悪路王は同一人物とみなされ、宮城県・岩手県の阿弖流為との関連や同一人物とする伝承はない。大滝丸は鬼生田（郡山市）の地獄田で生まれ、成長するにつれ墓をあばき死人を食い、大滝根山の達谷の窟・鬼穴に棲みつき仲間と多くの悪事を働いた（『田村郡誌』）。雲霧をよび、火の雨を降らせる妖術も操る（『滝根町史』3）。しかし、大滝丸には、暴力的で、残忍で、人々を苦しめる悪の存在として扱われる一方で、中央権力に敗れ周縁へと排除された敗者としての在地豪族の陰も見え隠れする（『東北の鬼』）。

お尻目小僧

尻に目玉そっくりなものが10もある子どもの妖怪。小雨の降る夕暮れ時、下柱田（岩瀬村）の跡見塚の山道に出没する。出会った者が「着物がよごれるから」と裾をめくってやると、その子の尻には目玉そっくりの物が10もあり、驚いている間に子どもは無言のまま歩き出し長命寺付近で姿を消した（『ふるさとの昔話』）。

オボ

オボは散らし髪の若い女の赤子を抱いた幽霊。産後の肥立ちが悪く、乳飲み子を残し亡くなり、未練で成仏できず、夜、遅い時刻、坂井と八町（金山町）の間の沢道の入り口に現れ、通行人に髪をすく間の子守りを依頼する。赤子が泣き止み、自分も髪をすき終わると礼をいって消える（『金山の民俗』）。また、檜枝岐村では、オボは難産で死んだ女の

霊で、あの世に行ってお産をし、オボという妖怪になる（『檜枝岐村史』）。

オンボノヤス

オボノヤスともいう。山中に現れる。これに出会うと、白い霧を吹きかけられ、かけられた者は道がわからなくなり山中で迷うという（『民間伝承』5-10）。

カシャ猫

大辺山に棲むという化け猫。爺様の留守中、飼い猫が口をきき、婆様に浄瑠璃を聴かせる。婆様は約束をやぶり爺様に話すと、寝ていた猫が、急に目を見開き、口は耳元まで裂け、耳がピーンと跳ね上がり、「婆様、しゃべったなぁ」というが早いか婆様をかみ殺し、大辺山へと飛んでゆく。その後、大辺山に棲みついたカシャ猫は、長雨や日照りを起こし、また葬式があれば夜な夜な山から下りてきて屍を喰い、人々を苦しめた。カシャ猫のカシャは葬式や墓から死体を奪い取る妖怪「火車」と一致する。檜枝岐村では、カシャは亡くなった人を送り出す野辺送りのときに、棺に納めた死体を盗みに来るといい、途中、棺桶が軽くなったり重くなったりするのはカシャの仕業だとされる（『檜枝岐村史』）。

亀姫

『老媼茶話』に登場する猪苗代町の猪苗代城（亀ヶ城）に棲みつく城の主とされる妖怪。姫路城の妖姫「姫路のおさかべ姫」と並び称される。城代主膳のもとに禿が現れ、「汝、此城主にお目見えしていない」という。自分の城主は加藤明成だと叱れば、禿は笑い「亀姫を知らぬとは、汝の天運は尽き、命も絶えた」と言い姿を消す。次の正月元朝、主膳への拝礼の場に新しい棺桶と葬具がおかれ、夕にはどこからともなく大勢で餅を搗く音がするなど、不吉な事が続き、18日、主膳は雪隠（便所）で病気となり20日の早朝に死去する。亀姫を軽んじた報いとされる。泉鏡花著『天守物語』にも取り上げられた。

朱の盤

毎夜、諏方神社野境内（会津若松市）に出没する恐ろしい妖怪。最初、若侍か女房の姿で現れ、目撃者が「朱の盤」について尋ねるなり、「こんな顔か」といって、突然、変貌する。その姿は髪は乱れ頭には角、声は割れ鐘のような響き、目は鏡のように光り、口は耳まで裂け、金色の歯をむき出しガチガチ鳴らす音は雷のようだという（『諸国百物語』『老媼茶話』）。水木しげるが描いた「朱の盆」は水木の創作である。

殺生石

伝説上の人物「玉藻の前」が、九尾の狐に化身し、その正体が見破られた後、下野国那須野ヶ原で人々に災いをもたらす毒石「殺生石」になる。この殺生石を退治した玄翁和尚は、会津の名刹示現

寺（喜多方市）住職を務めた人物である。会津では割れた殺生石の一つは摺上原に落ち人取石となったとされる。また『新編会津風土記』には、玄翁和尚に「済度」された殺生石が女の姿で現れ、「仏法擁護の神」として白狐に化身し下り立った地が慶徳稲荷神社であることが記されている。

ダイバ　馬を死なす怪。湖南（郡山市）の湖岸道など、決まった場所に差しかかると、引いている馬が突然狂い出し倒れてしまう。これをダイバの仕業という。ダイバの声は人間には聞こえないが馬には聞こえ、その声と馬が鳴き合わせると、馬は、突然倒れ死んでしまう（『猪苗代湖畔の民話』）。

天狗　会津の山間部を中心に分布する。足が小屋を踏み抜くほどの大足で毛むくじゃら（『三島町史』）という話もあるが、その姿ははっきりしない。誰もいない山中で起こる大岩が転がる、巨木が倒れるような大きく不思議な音は「天狗の仕業」と解される。志津倉山（三島町）には「狗ひん様」という天狗が棲み、時折、山奥から聞こえる音は「狗ひん様の空木かえし」といい（『三島町史』）、川桁（猪苗代町）では天狗が磐梯山と吾妻山のなわばりを決めるために相撲をとる足音だという（『猪苗代湖畔の民話』）。松本（天栄村）の大天狗は、突然、空から大天狗が現れ二つの山にまたがり脱糞すると、不毛の地が肥沃な土地に変わったという（『天栄村史』4）。また天狗に性差があって「天狗の石合戦」は男女の天狗が仲違いし伊南川を挟み石を投げあう説話である（『南会津南郷の民俗』）。

沼御前　会津の金山谷（金山町）にある沼沢沼の奥底に棲む妖怪。『老媼茶話』に記され、登場人物と遭遇する場面では長い髪の若く美しい女性の姿をしている。『老媼茶話』では「沼沢の怪」として、その正体は不明。だが『大沼郡誌』には「古来大蛇を以て主と為し、種々の伝説あり」、また「佐原十郎義連による沼沢沼の大蛇退治の伝説」（『大沼郡誌』）とあり、沼御前の正体が沼沢沼の主である大蛇であったと推察できる。「沼御前」も、水木しげるによりビジュアル化された。

猫魔ヶ岳の化け猫　磐梯山西北にある猫魔ヶ岳（1,404m）に棲む化け猫。ネコマタ（猫又）ともいう。山名はこの山に逃げ込んだ化け猫に由来する。もとは爺様と婆様に飼われた猫で、人の言葉を話し、婆様が固く口止めされた約束を破ると、たちまち大きな化け猫に変身し、婆様に噛みついてくわえ、猫魔ヶ岳に飛んでいってしまう。

磐梯山の手長足長

磐梯山に棲む手足が非常に長い巨人。手足の長い一人の巨人、足が長い夫と手が長い妻の夫婦という説がある。その大きさは磐梯山に腰をかけ、その長い手足は、会津平（会津盆地）や猪苗代湖の対岸湖南（郡山市）までもとどき、磐梯山の上に立てば空の雲をかき集めて太陽の光りを遮り、猪苗代湖の水を会津たいらに撒いては長雨や洪水をおこし凶作を招いた（『猪苗代湖北民俗誌』）。あるとき、旅の僧弘法大師と問答をして、胡麻（豆）粒ほどなった手長足長は印籠（小さな壺、メッパという話もある）に封じ込められ退治される（『福島県文化財報告書第168集』）。また『老媼茶話』の「磐梯山怪物」には顔が5尺（約1.5m）を超え、地震のような地響きの足音をさせる大山伏と大女男女の怪物がいたことが記されている（『老翁茶話』）。

磐梯山の魔魅（まみ）

磐梯山が病悩山（びょうのうさん）とよばれていた頃には、魔魅とよばれた妖怪が棲んでいた。大同元年、磐梯山は大爆発し溶岩は川をせき止め、麓は俄かに大きな湖（猪苗代湖）と化し溺死者を数多く出したのは魔魅の仕業であるとされる。

真っ黒の大入道

古い大狢が化身した妖怪。『老媼茶話』にある。7尺（約2m12cm）ほどの背丈があり姿は真っ黒である。三本杉の清水で大入道が水汲みをする姿を見た柴崎又左衛門は妖しいと思い、刀をぬき一刀にした。すると、その姿は消え、しばらくして八ヶ森で大きな古狢の死骸が見つかった。

山姥のかもじ（髢）

かもじとは髪を結う際に地毛が少ない部分を補う付け毛のことで、現代のエクステンション。山姥のかもじは、山姥から奪い取ったとされる髪の毛の一部であり、これを所有すると山姥の祟りや障りを受ける。山姥のかもじの引き起こす災厄は、かもじを返さなかったことへの怨念であり、取った本人だけではなく、家族、さらにかもじを所有した者やその家族にも及ぶ。また、かもじを見れば働きたくなくなるともいわれる（『猪苗代町史』民俗篇）。

東北地方

ダイマナコ

地域の特徴

茨城県は関東地方の北東部、北は福島県、西は栃木県・埼玉県、南は千葉県に接している。東は太平洋に臨み、県の北部には福島県から久慈山地・多賀山地、栃木・福島との県境からは八溝山地の山々が連なり、その山地のなかを縫うように、福島県からは久慈川、栃木県からは那珂川が太平洋に流れ込んでいる。

県の南西部は関東平野が広がっており、西端部から南部には利根川が流れており、鬼怒川・小貝川など南北に貫く河川が合流している。とりわけて東南部は、国内第2位の面積の湖である霞ヶ浦や、北浦とともに、この利根川流域は水郷地帯を形成している。県の中央、平野部には、栃木県から連なる山並みがあり、そのところどころに十三天狗の岩間山、三十六天狗の加波山があり、その南端にダイダラボウゆかりの筑波山がある。

歴史的には、江戸時代までは常陸国と下総国の北西部がこれにあたり、現在のような県境が確定するまでにも、河川の流れによって時間がかかった。そのため、河川を越えた他県との交流も盛んであった。また、同県であっても、近世以来の交通網や近代のインフラの整備から、常陸国や下総国には意識に違いがみられる。

伝承の特徴

茨城県は太平洋に面し、古くから鹿島の地が日本の最東端と考えられ、日本列島を取り囲む大鯰の頭を、鹿島大明神の要石が押さえているものと考えられていた。現在、要石は鹿島神宮の境内にあり、地上にわずか上部をのぞかせているが、その地下深くまで刺さり、大地を揺り動かす大鯰の頭を押さえているとされている。鹿島の神とゆかりをもつ信仰や芸能は茨城県のみならず日本各地にみられ、海や河川を通じてつながっていたことを物語っている。

東に広がる太平洋は、さまざまなものをもたらしたといわれる。神栖市日川で蚕霊神社の縁起として次のような話がある。この地の漁師が漂流している桑でできたうつろ船を引き上げると、中に天竺の金色姫がいた。漁師は我が子のように育てたが病死してしまう。その後、姫は蚕と化し、糸を吐いて富をもたらした。そこで姫を蚕霊神社として祀ったという。こうした蚕神の伝承は、日立市川尻の蚕養神社、つくば市神郡の蚕影山神社にも同様の縁起があり、養蚕の始まりとされている。こうした寄り神のイメージは、江戸時代を通じて常陸の海にはあったようで、1803（享和3）年3月24日には、羽釜のような形の不思議な船が、原舎浜というところに漂着したという話がある。梅の舎主人の『梅の塵』によれば、船の上は黒塗り、四方に窓があり、下の部分は鉄筋が入っていた。このなかに20歳ぐらいの色白の美しい女性が乗っていたという。言葉は通じず、身長5尺（およそ150cm）、黒髪はあざやかであった。この話は当時、随筆や刷り物で広く知られたようで、常陸国には外から何かがやってくるという期待感が、なおいっそう強くもたれていたことがうかがわれる。

主な妖怪たち

小豆洗い　小豆を洗うような音をさせる怪。水戸城下の裏新町新蔵前では、新御蔵の傍らに現れたという。その正体は狐とされており、たびたび人をたぶらかしていた。また城下には、「赤小豆洗ひ」という場所があり、雨の夜になると狐が小豆を洗う音をさせて、人をたぶらかしていたという（『水府地理温古録』）。小豆洗いは言葉を発することもあり、常陸太田市町田では、「小豆とぎましょか、人を食べましょか」と言いながら、ザクザクと音を立てたという（『町田の民俗』）。

イクチ　海に現れる怪魚。津村正恭『譚海』の「常州外海ゐくち魚の事」によれば、「ゐくち」は、ウナギのように全身がぬめっており、油の多い魚である。太さはそれほどではないが、長さは数百丈（1丈は約3m）ほどあり、時々船に入ってくるのだという。ゐくちに入られた船は沈むというので、船頭たちには恐れられていた。この長い怪魚は、船をまたぐように飛び越える。あまりに長いのですべてが越えるのに一、二刻（およそ2時間から4時間）かかるのだという。その際、体から大量の油が船にしたたり落ち、これが満ちると沈没してしまうのだという。船乗りたち

関東地方　77

は無言で、ただこのこぼれる油を笠でうけとめて海へこぼす。ゐくちの油は、布海苔のように粘っており、船の中が滑りやすくなってしまうので、飛び越えられた後はいつも洗っている。こうした生態のゐくちは、出現するのはいつも夜で、誰もその形をしっかり見たことがない。同じように、夜、海に現れるものに「いるか」がいる。これが現在のイルカにあたるかわからないが、『譚海』によると、いるかは鮫のような魚であるが、鹿に似ている。眠ることが好きで、覆いのない船にいつのまにか入り込み、いびきをかいて寝ていることもあるという。そのため、江戸へ船で魚を運搬するときに、物陰でいるかがいびきをかいて寝ていることもあった。

河童　水性の妖怪。『利根川図志』には河童の図があり、『望海毎談』を引用し、ネネコとよばれる河童が利根川にいることを記している。毎年居場所を変えているが、その場所には渦ができるとされている。悪戯をするあまり手を切られ、その返還を願い、かわりに薬の製法を伝授することがある。その姿は、江戸時代の随筆に捕獲談が見受けられ、水戸東浜で捕獲された河童は、身長3尺5寸あまり（約1m）、重さは12貫目（約45kg）、見た目よりは重い。尻に三つの穴があり、放つ屁はまことに耐え難いほどの臭いであったという（『一話一言』『善庵随筆』）。茨城県内には、河童から薬の製法を伝授された家がいくつかあった。『利根川図志』にも紹介されているが、岩瀬万応膏（常陸大宮市）、カッパ散（古河市）、とげ抜きの妙薬（小美玉市）、筋渡薬（石岡市）を伝える家がこれである。いずれも手を切られ、その代償として河童が伝授した秘薬である（『河童とはなにか』）。河童を祀る神社もあり、小美玉市与沢の手接神社は手の病に御利益があるが、秘薬製法を伝授した河童が死んだことを知った領主が、その遺骸を葬って祀ったのがその始まりとされる。

鎌鼬　風にまかれて、傷を負う現象。水戸藩の儒学者小宮山楓軒は、みずからの著書『楓軒偶記』に、鎌鼬の一項を設けている。そこで楓軒は、鎌鼬について次のように述べている。「カマイタチにかけらるる」ということがある。からだに傷を負うが、血が出ることはない。これを治すには、テンの毛をつけるとよいという。かつて相撲をする力持ちがいたが、突然、陰茎が落ちてしまったことがある。このときもテンの毛をつけて治したのであるという。そして各地の鎌鼬の事例を紹介し、伴蒿蹊の『閑田次筆』を引いて、下総国大鹿村（現在の取手市）の弘経寺の小僧が

鎌鼬にあたり、病にかかったことを記している。このとき、古い暦を黒焼きにして患部につけたら、たちまち治癒したという。下総や甲斐では、窓明かりの障子に古い暦を貼ることがあり、これが風を防ぐことから、鎌鼬にも効力があるとみていたのだと、楓軒は記している。

戸立て坊主

道を歩いていると、あたかも戸を立てたがごとく、行き止まりの現象を起こして歩行をはばみ、その先へ進めなくなる怪。高萩市上君田には、腹減り坂とよばれる坂がある。ここは夕方になると、戸立て坊主が現れ、人間が通れなくなるように戸を立てるのだという（『高萩の昔話と伝説』）。

ダイマナコ・一つ目玉の団十郎

2月8日・12月8日を事八日といい、得体の知れないもの、とりわけて一つ目の妖怪が来訪し、これを除けるために、たくさん目のあるメカゴを立てるという伝承が各地にある。桜川市真壁町では、この一つ目の妖怪を、ダイマナコあるいはヒトノマナコとよんで、厄病神としている（『真壁町の民俗』）。筑西市赤浜では、北関東各地にこの日訪れるササガミの姿を、一つ目の大入道ととらえられている。古河市上大野では、一つ目玉の団十郎は各家を訪ねてまわり、履き物が表に出してあると、判子を押すという。判子を押された履き物を履くと足が重くなるという（『無形の民俗文化財　記録　第61集　北関東のササガミ習俗　茨城県・栃木県』）。またこの地域は、この日はネロハという化け物がやってくるので、早く寝ろといわれた。小説家長塚節は、「十日間」という随筆でこの日の習俗を記し、「一つ目の鬼が夜になると家内を窺ひに来る」としている。

天狗

山に現れる妖怪。音をもって語られる天狗倒しは、その姿を見ることができない。一方、毎日のように姿を現して相撲を取りに来る天狗もいた。平田篤胤の『仙境異聞』によれば、茨城県では岩間山に十三天狗、加波山には三十六天狗がいるとされている。また、稲敷市阿波の大杉神社は、天狗を祀る神社として、広く知られている。天狗倒しは、茨城県各地でも伝えられており、久慈郡各地の山中では、こうした怪異を起こす天狗は三つ又の巨木の股に住んでいるといわれていた。また、笠間市岩間にある愛宕山はかつて岩間山とよばれ、十三天狗といって13人の天狗が住んでいた山として知られている。山頂の飯縄神社の社殿の裏には、この山で修行していたという13人の天狗の祠が祀られている。旧暦11月

関東地方　79

には、この神社の氏子13人が天狗に扮して山頂に登るのであるが、その際、この天狗に罵声を浴びせる悪態祭を行うことでも知られた山である。

石岡市狢内にある長楽寺の僧は、この山で天狗の法力を体得し、5、6日の間、母親を連れて諸国を廻り、その希望を叶えたという。帰宅すると僧は「たいへん疲れたので、長寝をするので、目が覚めるまで絶対に見ないように」と母親に語り、部屋にこもった。ところが、数日しても目を覚ます気配がない。待ちきれなくなった母親が、部屋を覗くと僧は六畳間いっぱいに大きくなって寝ていた。驚く母親の声に目を覚ました僧は、襖を破って飛んで行き、二度と帰ってこなかったという。岩間山の十三天狗とは、4人の亡霊、八体の鷲や鳶、動物の化身、そしてこの長楽寺の僧で構成されているのだという（『仙境異聞』）。

墓石磨き　　正体が何者かわからないが、一晩に大量の墓石が磨かれる怪。江戸時代の随筆にしばしば登場する墓石磨きは、古河市周辺から始まったとされる。松浦静山の『甲子夜話　続篇』によれば、儒学者朝川善庵が門人のもとで聞いて語った話が記されている。それによれば、墓石が磨かれ、文字に朱を入れるところは朱を新たにさし、金を入れるところにはクチナシをさして黄色にそめてあり、これが一夜にして200基に及ぶのだという。領主たちは、その原因となる妖物を捕らえるために、足軽輩数十人を出して墓地をうかがうのであるが、女性の声が騒々しく30〜40人ほど集まっているようにも聞こえるものの、姿は見えないという。この墓石磨きは、古河に始まり、関宿（千葉県）にまでいたるところに現れている。

これに対して曲亭馬琴は『兎園小説拾遺』で、この墓石磨きについて触れ、1830（文政13）年9月下旬から江戸の寺院の古い石塔が一夜のうちに磨かれているということを記している。これはこの年の7月に山梨県で起こっていたものが江戸に及んだという。古い絵巻物に「石塔磨」というスッポンに似た赤い虫がいることから、この虫の仕業ともいわれていた。こちらはその目撃談も多く、法師一人、あるいは3人連れであったという話もある。また、墓石を磨かれた家は断絶するとまでいわれた。馬琴は、こうした怪異について、病の平癒祈願のために磨かれたという説も紹介している。

一つ目小僧　　一つ目の妖怪。坂道などにさしかかると突然現れて人を驚かす。また、大きな姿で現れる一つ目の大入道もいる。

高萩市下手綱の岩ん坂では、夜歩いていると、「一つ目小僧だぞ」と名乗って現れたという。あるとき、目の不自由な人が通りかかったときに、驚かなかったので、そこでは出なくなったという（『高萩の昔話と伝説』）。笠間市安居のもみじ三夜では、一つ目の大入道が現れたという。そこを通る人があれば、立ちふさがって驚かした。それを見た人が自宅に帰って家の者に話をすると、「こんな顔だったかい」と大入道が振り返りながら言ったという話もある（『いわまの伝え話』）。

ムジナ

ムジナは、さまざまなものに化けて、人をだますものとされている。ムジナ同様狐も化かすものであるが、ムジナは動物としてはアナグマの一種であり、狐とは区別されるものである。こうした違いには、行動にも表れ、古河市では、狐は人間の前で化かし、ムジナは後ろで化かすものと伝えている。そのためか、狐は女性に化けて前を歩き、ムジナは自転車の荷台のものを人知れず盗んでいくと伝える人もある。その化ける特徴としてムジナは何者にも化けるものとされているが、とりわけお化けに化けるのが上手という（『古河の昔話と伝説』）。そうした化け物のひとつに、カブキリコゾウがいる。茨城県と千葉県にまたがる旧下総国では、さびしい山道や夜道に現れるという。カブキリコゾウは、おかっぱ頭で丈の短い着物を着て、「水飲め、茶飲め」と水や茶を強要するという（『民間伝承』5-2）。「カブキリ＝おかっぱ頭」「コゾウ＝子ども」というように、その名称に外見的特徴が表現されているところでは、岩手県遠野市のカブキレワラシと共通するものがある。

また、化け物になりすますムジナに、次のような話がある。古河城下には侍屋敷がならぶ屋敷町の一角に、梅屋敷とよばれる場所があった。ここには、一軒のあばら屋があり、お化け屋敷といわれていた。旅の侍がそこに現れる化け物を退治する話であるが、まず、紫の着物を着た少女が庭石をつたってピョンピョンと軽い足取りで現れ、「お茶をめしあがれー」とやってきて一つ目小僧になる。次に庭石をミシリミシリと踏んで、一つ目片足の傘が赤い舌を出して現しては消える。さらに、顔を朱に染めている大きな白い衣を着た大入道が現れる。そのように入れ替わり立ち替わり現れる化け物を、侍は一刀両断する。その正体は、それぞれに化けた一匹のムジナであったという（『古河市史　民俗編』）。ここでもカブキリコゾウのように、お茶を強要する少女にムジナは化けていたのである。

九尾の狐と殺生石

地域の特徴

栃木県は北関東三県の中央、北は福島県、東は茨城県、西は群馬県、南は茨城県・埼玉県・群馬県と接する海のない県である。中央部から南は関東平野が大きく開けているが、県の東部には八溝山地、北部から西部は帝釈山地・足尾山地が連なる。ここには関東以北では最高峰白根山がそびえ、那須や日光の火山群がある。その西部の山々には、遠く太平洋に注ぐ水源をもつ河川がある。

そのひとつ那珂川は那須岳山麓にその源流があり、八溝山地を抜けて東から茨城県の海へと流れて、江戸時代から鮭の遡上で知られていた。鬼怒川や渡良瀬川も栃木県の山間部から流れ出ているが、関東平野のなだらかな傾斜とともに南下し、いずれも茨城県で利根川と合流して茨城県と千葉県を経由して海へと注いでいる。

こうした山間部の地域と南部の平野部とでは、古くは那須国・下野国といった古代行政区画、あるいは近世の支配関係といった地域のなりたちにも違いがみられ、それが風土の違いにもつながっているようでもある。後に下野国の一国となって久しいが、地理的条件・歴史的条件のなかで、文化的にはいくつかのまとまりをもって発展してきたといえよう。

伝承の特徴

栃木県は、内陸県で海はない。しかし、海との関連性がまったくないわけではない。県中央部古峰ヶ原の古峯神社は、漁民の信仰篤く、茨城県の漁村からの代参があり、海との交流が盛んである。こうした他県との交流に多様性をもっているのが、栃木県の特徴ともいえよう。江戸時代に五街道として整備される以前から、奥州道中は東北地方とをつなぐ主要な道で、物流を支えていた。また、徳川将軍を祀る日光山とともに整備された日光道中は、奥州道中とともに東北と関東の動脈となっていた。下野各地に開

かれた交通路は、さまざまな文化の交流をそれぞれの地域にもたらし、接する他国は下野国とつながることによって世界が広がると期待していたようである。海路を閉ざされた会津藩は会津西街道を整備することによって江戸との距離を縮めた。これは言い換えるならば、下野国が奥羽地方とつながることを意味していた。下野国は交通網によって開かれた、関東以西と東北地方との文化の結節点であった。

また、栃木県を語るうえで、雷雨は欠かせないものである。雷雨日数が多く、8月から9月は激しい雷雨に見舞われるところも少なくない。県の南部では「三杯雷様」「三把雷様」といって、雷雲が現れてから、ご飯を3杯食べるまで、あるいは稲を3把刈り取るまでに、雷雨がやってくるとされるほど、雷雲の移動が速いとされていた。そのため、雷神信仰も盛んで、県内各地に雷電神社が祀られている。県内の妖怪伝承には、雹や雷など天候を司る法力をもつ天狗の存在を聞くことができる。

主な妖怪たち

小豆洗い

小豆を洗うような音が聞こえる怪。笹がこすれ合う音が、これと似た音に聞こえると伝えるところも多く、笹藪の近くで小豆洗いの話を聞くことができる。佐野市上羽田町のカテキサマもこれにあたるものだが、宇都宮市一条町には、小豆坂とよばれる坂があり、かつてはここも、風が吹くと笹の葉がこすれあい、小豆を洗う音に似ていたことから坂の名がついたという（『宇都宮の民話』）。夕方に現れ、子どもをさらっていくとされるところも多く、その出現場所としては、笹藪以外にも橋の下や水のほとりなどをあげることができる。茂木町では「ヂャッカヂャッカチャカ」「ゴッチャゴッチャ」と音をたてるとしているが、「小豆とぎましょうか大豆とぎましょうかゴショゴシ」などと、その音が言葉で表されることもある。茂木町には米とぎ婆さまという妖怪もおり、「米とぎ婆さま晩方さあらさら、薬師様さあらさら、子どもさろべとさあらさら」といって現れるとされている（『芳賀郡土俗研究会報』1）。

河童

水辺に現れて、悪戯をすることで人間と接触をする。頭頂部に皿があり、馬や人間を水の中に引き込もうとする。河童はしばしば人前に現れては悪戯をする。佐野市小中にある旗川の赤淵には、河童が住んでおり、悪戯が絶えなかった。そこでスイカ畑に番小屋をつくり監視

関東地方　83

することになった。河童は鎌で片手を切り落とされ、老人の姿となって光照院の住職のもとを訪ね、手を返してもらうよう懇願する。その後、住職が大和長谷寺入門の際、河童はつながった手のお礼にと、自身の背中に住職を乗せて、大和川を渡ったという話が伝わっている（『栃木の民話』第二集）。また、毎年12月1日にカビタリ餅（カビタレ餅）を川に供えるところでは、これを河童に由来する餅として伝承しているところが多い。例えば、さくら市では、鬼怒川に現れる河童に対する人身御供があったという。ところが、期せずして毒餅を川に落として河童が死んだことから、以後、餅のみを供物とするようになったといい、これをカビタリ餅と称して、水神に供えるものとしている。ここでは、河童が水神との関連性をもって語られている（『氏家町史　民俗編』）。

　このほか、薬の製法を河童から伝授された家もある。鹿沼市磯町では、現在は製造されていないが、河童から痔の妙薬の製法を伝授されたという家がある。付近を流れる小倉川に河童渕とよばれるところがあり、そこでは魚の盗難や牛馬を川に引き込まれるといったことが続いたという。この家の先祖山形刑部が相撲を取ってこれをこらしめると、河童はこれまでの悪事をわびて、薬の製法を教えて小倉川を立ち去ったのだという（『続子どものための鹿沼のむかし話』）。

カテキサマ

佐野市上羽田町の龍江院に伝来するエラスムス像（重要文化財「木造エラスムス立像（伝貨狄像）」）のこと。カテキサマ（貨狄様・貨狄尊）とよばれ、近年まで境内の観音堂に祀られていた。異国人の姿をしたこの像は、中国の黄帝の家臣で船を発明したという、貨狄を像としたものと伝えられていたが、大正時代になってその姿がオランダ人のエラスムスをかたどったものであることがわかった。本来この像は、1600（慶長5）年、豊後国府内に漂着したリーフデ号の船尾の飾りであったようで、徳川家康に仕えた御持筒頭を務めていた旗本牧野成里が、菩提寺であるこの寺に寄進したものである。成里がなにゆえこの木像を所蔵していたかは、諸説あって明らかではない。

　しかし、『寛政重修諸家譜』に、成里は文禄の役で、貨狄像を持ち帰ったと記されており、そのためにリーフデ号のエラスムス像とは知られず、「貨狄様」「貨狄尊」と伝えられたと思われる。西洋人の姿をかたどったこの像は、古くから異形のものにみえたらしく、寺の近辺では、カテキサマ

とよぶほかに「小豆とぎばばあ」とよんでいる人々もいた。もとはこれを祀る観音堂が、龍江院より北側の笹が生い茂った塚の上にあったという。風が吹くと笹のこすれ合う音が、あたかも小豆洗いが小豆を洗うがごとく聞こえたという。夕方遅くまで遊んでいると、このカテキサマ（エラスムス像）がさらっていくと伝えられていた。

鎌鼬（かまいたち）

つむじ風に巻き込まれ、思いもよらず皮膚などに傷ができるとされる怪。このような現象は鎌鼬の仕業とされている。芳賀郡では、鎌を担いでいると、鎌鼬にかかるといわれていた（『旅と伝説』94号）。三好想山（みよししょうざん）の『想山著聞奇集（しょうざんちょもんきしゅう）』には、野州大桑村（日光市）の鎌鼬についての記述がある。これによれば、大桑村では、きわめて強い村人が、本人も気がつかないうちに内股に5寸（約15cm）ほどにわたり、骨が出るほどの深い切り傷を受けた。ここでは、深い田んぼに入っていたら傷口ができたのだといい、風に当たって傷ついたのではなく、鳥とも獣とも鬼ともしれず、目に見えないものによって切られることの不思議さを書き記している。現代でも鎌鼬の伝承は生きており、オートバイ事故で転倒したライダーの傷が、傷口の大きさのわりに出血しなかったことから、鎌鼬の仕業ではないかと噂されたことがある（『下野民俗』32）。

ガンゴジ

角の生えている鹿の化け物。明治時代には、子どもが泣くと、年寄りたちは「ガンゴジに食われる」とか「カンゴジメが来た」と言って脅かしたという（『民族と歴史』6-5）。柳田國男は『妖怪談義』で『嬉遊笑覧（きゆうしょうらん）』などを引いて、ガゴ・ガゴゼなどの子どもを脅かす妖怪は、それらにしるされる元興寺の鬼に由来することを否定し、中世の口語体「咬（か）もうぞ」がその起源と考えた。柳田も下野芳賀郡（はがぐん）の事例としてガンゴージを引いているが、ここでは角が生えている鹿ということから、鬼のようなものと考えられていたと思われる。

九尾の狐と殺生石

九尾（きゅうび）の狐（きつね）は、白い顔で金の毛におおわれた九つの尾をもつ狐。本来は瑞獣（ずいじゅう）であったが、女性に化けて人々を惑わすものとされている。殺生石（せっしょうせき）はその怨霊から毒気で命を奪う石。その物語は、室町時代から知られており、能『殺生石』や御伽草子『玉藻（たまも）の草子（そうし）』などにみることができる。九尾の狐は、平安時代、唐の国から日本に渡ってきて玉藻前（たまものまえ）という女性に化けて鳥羽上皇の寵愛（ちょうあい）を受けていたという。上皇は病に伏し、陰陽師の悪魔払いの儀礼によって、

関東地方　85

その正体が九尾の狐であることが判明する。狐は那須野が原に逃げ、そこで悪事をはたらくが、これを聞きつけた上皇は三浦介・上総介に命じて追討する。那須周辺にはその旧跡があり、矢板市の玉藻前稲荷神社にある鏡ヶ池は、蝉に化けていた九尾の狐の正体が映し出された場所とされ、ここで三浦介の射った矢に狐は倒れたという。この池のほとりには、これを供養した稲荷社が祀られている。九尾の狐の怨霊は、その後、大きな毒石となり、近づく者の命を奪っていく。そのため、この石は殺生石とよばれるようになった。1385（至徳2）年、これを聞いた曹洞宗の僧源翁心昭は、殺生石の供養にあたり、槌を用いて石を砕いた。その砕かれた破片は全国各地へ飛び散ったとされ、各地の殺生石の由来ともなっている。また、砕いた槌はゲンノウとよばれるようになった。

静か餅

夜中に餅を搗くような音のする怪。益子町では、人によってではあるが、丑の刻に「コツコツ」と餅を搗くような音が聞こえることがあるという。この音が遠方から近づいてくると「シズカモチに搗き込まれる」といって開運に恵まれ、音が遠ざかると「シズカモチに搗き出された」といって運が衰えるといわれていた。すなわち、臼を搗くこの音は、聞こえ方で家運を知る占いのような役割があった。搗き込まれた人は箕を後ろに向けて出すと、財産が入ってくるといわれている。茂木町では、夜、ドシンドシンと餅を搗く音が聞こえると長者になるといわれ、これを隠れ里の米つきといった（『芳賀郡土俗研究会報』1）。

ズイトン

夜、雨戸の穴に尻尾を入れる妖怪。芳賀町東高橋では、子どもが遅くまで起きていると「ズイトンが来るぞ」とおどかされたという。ズイトンは主屋に雨戸の穴をみつけると尻尾を入れてきて、ズーイと引っ張るのだという。その抜けたときにトンと音がすることから、ズイトンとよばれているが、その姿はわからない。

天狗

山に住む妖怪。日光には数万の天狗がいるといわれ（『仙境異聞』）、古峯ヶ原に大天狗隼人坊、日光には東光坊という天狗がその世界を支配していたという。そうした天狗の社会を、江戸幕府は警戒し、徳川将軍の日光社参が行われるその前年、降魔神とともに天狗らに対して、将軍社参のあいだ立ち退くよう、水野出羽守が発令した制札の写しが残っている。これによれば、この命に応じて、鹿沼市の古峰ヶ原の大天狗隼人が、その間、日光に住む大小の天狗に対して、分散するように触れを出し

たことが記されている（「日光社参に付制札写」文政7［1824］年）。

　また、天狗の伝承は、その法力を身に付けたものが、特定の家と結びついて、語られることがある。例えば、下野市の旧薬師寺村に鎮座する天狗山雷電神社の伝承がそれである。ここには小島という姓の家があり、その子どもが家出をして何十年ぶりかで帰宅したという。その子は寝姿を見てはならないと、家族に告げ部屋にこもったが、家人はのぞいてしまう。するとわが子は、8畳間いっぱいに羽を広げて寝ていたという。親と子のあいだで「見ていない」「見たろう」の押し問答の結果、子どもは家を出て行くことになる。その際、この村に嵐は呼ばない、雹は降らせない、もし降ったら自分は死んだものと思ってくれ、と言い残して去っていった。何年かしてこの村を嵐が襲い、これをもって人々はその子が死んだと思い、小島天狗とよぶようになり、天狗山雷電神社として祀るようになったという（『南河内町史　民俗編』）。このように、特定の家の子どもが天狗の霊力を体得し、天候を司る特殊な能力をもつ話は、雹除けを約束した鹿沼市酒野谷のじろさく天狗などもこれにあたる（『酒野谷の民俗』）。このほか、栃木市にある大平山では、天狗がトイレで酒を飲んでいると、高校生のあいだで語られている（『下野民俗』39）。

モンドリバア

　　　　　　　　　那須塩原市百村に現れた山姥。那須岳に近いこの地に、モンドリバアとよばれる年老いた山姥が現れ、人々を困らせたという。鉄砲自慢の男が傷を負わせたことから、現れることはなくなったという（『下野の伝説』）。

雷獣

　　　　　雷の発生に伴い出現する獣。栃木県は群馬県とともに雷電神社が広く分布するほど、夏ともなると雷の発生が日常的である。落雷とともに現れるとされる雷獣は、江戸後期の橘南谿が著した『北窓瑣談』に、下野烏山（那須烏山市）のものが記される。同書によれば、雷獣はその姿はネズミに似ているが、イタチより大きいという。4本の足の爪はたいへん鋭い。夏は、山のあちこちにある穴の中にいて、首を出しながら空を見ている。夕立が起こりそうな雲が現れると、それを見極めて雲の中に飛び入るのだという。この周辺では、雷獣が種芋を掘って、食い荒らしてしまうこと甚だしいので、春頃には雷獣狩りを行っているのだという。生態を記し、その対応として駆除していることから、実態あるものとして雷獣を想定している。

関東地方　87

文福茶釜

地域の特徴

群馬県は地理的には関東平野に位置している。県域には「上毛三山」とよばれる赤城山、榛名山、妙義山がそびえ、人々はそれら三山を日々仰ぎながら生活している。新潟県との県境には三国山脈が連なり、長野県境は浅間山、栃木県境は足尾山脈が連なっている。山間地域の沼田市・利根郡、そして吾妻郡は雪国の山村文化の傾向が濃く、一方、平野部の館林市・邑楽郡などは利根川と渡良瀬川沿いの低地文化を育んできた。また、高崎・前橋・伊勢崎・桐生の各市域は、近世以降、養蚕・製糸・織物を基調とした産業経済を発展させてきた。

群馬の冬は三国山脈から乾燥した季節風が吹き荒れ、高崎ダルマづくりなどは、この冬の季節風に関連した産業とされる。赤城山から吹き荒れる冬の風は赤城おろしとよばれ、上州の風土を語る際の重要な要素となっている。民俗文化の立場から群馬の県民性をみていくと、冬の乾燥したカラッとした気象の印象が強く、日照時間も日本一という気象環境もあいまって、ある意味では、妖怪を出没させない風土性があるように思われる。

伝承の特徴

県域の中央を利根川が貫流していることもあり、水にまつわる伝承は比較的豊かに伝承されている。妖怪関連では、水神すなわち河童信仰や龍神信仰が各地に伝わる。また、祝儀に際して膳椀を貸してもらうために滝壺や淵などで祈ると、翌日には準備されているという椀貸伝説が利根川と、その支流域に多数分布する。

1884（明治17）年には東京上野と高崎を結ぶ高崎線、1889（明治22）年には高崎と栃木県小山を結ぶ両毛線が開通した。明治期の鉄道開通に伴い、狸が列車に化けたりする話が伝わるのは文明開化との相克・摩擦の一例ともみられる。なお、水上町藤原では、昼間に昔を語ると化け物が出るとい

うが、これは昔話を語る時間帯を教えてくれる伝承である。

主な妖怪たち

小豆とぎ婆　小豆とぎ婆、小豆洗いの名称で県内に広く分布している。山田郡大間々町（現・みどり市）では、晩になると橋の下から小豆とぎ婆が「小豆とごうか、人取って食おうか」と言ってやってくるという。特に子どもが夜遅くまで戸外で遊んでいると、「小豆とぎ婆が出るから早く帰れ」と言われた。吾妻郡吾妻町本宿（現・東吾妻町）では、「隠し坊主がやって来るから帰れ」と言った。同様な伝承は昭和村金棒のガン沢、太田市矢田堀の諏訪神社付近、渋川市祖母島、小野上村など広範囲に伝わる（『群馬県史資料編27民俗3』）。

イタチ　上越線が開通したころ、イタチが大入道に化けて3回ほど線路に出た。最後に汽車にひき殺されてしまった。黒イタチであったという。鉄道が開通した時代には似たような話は各地に伝わる（『群馬県史資料編27民俗3』）。

歌うどくろ　一人の貧しい旅商人が峠を越えて野原でにぎりめしを食べていると近くでいい声をして歌い出す者がいる。しかし、見回しても誰もいない。よく見ると足元にどくろがあって、それが歌っていた。旅商人は薄気味悪いと思いながらも、どくろに向かって「歌がうまい」と誉めた。するとどくろはしゃべり出して敵討ちの話を聞かせた。旅商人は旅先で人々にどくろの歌を聴かせて金儲けをして歩いた。あるとき大きな城下町に着くと、殿様が噂を聞きつけて、どくろの歌を所望した。城ではいつもと違う歌を歌い出し、3年前に侍が殺されるというところまで歌うと、どくろは一人の偉そうな侍のところへ飛びかかった。それで3年前のことがわかり、どくろの残された子を探して取り立ててやったという。旅商人は殿様から褒美をたくさんいただき幸せに暮らしたという（『群馬県史資料編27民俗3』）。

オトウカ　狐のことをオトウカという。オトウカは人をよく騙した。狐火が遠くに見えるときはオトウカが足元にいるという。オトウカの嫁取りの話は各地に伝えられている。前橋市亀里町では、極楽寺の裏手のジョウノヤマという山にオトウカが棲んでいて、小雨がしとしと降る暗闇の晩になると、人間の結婚式のように花婿は紋付きの羽織、袴を

着け、花嫁は高島田を結って並び、お供が提灯を下げて長持を担いでぞろぞろと列をつくって通るのが見えたという。その提灯は点いたり消えたりして小雨に霞んでとてもきれいであった。このオトウカの嫁取りは人間が近づくと消えてしまう（『群馬県史資料編27 民俗3』）。

オトボウナマズ

前橋市野中の清水川にオトボウナマズという大きな三年鯰が棲んでいた。魚釣りの人がオトボウナマズを取り腰籠の中に入れようとしたが、大きすぎたので切って入れたところ、もう一匹の鯰が「オトボウ、オトボウ」とよんだという。これにはよく似た類話が伝わる。掻い掘りして大きな鯰を捕り、腰籠に入れて家に帰ろうとすると「オトボウヤ、オトボウヤ」と山のほうで呼ぶ声がした。すると、腰籠に入っていた鯰が「おーい」と返事をしたという。また、おとさんという人が麦刈りに行ったところ、鯰が化けておとさんに抱きついてきた。「オトボウ、オトボオウ」と言って追いかけてきた。清水川には鯰の化け物がいて、大きな鯰を見ると、「オトボウじゃねえか」などと言った。オトボウのほかに、イヌボウの名でも同類の話が伝わる（『群馬県史資料編27 民俗3』）。

オボ

利根郡利根村柿平には、オボとよぶイタチが化けたような妖怪がいた。人が道を歩いていると、足にまとわりついて歩く邪魔をし、放っておくと歩くどころではないので、刀の下げ緒、着物の小褄などを切って与えることで足から離れさせることができるという。かつて小学校に通っていた少年が、下校時に山道を登り始めたところ、道端の草むらから赤子の産声のような声が聞こえた。恐怖した少年が駆け去ろうとしたところ、声はますます大きくなり、ようやく家へ帰り着いて祖父に事情を話したところ、祖父が言うには、その声はオボの泣き声だということであった（『日本怪談集 妖怪篇』上）。

火車

猫が年を取ると火車になるという。葬式のときに火車が来て棺桶をさらう話が各地に残る。急に黒雲が出て嵐になって棺桶を巻き上げる。利根郡みなかみ町藤原では、葬式の際に、宝川の奥から雲が出てきて一転にわかに曇り、棺桶が巻き取られてしまった（『群馬県史資料編27 民俗3』）。

河童

群馬県ではカッパ、カワッパとよぶ。子どもくらいの大きさで、手が伸び縮みし、頭に水の入った皿が載る。口はとがって手足に

水かきがある。水中に棲んでいて、人を引き込んで臓物を尻から抜き取るとされる。夏場に子どもたちが川で水泳ぎをする際に必ず注意されることでもあった。伊勢崎市太田町の広瀬川の左岸にはタネン淵があり、そこに河童が棲んでいたと伝える。内山氏の先祖太郎右衛門が河童退治に行って待ちながらうとうとしていると、馬が川に引き込まれたのであわてて引き摺り出し、格闘の末に河童を押さえ込んだという伝承がある。

　吾妻郡六合村赤岩（現・中之条町）の湯本家は代々医者であった。治療を終えた主人が馬に乗っての帰り道、橋の上で馬が動かなくなってしまった。暗闇で目をこらして見ると河童が馬の脚を押さえていたので、刀を抜いて気合いを掛けて切りつけた。するとぎゃーという叫び声がして河童は川に飛び込んでしまった。橋の上で馬をなでまわしていると、ぬるぬるした硬い冷たい腕が一本落ちていた。それを家に持ち帰った。すると、その夜更けに戸を叩く音がして、開けると見知らぬ小僧が立っていて、橋のところでいたずらをした河童と名乗り、腕を返してほしいと懇願した。返してくれれば傷薬のつくり方を教えるということで河童の腕を返した。湯本家の家伝薬のいわれである。北群馬郡吉岡町野田には、河童の骨接ぎ伝授として伝わる（『群馬のおもしろばなし』）。

サトリお化け

　吾妻郡長野原町横壁の伝承である。昔、サトリというお化けがいた。山小屋でこちらが何か考えると、「俺はそうではない」とか、こちらの考えていることをみんな悟ってしまうお化けである。イロリに木をくべてあたっていると、サトリが入ってきてイロリにあたる。すると突然、栗がパチンとはねてサトリに当たった。サトリは「とても人間には叶わねえ」と逃げていった。同郡水上町綱子（現・みなかみ町）では、家族が親類の祝儀に出掛け、女の子が一人で留守番をしているとサトリが入ってきた。サトリが「寒いから燃せ」と命令するので、女の子は言うとおりに芝を膝で折ってはイロリにくべていた。突然、芝の真ん中が折れてサトリの額にパチンとぶつかった。そうしたらサトリは不意打ちを食らって逃げ出したという。人間の気分を先に読んでしまう化け物であるが、不意打ちでは先が読めなかったらしい（『群馬のおもしろばなし』）。

しゃべり石

　吾妻郡中之条町大道にしゃべり石がある。三角形に突出した巨石である。昔、親の敵を訪ねて全国を歩いてい

る人がこのところへ来たときに、日が暮れてしまったので石の根元で休んでいた。すると、不思議なことにこの石の中から声が出て、敵のいる場所を教えてくれた（『群馬県史資料編27民俗3』）。

ダイダラボッチ

巨人伝説のダイダラボッチは東毛地方に多くみられる。デエダラボッチ・デッチラボウ・デッタラボッチ・デーラボッチなどとよばれる。よく知られているのは、大男が赤城山に腰掛けて利根川で足を洗ったという話である。腰掛けた山は、赤城山のほか榛名山であったり、金山であったりする。川も渡良瀬川であったりする（『群馬県史資料編27民俗3』）。

テコジロウ

利根郡利根村砂川（現・沼田市）には、赤城山から流れ出る沢に大きな滝壺があった。あるとき、村人が川止めをして魚を捕ろうとした。仕度ができた頃急に眠くなってしまった。眠りから覚めて見ると浅瀬で小さな魚がちょろちょろしている。捕まえようとすると、「テコジローやー」と声がした。それに構わず捕まえて家に帰って腹を割いてみると、何と中からは昼に持っていった自分の弁当が出てきたという。それからその淵に行くと必ず「テコジローやー」という声がした。そして、しばらく経ってからその淵で60cmもの大きなイワナが死んでいた。あのときに取った小さなイワナの親であろうということになり、以来その淵では川止めをしないようになった（『群馬県史資料編27民俗3』）。

猫ばば

水上町藤原（現・みなかみ町）の猫ばばの話では、孫と一緒に寝ていたお婆さんを朝ご飯ができたとよんだら、「手を一本食ってしまえば起きるから」と変なことを言うので、不思議に思った嫁が見に行くと赤子が食べられており、お婆さんは山姥になって逃げていった。そして、あるとき猟師がその山姥を見かけたが、見たことを言うと死んでしまうというので猟師は死ぬまで語らなかったという。山の中で猫の話をすると猫ばばが出るという（『きつねのあくび』）。

分福茶釜

昔、館林の茂林寺裏山に狸の親子が住んでいた。いつになく寒い日が続いたので食べるものがなくなってしまった。そこで父親狸は、自分が茶釜に化け、母親狸が人間に化けて、道具屋で茶釜を売って儲けようということになった。道具屋にやってきた茂林寺の和尚がその茶釜を買っていった。ある日、その茶釜でお湯を沸かしてお茶を飲

もうと火に掛けたところ、「あち、あちっ」と悲鳴を上げながら茶釜から手と足を出した狸が現れた。あまりに不思議な茶釜であったので、和尚は道具屋に売ってしまった。道具屋に助けられた狸は、お礼に曲芸を見せて店を繁盛させた。しかし、茶釜から抜け出せず元に戻れなかったので、茂林寺の和尚にお願いし茶釜を祀ってもらうことにした。この茶釜を拝むとご利益があるという。

　江戸時代の随筆である根岸鎮衛『耳嚢』によると、今はみだりに見せないが、差し渡し３尺（約90cm）、高さ２尺（約60cm）ほどの唐金茶釜で、守鶴という僧がこの茶釜を用いて湯を沸かしたとある。1,000人分でも湯が尽きない不思議な茶釜であった（『館林の民俗世界』）。

目玉の化け物

碓氷郡松井田町峠に伝わる目玉の化け物は、膝小僧のところに目玉のあるお化けという。昔、「そのような化け物がいるはずはない」と馬鹿にした男が峠に出掛けたところ、途中で人に出会った。「このあたりに膝に目玉のある化け物が出るというが、そんなことはないと思ってやって来た」と語った瞬間、その人は「それじゃあ、これか」といった膝をまくって見せたという（『群馬県史資料編27 民俗３』）。

ワウー

利根郡みなかみ町藤原に伝わる話。昔、ワウーという化け物がいて山小屋を揺すったりした。代々狩りをしている人の話では、武尊山麓の刈俣にワウー沢という地名がある。昔は山奥に入って小屋を建てて木鉢や下駄棒を取った。小屋の大きさは１坪半ほどであった。夜になると毎晩小屋の上にある大木の上で「ワウー」と大声でなくものがいる。泊まっていると恐ろしくて外に出ることもできなかった。あまりに恐ろしい出来事であったので、今もワウー沢の名が残っているという（『群馬県史資料編27 民俗３』）。

オイヌサマ

地域の特徴

埼玉県の大部分は旧国名の武蔵国にあたる。東部の江戸川に沿った地域の一部は下総国に属する。海に面しておらず、人口が多い。埼玉県の地形は、八王子構造線によって県西部の山岳地域と、県東部の平地地域に分かれる。

県最西部の秩父地域は関東山地に含まれ、長野県・山梨県との県境には高山が連なる。その中央に位置する秩父盆地を中心に、祭礼や芸能が盛んである。気候は内陸性で夏は暑く、冬は寒く、降雪量も多い。

所沢市・飯能市を中心とする西部地域、川越市を中心とする川越比企地域、熊谷市・深谷市を中心とする北部地域は、南北に延びる八王子構造線沿いの丘陵・台地に位置する。武蔵野台地上にある西部地域は奥武蔵とも称され、文化的には隣接する東京都の多摩地域とのつながりが強い。川越比企地域は、「小江戸」とも称された城下町・川越を中心に、江戸からの影響を強く受けて発展し、古くからの商家も多い。北部地域は近郊農業が盛んで、食などの生活文化においては群馬県とのつながりが強い。また、全国有数の酷暑地域としても有名である。

さいたま市・川口市を中心とする県央地域は、関東平野と大宮台地の上に展開する。江戸時代以降、中山道が南北へと整備されて宿場町が形成され、早くから市街地が発展し、近代には真っ先に工業化・都市化した。人口も多く、関東有数の大都市を形成している。

県北東部の久喜市・加須市を中心とする利根地域と、県南東部の越谷市・草加市を中心とする東部地域は、日光街道に沿って宿場町が発展した地域である。この地域は荒川や利根川、渡良瀬川、思川などの大河川が運んだ土砂でつくられた沖積低地で、何度も大水害に見舞われている。利根地域の行田市にある埼玉古墳群は、畿内にも匹敵する規模の中型〜大型古墳から形成され、古代にはこの地域が武蔵国の政治的要衝であったことがうか

がえる。東部地域は徳川氏の入府以来河川改修が繰り返され、治水事業が完成した高度経済成長期以降、宅地化が進行した。

伝承の特徴

埼玉県全般に分布するのが、狐狸の化かし話と、ダイダラボッチ（デイダラボウ、ダイダンボウ）の伝説である。狐狸は汽車に化けたとされる。

関東山地に囲まれた秩父地域は、当然ながら天狗・山姥・山男など、山中の怪異が多く伝承されている。埼玉県における天狗は山の神信仰の守護者としての性格が強く、山中で不敬を働いた者に罰を当てる話が多い。

また、秩父地域から県中部の丘陵・台地地域にかけては、県中部の山犬（狼、オイヌサマ）と、憑き物としての狐（オーサキ、オサキギツネ、オーサキドウカ）の伝承が多く伝わる。奥秩父の三峰山に鎮座する三峰神社はその眷属を山犬とし、授けられるお札は鹿・猪の食害除け、盗人除け、そして狐憑きの病人に効果があるとして崇められた。

丘陵・台地地域から低地地域にかけては、水に関する怪異が多く伝承されている。なかでも河童の伝承は多く、河童の詫び証文や河童が授けたという薬も伝わる。

他に水に関する怪異では、沼や池の主である大蛇・龍の伝説が多い。特にさいたま市・川口市にまたがる「見沼田んぼ」の、主の龍神の伝説は有名である。他にも沢辺で怪音を立てる小豆とぎ婆（小豆婆、小豆とぎ婆さん）も丘陵・台地地域から低地にかけて伝わる。

近世から発展した街道沿いの県央地域や東部地域、城下町の川越周辺には、近世的な幽霊の怪異譚や七不思議など、都市的な怪異が多く伝承されている。また、怪異・妖怪の正体を、事実誤認や人間が仕掛けたいたずらと説明する話も多い。

主な妖怪たち

小豆婆

小豆を研ぐ音を出す怪異。各地に同様の怪異はあるが、埼玉県では多く婆の仕業とする。志木市幸町の地獄谷といわれた森の崖下に出たとされ、通行人を捕まえて淵に叩き込んで水死させたので、観音様を建てて供養したという。近辺の子供は親の言うことを聞かないと「地獄谷の小豆婆が来るぞ」と脅された（『川にまつわる埼玉の伝説』）。

北海道
東北地方
関東地方
北陸地方
甲信地方
東海地方
近畿地方
中国地方
四国地方
九州・沖縄

オイヌサマ　山犬・狼のこと。人を襲う存在として恐れられると同時に、害獣である鹿や猪を駆除してくれる山犬（狼）は農民の崇敬を受け、山の神の眷属・神使と考えられた。送り狼は山道を行く者を家まで守ってくれるといわれた（『奥武蔵の狼さま』）。特に秩父市の三峰神社の眷属の山犬はオイヌサマとよばれ、三峰山のお札は鹿・猪除け、盗人除け、オーサキ憑きや狐憑きを落とす霊験が顕著とされた（『オオカミの護符』）。さらに三峰山からはオイヌサマを直接お借りできるが、実在を疑った村人が三峰山の鳥居で山犬に待ち伏せされて詫びを入れて許してもらった、金持ちの家で金が盗まれたので主人が「オイヌサマなんか役に立たない」と言ったところ、金をくすねていたその家の長男が蔵の横で噛み殺されていたなど、荒々しい神性を備えた存在だとも思われていた。オイヌサマの信仰は東京都の多摩地域にも広まっている。

オーサキ　オサキ・オサキギツネ・オーサキドウカともよばれる憑き物。北関東から多摩地域まで広く伝承され、埼玉県においては秩父山地から丘陵・台地地域を中心に伝わる。ネズミより少し大きいくらいの狐で、特定の家筋が飼育・使役するという。オーサキは主の欲しい物を勝手に人の家から持って来たり、持ち出せないもの（庭木や味噌樽など）を駄目にしたり、人に憑いて精神を錯乱させ、大食いにし、死に至らしめたりする。オーサキの「持ち筋」とされた家は、付き合いや婚姻においていわれのない差別を受けた。

　近世期、為政者はたびたび民を惑わす迷信としてオーサキを否定した。秩父市吉田町の旧家所蔵の古文書に、オーサキは迷信であり以降このようなことを信じないと代官が村人に誓わせた「村受文書」が複数存在する。公式な禁令にもかかわらず、オーサキの伝承は絶えなかったことがうかがえる（『オーサキ狐と古文書』）。那須野ヶ原で退治された九尾の狐の尾先がオーサキに化したという起源伝承や、「ご飯のお鉢やお櫃を叩くとオーサキが寄る」といった俗信が、オーサキにまつわって伝承された（『ヲサキがつくと云ふ事』）。オーサキの伝承は東京都の多摩地域においても共通している。

オブゴ　児玉町（現・本庄市）で報告された怪異。夜道を行くと、赤ん坊の泣き声が聞こえる。怖くなって早足で歩くと、泣き声も早くなってついてくる。亡くなった赤子が憑いているのだという。何かを

渡すか、何もなくとも袂のほこりやポケットのゴミを「これを持ってお帰り」と投げてやれば、泣き声が止むという（『児玉町で聞いた妖怪譚三話』）。

河童

埼玉県の中部から東部は水辺が多く、河童の伝承も色濃い。伊草（現・川島町）のケサ坊、笹井（現・狭山市）のタケ坊、紺屋（もしくは小畔、現・坂戸市）の小次郎、小沼（現・坂戸町）のかじ坊といった名のある河童が活躍していた。タケ坊、ケサ坊、カジ坊は3匹で人間に化けて伊勢参りに行った、お互い文をやり取りして尻子玉を取っていい人間を送り合ったなどといわれている。伊草のケサ坊は人間にちょっかいを出して手を切られ、その手を返してもらう代わりに膏薬のつくり方を教えたという（『坂戸市史』民俗資料編1）。同様の伝承は大宮や熊谷にもある。

狐・狸・ムジナ

埼玉県下全域で狐・狸・ムジナが人を化かし、道に迷わせたり、土産物を取ったり、怪火を灯したりする。東京都と同様、早くから鉄道が敷設された埼玉県でも狐狸は汽車に化けて本物の汽車の運行を妨げた挙句、止まらず突っ込んできた汽車に轢かれて敗死している。草加駅近くには狸の（『草加市史』民俗篇）、蕨市には狐の（『蕨市史』民俗篇）化けた汽車が現れたという話が伝えられている。

明治時代のこと、宮代町の赤松浅間神社の前で、美しい女が急病といって人力車夫の気を惹いた。誘いに乗った車夫は川に落ちて死んでいた。あるとき、怪しんだ車夫が煙草の煙を吹きかけたら女は逃げた。水死した車夫の人力車をよく調べたら、ムジナの毛がついていたという（『怪談』）。

袖ひき小僧

川島町で報告された伝承。夕方、道を歩いていると袖を引かれる。驚いて振り返ると誰もいない。歩き出すとまた袖を引かれる。柳田國男の『妖怪談義』に掲載されたことにより、埼玉県の妖怪として名前があがる機会も多い（『川越地方郷土研究』）。

ダイダラボッチ

デイダ坊、ダイダラ坊、ダイダラボッチャともいう。地形をつくったとされる太古の巨人で、関東〜中部に広く伝承が分布する。巨人が天秤棒とモッコ（縄で編んだ運搬具）で土を運んでいたが、縄が切れて土が地面に落ちた。その土が武甲山と宝登山と箕山になり、天秤棒は尾田藤の長尾根になったという（『秩父街道の伝説と昔話』）。

天狗

埼玉県における天狗の伝承は、山の守護者もしくは山の神そのものという意識が強く、怒らせると人間を神隠しにあわせたり、

関東地方　97

天狗笑いや天狗囃子など怪音や、小石をバラバラとぶつける天狗つぶてなどで脅したり、休み木を伐った人間を罰したりする反面、道に迷った者に火を灯して助けたり、儀礼に必要な膳椀を貸してくれたりもする（『高麗丘陵に拾う』『天狗ノート』）。秩父の神庭集落では天狗が火の番をしてくれるので火事がないという。ある年、近隣集落との付き合いで夜番を置いたら天狗が怒って火事になったので、それ以来天狗様に御燈明をあげるだけで火の番はしないという（『奥秩父の伝説と史話』）。また、川には川天狗が出て人を脅すという（『川釣りと妖気』）。川天狗の伝承は関東山地でつながる東京・神奈川・山梨にも分布する。

七不思議

川越の喜多院、川越城には七不思議が伝わる。七不思議の例にもれず七つ以上の不思議が伝わる。縁起によると奈良時代の創建という喜多院は、江戸期に天海僧正や徳川家光に庇護された名刹で、明星の杉と池・潮音殿・山内禁鈴・三位稲荷・琵琶橋・底なしの穴・お化け杉の七不思議がある。山内禁鈴は、とある僧が育てた蛇が大蛇となってしまったので「鈴を鳴らすまで出てくるな」と封じたためで、鳴らすと大蛇が現れるという。

川越城の七不思議は初雁の杉・霧吹きの井戸・人見御供・片葉の葦・遊女川の小石供養・天神洗足の井水・城中蹄の音とされる。霧吹きの井戸は、川越城東北の井戸の蓋を取ると霧が吹き出し、有事の際に城を守るという伝承である（『川越の伝説』）。

沼小僧

吉川市の中井沼には沼小僧という大きな河童がいて、甲羅が四斗樽ほどもあったという。いたずらの度が過ぎ、集落の開拓者の家筋である大上家の当主に伝来の宝剣で退治され、同家によって祀られたという（『吉川市史』民俗篇）。

一つ目のお化け

1941（昭和16）年頃のこと、国納（現・宮代村）の華蔵院近くの墓地で騒動が巻き起こった。顔の長さ2尺（約60cm）で身の丈7尺（約210cm）の、赤ん坊の泣き声を出す青い顔の一つ目のお化けが夜な夜な出るといい、東京市内からもお化け見物の客が出張してくるほどの評判となった。あまりの評判に警察が出動捜査したところ、犯人は村の青年団だった。禁酒運動の一環として酒を飲みに行く／帰る村人を脅かしてやめさせようと、蕗の葉の顔に懐中電灯の目をつけた化け物を、竿で高く掲げて脅したとわかった（『怪談』）。

何らかの目的のために妖怪の出現を演じるのは、他地域でもみられ、大阪で溺死者が多く出た橋の上にお多福のお化けが出ると評判になったのが屋台の店主らの自作自演であった（『大阪妖怪畫談』）など、近代以降の怪異・妖怪譚の典型――結局人間が一番怖い――の早い事例だと指摘できる。

見沼の龍神

見沼は江戸期に干拓された土地である。1727（享保12）年、徳川吉宗の命で干拓工事を始めた井沢弥惣兵衛のもとに見沼の龍神を名乗る女性が訪ねて工事の中止を懇願したが弥惣兵衛は真に受けず、工事を強行した。以後さまざまな怪事も起こり、弥惣兵衛自身も病を受けたが、工事は完成し弥惣兵衛も回復した。

　後日談として、龍神は見沼の居住をあきらめて千葉県の印旛沼に移ったとか、馬を連れた農夫が足立の千住近辺で美女に「見沼に行きたいので馬に乗せてほしい」と頼まれて乗せたところ、お礼にと渡された包みの中には龍の鱗があったので印旛沼に移った主が里帰りしたとわかった、などの話が伝わる（『川口市史』民俗篇）。さいたま市にはこの伝承を基としたゆるキャラ「つなが竜ヌゥ」がいる。

六丁目橋の怪音

1939（昭和14）年の夏のこと。草加の六丁目橋を夕暮れに通ると、ウウーッ、ウウーッと唸り声が聞こえると評判になった。最初に聞いたのは商家の丁稚さんたちだったが、多くの人が耳にして評判となり、遠くから見物客も来るようになって、この橋の近くに昔処刑場があったから、その罪人の怨念ではないかなどとりざたされた。しかし東京から来た船頭が、橋の下で食用蛙（牛蛙）を捕まえ、その鳴き声とわかって騒動は収束した（『怪談』）。同様の事例では岡山に伝わる貝吹き坊、東京ではタクシーのクラクションの幽霊の噂などがあり、近代の一時期に食用蛙は各地で妖怪騒動をつくりだしていた。

関　東　地　方　99

印旛沼の怪獣

地域の特徴

　千葉県は、関東地方の南東部に位置し、太平洋に突き出た房総半島が面積の大部分を占める。三方を海に囲まれ、半島の付け根を利根川と江戸川が流れている。旧国名でいえば、安房・上総と下総の一部からなっている。

　半島は、太平洋を北上する黒潮に面しているところから、紀州をはじめ、西南日本を中心とした地域との人と文化の交流がさかんだった。その影響は現在もみられる。また、江戸という大都市に近接しており、多様な文化の交流のなかで人々の生活が形成されてきた。民俗も変化に富む。例えばニオ（稲積み）の呼称の調査によれば、利根川流域の佐原市や香取郡は水運で行き来のあった埼玉県などとの関係が深く、東京湾に面した市原市では神奈川県や静岡県と同系統であることが指摘されている（『日本の民俗　千葉』）。

伝承の特徴

　海に囲まれた房総半島の海岸部には、海の怪異にまつわる話が数多く伝承されている。船幽霊をモウレンヤッサという。モウレンは亡霊で、ヤッサは掛け声であろう。特に、漁に出てはならないといわれる盆に、禁を破って海に出たために船幽霊や海坊主に遭遇したと語られる例が多い。大蛸の伝説を紹介したが、ほかにも、嵐を起こすという大鮑の怪なども伝えられている。

　利根川水系の湖沼で、下総台地に位置する印旛沼には、沼のヌシをめぐる話をはじめ数々の怪異が伝承されている。現在も県内で最大の面積を有するが、かつてはさらに大きく、しばしば水害を引き起こした。印旛沼の開発の際に、沼のヌシが出現し人間と対峙する話がいくつかみられるのは興味深い。

　天狗・河童・狐狸に関する伝承は豊かで広く分布する。なかでも、天狗

の話の背景には、天狗信仰と結びついた寺社の影響、特に、飯縄信仰やあんば大杉信仰との関係が考えられる。

主な妖怪たち

印旛沼の怪獣　1843（天保14）年、印旛沼の水を江戸湾に流す印旛沼掘割普請が、五つの藩によって行われた。この工事中の9月2日、秋月藩の現場に謎の生物が現れて大事件となった。朝、家来が弁天堂沼堂前を見廻りをしていると、俄かに大風雨となりあたりが光りかがやいた。そのとき水中より飛び出し、半時ほど岩の上に腰を掛けていた。雷がとどろくなか見廻役人や供の者が死に、その後、大病を患う者もでた。

　事件を記録した『年代記』や『密説風聞書』などには、図とともにその大きさが示されている。それによれば、頭から足までの長さが1丈6尺（約4.8m）、手の長さ6尺（約1.8m）、爪の長さ1尺（約30cm）ほどで、鼻は低く顔は猿のようで肌は黒かったという。この謎の生物を『年代記』では「怪物」と書き、『密説風聞書』では「印旛沼之主」と記している（『妖怪と出会う夏in Chiba 2015』）。図を見ると、どこかアザラシを思わせるような姿である。

海坊主　盆の16日には海に行ってはいけないという。浦安市の前田治郎助は盆の海での怪異を次のように語っている。「大きな三十六反の帆を掛けた船がな、白波立てて走ってくるんだと。（中略）櫂を持ってね、振り上げて、そえでその櫂で叩くようにしたと。したらその大きな親船はパッと消えちゃってね、おやまた消えたなと思うと、こんだ違うほうに大きなね、海坊主、こうにゅうっと出てきたんだと。おお、こりゃまたこんだ、姿を変えてきたな、と思って、それからまたその方へ向かってね、それを振り回すんだと。すんとまた、パーッと消えたんだと」（『浦安の世間話』）。市川市南行徳の鈴木晴雄によれば、海坊主は黒くて人間のようなかっこうをしてニューっと出るという（『市川の伝承民話』）。

大蛸　潮が引いたのを気づかず、逃げおくれた大蛸が女に見つかる。女は足を1本切り取り、大蛸を岩穴に押し込めて帰る。とてもうまかったので、毎日、足を1本ずつ切り取って食う。8日目、最後の足を切りに行くと、大蛸は最後の一本足で女にからまり、ものすごい力で海中

に引き込んでしまったという（『房総の民話』）。海底にもぐった海女が毎日大蛸の足を切り、最後に1本の足で海女の首を絞めた話もある。

大鯰　沼の主。印旛沼に鉄道を敷くときの話である。明日は沼の掻き掘りをするという前夜、工事頭のところに襦袢を着た男が訪ねて来てお願いがあるという。明日は掻き掘りだそうだが、沼には主の大鯰がいるから、手荒なことはしないように、工夫たちにも伝えてほしいと頼んだ。工事頭は、わかったと答えて赤飯をふるまって帰した。ところが、翌日の掻き掘りでは、沼の底から現れた大鯰を殺してしまった。腹を裂いたところ、中から赤飯が出てきたという（『傳説民話考』）。この話は昔話や伝説として各地にある。男たちが毒流しの相談をしているところに、僧が現れてやめるように意見をする。意見を受け入れてご馳走をふるまうが、翌日、約束を破って毒流しをする。淵から大魚が浮き上がり、腹を裂くと前夜のご馳走が出てきたという話である。早くからある話が、鉄道の敷設に伴う印旛沼の主の話として語られている。類話は手賀沼の大鯉の物語としても伝えられている。

かくれ座頭　子どもを神隠しに遭わせる妖怪。八千代市では、子どもの頃、隠れごと（かくれんぼ）をやると、かくれ座頭に隠されるといって脅かされたという。カクシババアともいい、同市の石井達雄は「夕方遅くなっていつまでも外で遊んでいると、親から『カクシババアが来て隠されるぞ』と脅かされて、それが恐くて早く帰った」という（『八千代市の歴史 資料編 民俗』）。成田市でもかくれ座頭の話が報告されている。

河童　赤松宗旦の『利根川図志』に登場する利根川の河童、子ゝコ（ネネコ）は有名だが、現在も河童伝承は豊かである。香取市扇島の高安家に伝わる膏薬「十三枚本世散」は、製法を河童から教えてもらったと伝えられている。打ち身、ねんざに効き、江戸時代の終わりから昭和にかけて販売されていた。河童と薬は縁が深く、長柄町にもねんざに効く井戸水を河童から教わった話が伝わっている。家の主人が井戸水を仏様に供え、まじないを唱えて患部をもんでやった（『長柄町の民俗』）。富津市寺尾には、馬を淵に引き込もうとして失敗した河童が馬方につかまり、以後悪さをしないことを約束して命を助けてもらった。河童は大きな石の棒を証文としてだしたという。市原市には、河童からもらったという銭の減ら

ない壺の話が伝わっている（『房総の伝説』）。

12月1日のカワビタリの行事と河童が結びついた伝承もある。この日、水難除けのためにぼた餅などを川に流すのは、7歳までしか生きられないと言われた子どもが、12月1日に河童に餅をあげたことで元気に育ったためだと伝えている（『きさらづの民話』）。

大蛇　昔、久留里城近くの沼にすみついて人々を襲った大蛇が、鎌倉から来た僧侶の護摩祈禱で沼の底に封じ込められた。その後、新田開発のため沼の水を放流すると、再び大蛇が現れて人々を襲い苦しめた。村人たちは火薬を仕掛けた人形で大蛇をおびき寄せ、それを呑んだ大蛇はこっぱみじんになったという。君津市怒田に伝わる伝説である（『妖怪と出会う夏 in Chiba 2015』）。『市川の伝承民話』によれば、龍宮様の前の小川には大蛇がいたという。野良仕事に出た人が見慣れない黒い丸太のような橋を渡ろうとしたら、急に動き出したのでよく見ると大蛇だった。『古今佐倉真佐子』にも、佐倉城の堀端で松の大木だと思って突くと巨大な蟒蛇だった話が載っている。佐倉市には、印旛沼の主と伝える大蛇の頭骨を所蔵する寺院があり、鋸南町の密蔵院でも蛇骨を蔵している。勝浦市や大多喜町では、関平内の大蛇退治伝説も知られている。また、大蛇とともに龍に関する言い伝えもある。

ダイダラボッチ　巨人で、デーデラホーとかデーデーボなどともよぶ。神崎町に人の足跡の形をした8畝ほどの田がある。これはデーデーボの足跡だという。同町大貫の天神山は、デーデーボが杖についた泥を落としてできた山だといい、筑波山は腰をかけて休んだためへこんでしまった（『昭和63年度 千葉県立房総のむら資料調査報告書』第5集）。県内各地に伝説があり、印旛沼を跨いで顔を洗ったとか、筑波山を一夜でつくった話も伝承されている（『成田市史 民俗編』）。

天狗　各地に天狗の話が伝えられている。例えば、『富浦町のはなし―千葉県安房郡富浦町〈口承〉資料集』を開くと、「天狗の休む松」「相撲に負けた七尾の天狗」「タウエを手伝う天狗」「七尾の天狗のヒゲ」「大房岬の洞窟」の話が載っており内容も変化に富む。広く知られる天狗に連れられて遠国を見物した話も伝えられている。佐倉市にあった文珠寺の小僧が酒買いに出たまま帰ってこない。和尚が見に行くと酒の入った徳利が松の枝にぶら下がっていた。夜帰ってきた小僧は天狗にさそわれて京の祇

園祭りを見てきたという。後に京から帰った檀家の者が小僧に祇園祭りで会ったと話す（『房総の民話』）。超能力をもつ怖い天狗だけでなく、時には間抜けな天狗も語られる。また、天狗にゆかりのある寺社もある。木更津市の真如寺は、天狗信仰で有名な神奈川県南足柄市の最乗寺と縁が深く、天狗姿の道了尊を祀る。烏天狗が弟子入りしたとの話も伝わる（『妖怪と出会う夏 in Chiba 2015』）。

船幽霊

モウレンヤッサともいう。富津市では、盆の夜に漁に出た舟に、大きな船が近づいてきて「あかとり（柄杓）を貸してくれ」と言った。貸すとそれで舟に水を入れられ、命からがら逃げ戻ったという。千倉町では、船幽霊が出たら、飯入れの蓋を取って海に投げ入れると消えると伝えている。船幽霊は、遭難して供養されずにいる霊で舟こべりに手をかけて「主はいま出ていつもどる　オーサ　来月半ばごろ」などと歌っていることがある（『房総の伝説』）。銚子市でも、月のない夜や霞のかかっている静かな晩に出るという。海中から「もうれんやっさ」という掛声が聞え、「えなが（柄杓）を貸せ」と言って手が出る。こんなときは底抜けのえながを投げてやる（『千葉県立房総のむら資料調査報告書』第5集）。

疫病神

人に取り憑いて疫病を流行らす。下総国千葉郡登戸の浜に孫兵衛という貧しい馬方がいた。路傍の疫神に供えられている銭五百文を欲しさに、今夜は我が家に泊めるのでその駄賃と宿代だといって銭を取る。幣帛を馬にのせ疫神を家に連れ帰ると、一晩祀ったあと海に流す。幣帛が流れ着いた神名川宿では疫病が流行る。病人が口々に登戸の孫兵衛が恋しいというので、孫兵衛を連れて来る。孫兵衛が声をかけるとたちまち快復したという（宮負定雄『奇談雑史』）。『奇談雑史』には、香取郡神崎の神社で毎年3月の午の日に疫神祭を行う記事がみえる。当日は川漁を休むが、それを無視して漁をした魚屋の人間が大厄病を患った話がでている。同書にはほかにも厄神の話があり、疫病神に関する伝承が流布していたことがうかがえる。

十三 東京都

河童

地域の特徴

　東京都は東京都区部（東京23区）、多摩地域、東京都島嶼部よりなる。旧国では隅田川以西の地域は武蔵国に、隅田川以東の地域は下総国に、島嶼部の伊豆諸島は伊豆国に属していた。

　東京都区部と多摩地域は関東平野に位置し、東京湾に面する。区部と多摩地域の旧北多摩郡の東部地域はおおむね平坦な地形となっている。区部は平安時代以降、江戸と称された。15世紀半ばに、関東管領上杉氏の重臣・太田資長（道灌）が江戸城を築いて以降整備され始め、1590（天正18）年の徳川氏の入府以降、開発された。現在は皇居となっている江戸城を起点として西南方面には武家屋敷がつくられ、「山の手」を形成した。東方面の沖積平野には、町人町の「下町」が形成された。区部の東京湾沿岸部は、近世期以来数度の埋め立て開発が行われて人工的に造成され、近世期には漁師町として、近代以降は工業地帯として発展した。1868（慶応4）年の東京奠都で首都機能が移転して政治・経済の中心地となり、更なる人口の集中と都市域の拡大が行われた。2017（平成29）年現在の東京都の人口は、日本の総人口の10％超となっている。

　多摩地域の西・南・北部は河岸段丘の武蔵野台地および多摩丘陵からなる。武蔵野台地には古墳が多く残り、古代から発展していた。西多摩郡地域は標高が高く、「奥多摩」とよばれる地域は関東山地の山裾であり、山岳地形の山間部となっている。多摩地域の西部は内陸性の気候であり、冬季には数十cmの積雪も珍しくない土地も存在する。

　東京島嶼部は伊豆諸島と小笠原諸島からなる離島地域である。気候は温暖であり、離島独自の文化を育んできた。伊豆諸島は平安時代以降罪人の配流の地とされ、本土との関わりも深かった。小笠原諸島は幕末に江戸幕府が領有を宣言して天領とし、入植して日本領と確定した地域である。

伝承の特徴

　東京都区部は近世以降の都市開発により人口が集中した都市である。近世に政治・経済の中心都市となり、地方からの人口が流入、都市が拡大した。18世紀初頭には人口が100万人を超える、世界的にも有数の巨大都市となった。このように新興開発の人口密集地であるため、山野に根差した妖怪の伝承は少なく、幽霊・怨霊やお化け屋敷、祟りなど人間の霊の出現を主題とした伝承、「流行り神」とよばれた著しい霊験のある神仏への参詣の流行、怪異を並べ挙げた「七不思議」がもてはやされた。また「化け物の仕業かと思ったが実は合理的に説明のつくことだった／誰かのトリックだった」という話も、近世期からもてはやされていた。しかしながら区部でも、東部の川沿いでは河童の目撃譚が、江戸湾沿岸では海の怪異が、区部周縁部では狐狸の化かし話が生き生きと伝承されていた。

　武蔵野台地は都市部に隣接した農作地帯として、近世より商品作物を多く生産しており、都市部との交渉も多かった。こうした地域では、都市部との移動の途中に狐・狸・ムジナに化かされたという怪異譚が多く伝わっている。特に狐・狸が汽車に化けたという「偽汽車」の話は、都市部からの影響を直接に受けるこの地域の伝承の特徴だといえる。西多摩郡地域の山間部では、高尾山を中心とした天狗の伝承、埼玉の三峰山に連なる山犬（狼）の伝承、秩父地域と連続するオーサキ（オサキ、オサキギツネ、オーサキドウカ）の伝承が濃密である。

　東京都島嶼部は離島文化であり、島々の生活に即したそれぞれの伝承が伝わる。特徴的な妖怪としては、日時を定めて海から訪れるとされていた海難法師（カンナンボーシ）や、狐狸に代わって山野で人を化かすとされた山猫の伝承をあげることができる。

主な妖怪たち

小豆婆

　武蔵野台地から多摩丘陵にかけて、小豆とぎの音の怪異が多く伝わる。谷川や渓流でザクザクと小豆を研ぐ音をさせる老婆で、子どもをさらうなどと言う。名称は地域ごとに小豆婆あ（『稲城の昔ばなし』）、小豆婆さん・小豆とぎ婆あ（『多摩市の民俗』）、ザックリ婆・シャキシャキ婆（『里語りとんとんむかし』）、ザクザク婆（『秋川市史』附

篇）など、変化がある。婆に声をかけると凶事があると伝える地域もある。

海坊主

東京湾沿いには多くの漁師町が繁栄していた。それだけに、海の妖怪も多く伝承されている。品川沖では海坊主が現れ、船の先にぽーんと丸い頭を出して驚かせたという。その正体は当時東京湾まで回遊していたスナメリではないかという説もある（『口承文芸』）。

海難法師・日忌様（火忌様）

伊豆諸島の伝承。島民を苦しめた代官を謀殺するためわざと海が荒れる日に船出するように仕組んで遭難させた、もしくは村の若者25人が代官を殺し、他の島に潜伏しようと船出したが海が荒れ、全員遭難した。その代官や若者の霊が1月24日に戻ってくるので、この日は扉を閉ざして外へ出ず、門口にヒイラギやトベラなどの魔除けの葉を刺し、海の方を見ないように物忌みをして過ごすのだという（『大島町史民俗篇』『神津島の民俗』）。神を迎える物忌みの行事が妖怪来訪の伝承に変化したと考えられる。

河童

江戸は水路が縦横無尽に広がる水の都だった。そこには当然、水の妖怪である河童の伝承が多い。調理関係の道具街で有名な台東区の合羽橋には、洪水に悩むこの土地のため、商人・合羽屋喜八が私財を投げ打って始めた掘割工事を隅田川の河童たちが手伝ったという伝説が伝わる。喜八の墓所のある曹源寺、通称「河童寺」には波乗福河童大明神が祀られ、河童の手のミイラも所蔵されている。他に深川の堀で河童が捕まったという風聞や、新宿の片町のはずれの合羽坂に河童が出たという伝承、本所七不思議の置行堀の怪異の正体を河童とする説など、河童の伝承は多い。東京都は1959（昭和34）年から1997（平成9）年まで、10月1日の都民の日に河童をモチーフとしたバッジを頒布していたこともあり、江戸・東京と河童とのつながりは非常に強いといえる。

カネ玉

真っ赤もしくは真っ青な火の玉で、ブーンと音を立てて飛ぶ。これが家に飛び込むと裕福になるが、家から出て行ったり、砕け散ったりすると貧乏になるという（『子どものための調布のむかしばなし』）。砕け散ったカネ玉を実際に見た人がいたという。

狐

江戸に多いものを称して「伊勢屋稲荷に犬の糞」という言い回しが成立したほどに、稲荷を祀る祠が多かった。東京の郊外にも狐に化かされたという伝承も多く、江戸川区鹿骨の伝左衛門狐とお夏狐など（『江戸川区の民俗』1）、各地に名のある狐の伝承も残る。道に迷わされた、

関　東　地　方　107

魚やごちそうを取られた、狐火や狐の嫁入りを見たという他に、特に「麦畑を川と思わされ『おお深え』と歩かされた」という化かし方が多い。北区にある王子稲荷神社は関東の狐の元締めとされ、大晦日には関東中の狐が集まり、近くの装束榎稲荷で身なりを整えて王子稲荷に参拝するとされた。王子では伝承にちなんだ狐行列のイベントも行われている。

大蛇

東京都の多くの地域で、池や沼の主が大蛇であるという伝承がある。練馬区石神井の三宝寺池には主の大蛇を人力車に乗せたという話が伝わる。稲付（北区）の亀ヶ池付近から人力車に乗った若い女が、人気のない三宝寺池付近で降りたので、車夫が様子をうかがうと、女は大蛇になって池に入った。亀ヶ池が手狭になったので、主が三宝寺池に移ったのだという（『練馬区史』）。別の話では徳丸（板橋区）から荷馬に乗ってきたともいう。池尻（世田谷区）池の下の池の主が娘に化けて馬に乗り、井の頭の池（三鷹市）に移ったなど、主の移動の伝説は多い（『下北沢』）。座席を濡らして消える女性の伝承は、現代のタクシーの消える乗客の都市伝説にも影響を与えている。

ダイダラボッチ

東京には、ダイダラボッチがつくったと伝える地形がいくつもある。代田（世田谷区）は足跡が窪地となったというし、町田市のフシドクボはふんどしを締め直そうと力んだ後（『町田市史』）、青梅市の大手は手の跡、火打ち岩はキセルから落ちた吸殻だという（『青梅市史』）。

狸（ムジナ）

江戸の西側から多摩地区にかけては狸も多く棲息し、狸が化かすという伝承も多くあった。スタジオジブリのアニメーション作品『平成狸合戦ぽんぽこ』（1994年）は、そうした伝承を背景にもつ作品である。狸は小泉八雲が『怪談』に書いた、紀尾井坂でのっぺらぼうに化けた例の他、大入道や一つ目小僧などに化けて出た事例が多い。和田村（青梅市）の「づんづく大尽」とよばれた家は狸を大事にしたところ狸が「づんづく」と腹鼓を打って応えて以来運が向き、長者になったと伝えている（『青梅市史』）。

天狗

多摩地域の山間には山の怪異としての天狗の伝承が多い。天狗礫や天狗笑い、神隠しなど、天狗は山の神霊として尊敬されていた。特に高尾山（八王子市）は修験道の霊山とされ、天狗は本尊・飯縄大権現に従う随身として尊崇された。青梅市二俣尾の海禅寺には、和尚と禅問答

をして負けた天狗が書き残した、天狗の文書が遺されている（『青梅市史』）。また日の出町の於奈淵では川天狗が人を惑わせたという（『日の出町史』）。

豆腐小僧

夜道などに豆腐を持って現れるだけの小僧の妖怪。豆腐小僧は江戸期の娯楽読物である「黄表紙」に登場する妖怪で、そのかわいらしさと間抜けさで人気を博した。創作されたキャラクターとしての妖怪だが、人気とともにその存在が浸透したらしく、夜道で豆腐小僧に脅かされたという話も伝えられている（『東京・江戸語り』）。

七不思議

土地の七つの不思議を列挙した言い回し。江戸の町にはいくつもの「七不思議」が存在していた。最も有名なのは墨田区本所の「本所七不思議」だ。魚を釣って帰ろうとすると「置いてけ」と声をかけられる置行堀、提灯の火や拍子木の音がついてくる送り提灯・送り拍子木、無人の蕎麦屋台の提灯に火を灯すと凶事があるという燈無蕎麦、泥だらけの巨大な足が天井から出る足洗邸、片方にしか葉が生えない片葉の葦、どこからともなく聞こえる狸囃子の七つの他、消えずの行灯・落葉なしの椎・津軽屋敷の太鼓を七不思議の一つに数える場合もある。七不思議は深川（江東区）、千住（足立区および荒川区）、麻布（港区）などにもある。遊郭・吉原の郭用語や仕来りをパロディにした、怪異とは関係ない「吉原七不思議」がつくられるなど、江戸期に七不思議の形式が流行したことがわかる。

偽汽車

鉄道路線が延び始めた明治～大正期、狐狸の化けた偽汽車の話が流行した。夜に汽車を運転していると、進行方向から来るはずのない汽車が来る。あわててブレーキをかけると向こうから来ていた汽車は消える。それが続いておかしいと思い、意を決してそのまま突っ込むと汽車は搔き消え、翌朝、大きな狐や狸が轢かれて死んでいたという話である。東海道線の品川、京王線の仙川、青梅鉄道、市電赤羽橋～麻布間、常磐線亀有など各地に伝承がある。特に葛飾区亀有・見性寺にはそのときに轢かれたムジナを祀った狢塚がある（『葛飾のむかし話』）。

法螺貝

1872（明治5）年夏、道灌山（荒川区）の崖が崩壊した。これは山に千年棲んだ法螺貝が竜になり、昇天したのだと評判になった（『日暮里の民俗』）。また「彰義隊が密かに隠した火薬が爆発した」という噂も流れたという。大森海岸でも夜な夜な光が天に上り、貝が昇天したと評判になったが、後に軍隊が演習で照らしたサーチライトだったと

わかったという（『大田区史』）。奥多摩町海沢では、山の大蛇が土中から昇天するときに起こした土砂崩れを蛇抜とよんでいる（『奥多摩町の民俗』）。

山犬（狼）／オサキギツネ

多摩地域には、霊力をもつ特別な獣である山犬（狼）に関する説話が多くある。また憑き物であるオサキギツネ（オサキ・オーサキ・オサキドウカ）の伝承も多い。こちらについては共通する埼玉県の項目を参照してほしい。

山猫

東京島嶼部では狐狸に代わり、山猫が人を化かす動物として活躍する。人を夜道で迷わせたり、土産の魚を取ったり、自宅だと思わせて洞窟で一晩を明かさせたり、子どもの姿に化けたりする（『東京都の民俗』）。式根島には、村人を苦しめた怪猫チナガンバーを、平家の落武者2人が退治したという伝説がある（『日本の伝説』50）。他に島根県の隠岐島や新潟県の佐渡島でも猫が人を化かす。離島では、猫が狸・狐の代わりとなるのである。

山姥

多摩地域の山間部は山姥・山男の伝承も多い。山地地域の伝承は武蔵野台地や江戸都市域よりも、埼玉の秩父山地地域の伝承と共通する。奥多摩・小河内に出た山ん婆は人に害をなしていたが、猟師の新三と権三に退治された。その体は祟りを恐れて42（または49）か所に分けて祀られたという（『奥多摩の世間話』）。山姥が山の恐るべき怪異である反面、尊崇すべき山の神であることがうかがえる伝説だといえる。

雪女郎・雪女

東京西部は冬季は雪深かった地域が多く、雪女郎・雪女の伝承もある。白い姿の女で、雪の日に外に出ている子どもを連れていくともいう（『多摩市の民俗　口承文芸』『続　中野の昔話・伝説・世間話』『口承文芸』）。小泉八雲『怪談』（1904年）所収の「雪女」の原話は現在の青梅市出身の人物によって語られたものであり、雪女が意外にも東京の伝承であったことがうかがえる。

ろくろ首

昼間は普通の人と変わらないが、夜になると首が長く伸び、行灯の油や天井の煤を舐める（『檜原の民話』）という怪異。首が体から離れてさまようともいう。多くは女性で、体質や病気に近いものとされ、しばしば親の因果が子に報いたためだともいわれる。特に婚期を逃して独り身の大店の娘や、大店が雇った使用人などがろくろ首だったという話が多く、都市社会に特徴的な怪異伝承だといえる。

猫の踊

地域の特徴

神奈川県は、相模国全域、武蔵国の一部からなる。面積は小さいが、地形はとても変化に富んでいる。中央部の平坦地、西北部の山地帯、南部の海岸地帯、東部丘陵地帯などに分けられ、生活環境も民俗も異なってきた。中央部では農業、山地帯では林業、沿海地域では漁業が発達した。

また、12世紀には鎌倉に幕府が開かれ、政治や文化の中心となった。17世紀には江戸に幕府ができ、東海道が整備されると陸上交通の拠点として各宿場や街道が賑わいをみせた。山地帯に位置する箱根や大山は古くから信仰の地であり、参詣者を集めた。県中央部を南流し、相模湾に注ぐ相模川は、相模湾の海上交通とともに、江戸（東京）への貨物輸送など、交通交易上重要な役割を果たしてきた。南部の三浦半島も半島内丘陵部の交通が不便なため、房総半島と海運による頻繁な往来があった。

江戸時代、大部分が天領に属し、相模一国を領するような強力な大名による支配はなく、保守的な藩風は、希薄で時代に応じて自由に改新していく傾向にあった。そして、横浜の開港が新たな文化と気風をもたらし、近年は都市化が著しい。

伝承の特徴

広範囲に伝承されているものとして巨人の伝説がある。箱根のアマノジャクなど、それぞれの土地で地形の由来を説明する話になっている。一つ目小僧やミカワリ婆さんは、年中行事と結びついて出没する、神奈川県を代表する妖怪伝承の一つである。天狗の話は、山にまつわる怪異として、山地帯を中心に平地部でも広く伝承されている。街道が舞台となって伝承され、伝播していくものも多く、猫の踊や虎御石、建長寺の狸和尚などが知られる。水辺の怪異は、池や沼の主としての大蛇や龍、河童など、何らかの事物がまつわって伝承されるものも目立つ。

こうしたかつての自然環境や生活と結びついた妖怪伝承は、都市化が進み、事物や行事に関わるもの以外は語られにくくなっていると思われる。一方、新しい生活環境のなかで、新たな怪異が生じている。

主な妖怪たち

アマノジャク

箱根山にすむ夜だけ力が出る大男のアマノジャクが、富士山を崩して伊豆七島、さらに二子山を創ったという話。アマノジャクは古典や昔話にも登場し、奇石や山の起源譚と結びついたりするが、正体ははっきりしない。神奈川県内にはダイダラボッチなどとよばれる巨人の伝説も多く、横浜市磯子区にはダイダラボッチが安房の国へ行こうとしたときにできた山や足跡の伝承などがある（『横浜の伝説と口碑―中区・磯子区』『ふるさと磯子のむかしばなし・16話』）。

海坊主

海中から現れる妖怪。河童や船幽霊とイメージが重なって伝承されることもある。江の島では、漁に出たときに海が荒れ雨が降り天が真っ黒になると海坊主が出ることがあった。ヒシャク貸してくれとか飯をくれと言う。ヒシャクで水をかけて水船にされてしまうので、ヒシャクは底をぬいてやり、飯は小さい板っぺらか藁などにのせてやる。また、浜で泳いでいると大きな黒いものが立っていたという話もある（『神奈川県民俗シリーズ1　江の島民俗誌　伊勢吉漁師書―鎌倉腰越の民俗』）。近年の事例では1969（昭和44）年に神奈川県の海で白い人影が目撃されヒシャクをくださいと言われた。遭難したヨット部の部員が沈んだヨットから水を汲み出したがっているのだという（『怪』24）。古代、ヤマトタケルノミコトとオトタチバナヒメが走水（横須賀市）から房総へ渡ろうとした際に海が荒れ、オトタチバナヒメが海中に身を投じて沈めた話も共通する伝承であろう。

お菊塚

JR平塚駅近くの紅谷町の公園内にある塚。元はここにお菊さんのお墓があった。1952（昭和27）年の区画整理で移動し、現在は平塚市立野町の晴雲寺に埋葬されている。浄瑠璃『播州皿屋敷』（1741年）や歌舞伎『番町皿屋敷』（1916年）で有名になった、皿屋敷伝承、お菊伝承の一つが伝わる。1740（元文5）年、お菊は平塚宿役人真壁源右衛門の娘で、江戸の旗本青山主膳の屋敷へ奉公に出ていたところ、家宝の皿を紛失した濡れ衣を着せられ、井戸に投げ込まれ殺されてしまった。お菊

の遺体は平塚宿まで送り返されたが、墓石は建てられず栴檀の木が植えられた。お墓を移動する際には、栴檀の木の下からお菊さんと思われる遺骨が現れた。源右衛門の6代目の子孫、真壁敏一氏の父親が14、5歳の頃、東京麹町に住む人が、障子に女の人の髪の毛が触れるような音がして眠れないので、お菊さんの供養をしたいから墓の土を分けてほしいと言って持ち帰ったという（『神奈川の伝説』）。

お化けトンネル

国道311号鎌倉葉山線にあり鎌倉市と逗子市にまたがる「小坪トンネル」。鎌倉から逗子へと向かう名越隧道、逗子隧道、小坪隧道、逗子から鎌倉へと向かう新小坪隧道、新逗子隧道、新名越隧道の6本のトンネルを総称してよぶ。女性の幽霊が落ちてくるなど、多種多様の幽霊が出没する心霊スポットとして有名である。その背景としてトンネル付近にある火葬場の存在があげられることが多い。川端康成の小説「無言」（1953年）にも登場する。

影取池

池や沼の水面に人影が映ると引き込んでしまう水中の主。横浜市戸塚区にあった東海道筋の影取池の伝承が知られる。大尽に大切されていたおはんという大蛇が、家を抜け出し池にすみ、人影を飲んでいたため鉄砲で退治された。影取池や鉄砲宿という名の由来になった。池にすむ怪魚が旅人の影を食べたという話もある。「東海道分間絵図」（1690〔元禄3〕年）には「かんどり」の記述がある。また影取村の名主、羽太家には1650（慶安3）年の影取池の話を記した文書があったという。横浜市港北区中川町（現・都筑区）にも類話がある（「影取の伝説」『ひでばち』20、『神奈川県の民話（県別ふるさとの民話8）』）。

カネダマ

赤く光る玉で、これが落ちた家は金持ちになり、出て行った家は没落するという。川崎市麻生区では明治生まれの方が知人の目撃談として、真っ赤なカネダマが落ちた所があり、見に行ったところわからなかったが、後にそこの主人は偉くなったと話す（『川崎の世間話』）。寒川町では、トビツコウの名でよばれていた妖怪が実はカネダマだったという話がある。博打うちが無一文になり、トビツコウという妖怪に食われて死のうと川原へ行った。その妖怪が飛び付いてきたのだが、実はカネ玉であった。中郡の金持ちの蔵が金でいっぱいになったから飛び出して川原に落ちていたものだったという。博打うちは、一之宮の某家にカネ玉を売る（『寒川町史12別編民俗』）。

関東地方　113

蛙石　神奈川県小田原市浜町にある北条稲荷の末社、蛙石明神として祀られてきた。小田原城内にあったものが移されたと伝える。しかし、1902（明治35）年の大津波、1923（大正12）年の関東大震災の際に動かなかったため掘り起こそうとしたが、下部に達しなかったことから岩盤の露出したものではないかと考えられる。小田原城府内に異変がある前には必ず鳴いて知らせた。小田原城落城（1590年）、1703（元禄16）年の大地震、関東大震災、1951（昭和26）年の大火などで鳴いたという。聞く耳をもった人だけに知らせるとも。『東海道中都路往来』（1885年）には「蛙鳴くなる小田原」との記述がある（『かながわの伝説散歩』）。

金太郎　大江山の酒呑童子（しゅてんどうじ）を退治したとされる伝説上の人物、坂田金時の幼名。童子でありながら怪力を発揮した。近世期に山姥の子どもであるという伝承と結びつき、浮世絵や草双紙にも多く描かれた。浄瑠璃や歌舞伎の舞台にもなった相模国足柄山（現・神奈川県南足柄市金時山）が有名で、金時山には金太郎伝承と事物が多数ある。金太郎が母と暮らしたのが「宿り石」。この石は1931（昭和6）年、二つに割れたことがあり、それがきっかけとなり金時祭を復活したという。このほか、姥子温泉、金時杉、金時神社、猪鼻神社がある（『かながわの伝説散歩』『箱根の民話と伝説』『新・足柄山の金太郎』）。

さわげ婆　横浜市港南区日野中央にあったという観音堂付近に現れた亡霊。村人をあの世に連れて行ってしまい、さわげ婆を見た者は必ず死ぬという。観音堂は、鎌倉街道沿いの春日神社・徳恩寺（横浜市港南区日野中央）から、峰の阿弥陀堂・護念寺（横浜市磯子区峰町）へと続く道の途中の村境にあった。江戸時代、観音堂の堂守が強盗に殺され、観音堂に悪さをすると祟りがあるといわれていた。護念寺は落語「強情炙」の舞台にもなっている峰の炙で有名なお寺で、観音堂のある道は炙点道といった。五輪さまとよばれる不思議な石もある。また、徳恩寺は新四国東国霊場の一つになっており、「ざんげ、ざんげ」と唱えながら峰の阿弥陀堂へ向かう巡礼が通った道でもある（『ふるさと港南の昔ばなし50話―港南区制25周年記念誌』）。

狸和尚　「文福茶釜」の昔話や伝説など動物報恩として伝承される。神奈川県では狸（ムジナ）が、鎌倉の建長寺の和尚に化けて山門再興のため勧請（かんじょう）の旅をしてまわるが、宿泊先の家主や犬に怪しまれ正

114

体を現したり殺されたりするという話が多い。泊まった家などに謝礼として狸和尚自筆の書画を残すことがあり、各地でゆかりの品が伝存されてきた。建長寺山門は1755（宝暦5）年に再建されており、津久井の旧内郷村が、実際の山門建立に関わっていたことは、当地の1766（明和3）年の文書によって確認できるという。また、狸和尚の話は、『甲子夜話』『燕石雑志』『兎園小説』『指田日記』（1838〔天保9〕年）など、江戸時代の文献にも残されている（『神奈川県昔話集第2冊』）。

タンザー山の化物

丹沢の山に入った猟師が、行灯のそばで娘が糸車を回しているのを目撃する。娘をねらって撃つが変わらない。最後の一発で行灯を撃つと消えて、ムジナが化けていたことがわかる。1951（昭和26）年当時84歳の、足柄上郡に住む方の話（「三保聞書」『民俗採訪昭和26年度』國學院大學文学会民俗学研究会）。

天狗

山中にすみ、空を飛ぶなどさまざまな力をもつ妖怪。津久井や足柄の山間部では、天狗の神隠しにあった話、天狗と賭け将棋をした話、天狗のたまり場など、豊富な伝承がある（『神奈川の民話と伝説（下）』）。『相州内郷村話』（1924年）には、天狗の悪戯などの話のほか、川天狗という火の玉のことも記されている。平地部にも伝承はある。横浜市港南区では、大山へ雨乞いに行った帰りに大山道で天狗に道案内してもらった話が伝わる（『ふるさと港南の昔ばなし50話』）。川崎市麻生区では、明治生まれの女性から、父親が最乗寺道了尊の天狗にさらわれた話を聞いている（『川崎の世間話』）。横浜市神奈川区の大綱金刀比羅神社には天狗の腰掛松などの伝承がある（『よこはまの民話（神奈川の民話1）』）。

虎御石

東海道沿い、大磯駅近くの延台寺に安置されている石。「曽我物語」の曽我兄弟や虎御前伝承が伝わる。子どもに恵まれなかった山下長者が虎池弁天に願を掛けたところ小石を授かった。やがて女の子が産まれ、虎と名付けた。不思議なことに虎の成長とともに石も大きくなった。後に、曽我兄弟（十郎）が工藤祐経に襲われたときに、石が身代わりとなり難を逃れたので、十郎の身代わり石ともよばれるようになった。『東海道名所記』（1659年頃）には、よき男は持ち上がり、あしき男は上がらない、色ごのみの石とある。明治生まれの男性の話では、力石といわれており、これをさすれば幸せになるとか力がつくとか言って、東海道を通る人がさすっていた。また、願を掛けて持ち上げると、かなうとき

関　東　地　方　115

には軽く持ち上がるともいう（『大磯町史8別編民俗』）。武田久吉氏（理学博士）の調査によれば、江戸で出開帳（でがいちょう）をしたり、怪音を発したりしたこともあったようだ（「理科系の伝説研究—武田久吉「大磯の虎御石」をめぐって」『昔話伝説研究』35）。

猫の踊

猫の怪異。猫が踊る怪は昔話や歌舞伎にもあるが、集団で特定の場所に集まって踊るという伝承も各地に伝わる。特に横浜市泉区では、「踊場」という地名にまつわって伝承されており、化け猫の霊を祀ったなどとされる供養塔もある。話のヴァリエーションも豊富で、伝承の範囲も広い。踊場は、東海道の戸塚と厚木・大山を結ぶ長後街道沿いに位置しているが、戸塚からの道は急な登り坂で踊場を頂点とする難所になっていた。かつては村境の寂しい地でもあり、追い剥ぎや辻斬りも出たといわれている。藤沢では、厚木の猫が横浜へお使いに行ったところ、踊場で猫が踊っていたので、使いの用を足すのを忘れて一緒になって踊ってしまい殺されてしまったなどという話も報告されており、子どもの頃には道草をするなという意味で「踊場にまわらないで早く帰ってくるんだよ」と言われたりしたという（『藤沢の民話第3集』）。

一つ目小僧

事八日に出没して疫病をもたらす妖怪として伝承されている。目一つ小僧、ヨウカゾウなどともよばれる。一つ目小僧が来るのを防ぐため、目籠を立てたりする。神奈川県では小正月の火祭りの由来を説く「一つ目小僧と道祖神」として語られるのが特徴的である。また、川崎市と横浜市にかけては、ミカワリ婆さんという三隣亡（さんりんぼう）の日に関わりの深い来訪神の伝承と重なったり混同したりもする。

物言う魚

釣った魚などが物を言う怪異。水にすむ主とされる。全国的に分布しているが報告例は多くはない。神奈川県では津久井や愛甲郡に伝承されている。魚の種類もいろいろだが、県内では鰻（うなぎ）などがある。また、水蜘蛛が糸を掛けて淵に引き込もうとする伝承と結びついている事例もある。天狗坊淵、オトボウガ淵など、実際の淵にまつわって語られる（『神奈川県昔話集第1冊』）。

十五 新潟県

ヤサブロバサ

地域の特徴

　新潟県は縄文土器のなかでも一段と独特な火焔土器が出土された地である。火焔土器は実用品というよりは呪術的な意味合いが強いといわれる。神秘的な力をもつ糸魚川の翡翠を求めて、出雲の神が妻問いしたという神話も残る。大化年間（645〜650）には越の蝦夷に備えるため、渟足柵や磐舟柵がつくられた。戦国時代には上杉謙信が北辰の星を神格化したという毘沙門天を信仰していた。このように新潟は北の果てのまじないの国というイメージがある。

　新潟県は南北に長く、京都に近い地域から上越・中越・下越、そして佐渡と大きく4地域に分けられる。各地域は隣接する県の文化の影響を受け、バラエティに富んだ文化が形成されている。新潟県の山間部は豪雪地帯であり、平野部はかつては湿地帯が多かった。日本一長い信濃川を筆頭として、阿賀野川、荒川などの一級河川が流れ、洪水の後には川の流れが変わり、川の跡に潟や池ができた。その様子を江戸期の書物『北越奇談』では「北越は水国なり」「池沢星のごとく」としている。そのため、「龍蛇の化無量にして、海より出て山に入り、山より来たって湖水に入る。水を巻き雲を起こし、不時の風雨をなすこと年ごとに人の見る所なり」という。そのような地を、人々は龍蛇と闘いながら新田開発を行い、現在は米の生産地として全国に誇れるほどになっている。

　また、街道の他にも川には川港があり水路で人が行き来した。新潟、岩船、桃崎浜、寺泊、出雲崎、柏崎、直江津、能生、糸魚川、赤泊などには北前船の寄港地があり、海路も発達していた。交通が発達していたことから、全国の情報も集まっている。

　佐渡は金山が有名だが、かつては流刑地として順徳上皇、日蓮上人、世阿弥などの知識人も流されてきたため、雅な文化も伝わっている。欽明天皇の時代には、佐渡に粛慎が来たという伝承や、燕市旧分水地区には新羅

王の墓があるなど、大陸から漂着したと思われる人たちが少なからずいた
ことも想像される。

伝承の特徴

『日本書紀』に、「天智天皇七年秋七月（中略）越國、燃土と燃水とを献
る」という記述がある。燃土と燃水が珍しいので、天皇にわざわざ届けた
というのである。新潟人は古くから不思議なものに興味があったようで、
七不思議がたくさん存在する。現在も、「親鸞聖人の七不思議」として伝
わっている、片葉の葦・逆竹・珠数掛桜・八房の梅・繋ぎ榧・三度栗・焼
鮒をまわるツアーが催されている。実際に不思議が存在しており、その伝
承を伝えている方々がいるのである。

新潟は自然災害が多く、山では地滑り、平野では洪水が人々を悩ませた。
この災害を、命がけで止めた人柱の伝説が各地で散見されるが、行者塚な
どとよばれる伝承の場所から実際に甕に入った人骨が発見されることもあ
る。人々の幸いを願いつつ即身仏となる行者もおり、新潟県は日本最古と
いわれる即身仏・弘智法印と、日本最後の即身仏といわれる仏海上人など
数体の即身仏が今も護られている。

昭和の終わりに途絶えたが、盲目の女性が伝承してきた瞽女文化も、地
域の人が瞽女宿を組織して守っていた。また、虚無僧が集う場所として全
国7か所に置かれていた明暗寺の一つも越後に存在した。災害や天候に悩
まされる農民たちは、芸能者のもつ神秘的な力にすがり、癒されていた。

厳しい自然のなか、日々誠実に生き、少しでも幸いを求める人々の暮ら
しのなかで、新潟の妖怪は生まれ、語り継がれてきたのである。

主な妖怪たち

小豆洗い

『桃山人夜話』などによると、上越市高田の法華寺の日顕
という小坊主が妬まれて井戸に落とされ殺された。日顕は、
小豆が好きで亡くなってからも川に現れて小豆を研いだという。また、県
内各地で「小豆洗おか人とってかもか」と歌いながら小豆を洗う音がした
という。この正体は狸ではないかといわれている。

オオスケコスケ

オオスケコスケは鮭の精霊で、コスケはオオスケ
の妻であるという。水神さまの日といわれる11月

15日に、「オオスケコスケ今登る」と叫びながら遡上するというので地元の漁師は神威を恐れその日は漁を休む。近隣の人々も、その声を聞くと祟りがあるといい、川のそばへ近寄らない。それほど恐れられていたのだが、鮭漁の漁場を治めている王瀬長者が「魚ごときに翻弄される」ことに腹を立て、漁師に水神の日に漁をすることを言いつける。漁師は震えあがりながらも漁をするが、不思議なことに魚は一匹も獲れなかった。漁師が恐れて逃げ帰ると、オオスケコスケは人の姿となって長者に挨拶し、声を上げながら鮭の大群とともに川を遡上していった。その声を聞いた王瀬長者は落命し、家は没落したという。この伝説では熊や鮭が出てくることからアイヌの伝承との関係が感じられる。一方、王瀬長者の屋敷跡の地名伝説に目を向けると巨大な屋敷が想像され、渟足柵との関連も思わせる。

蝸牛様　沢海藩の騒動で処刑された家老・佐川左内の魂が、幾千万のカタツムリとなって、領内の作物を食い荒らした。焼山（新潟市江南区阿賀野）に小さな石の祠を建てて祀るとカタツムリの姿は見えなくなったという。

火車・猫又

南魚沼市の名刹、雲洞庵に「火車落としの袈裟」が遺されている。これは天正年間に住職の北高和尚が火車を撃退したときに火車が流した血がかかった袈裟だという。火車というのは火の玉に乗った「ふたまたなる稀有の大猫」（『北越雪譜』）、つまり猫又のことで、野辺送りの列を襲い死体を奪う妖怪である。北高和尚の武勇伝は『奇異雑談集』でも紹介されている。猫又の話はたくさんあり、中越地区では南部神社のように通称「猫又権現」とよばれ、猫を神格化している神社もあるが、上越地区には退治された猫又を埋葬した「土橋稲荷神社」がある。この猫又はもともと冨士大権現のお使いであったが、源頼朝の冨士の巻狩りをきっかけに各地を転々とし、天和年間に上越市中ノ俣の重倉山に現れて村人を襲って食べ、中ノ俣の強者・吉十郎に退治された。下越では阿賀野市笹神の岩村寺、阿賀町川上の西山日光寺で恩義のある住職に霊力で恩返しをした猫の話が伝えられている。また、恩返しのために女性に化けた猫が歌い流行したものが「おけさ節」だという。

河童

河童は新潟ではスジンコともよばれる。水神という意味である。水国新潟では河童の伝承は各地に散見される。そして、捉えた河童を許してやったところ、アイスという名の薬（血止めや打ち身の薬）を

北陸地方　119

伝授されたという話もいくつか伝えられている。なかでも長岡市島崎の桑原家に伝えられているアイスのいわれを、桑原家に世話になった僧・良寛が「水神相伝」として書き残している。新潟市の猫山宮尾病院で実際に使っていたアイスも有名だ。また、新潟市西蒲区針ヶ曽根では7月1日、悪さをしなくなった河童にお礼として供え物を川に投げるという河童祭りを行っていた家がある。河童の手で腹を撫でると安産ということで河童の手のミイラが伝えられている地もある。

カネコオリ（つらら）娘・雪太郎

雪の精としては、人を凍えさせる恐ろしい雪女の話もあるが、カネコオリ娘は人間の姿で現れ、「寒かろう」と温めてあげると溶けて何もせず消えてしまう。雪太郎は子どものいない老夫婦の家に、冬の間だけ現れて老夫婦を元気づけ、夫婦が亡くなると現れなくなった。どちらも人懐こくて恥ずかしがりやな氷と雪の精である。

酒呑童子

越後の妖怪のなかでも特筆すべきは酒呑童子である。990（正暦元）年京都の大江山で退治されたとされる鬼の大将である。御伽草子や謡曲、浄瑠璃などにしばしば登場するが「本国は越後」とされており、新潟でも酒呑童子の伝説が残っている。それによると、酒呑童子は燕市砂子塚で生まれ、幼名を外道丸といい、名刹・国上寺で稚児となった。日々、寺から弥彦神社への書簡を届けていたが、あまりに美童であったため、村の娘たちから思いを寄せられ、娘たちの思いのこもった手紙の怨念によって顔が焼かれて鬼になったという。鬼となったことを憂い、寺を離れたが、まず稚児仲間であった茨木童子の住む長岡市軽井沢に身を寄せ、戸隠山、高野山と転々とし、大江山にたどりついたという。そして悪行の限りを尽くし退治されたことになっている。

酒呑童子の首は曝されたことになっているが、実は大切にされ、京都の首塚大明神に神として祀られている。酒呑童子を征伐するように命令した一条天皇は当時10歳で、一条天皇をめぐっては藤原道隆の娘定子、藤原道長の娘彰子を相次いで入内させ権力争いをしていた。これは後鳥羽上皇の御代に女官が念仏道場へ逃げ込み、かくまった僧侶が処刑された「承元の法難」という事件が起こったが、酒呑童子もその類ではなかったかと思われる。それならば「女性の思いが童子を鬼にした」という話も納得がいく。酒呑童子の時代は陰陽師・安倍清明が活躍していた時代である。安倍

清明との権力争いに敗れ、鬼にされてしまったとも考えられる。なお、茨木童子は難を逃れて故郷に戻っており、墓も存在する。

大蛇

三条市雨生ヶ池の大蛇が笠堀の豪族の娘に通い、授けられた子どもは五十嵐小文治という武将となって源頼朝に仕えて飯田の山に城を築いたという。関川村にはおりの大蛇という伝説があり、誤って大蛇の肉を食べて蛇になってしまったおりのが大きくなった体を隠すために、村を水没させようと考えたが、その企みを知った座頭が身を犠牲にして大庄屋の渡邉三左エ門に告げ、おりの大蛇は退治された。今も大庄屋の渡邉邸に、座頭を祀る大蔵神社が残っている。

団三郎・団九郎

佐渡は金の精製のために必要なふいごの材料として狸が大量投入された。そのため狸が増え、『佐渡名狢録』によると総大将である二ツ岩団三郎を筆頭に100匹以上の狢（狸）の名が記されている。団三郎は金山から運び出されてこぼれた金の粒を拾うなどして小銭を集め、金貸し狸として名が知られるようになった。田上町には団九郎という狸がおり、護摩堂城が落城したときに護摩堂城の品物を運び、村人が頼むと膳椀を貸し出したが、一つ二つ返し忘れた者がおり、それ以降は貸してくれなくなったという。

天狗

五泉市の慈光寺には慈戒和尚という天狗が住んでおり、超人的な働きで寺を助けたり、小僧を抱えて京都まで飛び、祇園祭を見せたという逸話が残っている。今も慈光寺には天狗堂がある。『北越奇談』には、寛政時代に赤ら顔の僧と祭り見学をした女の子が帰宅後に物を飛ばすような超能力をもったという話が載っている。これも天狗だったのかもしれないが、少女の力はしばらくすると消えたという。

ヤサブロバサ

ヤサブロバサ（弥三郎バサ）は吹雪に乗って飛行し、悪い子をさらって食べてしまったり、悪いことをした人が亡くなると、弥彦村寶光院裏にある婆々杉の枝に引っかけてさらしものにするなどで恐れられた妖怪。ヤサブロバサは、弥三郎の家のお婆さんということで、もともとは普通のお婆さんだった。それが妖怪ヤサブロバサになった経緯は伝承によって違う。弥彦神社の建前にまつわる説、飢饉のときに亡くなった孫を悲しみのあまり舐めているうちに食べてしまって鬼婆となったという説、正体は化け猫だったという説などがある。もともと優しい婆であったことから、大僧正の説教によって改心し、子どもを守

北陸地方　121

る妙多羅天女になった。現在は寶光院で10月15日に像のご開帳が行われている。婆々杉も天然記念物として大切にされている。

山人（ヤマド）
山中に住み、人語を解す存在。『北越奇談』では山男として、妙高山中での話が記されている。毛むくじゃらだが草木でつくった腰蓑をまとい、人から毛皮を与えられて喜んで着込むという、人懐っこい話が紹介される。『北越雪譜』では異獣とよんでいる。竹助という者が十日町の縮問屋から堀之内へ急ぎの荷を運ぶときに山中で昼飯を食べていると遭遇、米の飯を指さし欲しがるので与えると、喜んで竹助の荷物を背負って十日町まで運んだという。さらに、異獣は女性の月厄を止めるという超能力も発揮する。しかし、恐ろしい面もあり、『北越奇談』では神聖な山神の祠の近くで狩猟を行った男が投げ飛ばされて亡くなったり、柳田國男著の『山の人生』では妙高山で硫黄の採取をした者が首を捻じ切られたという話が紹介されている。

山姥
昔話では人を襲う恐ろしい山姥の話が残るが、糸魚川では娘たちが苧績みをしているのを手伝ったり、津南の袖倉では継子をいじめる継母を諭したという良い面が伝えられる。糸魚川市上路が舞台となった観阿弥作の「山姥」という謡曲がある。京の都で百萬山姥とよばれる白拍子が上路の山中で本物の山姥と遭遇、山姥は上路の自然そのものであった、という内容である。上路には山姥神社があり、近くには金時手玉石、白鳥山山頂近くには山姥の洞、山姥が舞ったという踊り石がある。観阿弥が上路を謡曲の舞台にした背景にはこのような伝説が上路の地にあったためだろう。金時というのは山姥の子どもの名である。また、信越国境に幼子を連れた山姥の伝承が点々とあるのは、奴奈川姫と建御名方命（諏訪大社祭神）だという説もある。山姥は古神道の巫女を暗示しているようだ。

龍
『北越奇談』には寛政年間（1789〜1801）に相次いで新潟市内に現れた龍の記述がある。日本海沖から信濃川河口に現れ水を巻き上げたり、信濃川近くの池に現れ、建物を破壊したりしている。蛇が天に昇ると龍になるというが、棒のようなものが雷鳴を轟かせながら天に昇っていった話もある。これを似類とよんだ。

センポクカンポク

地域の特徴

富山県は、本州のほぼ中央部に位置し、東は新潟、西は石川、南は岐阜県と接する県である。

北を除く東西南三方は、山脈（北アルプス、宝達山系、飛騨山地）で囲まれ、これらの山脈を水源とする各河川（黒部川、片貝川、早月川、常願寺川、神通川、庄川、小矢部川等）は概ね北流して富山湾に注ぎ込む。山と川が一緒になり壮大な風景をみせている。この壮大な風景を江戸中期の儒学者室鳩巣も「越中百里山河壮」と詠んでいる。河川は急流のため決壊して大洪水をもたらすことも多く、そのため中世以降歴代の為政者は治水事業を重視してきた。

山地から富山湾岸にかけての県土には、ユネスコ世界文化遺産の合掌集落に象徴される山村や砺波平野によくみられる散村（散居村）、下新川郡朝日町宮崎・境のような漁村や魚津・滑川・新湊・氷見等の漁港、そして富山・高岡両城下町といった多様な集落、町場が展開している。

戦国時代末期の佐々成政の治政を経て、江戸時代には、富山県は外様大名筆頭の加賀藩前田家、およびその支藩の支配下にあった。

宗教面では、中世以来の浄土真宗の浸透により、寺院総数の約７割が浄土真宗寺院によって占められている。富山県が「真宗王国」とよばれるゆえんである。

伝承の特徴

通常「雑行雑修」（念仏以外の雑多な修行・信仰を実践すること）を排し念仏信仰を強調する真宗地域では、反面民間信仰や妖怪伝承が希薄な傾向にあるといわれている。

ところが、前述の如く浄土真宗への信仰が強い富山県にもかかわらず、アズキトギトギ ウメボッシャスイスイ メンパコロガシやアマノズサ、カ

ワクマ、センポクカンポク、ヒンナ、ブラリ火、ミノムシ、ボーコン、ユキオンといった多様な妖怪が伝承されてきている。これらはまた、各地域の特性を濃厚に反映したものでもある。

　またこれらの妖怪は、物語や戯作に依拠した性格の強い成政の愛妾早百合（姫）のブラリ火を除外して、全般的に一口伝承的なものが多い。

主な妖怪たち

アズキトギトギ ウメボッシャスイスイ メンパコロガシ

魚津市の山村鉢に伝わる妖怪の一種。この妖怪は小西宗右衛門家敷地の南に植えられたカヤの老木に住まいし、たそがれ時ともなれば小西家敷地北のジョーヨモンノコザカ（丈右衛門すなわち坂本治夫家の小坂）に出没して、そこで小豆をとぐ音やメンパ（曲げ物製弁当箱）を転がす音をさせたりする。遊びに熱中するあまりなかなか帰宅しない子どもたちに対して、親がこの妖怪の名前を出して脅し、帰宅を促したという（『とやま民俗』58）。長い妖怪名のうち、ウメボッシャスイスイ（「梅干しは酸っぱい、酸っぱい」の意）はさて置くとして、アズキトギトギはアズキトギ（小豆研ぎ）、メンパコロガシはヤカンマクリ（長野県）やカンスコロバシ（福島県）などの妖怪と通ずるものがある。

アマノズサ

下新川郡朝日町蛭谷に伝わる、常にはアマ（天井裏）に住む爺の姿をした妖怪。大人がいないとき、留守番をする子どもたちのところへ、饅頭を入れた長持ちを藁縄で吊り下ろす。子どもたちが下りてきた長持ちの中の饅頭を平らげると長持ちを吊り上げ、今度は自分がその中に入って下りる。再び下りてきた長持ちの中身がまた饅頭に違いないと思って子どもたちが蓋を開けると、中には予想と違い鬚だらけの薄汚いアマノズサがおり、「さっきの饅頭のぜん、くせー」（先ほどお前たちにやった饅頭代をくれ）と叫ぶ。この伝承の背後には、大人不在時の子どもたちの心細さや薄暗いアマへの恐怖心があると考えられる（『とやま民俗』50）。

オーガメ

下新川郡入善町で時化や嵐の前に現れる巨大な亀のこと。眼は堤灯1個ほどの大きさで赤ランプのようにらんらんと光り、体は6畳ほどもあり、その首は馬のように太い。「時化てくると赤

ランプが点くそうな」と漁師の間でささやかれていた（『富山湾沿岸漁業民俗調査報告書』）。

オボケザンマイ

オボケとは苧を入れる桶、サンマイとは墓場のこと。砺波市鷹栖でいう老婆の妖怪。昔、横着な老婆がおり、普通30尋（45ｍ）で一把の苧枷（麻糸を巻き取る木枠）を28尋でごまかしたため、死後地獄に落ちた。それを口惜しがって毎夜墓場に現れ、一つ二つと数えて、28までくると「悔しや悔しや」と言ってオボケを転がしたという（『砺波民俗語彙』）。物の数が足りないことを悔しがるのは皿屋敷の「お菊」の話に似るし、オボケを転がす点は先の「アズキトギトギウメボッシャスイスイメンパコロガシ」に類似する。時代としては、オボケ使用が一般的だった時代を反映している。

カワクマ

下新川郡朝日町羽入に伝わる川の怪。時を定めず川の淵から熊のような怪物が出てくる。新潟にも類例がある。

サイゾボン

サイゾとは、チフスを指す砺波地方の方言。チフスの重いときに身体をゆすったり押さえたりして人を苦しめるたくさんの坊主のこと。これを追い払うと病が治る。砺波市鷹栖に伝わる（『砺波民俗語彙』）。

センポクカンポク

南砺市利賀村でいうところの、頭は人間、体は四本足の、ガマガエルに似た姿の妖怪。死人の出た家の掛け筵（家の入り口に掛けた筵）にいるが、死後1週間経つと大戸（入り口）の外に出て（死人の）番をする。3週間家にいて、4週間くらいで墓場へ行く（『民間伝承』6-8）。これらより、この妖怪は掛け筵や大戸といった家屋の内と外を区切る境界空間や、墓地といったこの世とあの世の境を守る存在と考えられていたことがわかる。なお、ガマガエルが人と近い霊的存在と考えられていたことは、人の助力により7回脱皮を繰り返し人間大になれた返礼にガマの術（忍術）を人に教えたという伝承（南砺市利賀村上百瀬）や、焼いた肉を腹痛の薬として服用したという伝承（富山市高野）からもうかがえる。ともかくも富山県人とガマガエルの関わりの深さがよくわかる。

ネモ

「念妄」の字をあて、「憎い」とか「恨めしい」といった感情が念力となって固まったもの。富山県下全域で使用。蛇や猫などが人間に対してこれをカケルといい、カケラレると病気になるという（『滑

北陸地方　125

川の民俗 中』)。

ヒバシラ

「火柱」のこと。火の怪の一種。藪蔭や墓地などから突然立ち、ほどなく消えるが、倒れるようにして消えることもある。倒れた方向に火事が起こると言って恐れた。砺波市鷹栖や同市小杉では「今寝るぞ（倒れるぞ）」と言って倒れたと伝える。小矢部市水島ではトバ（イタチ）たちがつながって立ち上がって倒れる姿がヒバシラに見えるという（『砺波民俗語彙』）。

ヒンナ

「雛」の字をあてる。7か所の墓場の土を持って来て、3年の間3,000人の人に踏ませたものでつくる土人形のこと。つくる姿を絶対に人に見られてはいけない。これを祀ると欲しいものは何でも持ってきてくれるので、たちまち金持ちになる。しまいに欲しいものが何もなくなっても、「今度は何が欲しい」と責め立てるので、困るようになる。特定の家が急に金持ちになると、「あの家はヒンナを祀っているのではないか？」と噂されたという（『砺波民俗語彙』）。特定の家が急に豊かになることを「犬神」との関わりから捉える考え方と類似する。集落内での家による財産や富の不均衡に対する不満が背景にあるかもしれない。

ブラリ火

怪火の一種。戦国時代末期の武将佐々成政の側室早百合が、小姓との不義密通を疑われ神通河原で殺され、その遺体は土手の大榎に吊るされた。その後、この木のまわりを「早百合、早百合、早百合」と唱えてまわると、木の洞から髪をつかまれた女の生首の形をした怪火、いわゆるブラリ火が現れるという。この怪異伝承は佐々の後、江戸時代に富山県を支配した前田氏が前領主佐々氏を暴君に仕立て上げるためのものであるといわれる（『越中怪談紀行』）。なお、この伝承は、もののまわりをまわることが中心部に霊魂を招き寄せる行為であったことも暗示している。

ボーコン

富山湾岸全域で、難船して亡くなりいまだ成仏していない霊、すなわち船幽霊をこのようにいい、「亡魂」の字をあてる。雨模様の昼間や荒天時の夕方、船の先に人影のように現れて「アカトリ（閼伽取り、船底に溜まった水を掻き出す用具）貸せぇ、アカトリ貸せぇ」と叫ぶ。そのままやると水を汲み入れて船を沈めてしまうので、ウキに使っている樽の蓋と底を抜いて投げてやる。それで水を汲んでいる間に逃げ切る（『富山湾』）。掻いても掻いてもしみ込んでくる水への恐怖と、自分も

なるかもしれない同じ海の仲間の海難者への憐みの情が、この妖怪成立の根底にあると考えられる。

ミノムシ

神通川、川漁師の間に伝わる怪火の伝承。10月末〜11月のアキザケ（秋鮭）もしくは1〜2月のカンマス（寒鱒）を対象としたナガシアミ（流し網、間に網を張り渡した2艘の船が並んで川を下り、魚を絡め取る漁法）の夜漁で、船を岸に着け船上で休息しているとき出現する火の怪。天候は雨天もしくは降雪の場合が多い。まず被っている笠の周囲数箇所に青白い光が「蓑虫」のように垂れ下がる。不思議に思って手で振り払うと、いったん消える。その際熱さも感じないし、やけどもしない。いったん消えた光は再度点く。同様のことは、着用したバンドリ（蓑）にも起こる。同様の発光現象を他地域ではそれが発生するミノを主体にしてミノビ（蓑火）というのに対して、ここでは笠より「蓑虫」のように垂れ下がることからミノムシと特称することが特色といえる（『とやま民俗』57）。

ヤマノバーバノタイコ

南砺市大鋸屋に伝わる怪音の一種。「山姥が叩く太鼓」の意。その正体を、ムジナが仰向けになって腹を叩くときに生じる音と解している。春の晩に多く、聞こうとすれば聞こえず、うっかりしていると聞こえる。これが聞こえた年は豊年になるという（『砺波民俗語彙』）。

ユキオン（ナ）

雪鬼もしくは雪女のことか。夜間、雪の中に現れる妖怪とされた。町より山手の方で使用されることが多かった。形や悪さといった実体は伴わず、子どもの寝付きが悪いとき、親が「ユキオン（ナ）来るぞ」と言って脅し、寝付かせた（『砺波民俗語彙』、および『滑川の民俗 中』）。

猿鬼

地域の特徴

石川県の地理的な特質は日本海に突き出た細長い県域にある。県の大半が海に囲まれるため、古代から海を介した交流が盛んであり、さらに江戸時代には北前船交易の発展から多くの湊町が栄えた。

民俗文化も海と深く関わるものが多い。例えば、能登では集落の神様は海のかなたから流れ着いたという寄り神伝承が多くみられる。一方、山をみると、岐阜・福井と接する加賀南部には白山、能登南部には石動山がそびえ、いずれ山岳信仰の拠点として崇敬を集めた。

歴史的には「真宗王国」とよばれるように、一向一揆の流れから、住民の多くが浄土真宗に帰依したため、真宗の信仰や行事と一体となった生活文化が生まれた。また江戸時代、加賀藩の城下町として栄えた金沢では工芸・食・芸能などで独特の文化が開花し、いまも生活に息づく。

伝承の特徴

天狗・河童・狐狸・大入道・龍大蛇の怪奇伝承は県全域に広がる。県内で独特の妖怪文化を伝えるのが能登地方である。河童のよび名は加賀地方の場合、よく聞くカブソだが、能登ではミズクシ・メイシル・ミソシコベなどである。能登に集中して分布する伝承も多く、龍灯とよぶ怪火が海から神社へ向かって飛ぶという例は沿岸各所で確認でき、また猿鬼に娘を生贄として捧げたという伝説は祭りと関連して各地に伝えられる。輪島の「長太のムジナ」は県内で最も有名な怪物退治伝承で、加賀の山間部にまで知れ渡っていた。

怪奇伝承の記録が多く残るのは城下町の金沢と大聖寺である。幕末頃の金沢には80か所余りの化け物屋敷があった、城下やその周辺には天狗が棲む魔所があちこちにあったなどと伝わる。江戸時代にはそれぞれの都市を舞台とする怪談集も編まれ、また当時の日記資料には怪談を語り合う様

子がたびたび確認でき、怪奇を身近に楽しんだことがうかがえる。金沢で生まれ育った作家に泉鏡花がいる。その幻想的な作品が生まれた土台には怪奇にまみれた城下の世界があったといえる。

主な妖怪たち

飴買幽霊　金沢市金石の導入寺には女の幽霊の掛け軸が伝わる。江戸時代の終わりに「たみ」という臨月を迎えた女性が亡くなり、この寺に埋葬された。その後、近くの飴屋に顔面蒼白の女性が毎夜飴を買いに来る。不審に思い跡をつけると導入寺の墓地に消えた。和尚に相談し、墓地を掘り返すと生後まもない乳児が飴を舐めていた。和尚が乳児を預かり道玄と名付け育てた。絵は後に寺の住職となった道玄が亡き母をしのんで描かせたものという（『金石町誌』）。同様の伝承は金沢市内の日蓮宗・浄土宗・天台宗の４か寺に伝わる（『加賀能登の伝承』）。

カイラゲ　輪島市にいたという海の怪物。門前町櫨見の刑部家の主人が村の海岸に出て飛び石を渡り巨岩にたどり着き、魚を釣って家に帰ろうとすると、先の飛び石が見えず、ついにどうすることもできず死んでしまった。彼が飛び石のように見えたのはカイラゲという怪物がその背中を並べていたものだという（『七浦村志』）。

蟹寺　珠洲市永禅寺にいた蟹の怪物伝説。代々の住職が妖怪によって殺されたため、無住となっていた寺に月庵が住むようになった。夜中に坐禅をしていると、妖怪が出現。正体を尋ねると、「小足８足で、大足２足、左右に動き、目が天にある」と答える。僧は「蟹だ」と答え、払子で叩くと消えてしまった。翌朝、山の池に約３ｍの蟹が死んで浮いていた。「蟹問答」とよぶ昔話のタイプに属するが、寺と結びついて伝わった点が注目される。県内には大蟹の伝説が各地にあり、このうち最古のものが永禅寺の話で1696（元禄９）年の紀行文『三日月の日記』にみられる。

皿屋敷　江戸時代の金沢には皿屋敷とよばれる化け物屋敷が５、６か所あった（『金澤古蹟志』）。有名なのは播磨皿屋敷とよばれた出羽町の小幡家である。家の主人が飯椀のなかに縫い針が入っていたことに怒り下女のお菊を殺す。お菊の怨念によって小幡家一家が絶えるというものだが、お菊を殺した主人は２説ある。ひとつは武田信玄の侍大将小幡弾正の息子の駿河（「校合雑記」）、もうひとつはその子の播磨である（「白

北陸地方　129

石先生紳書』)。同様の伝承は小松市にもあり、勧帰寺の坊さんが針を入れたお菊という女中を池の中に放り込んだことから、その祟りが3代続いた。そこで寺の行事には菊を使わないという（『小松市の昔話』）。

猿鬼 能登各所に伝わる猿の妖怪。猿神とよぶ地域もある（『奥能登地方昔話集』『輪島の民話』第1集）。有名なのが能登町当目の伝承で、すでに18世紀後半の地誌『能登名跡志』にもみられる。江戸時代終わり頃の記録によれば、当目地内に岩穴があり、猿鬼と18匹の鬼の家来が住んでいたという。鬼たちは諸国から美女を誘拐する悪さを繰り返していたため、地元の神々が退治したとされる。当目およびその周辺には退治した猿鬼を祀る神社など、関連する史跡や地名が伝わる（『猿鬼伝説』）。猿鬼伝説は「今昔物語」にも登場する怪奇伝承であるが、能登地方の特徴は猿鬼へ生贄を捧げる伝説と地区の祭事が関係している点にある。例えば、輪島市大沢町の六日祭では猿鬼に捧げる生贄の娘に見立て野菜や海藻でかたどった神饌を供える。

サンマイタロウ 火葬場の妖怪。サンマイ（火葬場）で千人の死体を焼くと、サンマイタロウという大入道が現れて人を脅すとされた。サンマイのまわりに溝を掘って水が流れるようにしたが、その理由は、サンマイタロウは溝をわたると消えてなくなるといったからである（『旅と伝説』6巻7号）。また、旅人が火葬場の小屋に寝泊まりする際は、眠る場所のまわりに線を書き、サンマイタロウにここに寝かせてくれと許しを得たという（「クワンクワン考」）。

たんたん法師 巨人伝承の一種。金沢市木越町の田んぼのなか、能美郡波佐谷の山の斜面、富山県の倶利伽羅山の3か所に長さ3m、幅1m30cmの同じような足跡がある。能美郡ではたんたん法師の足跡とよんでいるという。いずれも指の形がはっきり見え、そこには草が1本も生えない。それぞれの足跡の距離からすると、ひとまたぎ30kmほどになる（『三州奇談』）。また、山中町ではタカンボといい、約16kmの道を3歩で歩いた巨人がいたという（『南加賀の昔話』）。

長太のムジナ（貉） 江戸時代から知られた怪物退治伝説。鳳至郡大沢村に長太という木挽きがいた。伐採作業のために山に小屋を建てて暮らしていると、たびたび何者かが小屋を訪れ「長太出てこい」と叫ぶ。あるとき斧をもって迎え撃つ準備をしていると、壁

板を割り小屋のなかに侵入してきた。その顔は赤黒く眉毛が逆立ち、眼光が爛々と輝いていた。「我は老貉にして此の山に800年間生きている。深夜にこの山を通行するとはなにごとか、すぐに戦え」と挑むので、明け方まで戦った。最後に斧でムジナは退治され、逃げていく。その後、近くの村の稲干場に死んだ巨大なムジナが発見される。死骸は藩へ提出され、藩主も観覧した。このことがあってから4年目、退治したムジナの妻が長太の前に現れ復讐しようとした。長太は妻ムジナの思いに触れ、法会を営んだ（『加賀能登の伝承』）。

チョッキンカブリ

能登島町鰀目にいたという怪物。集落を流れるドウノカワという小川があった。その川にチョッキンをかぶった入道が現れ、たびたび村人を一飲みにしていた。村からはずれた川上に住む二人の兄弟はなんとか退治してやろうと、刀を杖に仕込み、老人のふりをして怪物に近づき退治した。村人は大変喜び、兄弟を村の仲間に入れ、みなと仲良く暮らした。チョッキンとは三角帽子のような被りものである（『のとじまのむかしばなし』）。なお、別の記録には怪物の名はチッキンカブリとあり、退治した怪物をドンダチという場所に埋め、松を植えて記念にしたという（『石川縣鹿島郡誌』）。

ツチノコ

横槌の妖怪。金沢市小姓町に槌子坂というなだらかな坂があった。草が茂り、湧き水が流れ昼も薄気味の悪い場所だった。特に小雨が降る夜に通りかかると、ころころ転がる物がある。よく見れば搗き臼ほどの横槌である。真っ黒であちらこちらをころがり、消えようとするときに、「ああ」と二声笑って、雷の響きをなし、ぱっと光り消えた。この怪に出逢うと2、3日病気になるという（『奇談北國巡杖記』）。

釣瓶落とし

釣瓶にちなむ妖怪で県内各所に伝わる（「「釣瓶落としの怪」の伝承』）。天から釣瓶が下りてきてなかにある菓子を食べると後から代金を請求される「落ち」がある。落ちがないのが加賀市の伝承である。荒れた屋敷に釣瓶落としが住んでいた。近くを通ると、釣瓶が頭上から下りてくる。思わず手で触ると手がくっつき、びっくりして出した片方の手もくっつく。足でとろうとして足もくっつく。両手両足がくっついたまま、ずるずると天へひきあげられてしまう（『南加賀の昔話』）。

七窪の狐

江戸時代より有名な妖狐で18世紀後半の怪談集『三州奇談』に「七窪の禅狐」の名で話がみえる。地元ではオマン狐

ともよび、美女に化けて薬売りをだまし殺したので、地蔵を安置し退治したという（『七塚町史』）。

浜姫
加賀市橋立町の浜辺にいた女の妖怪。浜のなだらかな斜面へ一人で遊びに行くと、浜姫が出る。浜姫にだまされ気分が楽しくなり、ついには笑い死にするという（『橋立町史』）。

人食い嫁
兵四郎という家に嫁いだ嫁がある夜、何かに憑かれたのか、恐ろしい顔になり、布団から出ている親父の足2本にかぶりつき、口を血だらけにしてうまそうに食べた。次に自分の双子を逆さまにもって足から食べにかかったので、藩から足軽が6人やってきて捕り押えたところ、落ち着いて、ケロンとしていた（『南加賀の昔話』）。

ふすま坊主
4人が四角い部屋の角にひとりずつ座る。部屋の真ん中の蠟燭（ろうそく）を吹き消すのを合図に集まると、不思議なことに頭が五つある。再び蠟燭をつけると、普通に4人がいるだけだった。五つ目はふすま坊主の頭といった（『輪島の民話』第3集）。いわゆる「四隅の怪」にあたる怪談で、5人目は実体不明が多いが、姿かたちがはっきりしている例もある。能登南部では子供のいる家に夜更けスマボンが出るといった。スマボンは身長30cmぐらいで顔を見せずに部屋の隅から現れ、とんとんとことんと小さな太鼓を叩きながら、1か所をまわり、ついには暴れだすという（『志雄町の民話と伝承』第1輯）。

蛇蛸（へびたこ）
浜辺で1匹の大蛇が尻尾をパン、パンと波に叩きつけていた。何時間も前から続けているらしく尻尾は傷つき飛び散った血があたりに滲んでいた。あまりの光景に目をそむけたが、よく見ると先ほどの大蛇の姿はなく7本足の大蛸が波にうちあげられていた（『御手洗の歴史』）。似た話は珠洲市などにもあり（『石川縣珠洲郡誌』『相川新町史』）、また能登島町では大蛇と大蛸が格闘したと伝わる（『石川縣鹿島郡誌』）。

水熊
手取川に出たとされる怪物。川の堤防そばに腐った木にも苔の生えた石にも見えるものが浮いている。若者が近づいて触ってみると、黒い皮のようで頭も目も口もなく、枝のようなものが2、3本出ていた。鍬（くわ）を打ち込んでみたが、刃がたたない。堤防の上で休んでいると、川上からヤシの実が流れてきた。そのとき枝の部分が動き出し実を抱え飲み込んでしまった。これを見た若者は驚き、火をつけた草を投げ込み、鍬をもう一度打ち込んだ。すると、身体から黒い血が噴き出し、突然川の水

かさが増し、堤防が壊れ、あたり一面の湖となった。村人は白山に住む水熊だといった（『三州奇談』『松任の民俗文化誌』）。小松市瀬領町では川を流れる大木を拾い上げようとしたところ、木に鱗が生えていて、つかんだ人を引きずりこんだという（『瀬領町史』）。

三つ足のゴット

白山麓にいたという蛙の怪物。白山市尾添に昔400坪の池があり、3本足のゴット（カエル）が棲んでいた。このカエルは1年に一度村人を捕って食べていた。村の庄屋は土手を壊し水を流したところ、ゴットは川を下り瀬戸地区へ移り住むようになった。その後、同地区で事故があると三つ足ゴットの仕業と話した（『尾口村史』第2巻）。

ヤイコンババ

老婆の妖怪。川の淵の上に数百年を経たケヤキの老木があった。昔からこの木を伐ろうとすると、切口から血が出るといわれ、また夜遅くなると、その川で白髪の老婆が茶釜を洗うと怖がられていた。昔は盆の13日夕方の精霊迎えの際に子どもが家々から藁を集めてこの木の下で火を焚く習慣があったが、大きな火を焚いても焦げなかったという（『国府村史』）。能美郡では疫病送りの老人夫婦の人形をヤイコンバーバとよび（『石川縣能美郡誌』）、金沢では真言宗の僧が鬼面などを被り各家の疫病払いを行う風習をヤヒコババといった（『稿本金澤市史風俗編第一』）。儀礼用語が妖怪名に転じたのだろう。

ヨウダツ

天狗岩の近くに往生寺というところがあり、いつものように蛍狩りに行くと、谷川のところに誰かがしゃがんでいた。「おい、だれや」と声をかけると、ぶるぶるといって、その人の身体が大きくなった。びっくりしてあとずさりしたら、またぶるぶるといって大きくなった。やっとの思いで家へ逃げ帰り、家の人に話したら、「ヨウダツというばけものや、よく出る」と話してくれた（『辰口町史』第1巻）。

龍灯

怪火の一種。穴水町岩車では旧暦の12月の大晦日の夜に龍灯とよぶ火が飛んだ。火は竜神が氏神社へ捧げるという。亥の刻（午後10時頃）になると、約6kmの沖にとろとろと火が燃えあがる。その大きさは1m80cmほどになる。矢を射るような速さで海辺に到達し、しばらく燃えてから消え失せる。同様の伝承は石川県で11か所確認でき、そのうち能登は9か所を占める（「北陸の龍燈伝説」）。

善徳虫

地域の特徴

福井県は越前と若狭、二つの旧国から形成されている。「越山若水」の語に象徴されるように、越前には両白山地を中心に緑豊かな山々が広がり、若狭ではリアス式海岸の若狭湾が変化に富んだ景観をみせている。

現在、一般にはこの旧国区分よりも、木ノ芽山地(木嶺)を境にした嶺南・嶺北の区分の方が通用している。1873(明治6)年、現在とほぼ同じ県域をもつ敦賀県が生まれるも、1876(明治9)年には嶺南(若狭3郡と越前1郡)が滋賀県、嶺北(越前7郡)が石川県に分属される。再び両者が合併して福井県が誕生するのは1881(明治14)年のことであり、嶺南・嶺北の区分が使われ始めるのもこの前後のことであった。しかし、両者はそれ以前からも気候・歴史・文化等の面で特徴を異にしてきた。

嶺南は江戸時代の小浜藩領にほぼ合致する。また、畿内の外港として機能した二つの湊町(敦賀・小浜)をもち、古来、隣接する近江(滋賀県)や丹波(京都府)との交流も盛んであった。したがって、嶺南は一体的まとまりをもちながら、近畿地方に属するということができよう。

これに対し、嶺北は北国街道(北陸道)が貫通し、北陸地方の入り口に位置づけられる。しかし江戸時代の嶺北は、福井・丸岡・大野・勝山・鯖江等の諸藩および幕領等が入り組む複雑な様相を呈していた。また奥越(嶺北の北東部)は美濃(岐阜県)との交流が盛んであるなど、嶺北内部はさらにいくつかの地域に分けてその特徴を捉える必要がある。

伝承の特徴

城下町の福井と小浜には随筆や奇談集が伝わり、城下や近郊における怪異が載っている。しかし、固有名をもつような妖怪譚は多くはない。

民間伝承では、里には狐や河童・大蛇、山には天狗に関するものが多く、全国各地の伝承との類似性が指摘できる。これに対し、伝承の数こそ少な

いものの、湊や浦にはこの地に特有のものも見出せる。

　嶺南・嶺北とも都からさほど距離が離れていないため、畿内からの伝播が明らかな伝承が確認される一方、北陸地方や日本海沿岸地域に広がりをもつ伝承も存在しており、複数の文化的背景を指摘することができる。

主な妖怪たち

アマメヤサン　アマサン・アマメンサン・アモメ（ヤ）サンとも。福井市蒲生の海岸から100mほど沖合にある「おおぐり（大メグリ）」という岩に住む鬼のような妖怪。おおぐりの釜の蓋が開くと、浜に上がってきて子どもを攫って食べたという。後に地区の若者がアマメヤサンの面をかぶって、小さな子どものいる家を訪れ、アッポ（草餅）を貰い歩くムイカドシ（旧暦1月6日）の行事となった。これはアッポッシャ（アッポチャ）とよばれ、秋田県男鹿半島のナマハゲや石川県能登半島のアマメハギに類似する来訪神行事となっている。なお、県内ではかつて節分の晩にアマミオコシ、アマメンなど類似の行事がみられた。

イッパク　越前藩主・松平忠直の姿の亡霊。生前、忠直をそそのかし、妊婦の腹を裂くなどの邪悪な行為をするよう仕向けたという。お雇い外国人グリフィスの著作『大名政府』には、福井城二の丸隅櫓にその霊が棲むと記されている。遭遇した侍によれば、見た目は美しいが、背中はネバネバとした怪物のようだったという。侍はイッパクの警告を無視して、藩主に見聞を報告したため、数週間後に死んでいる。イッパクとは本来、忠直の号（一伯）であり、この姿を一国とよぶ史料もある。

宮守の妖　浅井了意の怪異小説『伽婢子』に載る妖怪。杣山城跡（現・南越前町）の草庵に、1万人余りの4〜6寸（12〜24cm）の小人が現れ、庵主の塵外を悩ませた。正体は近くの井戸跡に棲む数万匹の宮守で、その王は赤く、1尺（30cm）ほどの大きさがあった。この王は南北朝の戦乱で南朝方として戦った義鑑房の亡魂が変じたものとされる。義鑑房は美童・脇屋義治への愛念にかられた末の戦死だったため、塵外が符文を読み上げると、宮守たちは一斉に死んだという。

ウミアマ　雄島村安島（現・坂井市）の海女が、一人で潜っているときに遭遇した妖怪。後ろ鉢巻姿だけを見ることができ、海女が潜ればウミアマは上がり、海女が上がるとウミアマは潜った。これを見

た者は病気になったという。志摩（三重県）の海女が見るトモカヅキ（共潜き）に類似し、アヒクグリ（相潜り）ともいった（『海村生活の研究』）。

狼梯子（おおかみばしご）

大木に登って狼の群れから避難しようとすると、狼たちは肩車で梯子をつくり、襲いかかってきたという。1704（宝永元）年『続著聞集（ぞくちょもんじゅう）』は、菖蒲池村（現・大野市）で狼梯子をつくらせた「孫左衛門が嬶（まご ざえもんが かか）」という大きな狼が、普段はこの村に住む孫左衛門の妻に化けていたという話を載せる。当家の子孫は皆、背筋にびっしり毛が生えていたらしい（後に山東京伝『媛猴著聞水月譚（さんとうきょうでん・えんこうちょうもんすいげつものがたり）』に翻案）。また、大飯郡脇坂では大晦日の夜、小黒飯浦（現・高浜町）の庄屋・高橋刀祢（とね）が狼梯子に襲われ、順々にこれを切り殺して難を逃れた。ところが、翌元旦の雑煮に毛が多く浮いていたため、先回りした狼が刀祢の妻に化けていたことを知る。以後、当家では元日に雑煮を食べない「餅なし正月」を送るようになったという（『若狭の伝説』）。

大すっぽん

福井城の堀に棲息。幕末四賢侯の一人・松平春嶽（しゅんがく）が、自身の随筆『真雪草子（まゆきぞうし）』に実見談を書いている。嘉永頃（1848〜54）城下の大火の様子を見ようと二の丸隅櫓に上ったところ、眼下の堀に浮かび上がるのを見たという。甲羅の幅は6尺斗（約1.8m）、長さは9尺斗（約2.7m）、頭首は1尺斗（約30cm）もあった。

怪牛

敦賀湾に面した岡崎半島の巌洞内には龍神が棲むとされ、横浜浦（現・敦賀市）の剣神社ではこれに奉納する刀を祀っていた。ある年の正月、海中から「大ナル牛ノ如キ形ノモノ」が上がってきて、この刀をくわえて海中に没したという（『神社明細帳』）。以来、同地区では1月4日の夜半、宮の行いと称して、怪牛を退去させるための呪文「エン、エン、ワ」を唱えて神社に参拝するようになった（『敦賀郡神社誌』）。同地には侍による牛鬼退治の民話も伝わっている（『ふるさと東浦』）。

カマトバ

土橋城跡（どばしじょう）（現・大野市）付近の坂または橋で転ぶと必ずこの妖怪が出たという。鬼のような姿で、手足に思いきり喰らい付き、どこかへ姿を消した（『福井県の伝説』）。トバはイタチのことで、カマトバとはカマイタチの大野での方言という（『大野市史 方言編』）。

亀入道

若狭の海に生息する大亀で、頭が僧に似ていたためこの名が付いた。時々網にかかるが、殺すと祟りがあるので、酒を飲ませて放したという。津村涼庵（つむらそうあん）の『譚海（たんかい）』に載り、中国の海和尚（うみおしょう）との類似

が指摘される。既刊文献で、この妖怪を「入亀入道」とするものがあるが、『譚海』の記事「漁人、亀入道と号し」の箇所の誤読である。

首無し行列
毎年4月24日の晩、福井城下に現れた柴田勝家勢の怨霊。この日は北庄城が落城し、勝家が自刃した日にあたる。全員白装束で静かに行軍し、白馬に乗る勝家には首がなかった。窓や戸の隙から行列を見た者、道で出会った者は皆、血を吐いて死んだという（1年以内に死んだとも）。行列に出会っても、「柴田勝家公の家来」または「天下の名将柴田勝家公」と言えば、難を逃れられた（『福井県の伝説』）。

善徳虫
善徳という旅の僧が村人に殺され、恨みからその亡魂が虫に化したもの。善徳は金持ち坊主とも乞食坊主ともいい、伝承は「異人殺し」の構造をとる。虫は村々の田を食い荒らすカメムシやイナゴに擬せられた。そのため18世紀後半～19世紀前半には善徳塚や漸得塚といった虫供養塚が嶺南各地に建立され、今なおそれらが現存している。伝承は元禄期（1688～1704）成立の地誌『若狭郡県志』にすでに見えている。

血綿
若狭の海に現れた怪。赤い綿のようで、平たく、ユブユブ（ぶよぶよ）としていた。幅は1間（約1.8m）、長さは5～10里（約20～40km）にも及んだという。1750（寛延3）年頃成立の『嘉良喜随筆』に最近のこととして載り、兵乱の起こる前兆とされた。赤潮を指すと思われるが、夜光虫によって光ることもあったため、怪異とみなされたか。

椿女郎
北新庄村長尾と中新庄（現・越前市）の間、通称猫坂に現れた化け物。薄暗く気味の悪い坂の頂上には樹齢100～200年の椿の古木が生い繁り、そこから夜な夜な椿女郎が出没して、道行く人の袖を引いたという（『南越民俗』5）。坂は異界への通路であり、椿は神秘的な力をもつ植物とされる。日本各地に伝わる古椿の怪異の一種であろう。

トンネルの火の玉
北陸線の開業間もない頃、曽々木隧道（現・敦賀市）の入り口を3日間塞いだ真っ赤な火の玉。1880（明治13）年の敷設着工前、ここには地蔵の祠があり、下には狐が住んでいた。狐火の仕業と考えた村人が、石炭箱に油揚げをいっぱいに入れたところ、朝にはすべてなくなり、火の玉も消えたという（『ふるさとの民話民謡』）。

人魚
大飯郡の魔所・御浅嶽（青葉山）御浅明神の仕者。1743（寛保3）年刊の地誌『諸国里人談』によると、頭は人間で、首に赤い

ヒラヒラした鶏冠のようなものをまとい、身体は魚という。宝永年中（1704〜11）、乙見村（現・高浜町音海か）の漁師が、岩に横たわっているのを見つけ、櫂で打ち殺して海へ投げ入れた。すると、大風が起こって海鳴りが7日間止まず、30日ほどすると大地震が起きた。このとき、御浅嶽の麓から海辺までの地面が裂け、乙見村が裂け目に飲みこまれたのは御浅明神の祟りだとされた。

ビシャガツク

みぞれ雪の降る夜道を歩くと、背後でびしゃびしゃという足音が聞こえる怪異。柳田國男「妖怪名彙」では「阪井郡」（ママ）（現・あわら市・坂井市など）でのこととするが、本来は吉田郡松岡町（現・永平寺町）付近での語彙（『南越民俗』3）。丹後（京都府）でも類似の怪「ピシャどん」があり、振り返ると黒い小坊主のようなものが見えたというが、ビシャガツクは姿かたちをもたないようである。

人喰鵺

ヌエといえば、頭が猿、手足が虎、胴体が狸、尻尾が蛇の怪物を想起するが、赤崎浦（現・敦賀市）に棲息していたのは人を襲う怪鳥。浦人総出で神仏に祈願し、ようやく退治できたという。その祝いに、旧暦1月1日に神事始めと称して大日堂に参集し、鵺の体に擬した食べ物、二股大根（胴）・切昆布2枚（羽）・乾蕨2本（足）・大豆20粒と粢（内臓）を持ち寄り、直会を行うようになった（『敦賀郡神社誌』）。

疱瘡神

疱瘡（天然痘）を伝染させる疫病神の一種。『拾椎雑話』によると、永禄年中（1558〜70）若狭小浜の豪商・組屋の持ち船に乗って、老人が北国から組屋方に来訪した（「疱瘡守略縁起」では唐からの来訪とする）。老人＝疱瘡神は止宿の恩返しに、以後は組屋六郎左衛門と聞けば疱瘡は軽く済ませると約束して去ったという。同家では終戦直後まで疱瘡神の絵姿に「若狭小浜組屋六郎左衛門」と記した守札を授けており、関東地方では疱瘡神による組屋六郎左衛門宛て詫び証文が疱瘡除けの呪符として盛んに転写された。なお、越前では湯尾峠（現・南越前町）を訪れた疱瘡神から授かったという疱瘡除けの守札「孫嫡子」が峠の茶屋で配られていた。

ぼた餅化け物

1797（寛政9）年刊の地誌『東遊記後編』に載る。新庄村（現・鯖江市）の農家で、家人の口真似をする声が床下から聞こえてきたため、床板を剥がしたが何も見つからず、塞ぐとまた聞こえてきた。集まった村の若者たちが「お前は古狸か」と尋ねる

と、声は「違う」と答えた。狐、猫、鼬、河太郎、獺、鼯鼠いずれも違うと言う。「それなら、お前はぼた餅か」と聞くと「確かに、ぼた餅だ」と答えた。以後、ぼた餅化け物として評判になり、ひと月ほどでこの怪事は止んだという。

海盗児

高浜町での河童の呼び名。かつては7月30日が海盗児の来る日とされ、大人も子どもも尻を抜かれないよう、汐浴び（海水浴）を忌んだという（『高浜町誌』）。また、漁師が嵐で難破した際、海盗児に尻のものを取られそうになり、5日の猶予をもらって見逃してもらった話も伝わる（『若狭高浜むかしばなし』）。なお、京都府舞鶴市では、滝つぼに棲むアワビの化け物をミトジとよんでいる（『京都丹波・丹後の伝説』）。

みの虫

坂井郡春江村（現・坂井市）での怪異。雨夜の野道を歩いていると、笠からの雨の滴が、手で払っても払っても正面にぽたぽた落ち、次第にその数が増えて、目が眩まされてしまう。狸の仕業といい、明るい場所や大工・石屋にはつかないという（『南越民俗』2）。

モックリコックリ

雄島さん（坂井市にある神の島）と戦うため、大魚に姿を変えてやって来た得体の知れない何者か。一説に伝教大師に山を奪われた丹波の仙人という。一時、雄島さんを九分どおり海に沈める優勢にあったが、弓矢で目を射抜かれて死んだ。雄島大湊神社には夷賊撃退の伝承が伝わることから、モックリコックリとは蒙古高句麗であり、蒙古襲来の恐怖が妖怪に姿を変えたものであろう（『福井県の伝説』）。

轆轤首

抜ける首と伸びる首の2形態があり、越前・若狭では寝ている女の首が、本人の知らない間に抜け、さまよい歩く話がみられる。1663（寛文3）年刊『曾呂里物語』に載る「さはや（現・鯖江市か）」の路上に現れた女の首は、府中町（現・越前市）に住む女房の首で、彼女はその間のできごとを夢に見ていた。また1732（享保17）年刊『太平百物語』に載るのは、若狭国の士町（現・小浜市）か、水谷作之丞邸の高塀に現れた首が、実は邸内で寝ていた腰元の首だという話。これらはいわば百物語文芸であるが、1825（文政8）年刊、橘南谿の随筆『北窓瑣談』には、敦賀の商家で起きた実話が載る。商家の妻が呻き声で目が覚めたところ、下女の首が屏風に登り付き、少し登っては落ち、登っては落ちを繰り返すのを見たという。南谿は離魂病（夢遊病）の一種とみなしている。

キの神

地域の特徴

山梨県は日本列島のほぼ中央に位置し、海から隔絶された内陸県である。富士山や南アルプスといった高山を有し、平野部との標高差は約3,000mにも及ぶ。県央部の甲府盆地やその周辺では、山々に降り注いだ雨が急流となって注ぎ込み、たびたび水害に見舞われてきた。片や山腹の扇状地上においては、砂礫交じりの土壌が水を地下に浸透させ、干ばつに苦しんだ。

地理的にも変化に富んだ自然景観をみせる山梨県では、多様な生業が営まれてきた。県土の8割が山林であるという特徴により、林業をはじめとした森林資源や鉱物資源を活用した生業が盛んであったのは無論のこと、平野部や扇状地上では水田耕作や畑作が、河川や湖沼においては淡水漁業が、また富士信仰における御師など山岳信仰にまつわる生業も営まれてきた。

歴史的には、山梨県は旧甲斐国一国からなる。「甲斐」の語源は、「交ひ」であるとの説もある。山間地である甲斐国は閉ざされた地域とのイメージを持たれがちであるが、山々の間を縫うように延びる道はさまざまな交流をもたらした。近世には、江戸と甲州とを結ぶ甲州道中、駿河と結ぶ駿州往還、鎌倉往還、中道往還、青梅街道などが脇往還として周辺の国々とを結び、甲府盆地から駿河湾に向けて流れ下る富士川も、舟運による交通の大動脈であった。他地域との交流が盛んであったことから、県域の外周に近づくほど、祭礼などの風俗習慣においても周辺地域からの文化的影響や共通点を数多く見出すことができる。

伝承の特徴

周囲を山々に囲まれた山梨では、山に棲むとされた異人の話や、山にまつわる怪異、山中の池や淵にまつわる話が数多く伝えられている。山梨には富士山をはじめ、山岳信仰の拠点となってきた山々が多い。一方で、山

は生業の場でもある。甲斐国では、林業をはじめ焼畑、金山、狩猟など山の生業が盛んに行われてきた。燃料や食物、和紙の原料の採取など、山中に生業の基盤を置かずとも山との関わりが深い地域も多い。山にまつわる怪異の豊富さは、山を神聖視する観念とともに、山と人々との関わりの深さを示しているといえるだろう。また、山中の水辺の怪異からは、雨乞いなど水にまつわる祭祀との関連もうかがわせる。

　もう一つの特徴として、橋・村外れ・河原など境界における怪異の発生や、村外からの来訪者が怪異に関わったり、鎮めたりする話が多いことがあげられる。伝承からは、村内と村外とを隔てる境界に対する認識の強さ、あるいは道を通じて立ち現れる者・モノ、旅の宗教者などに対する注意力の強さをうかがわせる。山梨においては少なくとも近世以来、小正月の道祖神祭りが盛んに行われてきたが、祭りは現代においても村境や村人の紐帯が確認される機会となっている。これらは、道の結節点として多くの地域と交流をもってきた土地ならではの特徴といえるのではないだろうか。

主な妖怪たち

小豆洗い　甲府市新紺屋町（しんこんやまち）から愛宕町（あたごまち）に架かる将運橋（しょううんばし）は、深夜に通ると橋下で小豆を洗う音が聞こえたという。これを小豆洗いという。畳町（同じく甲府市）の橋の下にも出たという（『裏見寒話』）。

荏草の孫左衛門　荏草（えぐさ）（現・北杜市）の孫左衛門は、山中に数百年間棲む。白髪で強風や雲、雷を起こすが、村人の山仕事を手伝うこともあった（『裏見寒話』『須玉町史　民俗編』）。金ヶ嶽（かながたけ）の新左衛門も北杜市域の山中に数百年間棲む。鬼のような姿で風雨雷鳴を起こし飛行する。魔術にも通じ、天狗と交流するという。雨畑（あめはた）の仙翁は、身延町域の山中に棲み、身に木葉をまとい、目は碧く、白髪である。人には無害で、飛行することができる（『裏見寒話』）。

鬼（雷）　太田町（おおたまち）の一蓮寺（いちれんじ）（現・甲府市）には剛力な住職がいた。ある弔いの最中に、にわかに空が掻き曇って雷鳴が轟き暴風雨となった。黒雲はお堂の中まで下りてきて、激しい稲光とともに天蓋の上に雷が落ちた。雲の中からは大きな鬼の手が伸びて住職を摑（つか）み去ろうとしたが、剛力な住職は逆にその腕を摑み、雲の中から引き摺り下ろした。鬼は天に戻れなくなり泣いて命乞いをするので、住職は寺と檀家の家に決して

甲　信　地　方　141

落雷しないことを条件に許すことにした。鬼は掌に墨を塗り、そばにあった長柄の傘に手形を押して証文の代わりにした（『裏見寒話』）。

オモイ

富士北麓の大和田山にはオモイという魔物が棲む。オモイは人間の心を悟る力をもち、人をとって喰う。昔、樵夫の前にオモイが現れたとき、偶然にも木の破片が跳ねてオモイの眼をつぶした。オモイは「思うことよりも思わぬことの方が怖い」と言って逃げて行った（小野忠孝・土橋里木編『日本の民話8　上州・甲斐編』）。

河童

河口湖には河童が棲み、相撲を挑まれたとか、子どもを湖に引き摺り込もうとしたなどと伝えられる。水難事故や水害も河童の仕業ともされてきた。河童が悪戯の詫びに傷薬のつくり方を教え、その効き目から河童を神として祀るようになったとの伝承もある。河口湖では河童伝承を背景に、1947（昭和22）年に水難防止を願う「河童地蔵」も建立された。

藤井村の下條（現・韮崎市）にも河童が現れた。馬方（単に農家という場合も）の男が買い物から帰り、釜無川の河原で馬が一歩も進まなくなった。暴れる馬の尻尾には子どもに似た怪物がしがみついていた。馬方は怪物の手を切り落として帰った。その夜、家に釜無川の河童と名乗る者が訪れて悪戯を詫び、腕と引き換えに薬のつくり方を教えていった。馬方はそれを「下條の傷薬」として売り出し、大金持ちとなった（『裏見寒話』）。

キの神

キ（夔）の神は、山梨岡神社（現・笛吹市）に祀られている一本足の神である。ルーツは古代中国の地理書『山海経』に登場する怪獣で、海上の高山に棲み、移動に風雨を伴い、目は光を発し、声は雷のようだと記されている。江戸時代、儒学者である荻生徂徠が山梨岡神社の社にあった一本足の謎の木像を『山海経』のキと結びつけ（『峡中紀行』）、その後山梨岡神社の一本足の木像はキの神として信仰されるようになった。神社の由緒によれば、雷除けや魔除けの神として大奥や御三卿、旗本にまでも御札が差し出されたという。現在でも、鉄塔工事の関係者が落雷除けの祈願に訪れるという。

蜘蛛

樵のお爺さんが山奥の谷川の淵の岸で木を切っていた。一仕事終えたお爺さんが昼寝をしていると、淵から大きなクモが現れてお爺さんの草鞋に糸をかけて淵に戻っていった。それを何度も繰り返すうちに、糸は縄のように太くなった。目を覚ましたお爺さんは糸を不気味に

思い、近くの切株に掛けた。すると、糸が勢いよく引かれ、切株は淵に引き込まれていった（『甲斐の民話』）。

椹池の赤牛
（さわらいけのあかうし）

およそ400年前のこと、老婆の額に2本の角が生えた。老婆は手拭いを被って隠していたが、あるとき家族や村人に見られてしまった。老婆はその身を恥じて家を出て、甘利山の椹池（現・韮崎市）に身を投げて赤牛に化身し、池の主になった。天文年間、付近の領主であった甘利左衛門尉の子がこの池で釣りの最中に溺死したが、死骸が浮かばなかった。領主は村人に命じて周囲の椹の木を伐って池に投げ入れさせ、石や汚物も入れて池を埋めた。すると1頭の赤牛が飛び出し、さらに山奥の大笹池に走っていった。赤牛は大笹池には棲むことができず、野牛島の能蔵池（現・南アルプス市）に逃げて行ったが、果たしてそこに落ち着いたかどうかはわからない（『甲斐傳説集』）。

白蔵主
（はくぞうす）

夢山（現・甲府市）には多くの狐が棲んでいたが、猟師の弥作に狩られて年老いた親狐だけが残った。親狐は宝塔寺の住職で弥作の叔父にあたる白蔵主に化け、弥作に狩りをやめるよう説得した。一度は説得を受け入れた弥作だが、狩りをやめては立ち行かず、叔父に金をせびろうとする。それを知った親狐は本物の白蔵主を食い殺して成り代わり、50年余りを寺で過ごした。後に、白蔵主は犬に正体を見破られて喰い殺された。祟りを恐れた村人は、祠を建てて親狐を祀った（『絵本百物語』）。

化蟹

万力村（現・山梨市）の蟹沢の傍らに長源寺という寺があった。何代目かの住職の頃、一人の雲水僧が寺を訪れて住職に問答を仕掛けた。「両足八足、天を差す時如何」。雲水は、答えに困る住職の頭を如意棒で殴りつけて殺した。その後も新しい住職が次々と惨殺され、長源寺はついに無住寺になってしまった。あるとき、諸国を巡っていた法印が、化物退治のために寺に泊まると、夜半に怪僧が現れて例の問答を仕掛けてきた。法印が「汝は蟹なり！」と答えると、僧は大きな蟹となって逃げた。逃げる蟹の背に法印が独鈷を突き刺すと、蟹は息絶えた。長源寺に伝わる伝説では化蟹を千手観音の化身とし、死んだ蟹の甲羅の割目から千手観音が現れたとする（長源寺に伝わる伝説、『甲斐の民話』）。

狒狒

地蔵ヶ嶽（現・韮崎市、南アルプス市、北杜市）には狒狒が棲む。狒狒とは猿が500年生きたもの。身丈は7尺（210cm）ほどで、

目撃談によると裸で赤い髪をしており、鉄砲で腹を撃ち抜かれても生きていたという（『裏見寒話』）。

八王子山（現・甲府市）には、山の神の化身の金色の鹿が現れた。猟師が鉄砲を向けたところ、何者かに髪を摑まれ仰向けに倒されたという（『裏見寒話』）。

水の神

鶯宿村（現・笛吹市）の男が畑熊（現・市川三郷町）の岩桶の観音にお参りに行ったとき、淵の中から一人のお爺さんが現れて、けさん淵（現・甲府市）の娘に手紙を届けてくれと言うので預かった。途中、手紙を開けてみると「この男を取って食え」と書いてある。驚いて「この男に銭をたくさんくれろ」と書き換えた。けさん淵では美しい娘が現れた。手紙を読んだ娘は変な顔をしたが、淵の中から小判と甲金（甲州金）をたくさん持ってきて男にくれた。男はその金を持って逃げて帰り、大金持ちになった（『甲斐昔話集』）。

類似の話が、猿橋（現・大月市）と国玉の大橋（現・甲府市）を舞台に伝えられる。また、大橋の上で猿橋のことを言ったり、猿橋の上で大橋のことを話したりすると怪異が起こるともいわれていた（『裏見寒話』）。

ムジナ和尚

山城村（現・甲府市）に、鎌倉の建長寺からお坊さんがやってきた。犬嫌いのお坊さんのために、村中の犬は紐で繋がれた。宿では、屏風の陰に隠れて一人で食事をした。食事の後は、ご飯粒があたり一面に飛び散っていた。宿の主人が一筆頼んだが、書いてもらった字は達筆すぎて読めなかった。入浴後の風呂場は、壁から天井までお湯が飛び散っていた。お坊さんは、村を去る日に村はずれで野良犬に襲われて死んでしまった。翌朝、その亡骸は古ムジナに変わった。建長寺の縁の下に棲んでいたムジナが、お坊さんを喰い殺して化けていたのである（『甲斐の民話』）。

目だらけの化け物

玉諸村（現・甲府市）の三宮（玉諸神社）の西の方に大橋とよばれる橋があった。ある男が夜遅くにこの橋を通ると、子どもを抱いた女に出会った。女は、子どもの足袋の紐を結んでほしいと言った。男が紐を結ぶために子どもの着物の裾をまくると、子どもの身体は目だらけで、一斉に男を睨みつけた。男は驚いて逃げ出した。三宮まで逃げてくると、一人のお爺さんが境内を掃除していた。男がほっとしてさっきの出来事を話すと、お爺さんは急に自分の尻を

144

まくり上げた。お爺さんの身体も目だらけで、一斉に男を睨んだ。男は気絶してしまった（『甲斐の民話』、『甲府市史 民俗編』）。

柳の精

遠光寺村（現・甲府市）の農家の娘のところに夜な夜な通う若者があった。若者は、高畑村（現・甲府市）の柳の古木の精霊であった。柳は善光寺の棟木になることが決まった。若者は娘に、自分が伐られ運ばれていくとき、お前が音頭をとれば動き出そう、と言って姿を消した。翌日、柳は切り倒されたが、動かすことができず人々が困っていた。そこに恋人だった女がやってきて今謡をうたうと、柳はするすると動き出し、無事に棟木とすることができた。信玄公は善光寺の完成を喜び、また棟木と娘の因縁を聞き、彼女にたくさんの褒美を賜った（『甲斐の民話』）。

葦ヶ池の大蛇

笹子峠の麓の集落（現・大月市）に、お吉という娘がいた。お吉は若僧に恋をしたが、僧に拒否されたことを嘆いて池に身を投げた。お吉の怨念は毒蛇となり、村人を困らせるようになった。あるとき、旅の途中にあった親鸞は村人から話を聞き、石にお経を書いて池に投げ入れてお吉の魂を供養した（『吉窪美人鏡』『旅と伝説』）。

甲 信 地 方　145

薬缶ヅル

地域の特徴

長野県は大きく北信、東信、中信、南信の四つに分けて地域をよぶ。北信は善光寺平と飯山、東信は上田盆地と佐久地域、中信は松本平と安曇野、木曽谷、南信は諏訪盆地と伊那谷である。地勢として、日本アルプスはもとより、戸隠山、飯縄山、御岳山など信仰という面で名高い山も多い。

また、旧国名でいうと信濃国であるが、藩や天領ごとの結びつきが強く、廃藩置県当時、北信と東信は善光寺のある長野市を中心とした長野県、中信と南信は松本城のある松本市を中心とし、現在の岐阜県の一部を含んだ筑摩県だった。それが1876（明治9）年に再び合併して長野県となったという経緯があり、それ以降、心理的な隔たりが続いているといわれ、県議会で分県案が審議されたこともある。

そして、平成の大合併を経てなお、最も村の多い県である。その理由としては、山がちで各集落が離れており合併しても利便性が悪いからと説明されることが多い。しかしその一方で、集落や地域ごとの独立した文化が涵養されてきたともいえる。

さらに、長野県歌『信濃の国』に「信濃の国は十州に」と歌われるとおり、周囲を多くの県に接していることも特徴の一つである。その際に、県というくくりを超え、つないでいくものとして、いくつかの河川があげられよう。信濃川源流として東信に端を発する千曲川。松本と木曽の境に位置する鉢盛山から木曽谷を形成し、岐阜県へと流れていく木曽川。そしてなかでも、諏訪湖を源とする天竜川流域の南信、東三河（愛知県）、遠州（静岡県）は、県は異なるものの文化的なつながりが指摘され「三遠南信地域」と称されることもある。

伝承の特徴

「三遠南信」を物語る伝承としては、「早太郎」があげられる。オオカミ・

146

山犬の伝承は県内各地でも聞かれ、人間と山犬との身近でいて遠い交流を描く、「ムカエイヌ」「オクリイヌ」といった伝承もあるが、南信ではその山犬の血を引く「早太郎」が県境を股にかけて活躍する。また、「主な妖怪たち」の項で紹介した以外にも、県内各地の山を巨大な身体と強い力で造形したデーラボッチやデーランボーなどとよばれる巨人や鬼の話、母の犀竜とともに松本平をひらいた泉小太郎、神話に彩られた諏訪湖。さらに野尻湖、仁科三湖にもそれぞれ主が棲む。沼や池の主は多く蛇体で、村の娘と恋におちるが果たされず、その結果、災害をもたらすなど自然をモチーフとしたダイナミックな伝承が聞かれる。また、「鬼女紅葉」や大姥様と金太郎のように、文芸や芸能の影響をうけ、畏れられながらも地域を語る物語として現在のかたちになった伝承がある。また、例えばそれぞれが独立した存在である「八面大王」と「鬼女紅葉」は夫婦であったというように、伝承の複合もみられ、その結びつきの背景を考えることにおいて興味深い話もある。

主な妖怪たち

赤沼の河太郎

蓼科山のふもとで、現在は女神湖となっている場所にあった赤沼に住んでいた河童。11～12歳くらいの子どもの格好で「指引きまいろう」と誘う。それに応じて指を絡ませて引き合っているうちに池の中へ引き込む。あるとき、諏訪頼遠という力持ちが相手になった。馬でやってきた頼遠は馬上から河太郎の腕をつかむとそのまま馬を走らせた。1里ばかり行き、頭の水が乾いて死んだようになっていた河太郎は、命乞いをして今夜中にここを去ると約束した。すると翌日、赤池の水は一滴もなくなっていた。一方でその夜のうちに和田宿（現・長和町）の裏の山沢には池ができていたため、人々はこの池を夜の間の池とよんだ。この池にも河太郎は時々出たが、人を害することはなくなった（『北佐久郡口碑伝説集』）。また、赤沼は赤沼でも、諏訪市赤沼のはずれの茅葉が池に住む河童は牛馬を池に引っ張り込むので手を焼いていたが、立木様という諏訪の侍がこらしめに行き、悪さをしないと約束させたうえに、骨接ぎの仕方を聞き出して河童を放してやったという。

小豆とぎ

各地で聞かれる音の妖怪である。「ザクザク」や「シャキシャキ」に続けて「ザー」と流す音が続くこともある。アズ

キアライ、アズキザックリなどともいう。さまざまな水辺に出没するため、身近な怪異として多くの子どもを恐怖に陥れた。その正体は、狐やイタチ、あるいは「あずき婆」や「あずきとぎの女」というところもある。また、北佐久郡川辺村（現・小諸市）では白装束の荒神様が毎晩丑三つ時に出てきて「お米とぎやしょか、人とってくわしょか、しょきしょき」と独り言を言ってお米をといではこぼしを繰り返したので、井戸の水が白く濁っているという（『北佐久郡口碑伝説集』）。

鬼女紅葉

長野市戸隠と鬼無里にまたがる荒倉山に住んでいた女の鬼。元は都の人間だった紅葉は、呪詛の罪で戸隠に流された。当初は村人を助け敬われるが、ついには鬼になり悪事を働いた。そのため、都から派遣された、平維茂に退治される。このとき、維茂は上田市別所の北向観音から剣を授かっている。この伝承の成立には謡曲「紅葉狩」が影響を与えていると考えられる。というのも、謡曲は平維茂が山中で酒宴を開く美女の酌で酔いつぶれるが、その夢中で八幡神から剣を授けられ、正体を現した鬼神を倒すという筋立てで、これを下敷きにした説話がすでに、1730（享保15）年の『戸隠山大権現縁起』にもみられるからである。なお、紅葉が住んだ鬼の岩屋、洗顔をした化粧清水、墓とされる鬼の塚があるなど、紅葉の遺跡といわれるものが地域に点在する。

クダギツネ

人に憑き、害をなす獣。特に南信地方の報告が多い。クダショーともよぶ。ネズミとリスの間の子、小さな狐のようなものだといわれ、竹筒（管）の中に入れて持ち運ぶことができたという。憑かれた場合には、祈禱師を頼んだり、三峰神社の犬を借りて来て落とす。飼育すると金持ちになるともいうが、一方でそういう家は嫌われるなどと、村内で差別や争いの原因ともなった。諏訪郡原村では1819（文政2）年頃から被害が起こり、毎年多くの人が悩まされたという。管狐は、姿は見えないが小さい狐で、修験者や行者が飼い馴らして利用した。その祈禱の際に、管狐が行者の口を借りて「神のお告げ」として答える。また、人に乗り移って原因不明の病気を起こしたうえに、村の馬を11頭も死なせてしまった。そのため村では、藩に願書を提出し、京都の吉田家から災い除けのお札を迎えたという。1855（安政2）年にも管狐の障りがあったが、その後は平穏になった（『原村史』下）。

この他に獣の一種として存在すると考えられ、人に憑いて周囲を騒がせ

るものとして、「イズナ」や「オコジョ」がいる。「イズナ」は中信地方での報告が多く、馬にも憑くという。馬にイズナが憑くと、いつもと異なる草を食べ、よろけるように歩くようになる（『長野県史　民俗編』三-二）。そして、その背後にはイズナ使いとよばれる人々の存在があった。彼らはイズナを使役する反面、取り憑いたイズナを落とす役割を担っていた。

「オコジョ」は日本では本州中部地方以北の高地と北海道に生息するイタチ科の動物である。山の神の使いだから撃ってはならないとされ、また、人が来ても平気で、嫌な目をして人を見るという（『あしなか』68）。

玄蕃之丞狐
げんばんのじょうぎつね

塩尻市の桔梗（ききょう）が原（はら）に住む狐の頭領。玄蕃之丞は、大名行列や婚礼行列といった大掛かりな一行に化けるほか、毎年、村の人々を宴会に招待したともいう（『民族』1-6）。また、松本市赤木山の狐の親分である新左エ門は玄蕃之丞の家来であり、朝日村横出ヶ先にいたお夏という女狐は、玄蕃之丞に嫁入りしたというように、近隣の狐たちを多く従えていた。また、その狐たちが機関車に化けて本物と正面衝突し最期を遂げる「にせ汽車」とよばれる伝承もある。桔梗が原に鉄道が開通したのが1902（明治35）年。現在のJR篠ノ井線である。これは突如として現れた新奇な文化を地域の狐を通じて語る話であるといえよう。なお、塩尻市では夏に、狐をモチーフとした"塩尻玄蕃まつり"を開催している。

他にも、化かす狐としては坂城町の三吉狐、長野市信州新町の老狐おなかばあさん、佐久穂町雁明（かりあけ）のおくら狐、村に災難があると鳴く佐久市望月のすずかけ狐、お稲荷様のお使いで何か事があると「木やり」を唄い吉凶を教えてくれる木曽町福島のおまっしゃ狐といったような名のある狐がいて、日夜活躍していた。

常念坊

安曇野市堀金の多田井の酒屋には夕方になるときまって、一人の坊さんが小さいとっくりを持って酒を買いに来た。そのとっくりにはいくらでも酒が入ったという。その坊さんは常念岳の方に消えたので、人々は常念岳の主、常念坊だろうといった（『長野県史　民俗編』三-三）。常念坊は雪形として常念岳に現れ、春の農作業を開始する目安となる農事暦として現在でも話題になる伝承である。また、無限に入るとっくりを持って酒を買いに来る存在としては、他に小谷村千国や安曇野市豊科の暮れ市に現れた山姥や、中野市間山に娘に化けて来た弁天様、長野

市松代には小僧になって遣いに来る明徳寺の弥勒菩薩などの伝承がある。

八面大王

有明山のふもと安曇野市穂高宮城の魏式鬼窟（ぎしきのいわや）に住み人々を苦しめた鬼。将軍、坂上田村麻呂は八面大王と戦うが倒せない。そこで安曇野市穂高牧の満願寺の観音様の夢告げに従い、矢村に住む弥助から献上された三三ふしの山鳥の尾で作った矢を用いると、退治することができた（『長野県史　民俗編』3-3）。また、平安時代に実在した征夷大将軍、坂上田村麻呂に討伐されるという末路をたどった鬼は関東から東北地方まで広く分布しているが、実は朝廷の侵略に逆らった地方豪族だったといわれ、郷土の英雄とみなされることが多く、八面大王もそういった点で同類の伝承である。八面大王は死後、生き返らぬようにと、松本市筑摩神社には首、安曇野市の大王神社に胴体、といったように解体され、別々に葬られた。また、安曇野市内で耳が埋められた大塚神社のある地域は耳塚、足が埋められたところは立足という地名になった。

早太郎

遠州の府中という村では、氏神様の祭りに、娘を人身御供（ごくぶ）にしないといけなかった。あるとき、旅の六部が氏神様に泊まったところ、何者かが「信州信濃の光前寺、へぇぼう太郎に知らすなよ、ソレストトントントン」と言っているのを聞いた。そのために村人は、上伊那の光前寺にへぇぼう太郎を探しに来た。和尚は、山犬の子で寺で大切に育てていた早太郎のことではないかという。そこで村人は早太郎を連れていき、娘の代わりに神前に供えた。夜が明けて見に行くと、血の跡がついており、その先には銀色のヒヒがかみ殺されていた。一方で、早太郎は自力で光前寺に戻り、息絶えた。その後、府中の人たちが光前寺にお経を供えに来た。光前寺には今でもそのお経が残され、境内には早太郎の墓や銅像が建てられている（『長野県史　民俗編』2-3）。

薬缶ヅル

夜遅くに森を通ると木の上から薬缶が下りてくる（『民間伝承』）。その他に、際立った現象は起こらない。

山姥

山に住む女性を指す妖怪。県内でも「山姥が出るぞ」と子供をおどかす際の常とう句として用いられることをはじめとして、昔話の「牛方山姥」や「山姥の麻積」に地名を組み込んで語られるものもあるが、その土地と分かちがたく結びついている伝承としてここで紹介するのは、長野市中条の虫倉山の大姥様、大町市八坂の大姥山の大姥様である。虫倉山では昔、峰にのぼりが立つのが見えると、これを見て「大姥様に孫

ができたしるしだ」といった。また、天気の変わり目には大姥様が山中を駆け回る姿が見えたというし、雨ごいを頼むと大姥様が一人でやってくれて山に太鼓の音などが聞こえたそうだ（『長野県史　民俗編』3-3）。また、いずれも金太郎、つまり源頼光の家来として、大江山の酒呑童子退治などでも活躍する坂田金時の母であり、山中で金太郎とともに過ごしたとされ、子どもの神様として祀られている。近世には、浄瑠璃や歌舞伎といった芸能や浮世絵や絵本の題材として足柄山の金太郎とその母の山姥という関係が人気を博し定着していた。金太郎自身も怪力を発揮した伝承が伝わる不思議な童子である。大姥山の大姥様が金時を出産したときには岩屋の前に金襴の帯などがかかった。女の人たちが見に行くと、血の雨が降ったという（『北安曇郡郷土誌稿』第七輯）。また、南木曽町の南木曽岳の山姥にも金時を育てた伝承があることや、八坂の大姥様は紅葉鬼人ともいい、前述の荒倉山の「鬼女紅葉」を連想させ、有明山の「八面大王」と夫婦だといわれるということをあわせると、修験の山という共通点が浮かび上がり、伝承の運搬者として山々を巡る鉄や銅と関わる修験者たちの存在があるのではないかという見方がある。

口裂け女

地域の特徴

 本州のほぼ中央に位置する岐阜は、海にまったく面しておらず、山が深く山林の占める割合が高い県である。旧国名では美濃とよばれる南部地域には、濃尾平野が広がり大河川が流れこんでいる。かつては頻繁に水害にみまわれたため、輪中集落が多数営なまれた。北部の飛騨にはまとまった平地が高山盆地のみであり、河川沿いの谷に小規模集落が連なっている。このように県の南北で対照的な地勢は「飛山濃水」と表現される。
 美濃は古来東西の勢力が衝突する地であり、時に壬申の乱、関ヶ原の合戦など大きな戦の場にもなる東西交通の要衝であった。一方、飛騨は「飛騨の匠」の伝承からもわかるように森林資源と木材加工に依存する典型的な山国である。

伝承の特徴

 南北で対照的な地理的環境は、妖怪伝承にも影響を与えている。例えば水害の多かった美濃には、洪水の前兆としてどこからか「やろか、やろか」と声が聞こえてくる「ヤロカ水」の伝承があるほか、輪中集落で川の見張りをしていた老婆が太鼓を叩きながら洪水に流され、そのときできた池から太鼓の音が聞こえてくるというような過去の水害に関わる伝承が残されている。北部の山岳地帯には「狗賓」という別名でもよばれる「天狗」の伝承が多く認められ、彼らが木を伐る音をさせる話が目立つ。また、山での生活は動物たちとの距離が近いためか、路傍や山中で奇妙な出来事が起こっても、その原因者は個別の妖怪として特に名付けられることなく、人に化けたり化かしたりした犯人は狐狸やカワウソだろうと説明されて終わることも多い。そうした事例の中には、6人の小坊主が乗った「まことに小さい車」と描写される自動車を運転する狐に化かされた話などもあり、妖怪が現代化する過程をうかがうこともできる（『現代民話考』3）。

152

江馬修らが結成した飛騨考古土俗学会の機関誌『ひだびと』のページをめくると、そこには「両面宿儺」の話をはじめ興味深い伝承が報告されている。また、同誌にも寄稿していた登山家で郷土史家の代情山彦も、山にまつわる不思議な伝説・怪異譚を多く書き残している。自治体史や民俗調査の報告書類も比較的充実しており、関連資料は豊富である。

主な妖怪たち

口裂け女

夕闇の淋しい町で、いきなり女の人に呼びとめられ、「私、きれい？」と質問を投げかけられる。

そこで、「きれいです」と答えると、彼女は「これでも？」と顔の下半分を隠していたマスクをはずして質問を重ねてくる。どういうわけかと彼女を見やると、その口は耳のあたりまで大きく裂けているではないか。

1978～80年にかけて日本各地を駆け巡り、当時の少年少女を震えあがらせた「口裂け女」は、無数のバリエーションを生んでいるが、だいたいはこうした怪しい女性と遭遇したときにはどうすればいいかという噂話として語られる。後に「都市伝説」の古典となるこの話が最も早く記録されたのは、岐阜県下でのことであったとされている。最初期の1978（昭和53）年10月頃、子どもが怖れ登校するのを嫌がる「口裂け女」というものは実在するのかとの問い合わせが、岐阜市の鏡派出所に殺到したことを報じる新聞記事が残されているそうだ。また同年の12月、加茂郡八百津町で記録された噂は、先にあげた定番の話とはかなり違っていて、夜、屋外の便所に行こうとしていた農家のお婆さんが不審な人影を見つけ近づいてみたら、耳まで口が裂けた女だったというだけのものである。「口裂け女」の噂の発生源を求めて現地取材を行った朝倉喬司によると、このお婆さんがショック死したという尾ひれのついたデマも美濃加茂市あたりに流布していたという（『うわさの本』『謎解き超常現象』Ⅳ）。

首捜し火

「美濃の蝮」とよばれた戦国時代の梟雄・斎藤道三は、1556（弘治2）年、岐阜市の鷺山城で嫡子義龍に討たれ最期をとげた。この鷺山の頂上には、斬られたみずからの首を捜す道三の「首捜し火」が出たという（『稲葉郡志』）。首と胴が別々にされたために彼の亡魂は火の玉となり、胴を埋めてある道三塚から出て首を捜しまわったとの別伝もある（『岐阜市鷺山史誌』）。本巣市文殊にも、船木山から文殊に

東海地方　153

かけて飛行する「首探しの火」の話が伝えられている。こちらは戦いに敗れ首をとられた文殊の城主のために、その臣下が首を探しているという話になっている（『本巣町史』通史編）。

サルトラヘビ

郡上市と関市にまたがる高賀山（こうが）に昔、魔物がいた。里を荒らし、女子どもをさらい、夏に雪を降らせたりして、魔物は人々を苦しめた。帝の命を受け魔物退治にやってきた藤原高光は、高賀山麓に神社を建て、無事退治ができるよう祈りを捧げた。神は高光の夢に「瓢の中の動かぬものをうて」とお告げを下した。高光は瓢ヶ岳で発見した大ヒョウタンに矢を射かけた。射られた化け物は絶命し、その姿は、頭が猿、身体は虎、しっぽは蛇というものであった（『洞戸村史（ほらど）』上）。この怪物は「鵺（ぬえ）」の伝承が地方に伝わって定着したものであろう。高光が退治したのは「鬼」だとする別伝もあり、その首とされるものが、郡上市和良町（わら）の念興寺（ねんこう）に残されている。一対の角のあるこの頭蓋骨は、江戸時代中期に現在の郡上市美並町（みなみ）粥川地区の粥川太郎衛門がこの寺に納めたものと伝えられている（『石川県白山自然保護センター研究報告』1）。

背くらべ

美濃地域に伝わる大入道タイプの一種と思しき妖怪。夕方の麦畑には「背くらべ」がいて、子どもと背くらべをする。関市洞戸地区では、背が低い子を取って食べる（『常民』24）。郡上市美並町では、麦の穂が出る5月末から6月にかけて現れ、子どもの背の高さに合わせて大きくなり子どもをさらっていくという（『美並村史』通史編 下）。郡上市和良町では、くらべた結果どちらの背が高いかには関係なく子どもを連れて行く（『和良の民俗』）。伝承の細部に差はあるが、どの地域でも夕方や夜遅くまで外で遊ばないように子どもを脅かし戒めるため語られたようである。美並村には、夜子どもが外に出ていたら「背高坊主」が背くらべに連れて行くと名称の異なるお化けの話も伝えられている。「背くらべ」が背の高い坊主のお化けに置き換え可能なことから考えると、子どもの背の高さに合わせて大きくなるという要素は、各地に伝わる見上げるほど背丈が伸びる大入道などの妖怪に由来するものだろう。実際、和良町にも狸が人を化かしたときに「目の前に大きな人が立っていた。見ているとだんだん大きく」なったという話がある（『和良の民俗』）。

つし婆

「つし婆さ」ともいう。郡上市美並町では、萱葺の家のつし（厨子2階（つし）。天井の低い2階部分）には「つし婆」が出ると子

どもをおどした。丸坊主で大きな目がひとつ、皿のような口があるという（『美並村史』通史編　下）。下呂市馬瀬（げろ　まぜ）では、子どもが悪いことをしたらツシゴから「ツシ婆」が降りてきて連れて行くぞ、と言った（『馬瀬村の古里のはなし』1）。日本のあちこちにみられる、老婆の姿をしていて、納戸や2階などの奥まったところにいる家屋の精霊の一種であろう。

ツルベオドシ

1914（大正3）年、『東京人類学会雑誌』29-6掲載の小川栄一による「美濃国に行わるる崇拝」という記事のなかで、揖斐郡に伝わる「ツルベオドシ」の話が報告された。道端の古木の上に住んでいて、悪人が下を通ったら樹上から大きな釣瓶（つるべ）を下ろし、その人を引き上げて食うものだが、すでに忘却された存在として紹介されている。同年の6月、柳田國男たちが刊行していた雑誌『郷土研究』2-4の誌上で、和歌山県の森彦太郎が「釣瓶オロシ」「釣瓶オトシ」について情報の提供を求めたのに対し、柳田は小川の記事を引いて回答している。そうした誌上でのやりとりが、柳田たちがこの型の妖怪に興味を抱く契機となったようだ。

美濃にはこのタイプの仲間の伝承が比較的多く残っており、それぞれに少しずつ異なる内容で語られている。揖斐川町では木の上から「つるべおとし」がにわかに釣瓶を落としてよこすといった（『季刊自然と文化』1984年秋季号）。小津垂井町宮代では、夜、金毘羅宮の境内にある椎の大木から狸が「つるべおけ」を下げたという。これに出くわしたある人はふらふらと自分から桶に乗ってしまい、朝まで上げたり下ろしたりされたそうである（『ふるさと宮代ものがたり』）。海津市あたりにも「たぬきのつるべおどし」という語があり、名前のとおりその怪は狸の仕業だと考えられていた（『海津町史』民俗編、『岐阜県輪中地区民俗資料報告書』3）。羽島市桑原町では、暗闇で高い木から藤の蔓のようなものが一気に落ちてくるような怪奇なことを「釣瓶落し」という（『桑原町誌』）。池田町八幡では、ある屋敷の樫の木の下を通ると「ツルー、ツル、ツルー」と釣瓶のような音がして上に何かいるような気がすると語られ、釣瓶は視認されず音と気配で体感される怪になっている（『ふるさとやわた』）。

ノヅチ

日本各地に伝わるUMA（未確認生物）「ツチノコ」の仲間は、『想山著聞奇集』に「飛騨加賀若狭其他西国九州に、野槌というもの有りて蚰蛇（ぜんじゃ）の如き種」で身体がはなはだ短いものだとあるとおり、

県下にも伝承が残されている（『飛騨の鳥』）。高山市高根町、揖斐川町では「ヨコヅチ」（『高根村史』『徳山村史』）、関市板取では「ツチヘビ」（『虎杖夜話』）の異名でよばれる。住広造の「飛騨の野筒」（『土俗と伝説』1-1）には「山に行くと「のづち」がいて、人の行く先を上下左右自由自在に追っかける」、直径が30cmほど、長さ60cmほどの頭も尾もないもので、山に行くとこれが出るというのだが、実際に見たことはないとある。代情山彦は幼少の頃、高山市の城山公園から大隆寺へいたる山道には「のつち」という蛇がいるから子どもは一人で行くなといわれたが、どんなものかについて説明はなかったし、実際に目撃したという人もいなかったと書いている（『代情山彦著作集』）。郡上市八幡町のある学校で、「槌（つち）」が出るという噂が広がったことがある。夜になるとトントントンと槌の転がる音がするので、学校に泊まった職員が寝られないというのだ。また、ある職員は天井から頭の上に「槌」が下がってきたのに驚き、押し入れに飛び込みそこで夜明かししたのだとか。郡上市八幡町の西和良地区では、山道などの淋しいところに「ツチヘビ」が出るというので、学校に出る「槌」もそうした伝承から生じたバリエーションに違いない（『郡上八幡町史』）。

緑色の塊

米軍機墜落事故の原因として、事故現場に近い乗鞍岳あたりで語られていた怪物体。1955（昭和30）年頃のこと、新潟を出発して北アルプスの稜線に沿い南下していた飛行機に向かって「緑色をした得体の知れぬ気球のような塊」が突進して来た。操縦していた軍曹はこれを避けようとしたが台風のような激しさでぶつかられ、飛行機は墜落してしまった。「墜落の瞬間、衝突した塊の中で躍り狂っていた怪物やほかにいろいろと見たように思うのですが、それが一体なんであったかわかりません」とパイロットは証言したそうだ（『代情山彦著作集』）。まるで空飛ぶ円盤の目撃談のような奇妙な話である。

雪入道

郡上市八幡町の和良地区では、雪の降った朝、雪の上に大きな足跡があるのを見つけた場合、それは「雪入道」の仕業だと考えた。柳田國男が「一目小僧」で、雪の降る明け方には目が一つで足が1本の大入道が出ることがあると、高山市の住広造からの報告を引いているのも、おそらくは雪上に残った一本足の痕跡らしき窪みからの想像によるものであろう（『和良の民俗』『一目小僧その他』）。郡上市大和町では雪の激しく降る夜に家をつぶすものだとされており、その被害についての伝

承がある（『大和町史』通史編 下）。この妖怪は「ユキノドー」と訛った名称で語られることもあり、揖斐川町徳山など奥美濃では、雪の日に女に化けて出たり、雪玉の形で現れたりもする。女の姿になること、水をくれと言われても熱いお茶を出すという対処方法が伝わっていることなどから考えると、いわゆる雪女のような雪の日に現れる女性の妖怪と混同されているらしい（『山と人と生活』『旅と伝説』13-5）。さらに名前がくずれてしまったものに「雪の像」がある。これも徳山に伝わっていた話である。100年も150年も昔のことらしい。旧正月7日、ある村のお宮で、特になんの理由もないのにかがり火を焚いて踊りをしていた。村から7人の若者が踊りに出たのだが、彼らは途中で泡雪崩にあって全滅してしまったという。これは「雪の像」の仕業だと人々は言ったそうだ。足跡を残す一つ目一本足の怪物、雪中の女性妖怪、雪害の原因者などさまざまな雪の精霊が混同され、少しずつ訛った異なる名でよばれているようである。

両面宿儺（りょうめんすくな）

　　　　『日本書紀』の仁徳天皇65年にこのような記述がある。「飛騨国にひとりの人物があった。宿儺という。その人となりは、一つの胴に顔が二つあって、それぞれ反対を向いている。頭頂部がくっついていてうなじはない。胴にはそれぞれ手足がある。膝はあるが脚のくぼみと踵はない。力は強く、身軽で敏捷。左右に剣を持ち、4本の手で弓矢を引く。天皇の命に随わず、人民から掠奪して楽しんでいた。そこで、和珥臣（わにのおみ）の祖、難波根子武振熊（なにわのねこたけふるくま）を派遣して征伐した」

　宿儺が出現した高山市丹生川町の洞窟「両面窟」、宿儺の乗った天船が降りた高山市の位山、宿儺が毒龍退治をした関市の高沢山など、古くからの街道沿いには、この不思議な人物に関わる伝承が点在している。そこで語られたり、近世の文献に記されたりしている「両面宿儺」は鬼神扱いされることもあるが、そのすべてが『日本書紀』に描かれるような反逆者とされているわけではない。千光寺などの寺院を開いたとされたり、鬼退治の英雄とされたりすることもある。その異形が創作意欲を刺激するせいか、千光寺（円空作と伝えられる）、善久寺などに宿儺像が残されている（『飛騨国大野郡史』上、『伝説に歴史を読む』ほか）だけでなく、現代では伝奇的な小説やマンガに登場することもある。正体、モデルとなった存在については、医学的な畸型とする仮説をはじめ、大和朝廷に征服された飛騨の王、地元の豪族、産鉄民などいろいろな解釈がなされている。

東海地方　157

波小僧

地域の特徴

静岡県は、西から遠江、駿河、伊豆の旧三国からなる、駿河湾の周囲を囲む県である。東西に長いだけではなく、南北にも山梨県や長野県にくい込むように延びている。旧遠江は三河・尾張の影響を受け、旧駿河は独立気風が強く、駿河の東部と旧伊豆は江戸に関心が強いといわれてきた。

また、静岡県は山海の幸に恵まれ温暖な気候から住みやすい場所とみられるが、実際は、山地のすそ野に広がる扇状地の耕作地は狭く、冬場は駿河湾の西風が強すぎるため漁には向かなかった。険しい山地を起点とする河川は丘陵地で土砂災害を、狭い平野部で氾濫をくり返し、富士山など火山の存在によって噴火や地震の危険にさらされてきた。

しかしながら、自然環境は厳しくても東海道の3分の1は静岡県内であり、多くの旅人を迎えてきた実績が、平均的で開放的な県民性を生んだ。同時に、南北にも街道や舟運に適した河川が延び、近世までは海上交通も盛んであったから海洋側にも開かれていた。このような地勢が、寛容で楽観的な態度につながっていると考えられる。

伝承の特徴

関西と関東の中間に位置する静岡県の伝統的景観は関東寄りである。個々の家は広い敷地を槙などの生け垣で囲み独立していて、夏の日差しを避けるため屋根瓦は黒く庇が長い。ほとんどの地域が江戸時代に幕領か旗本領、徳川家ゆかりの大名家の所領だった影響もあるだろう。海辺の景観は白砂青松ではなく、山地から運ばれてきた灰褐色の砂地に覆われている。

しかし、県東端の伊豆半島は海洋側に開かれ、紀伊半島、遠くは糸満の人々が黒潮にのって運んできた漁法などの民俗文化を受け継いでいる。さらに、伊豆で獲れた魚介類は加工され山梨県まで送られたことが、甲斐伝

統食の塩カツオ、煮貝などからわかる。磐田市見付天神のヒヒ退治伝説では、信州駒ヶ根の霊犬悉平太郎（早太郎）の活躍が語られ、遠江と信濃（長野県）との秋葉街道や天竜川水運を通した長年にわたる南北の交流をうかがわせる。信州諏訪湖と遠州桜ヶ池が通じ合っているという伝承もまた同様である。東海道を通じて東西にも人や物資が移動した。静岡県はひとつのかたまりとして考えるよりも、東西南北の文化・民俗が交わり徐々に変化していく緩衝地帯といえる。

　怪異伝承も、全国に分布するような伝承は東日本寄りの性質が強い。しかしながら、例えば伊東や河津の赤牛退治など、牛にまつわる伝承が多い点は西日本の特徴である。遠江から駿河や甲斐・信濃にかけて、駿河から伊豆や相模・甲斐にかけて類似した伝承が広がる。駿河湾岸沿い、街道沿いに類似した伝承を見出す場合もある。怪異伝承もその他の民俗と同様、県内は境界をもたない緩衝地帯であるととらえることができる。

主な妖怪たち

送り鼬（いたち）　夜間歩く者の後を付いてくる怪異。草履を投げると付いてこない（『郷土研究』2-7）。全国に分布する送り狼（山犬）と同じ伝承であると考えられる。送り狼の伝承は榛原郡や御前崎市など県西部に分布している（『静岡県伝説昔話集』）。だが、元は「ベトベトさん」（奈良県）や「ビシャがつく」（北陸地方）などと同じで、足音のみの怪異だった可能性もある。

火車（かしゃ）　猫が年を経たもの。猫は死体を盗むと考えられ、葬式の際は猫を嫌った。東部から伊豆半島にかけて分布する伝承。駿東郡安養寺の住職が長年飼っていた猫は、江戸で死んだ西国の大名の遺体を箱根山で盗み住職に経をあげさせて、その経で遺体が戻ったかのようにみせ、住職に山ほどの礼をもたらした。猫から住職への返礼だった。松崎町の浄泉寺住職、三河澄隆は葬式の知らせがあっても将棋をさしていて動かず、今自分が打っている駒で死体が火車にさらわれないよう押さえているのだと言う。死者の臀部には確かに駒の跡がついていた。伊豆では、猫が死体を盗まないように、刃物を死体のそばや上に置くという習慣がある（『静岡県昔話伝説集』）。松崎町では猫が死体をまたぐと死者が起き上がると考えられ、目籠を遺体の頭の近くに置いたり、箒（ほうき）を遺体の上や部屋の中に置

東海地方　159

いたりした（『静岡県史』資料編23民俗1）。

じょうど様

浜名郡芳川村（現・浜松市）に祀られる祠。道端の瓜を盗んで食べた浪人は、下男が口外しないよう殺してかまどに投げ込む。下男の母親が息子の死体を見つけ金火箸で息子の頭を突き刺し芳川へ行き、悪いことをして殺されたなら川を下れ、咎がなくて殺されたなら上に流れろと言うと、頭は川上へずんずん上っていく。母親はそれだけの魂があるならきっと仇を取れと言う。それから毎晩、たらいほどもある火の玉が村中を転がり浪人の家へ上って消えた。浪人の家が絶えた後も村ではこの下人を「じょうど様」として祀っているが、祭に花火や余興を行わないと村に悪病が流行するとされる。同郡では、無念の死を遂げた者が怪火となって現れる「白羽火」「八十松火」も伝わる（『静岡県伝説昔話集』）。

白坊主

芝川町（現・富士宮市）の白鳥山に生息しているという妖怪で、見ると災難に遭うとされる。どんどん焼きをしていたら山から白坊主が「ほーい、ほーい」としきりに呼ぶので気味悪くなりやめた。また翌年もどんどん焼きを始めると同じように白坊主が呼ぶので、以来どんどん焼きをしないようになった。大鏡山にも白坊主が出たという（『静岡県伝説昔話集』）。西日本で変事の前兆とされたオラビ（声）と同じ、不吉なことの前兆として聞こえてくる声の怪異。

千年もぐら

1858（安政5）年頃、富士郡（現・富士宮市）に端を発したコレラの流行の原因とされた異獣。人に取り憑いて病気の原因となる、管狐の一種「アメリカ狐」と考えられた。1853（嘉永6）年のアメリカ艦隊江戸湾侵入に始まる異国との対峙や、安政大震災などの天変地異に日本人の恐怖は膨張していき、このような異獣が生み出された。1859（安政6）年8月10日、川尻村（現・神奈川県相模原市）で、大きさは猫、馬の顔をして胴には毛が生え足は人の赤ん坊のような異獣が現れ、13日には蒲原宿（現・静岡市）でも同じ異獣が見つかり、千年もぐらとよばれた。異国のまわし者が、この狐を数千匹、船に載せてきて海辺に放したとの噂も流れた（『静岡県史』別編Ⅰ民俗文化史）。

ダイダラボッチ

遠くから土を運んで山をつくろうとした巨人。富士山より西側では山をつくる話、東側では山を運ぶ話に主旨が変わる。ダイダラボッチの活動する時間は夜間とされる。榛原

郡上川根村（現・川根本町）に、昔ダイダラボッチという非常に大きい人がいた。千頭付近に富士山のように高い山をつくろうとし、もっこに小山ぐらいずつ土を載せてかつぎ千頭郷平まで来た。しかし、夜明け近く女の人が歌いながら仕事を始めたので、驚いて土を載せたもっこをそのまま投げ出して逃げていった。その土が郷平の二つの丘である。また、ダイダラボッチが大井川を一跨ぎして川の水を飲み干したので、遠州と駿河の山の上にその足跡が残っており、どちらも足窪と名付けられている（『静岡県伝説昔話集』）。

狸和尚　　狸（もしくはムジナ）が鎌倉建長寺の僧に化けて絵や書を残していくという伝承。名主のもとに鎌倉建長寺の貫主一行が訪れ宿を願い出る。名主は光栄に思いできる限りのもてなしを施す。貫主は犬嫌いだから犬を入れず、また、食事は一人で取る。貫主は礼にみごとな鹿の絵を描いて名主に贈り、翌朝一行はていねいなあいさつを残して名主宅を発った。その後も各地を泊まり歩き接待を受けた貫主一行が、ある渡し場にさしかかったとき、1匹の白い犬が貫主の駕籠に襲いかかり、貫主ののどぶえに食いついて引きずり出した。貫主の体は、いつの間にか大狸の姿に変わっていた。貫主のみごとな絵は、狸の描いた鹿の絵ということでいっそう評判が高くなった（『伊豆の民話』）。

類似した伝承は、伊豆半島沿岸、山梨県内も含めた富士川沿い、安倍川沿いを中心に分布し、隣の神奈川県にも津久井辺に伝わっている。松浦静山の『甲子夜話』は1824（文政7）年頃、中山道板橋宿（現・東京都板橋区）でのできごと、指田摂津藤詮の日記『指田日記』は天明年間（1781～88）に母が狸和尚を見たという記事として取り上げている。

天狗　　県内全域に天狗の伝承はあり、赤い顔で鼻が高く修験者と同様の装束を身につけたイメージがもたれている。多くは霊場や修験道のメッカ（だった山）に生息している。火難除けで知られる春野町秋葉山の大天狗・三尺坊が有名。三尺坊は信州戸隠（現・長野県）で修行したという。安倍郡（現・静岡市）の酒屋、池田屋の主人は強欲で人を苦しめた。ある夕方、2軒隣の屋根に火事を見て家を飛び出し行方不明になった。宗小路山の頂上で発見されたときには人間業ではできない方法で松の木に縛りつけられ、歯も髪も舌も天狗に抜きとられていた（『静岡県昔話伝説集』）。韮山村（現・伊豆の国市）国清寺の小坊主・一兆は天狗にさらわれ

天狗になれと言われたが、得意の独楽まわしで天狗を負かし寺に戻る。懐の天狗から取りあげた独楽はキノコに変わっていた（『伊豆の民話』）。裾野市須山の小枕に愛鷹神社の小さな祠があって、その近くにあった炭焼き小屋に現れた天狗は、毛むくじゃらの小僧のような怪物だった（『史話と伝説』駿東の巻）。

　川に現れる天狗もいる。富士川はしばしば洪水を起こし、水が引くと川原に流れ着いた流木をよく拾いに行った。川原に下りていくとガヤガヤ人の声のような音がする。ふり返っても誰もいない。流木を集めて上る途中にもガヤガヤ聞こえるが誰もいない。これを川天狗の仕業だと言った（『ふるさと富士川第2集　むかしばなし・伝説』）。このような例は、伊豆の海辺に現れる音声の怪異「船倉ボーコ」にも似る。浜辺で賑やかな声がするが、出て行っても誰もいない（『静岡県史』資料編23民俗1）。

波小僧　　日本各地に伝承される河童の話は、静岡県内各所にも残されている。県西部の浜松では波小僧とよばれ、にぎりこぶしほどの小さな子どもの姿をしている。浜松市南部の伝承では、海に住む波小僧が大雨に浮かれ陸地に流されてしまう。波小僧が困っていたところを助けてくれた母子に、礼として波の音で天候を知らせてくれた（『遠江・駿河の民話』）。また、波小僧の起源は、行基が田植えをさせた、あるいは、弘法大師がイノシシ除けにした、秋葉神社建築を手伝わせたなどという藁人形が捨てられ、遠州灘で波小僧になったと伝えられる（『静岡県史』資料編25民俗3）。波小僧は元が藁人形なので、海にいて波の音で天候を知らせ、豊作を保証するとも考えられた（『民間伝承』13-8）。このような起源は、左甚五郎に使役された藁人形がいらなくなって捨てられ河童になったという河童起源譚に類似している。直接河童起源譚と結びつく伝承ではないが、県東部沼津市の赤野観音堂は、左甚五郎が藁人形に三日三晩でつくらせたと伝えられる（『日本民俗学』146）。

目一つ小僧　　　　事八日の節供に訪れる一つ目一本足の妖怪。山から下りてきて人々に災厄をなすと考えられた。地域により、その伝承がさまざまな行事や禁忌などと関連する。例えば、大岡村（現・沼津市）では、目一つ小僧の日に、その年に手を入れたり剪定したりしたい樹木に小さく切れ目を入れておくと、その木が絶対に枯れることはないという。伊豆地方では12月8日の節供に目一つ小僧が来て、その家の者

の運（あるいは、子どもの悪事などともいう）を帳面に記し道祖神（もしくはサイノカミ）に預けていく。2月8日に道祖神のところに戻り帳面はどうしたか聞くと、道祖神は子どもが焼いてしまったと答え家の者を守ってくれる（『旅と伝説』6-9）。また、熱海市では目一つ小僧は天狗の山の神だとも考えられ、「大寒小寒山から小僧がやってきた」と子どもが歌った。帳面を書き込むのは目一つ小僧の役割ではなく道祖神だと伝える地区もある（『静岡県史』資料編23民俗1）。目一つ小僧の帳面と道祖神の伝承は、東部富士川以東から伊豆半島に分布している。

おとら狐

地域の特徴

　愛知県は本州のほぼ中央、中部地方の南部にある。長野県と接する東北部一帯は木曾山脈に属する山地におおわれている。そこを起点として西部から南部にかけて濃尾平野と三河平野が開けており、木曾川流域、矢作川流域、豊川・天竜川流域といった豊富な水系を有している。さらに、知多・渥美の両半島は、伊勢湾、三河湾を抱えて太平洋の黒潮に突出し、付近には小島が点在している。古くは、尾張・三河の2国に分かれていた。江戸時代には、尾張は徳川家が治め、三河は小藩、旗本領が多くみられた。各藩が競って藩校を設立し、学問を奨励したため、勤勉で堅実な県民性が育まれた。廃藩置県を経て1872（明治5）年に愛知県としてひとつに併合された。

　豊かな水と肥沃な土地をもち、綿・染物・焼物・味噌といった産業や野菜王国とよばれるほど多様な農産物を産出し、これらは海上交通によって諸国へ運ばれた。特に幕末の尾張において高い生産段階に達し、この力が近代産業を成長させる基盤ともなり、中部圏の中枢地域としての役割を担ってきた。本州の中央部に位置することから、東と西の文化の接触する地域であり、民俗においても、東西の影響を受け、その接点ともなっているとされる。

　県内には熱田神宮や、多くの特殊神事が行われる神社がある。さらに棒の手や花祭などの芸能が豊かに伝承されている地域でもある。

伝承の特徴

　本州の東西をむすぶ位置にあり、東海道のような大きな街道が通っていることから、後醍醐天皇の孫とされる尹良親王（ゆきよし）や、『伊勢物語』東下りの段の三河八橋に来たという在原業平、浄瑠璃姫や熊坂長範の伝承に関わる源義経などの貴種流離譚、平治の乱で東国に逃れる途中に身を寄せた野間

で落命した源義朝や東三河に侵攻した武田信玄・勝頼など歴史に名を残した人々のゆかりの地がある。さらに、織田信長・豊臣秀吉・徳川家康の三英傑を輩出した地域であり、彼らや家臣にまつわる伝承が多くある。

また、県内は山地、平野だけでなく、豊富な水系を有し、さらに海にも面している。そのため、狐や狸、山犬といった山地・平野に関するもの、河童、蛇などの水に関するもの、大だこや人魚を食べた八百比丘尼といった海に関するものなど、多様な伝承が残っている。

主な妖怪たち

岡崎の化け猫

十二単を着た老女の姿で現れた、人を食う化け猫。鍋島、有馬と並び、日本三大化け猫のひとつとされるが、実際は四世鶴屋南北による歌舞伎脚本として書かれ、1827（文政10）年、江戸河原崎座にて初演された時代世話物「独道中五十三駅」がもとになった創作であるといわれる。ただし、そのなかでの化け猫は、南蛮国において生じた霊獣であり、経鼠の愁いを除くために日本に渡ってきたものの用いられず、山に入って火車となり、東路へ下る道で山中に分け入って人を害し、姿を隠した末の悪業を受けた猫石の精霊が、愛情を注いでくれた三河八橋出身の松山という女郎の非業の死の果ての怨念と合体し、牢死した老女に取り憑いたものである。1887（明治20）年、河竹黙阿弥が５代目尾上菊五郎のために書いたとされる「五十三駅扇宿付」では、大和の国金峰山の奥に生まれ、数千年の劫を経て父とともに大阪城北の櫓に住んでいたが、大坂夏の陣の際に父を焼き殺され、徳川への恨みから徳川の本国である三河へ行き、西尾家の老女二尾をかみ殺して化け、岡崎の無量寺という古寺に住み、子どもをさらって食べていたという猫の怪であり、その名のとおり岡崎の猫として描かれている。この猫騒動は、歌川国貞をはじめ多くの絵師によって錦絵などに描かれたり、妖怪かるたに「をかざきのばけねこ」として取り入れられるなど、人々に広く受容され、伝承されている。

長田蟹

野間の海岸で取れる、甲羅の模様が人の顔に似ている蟹。源頼朝に殺された長田忠致父子の恨みが蟹に宿ったものだという。また、長田父子の死体を埋めた長田山から出る貝の化石も、長田父子の化身といわれ「長田貝」という（『美浜町誌』）。

長田忠致とは、平安時代後期に実在した武士である。生没年不詳。『尾

張志』では「桓武天皇の後胤大矢左衛門致経の末孫」とされ、駿河国長田荘と知多郡野間内海荘を兼領した。平治の乱に敗れた源義朝が東国に向かう折、郎党である鎌田正清の舅であった忠致のところに身を寄せたが、忠致と息子景致は裏切り、浴室で義朝を殺し、さらに正清をも殺した。その後、忠致は義朝の首を京都に持参して平清盛に捧げたが、不義の行いとして恩賞も出なかった。やがて、源頼朝によって長田親子は磔にして殺されたとされる。『山州名跡志』には、はねられた首をさらし首にしていた「長田首塚」があったものの、「今は無し」と記されている。

『物類称呼』では、「鬼蟹」の項に、「平家蟹」などと並び、加賀越前では「長田がに」というと記されている。加賀越前との関係は不明だが、怨念や無念が宿った蟹の一種として捉えられていたことがわかる。

また、蟹のなかでも平家蟹、武文蟹、島村蟹、長田蟹の甲羅は人の顔に似ているので、家の入り口で悪魔をにらみ払いのけるため、この長田蟹の甲羅についても、入り口に吊り、悪魔災難よけ招福とする風習があるとされる（『西郊民俗』18）。野間地区には、もう枯れてしまったが、長田はりつけ松など伝承の関係地が存在している。

おとら狐

人に取り憑く片目片足の狐の名。この狐に憑かれた人は、長篠の合戦の様子や自分の身の上を話すが、左の目からは目やにを出し、左足の痛みを訴えるという。もともとは長篠城鎮守稲荷の使いであり、今も古城址には末社としてあったものをおとら狐の祠としていると伝えられるものが祀られている。片目、片足になった原因はいくつか伝えられているが、長篠の戦いを見物していた際に、流弾のため左目を傷つけ、大奥の評定を盗み聞いていたときに城主に切られて左足を傷つけたとも、長篠城に仕えていた弓の名手に射られたともいう（『東三河の伝説』）。

長篠の戦いは、1575（天正3）年、三河国の長篠城を包囲した武田勝頼の軍と、織田信長・徳川家康の連合軍とが設楽原でぶつかり、連合軍が戦術的に鉄砲を使用して勝利したことで非常に有名な戦いである。

おとら狐は、老若男女関係なく取り憑いた。取り憑かれた人は、歯がないのに生魚を頭からバリバリと音を立てて食べたり、1年余りも寝ていたのに、亡くなる前日に乱痴気騒ぎをして一晩踊りまわったりした（『郷土研究』4-6）。一方、特定の家に代々憑くという話もある（『名古屋民俗』19）。おとら狐は遠州秋葉山の裏山に祀られている犬神様（山住様）を最

も恐れており（『東三河の伝説』）、おとら狐が憑いたときは、まず陰陽師や修験者を招いて祈禱をするが、それでも離れないときは、山住様を迎えてくると離れるといわれる（『郷土研究』4-6）。ただし、おとら狐が離れても何ともない場合もあれば（『郷土研究』4-7）、修験者を招いて祈禱してもらっても効果がない場合や、山住さんをお迎えすれば離れるが命はないということもあった。おとら狐は信州川中島で狩人が狙っていた鳥を見ていたときに、岩に当たってはねかえった弾によって命を落としたという（『東三河の伝説』）。

雷　敏達天皇が治める時代、尾張国阿育知郡片蕀里にて、田に水を引きに行き、突然の雨に雨宿りをしていた農夫の前に落ちてきた童形の雷。農夫に子どもを授けることを約束し、竹の葉を浮かべた楠船を農夫につくらせて天に帰った。その後、約束どおり農夫には子どもが生まれたが、その子は頭に蛇を巻いた大変な強力をもった子であった。成長して、蘇我馬子が開いた飛鳥の元興寺の童子となり、鐘堂の鬼（元興寺）を退治する。出家得度して「道場法師」と称し、その孫娘もまた大力をもった存在として書かれる（『日本霊異記』）。知多の伝承では、中洲西部の海岸に大落雷があり、いつになく大きな雷鳴がとどろき、火柱が立ったので、その場所を調べると大小の石があり、岩には大きな足跡と爪の跡も残っていたという話もある（『みなみ』76）。雷が自然現象ではなく、非常に大きな力をもった人外の存在であると考えられていたことがわかる。

志段味の竜神

春日井郡吉根村にある竜泉寺の多羅々が池に住んでいた竜神。延暦年中、伝教大師（最澄）が熱田の宮に参籠中現れた竜女が、自分は竜泉寺の池に住む竜女だと名乗り、自分のために一妙句を授けてくれるように言って消えた。その後、大師が竜泉寺を訪ねると、山の東南にある池の中から竜女が現れ、大師から法華一実の妙旨を受けて喜び、今後旱魃があれば必ず甘雨を降らせ人々を救うことを約束した。また、弘法大師が熱田の神宮寺で百ヶ日の本地供を修しているときに、毎日童子が訪れ、樒と閼伽の水を奉納していった。怪しんだ大師が見ると、童子は多羅々が池に入っていったため、竜神であるとわかった（『尾張志』）。天台宗松洞山竜泉寺は古くより尾張四観音のひとつであり、三十三観音としても信仰されている。馬頭観世音を本尊とするが、これは多羅々が池から出現したものであるとされている。観音像を老婆が拾い観

音堂がつくられ信仰を集め、後の立替の時には屋根を葺く作業を竜神が美しい少女に化け手伝ったという話もある（『名古屋の伝説』）。しかし、江戸時代には『尾張志』に「今は廃れて河流のうちとなる」と書かれるほどになっている。

竜泉寺の北側は断崖となって庄内川に落ちており、眺望がよく、境内の一画には竜泉寺城が置かれた。尾張国竜山寺〔ママ〕は、昔、竜王が一夜で造立供養した寺だという伝説がある（『沙石集』）が、1584（天正12）年小牧長久手の戦いでこの地に陣した秀吉は、小幡城の徳川家康との戦いに備え、竜泉寺城に一夜堀を築いた。しかし、翌日家康は早々に引き揚げてしまい、秀吉は寺堂に放火し去っている。1598（慶長3）年秀純が再興するも、1906（明治39）年火災により堂舎のほとんどを焼失した。1607（慶長12）年建造の仁王門は、多宝塔、鐘楼とともに、この火災による焼失を免れ、国指定重要文化財となっている。

二龍の松

三河国加茂郡長興寺の、童子に化けた松。『古今百物語評判』巻三に「参州加茂郡長興寺門前の松童子にばけたる事」という記事がある。これによると、長興寺の門前にはいつから植えられているかわからないほど昔から、龍の形にみえるため「二龍松（にりゅうまつ）」とよばれていた2本の松があった。あるとき、二人の童子が寺を訪れ、硯（すずり）を貸してほしいと言うので硯と料紙を渡したところ、漢詩を一編詠み置き立ち去った。怪しんだ寺僧が行き先を見ると、門前の松の木陰で消えたという話である。

『古今百物語評判』の筆者は、草木が蝶や蛍に変じることや、中国でも古い桐が人に変化して、智通という名で出家した話もあるので、ましてや衆木の長である松が年を経て童子に変化するのも当然であると述べている。この話だけでも、当時の人々が、植物や昆虫の関係、植物のなかでの順位についてどう考えていたかの一端がみえて非常に興味深いものである。

なお、話のなかに出てくる長興寺は、臨済宗東福派集積山長興寺。1335（建武2）年挙母城主中条秀長によって開創され、東福寺開山法系の大陽義冲を請じて開山としたとされる。1567（永禄10）年に信長によって焼かれるも、後に余語正勝の手で再興された。しかし、1697（元禄10）年には、再び火災で多くの古文書を焼失したという。「応永二十八年幹縁比丘義睦」の銘をもつ絹本著色仏涅槃図や、1583（天正11）年狩野元秀筆紙本著色織田信長像といった国指定重要文化財も所持している。

トモカヅキ

地域の特徴

　三重県は本州島のほぼ中央の太平洋側に位置し、紀伊半島の東を占めている。東西の幅は広いところでも80kmほどだが、南北には細長く約170kmにも及ぶ。伊勢湾の開口部から櫛田川に沿って東西に走る中央構造線の南と北で、地形的には大きく異なる。北側では鈴鹿山脈・布引山地をほぼ中央に置き、伊勢平野、上野盆地と広い平地がならんでいる。一方、南側は紀伊山脈の東端が海岸近くまで迫っており、平地は湾の奥、谷沿いにわずかにみられるぐらいである。旧国名でいうと三重県は、伊賀、伊勢、志摩、紀伊東部の四つの国にあたるが、ここでは地理的特徴や近代以降の生活圏、産業の特性に配慮して、伊賀、北勢、中南勢、伊勢志摩、東紀州の五つの地域に区分して説明していこう。

　伊賀、名張の2市からなる伊賀地区は、畿内への入り口に位置し、奈良、大阪方面からの影響が強い。桑名、いなべ、四日市、鈴鹿、亀山の5市とその周辺町村からなる北勢地区は東海道の沿線に位置し、東海方面の文化経済圏に近い。津、松阪とその周辺町村からなる中南伊勢地区は県下三大河川の流域であり平地面積も広い。近世には国学などの学芸が盛んであった。伊勢、鳥羽、志摩の3市に度会、南伊勢、王城の3町を加えた伊勢志摩地域には、信仰や観光を目的に古くからお伊勢参りの旅人が多く訪れた。紀北町以南、尾鷲、熊野の2市とその周辺町村からなる東紀州地域はリアス式海岸に山地が迫り平地面積は狭く、林業、漁業が主要な産業となっている。

伝承の特徴

　河童の仲間の呼称についてみてみると、北勢〜中南勢地域では「河童小僧」「カワコゾ」など「小僧」が語尾につくもの、伊賀地域では「川太郎」や「ガワロー」と「郎」がつくもの、伊勢志摩地域では「尻こぼし」「カ

近畿地方　169

ワコボシ」など「小法師」のつくもの、東紀州地域では、「ガイロ」「ガロ」「ガロボシ」「ガラボシ」など、ガラ・ガロに「法師」のつくものがそれぞれ多く認められ、方言名に地域差のあることがわかる。

またつぶさに資料を読むと、こうした方言名の差をはじめとして、五つの地区間には地域差があるらしいことがみえてくる。例えば、北勢、伊賀両地域は、畿内中枢への入り口に位置しているせいか、大和朝廷への叛乱伝承に関わる鬼の話のあることが目立つ。

北勢から中南勢の都市部では、学問好きな土壌の上で、お化けの娯楽分野での受容も早くからなされたようだ。例えば後述するように、四日市市では大入道のお化けが祭礼の山車の意匠として取り入れられている。伊勢地域を舞台に「蛇女」や「牛鬼」が登場する『枕返し物語』という作品が江戸時代の後期に書かれているし、昭和に入ると曲亭馬琴研究家として有名な地元文化人の堀内快堂、小説家の長田幹彦らが松阪市内の廃寺で百物語怪談会を催したりもしており、文芸的な方向での展開もみられる。この集まりについては、会場近くの森の中の小径へ肝試しに出た長田が「白い坊主」にたちふさがられたとか、参加者の家族が急死したとか、怪談会そのものを怪談化する逸話も記録されており、娯楽としての怪談が近代の地方都市においても積極的に愉しまれていたことがわかる（『霊界五十年』）。

海に潜って貝や藻などを採取する海女の漁が盛んな伊勢志摩地区には、海の妖怪についての伝承が多く残されていることも、地域性のひとつとして指摘することができるだろう。

主な妖怪たち

大入道　四日市諏訪神社の祭礼に出る山車のひとつに、首が伸び縮みする「大入道」のからくり人形を乗せたものがある。この山車を引く桶之町で、かつて狸が傘の一本足や酒樽、大入道に化けて悪戯したのを模したのだといわれている（『旅と伝説』8-8）。三重県では、人の形で背が高かったり、背が伸びたりする大入道のお化けを「高坊主」「白坊主」などとよんでいる。津市の「おっとう見越」もこの大入道タイプの存在らしいのだが、姿形については忘れられ、夜道で男の子の頭上を飛び越えて、結った髪に爪をかけて打ち倒すとされている（『三重県伝説集』）。

五体火
こたいび

　菅江真澄は随筆『ふでのまにまに』で各地の固有名をもつ怪
すがえ ますみ
火を羅列するなかに伊勢阿濃の「五体火」をあげている。由来
や詳しい特徴は不明だが、柳田國男が「妖怪名彙」に採った「ゴッタイビ」
と同じもののようだ。柳田が引用した『阿山郡方言誌語集』でも単に「鬼火」
としか説明されていないため、怪火一般を表す語と理解されてきたが、も
とは怪火に化した者の話が伴っていた可能性が高い。後述する藤原千方の
ふじわら ちかた
伝説と同様に平将門の切られた首が五体を求めて飛ぶとの表現が『太平記』
にあるので、この怪火も首を求めて飛ぶ千方の亡魂かもしれない。

　このような固有名をもつもの以外にも怪火の話は多く残されている。三
重県だけに伝わる話ではないが、周辺地域の信仰との関係、地理的な環境
のもたらす信仰への影響といった点からそれらの分布を考えると、この地
域の特色を読み取ることが可能である。北勢から中南勢、伊勢志摩の沿岸
地域には、龍燈の松とよばれ寺院の境内などにある特定の樹木に龍神が海
中から火をともして仏様にお供えする「龍灯」の伝承が多く認められる。
これらは伊勢湾沿岸に広がる龍宮信仰に基づくものであろう。「往来の真
中に突然猛火が発生」する「川天狗」（『伊勢民俗』1-1）、「天狗の火」（『熊
野古老ばなし』）、列をなし天狗の道を行く火（「郷土研究3-8」）など、天
狗が原因者とされる怪火の話が北勢、伊勢志摩、東紀州地域に点在してい
るのは、近接する東海地方からもたらされた秋葉信仰にある天狗は火を操
り、火炎となって空を飛ぶというイメージによるものであろう。

七本鮫

　地区によって日付にいくらかのずれはあるが、毎年、旧暦の
6月24日、25日、7月7日など特定の日に、7匹の鮫が志摩市
さめ
磯部町の伊雑宮に参拝するとされている。この妨害をすることはタブーと
いざわのみや
され、当日は舟を出すことも水泳も避け、以前は海女も仕事を休み伊雑宮
に参拝したという。この鮫を1本獲ったせいで今では6本になっているとい
う地域もあり、神島では悪い流行病が流行ったといい、坂手島では一時
村が野原となってしまったそうだ（『志摩の蜑女』『鳥羽志摩の民俗』）。

　海の守護神である伊雑宮や龍宮のお使いであるとされ、本来は神使なの
だが、人間が対応を誤ったため制御ができなくなったときに起きる障りの
激しさのせいで悪しき神霊とみなされ、妖怪として紹介されることも多い。

尻コボシ

　海女が怖れる存在のひとつである。牛頭天王の祭日に海に
入ると、「尻コボシ」に尻から生き肝をとられる。伊勢志摩

近畿地方　171

地区では「カワコボシ」などとよばれている河童に近い存在だが、これに
よる被害は海中でも起きるとされる。どうしてもこの日に海に入らなけれ
ばならない場合には、「尻コボシ」避けに山椒の枝を糸でまとめたものを
魔除けとして胸に懸ける。志摩市阿児町志島の磯で海の中の岩礁がトンネ
ルになった先に井戸のある龍宮を海女が目撃した話がある。「龍宮さん」
が三味線太鼓を演奏しているのに行きあったり、海中で「お姫さん」が舞
うのを見たりすると、水面に戻れなくなり、戻れても助からない。海女た
ちにとっては、龍宮とそこにいる龍神は畏怖の対象であったのだろう。「龍
宮さんと行き逢えば死ぬと信じ、それを尻コボシにやられた」ともいう(『志
摩の蜑女』『海村生活の研究』)のだが、こうした話の背景にも龍宮信仰が
横たわっているようだ。

鈴鹿姫
（すずかひめ）
　　　　　北勢の亀山市と滋賀県甲賀市の境に位置する鈴鹿峠には『今
昔物語』の時代から盗賊たちが跳梁跋扈していた。東海道の要
衝であるこの峠で坂上田村麻呂が盗賊や鬼神を退治した物語はさまざまな
バリエーションを生んでおり、御伽草子『田村の草子』には天女である鈴
鹿御前の援助で鬼神を退治したとある。しかし、後の井沢蟠龍の『広益
俗説弁』では、鈴鹿姫は鬼女であり、田村麻呂が討伐したのは彼女だとさ
れている（『三重大史学』8）。この他にも田村麻呂がこの峠で賊を退治し
たという物語は伝わっており、登場する「鈴鹿姫」たちの性格もさまざま
である。

千方火
　　　　　『太平記』巻第十六日本朝敵事には、天武天皇の頃、藤原千
方が矢の刺さらぬ堅固な身体の「金鬼」、大風を吹かせる「風鬼」、
洪水を起こす「水鬼」、姿を隠せる「隠形鬼」らを従え、伊賀、伊勢地区
で叛乱を起こしたとある。伊賀市高尾には彼らが籠城した千方が窟の伝承
がある。討伐に訪れた紀友雄は射殺した千方の首を切り、津市白山町家城
を流れる雲出川に胴体ともども捨てたという。『勢陽雑記』には捨てられ
た首は川を遡り飛行したとある。斬って捨てられた千方の首は、菊岡沽
涼（りょう）の随筆『諸國里人談』によると、提灯ほどの火の玉「千方火」になり、
家城から川を水の流れよりも早く下るとある。これは上でふれた飛行する
首のバリエーションであろう。他にも『諸國里人談』には、小さな火が
50も100も現れて塔世川を下る「分部火」（わけべのひ）、塔世の浦に現れ、火の中に老
婆の顔がある「鬼の塩屋の火」といった怪火が紹介されている。

釣瓶落し

つるべおとし

さみしい道端に立つ大木の上から釣瓶を落とし、人を乗せて吊り上げたりさらったりするもの（『三重県伝説集』）で、よく似た事例が県下に広く分布している（『赤目の歴史と民俗』『松阪市史』第10巻、『勢和村の民俗』など）。安濃町の「釣べ落し」は魔神が下げた「釣べに足を触れれば、空にすくい上げられる」という（『安濃町史』通史編）。志摩市の釣瓶落しが下げる釣瓶の中には「その下を通る人の好物と思われる食物、玩具、財宝などが入っているが、それに手を出すや否や、その人とともに樹上に引き上げられて、再び帰ってこない」という恐ろしいものだそうだ（『志摩の民俗』上）。鈴鹿市の「ツルベオロシ」は人の首の後ろをつかんでひっぱりあげるものとされており、木の幹にひっかかったのを勘違いしたという笑い話もある（『民俗採訪』47年度）。

人の吊り上げや誘拐の要素をもたない例もあり、桑名市多度町では狸が木から飛び下りたり竹の先にぶらさがったりして人を驚かす行為を「つるべ落とし」という（『多度町史』民俗）。類似の例にはただ音がするだけの場合もあり、鈴鹿市では釣瓶をおろす音が聞こえるのを狸が化かしたのだといい（『民俗採訪』47年度）、桑名市内では堀端で突然大きな水音がしたのをカワウソが水に飛びこんだのだと解釈し「かわそのつるべおどし」と称する（『桑名の伝説・昔話』）。

トモカヅキ

志摩から鳥羽、答志島、菅島などでは、海女が潜っていると、昔は「トモカヅキ（もしくは、単に「トモ」）に出遭ったという。海中で自分と同じような格好をした者が作業していることに気づくが、浮上して海面を確かめても、自分のものの他に船など見あたらないが、また潜るとやはりいる。これは海でなくなった海女の幽霊で、自分が亡くなった場所に出るのだなどという。その海女からアワビをもらったり、後について深く潜ったりしようものなら命をとられてしまうという。また、蚊帳か傘のようなものを被せて海女を絶命させるという話もある。海女はこの害を避けるため、ドーマン、セーマン、セーメーなどと称する陰陽道起源の五芒星や九字の印を魔除けに用いている。鉢巻きにする磯手拭には紺や黒の糸で印を縫いつけ、アワビをとる道具の磯ノミには木製の柄の部分に彫りしるす。「トモカヅキ」に遭った者が出たという噂が広まると、海女は一斉に仕事を休み、志摩市の御座爪切不動尊や鳥羽市の青峰山正福寺に参詣した（『志摩の蜑女』『鳥羽市史』、『島』昭和9年前期

号、『民俗文化』5）。これと似たものは福井県の「ウミアマ」のほか、静岡県、徳島県などにも伝わっている（『海村生活の研究』）。

ハゲンボウズ

「半夏生坊主」「ハゲンゾウ」「ハンゲ」などともいう。伊勢志摩、東紀州地域で暦の七十二候のひとつである半夏生（夏至から数えて11日目ごろ）に出現するもの。この日には本来畑仕事を休むべきなのだが、志摩市ではこの日に畑へ行くと「ハゲンボウズ」が出て、これに会うと病気になるという（『志摩の民俗』上）。麦秋に髭ぼうぼうの顔に襤褸を着て現れる「麦わら坊主」という類似の存在が鳥羽市に伝わっている（『志摩の民俗』下）。

船幽霊

伊勢湾から太平洋の沿岸まで、水難による死者の霊であると解釈される存在の伝承は広く分布している。このタイプのお化けの県下に多い方言名は、「モウレン」「モーレ」「ヒキモーレン」「ヒキミョージャ」「シキユウレイ」などである。志摩市志摩町に伝わる「ヒキモーレン」は白い玉のようなもので、船の前を横切った先でパーッと広がる（『鳥羽、志摩漁撈習俗調査報告書』）。熊野市磯崎町の「モウレン」は雨の夜の海に現れる黒いかたまりである。ボーッとしているのを漁師着の袖の下から覗くと、人の形が見えるようになる。「火をかせ、シャクをかせ」というが、底を抜いた杓子を投げないと難破させられる（『熊野古老ばなし』）。海上でピカピカ光る「人魂」として出現するもの（『中京文化』2）や、船の形をとって現れる「幽霊船」の話なども伝えられている（『熊野灘沿岸漁撈習俗調査報告書』）。

ヨボリ

四日市市のある地区で人が死んだ所を雨の日に通ると、上のほうで「おーい、おーい」と呼んだかと思ったら、下のほうからも「おーい、おーい」と呼ぶ声がする。それで、その附近の道を通ると、「ヨボリ」が来るという（『菰野町史』下）。また呼び声ではないが、日中、山の中や畠で人の泣き声が聞こえてくるのを、神島では「人声呼ばり」といって怖れる（『鳥羽志摩の民俗』）。この名前、本来は「一声呼ばり」で、「人」とするのは音による取り違えだろう。中南勢の大台町でも狐狸（『熊野灘沿岸漁撈習俗調査報告書』）や魔物（『三重の文化伝承』）が、東紀州の海上で「モーレ」が人を呼ぶときには一声だけで呼ぶ（『熊野灘沿岸漁撈習俗調査報告書』）といわれている。これらは山の中や海上で人を呼ぶときに、一声だけで呼ぶものではないという禁忌と関わっているのだろう。

油盗人

地域の特徴

　滋賀県はかつて近江国とよばれていた。「近つ淡海」の名の由来となった淡海(琵琶湖)がその中央に存在している。日本最大の淡水湖であるこの湖は対岸との陸上交通を疎外する要因である一方で、物資の大量輸送を可能にする水上交通のルートとして、また伝統的な魞(えり)(小型定置網)漁などにみるように生産の場としても、人々の生活に大きく関わってきた。平野は琵琶湖に流れこむ野洲川、日野川、愛知川の主要河川の下流に沿って分布する。湖をとりまくこの盆地は、比良山地から野坂山地によって西側を、鈴鹿山地から伊吹山地によって東側を、それぞれ区切られている。地域的なまとまりとしては、湖を中心にしてみた東西南北を、湖東、湖西、湖南、湖北と区分して理解するのが一般的である。

　京都や大阪など、この国の政治経済、文化の中枢であった畿内地域と近く接していたことがこの地域の文化に大きく影響を与えている。湖東に位置する比叡山には、天台宗の拠点延暦寺が設けられており、仏教文化の影響のもとさまざまな伝承を生んでいる。また東西の経済、文化が交わる交通の交差点であり、戦国時代には幾多の争乱の舞台となり、近世には日本の経済を牽引する近江商人を生み出している。彼らが担った情報、物資の流通は妖怪を成立させる豊かな背景であった。

伝承の特徴

　海がない代わりに大きな湖が存在していることにより、他地域であれば「船幽霊」とされるような水上の怪火や、「海坊主」とされるような水辺の大入道が、湖を舞台にすることで微妙にその様相を変えていたり、さらには、「幽霊船」が陸に適応したような「靄船(もやぶね)」伝承がみられたりするところは、いかにも湖の国ならではということができるだろう。

　「靄船」も含まれる比叡山の七不思議のラインナップには、後述する慈(じ)

近畿地方　175

忍の「一つ目小僧」だけでなく、紫色の顔をして変事を報せに現れる「茄子婆ァさん」や変幻自在の「大蛇」など個性的な面々がみられる。さらには、戒壇の建立をめぐって比叡山と争った頼豪阿闍梨が鼠に化し、延暦寺の仏像・経典を食い荒らした「鉄鼠」が日吉大社の子神社に祀られているなど、天台宗など仏教系の信仰要素も、この地域の妖怪伝承について語るうえでは避けて通れない。

主な妖怪たち

明智の人魂（'Shito Dama' of Akechi）

リチャード・ゴードン・スミスが大津市膳所の漁師に聞いた話によると、明智光秀が立て籠った坂本城が落城したのは、湖畔の漁師が城に水を引く水源のありかを羽柴方にばらしたためだという言い伝えがあり、その恨みで琵琶湖には火の玉が現れるのだそうだ。この怪火、差し渡しは５寸（15cm）ほど、城の方から飛来し、舟を難破させたり、航路を間違わせたりするという。正式な名称は「死んだ明智の幽霊の蜘蛛火（"The Spider Fire of the Dead Akechi"）」と長ったらしく、蜘蛛が光を発し夜空を飛ぶという『和漢三才図会』などにある知識も混ざっているようだ（『日本の昔話と伝説』）。

油盗人

山岡元隣による『古今百物語評判』に載っている怪火である。これは根本中堂の灯油料関連の権利により富を得ていた者が後に落ちぶれたことを嘆いて亡くなった後、彼の住んでいたところから光物が出て、根本中堂に飛んで来るようになったというものである。怒った坊主の首が火焔を吹くのを見た者があるなどと記されており、同書には２本の松明を口に咥えた坊主の頭部が飛行する挿図がつけられている。

滋賀県下にはこのバリエーションと思しき油に関わる妖怪話が他にも伝えられている。湖東の野洲市には、晩春か夏の夜、突如火焔が燃え上がるとともに多数の僧が出現する「油坊」の話がある。これは延暦寺の僧侶が灯油料を盗んで私腹を肥やした罪業により迷った亡霊だとされる（『郷土研究』5-5）。愛荘町の金剛輪寺にも灯油料を盗んで小遣いを手にした僧の話があり、こちらでは「油坊主」とよばれている。亡くなってから悪事を後悔したのか、彼は夜ごと黒い影法師の幽霊となって現れて「油返そう、油返そう。わずかのことに、わずかのことに……」と悲痛な声を上げなが

ら山門から観音堂へと上っていき、手には油を持っているのだとか（『近江むかし話』）。

大入道

高島市に現れた「大入道」はびっくりして逃げた目撃者がふり返ってみると天にもとどくほど大きくなり、あたりは真っ暗になってしまったという（『高島の昔ばなし』）。米原市甲津原付近の山道では、夜、大きな坊主が馬車の前に立ちふさがり、馬が前に進まなくなることがあったそうだ。馬の尻を叩いて無理に前進させると、大きな坊主は消えて、翌朝そこには狸が1匹死んでいたそうだ（『伊吹町の民話』）。

　琵琶湖の湖上に現れた「大ボーズ」の話もある。まるで湖の海坊主のようなこのお化けは、湖東の守山市木浜町沖に仕掛けられていた魞のあたりに出現した。漁師に頼みこんで舟に乗りこみ対岸の坂本へ渡ると、ある家に侵入して女性を一人殺害したという（『守山往来』）。

大百足

栗太郡田原村の住人、藤原秀郷（田原藤太）が瀬田唐橋を通りかかったら、橋の真ん中に20丈（60ｍ）もあろうかという「大蛇」がとぐろを巻いていた。恐れることなく大蛇を踏みこえて進んだ秀郷は、一人の男に背後から呼びとめられた。この男の正体は龍神であった。秀郷の豪胆に感心した龍神は、秀郷に仇討ちの手伝いを依頼すると、唐橋の下にある龍宮城に招いて歓待した。仇討ちの相手は三上山に棲む「大百足」であった。秀郷自慢の大弓で、敵の眉間をめがけていくら矢を射ようとも、はねかえされて刺さらない。思案した彼は、百足が嫌うという唾液をつけた矢を射ることで、ようやく怪物を退治できたのだった。現在、瀬田唐橋の近くには龍王宮秀郷社が祀られている（『大津の伝説』）。

河太郎

古くから安曇川流域では、山から伐りだした木材を組んで筏にし、筏師が操り川を下って運搬していた。

　昔、思子淵神が子どもを筏の先に乗せ安曇川を下っていた。金山淵を通りかかったとき、筏が止まり、子どもの姿がみえなくなった。あわてて探すと子どもは水の底で「河太郎」に捕まっていた。子どもをとりかえした思子淵神は「河太郎」をきつく叱り、さらに川を下った。中野の赤壁という岩のあたりでも、再び筏の邪魔をされた思子淵神は非常に怒り、今後、菅の蓑笠・がまの脚半をつけ、こぶしの杖を持つ筏師の姿をした者の邪魔をしないよう「河太郎」に約束させた。こうした経緯で、思子淵神は筏師の守り神となり、京都府の山中から高島市の朽木地区を経て琵琶湖へと流

近畿地方　177

れこむ安曇川の流域には、思子淵神が点々と祀られるようになった（『朽木の昔話と伝説』『大津の伝説』）。「河童」が在地の神の下に組みこまれて悪さをしないようコントロールされているのが珍しく、とても興味深い話である。

巡礼の火の玉

東近江市能登川町には、琵琶湖で目撃される怪火についてまた別の伝承が残されている。1755（宝暦5）年、西国観音霊場巡りの巡礼をたくさん乗せた3艘の船が比良八荒の突風で転覆、人々はことごとく波にのまれてしまった。打ち寄せられた遺体は丁寧に葬られ、そこは「巡礼三昧」とよばれた。それ以来、船で湖面を渡って町まで用事に出かけた村人が遅くに「巡礼三昧」のあたりを通りかかると、火の玉が舞うのを目撃するようになったそうだ。この火の玉には長い髪があって、にたっ、にたっと笑う顔があるようにみえたともいう（『近江の昔ものがたり』『能登川のむかし話』）。

スナカケボーズ

名称に坊主とつくお化けには通行人に砂をかけるタイプのものもある。守山市では森や薮、堤防のあたりなど植物が鬱蒼と茂ったり、人通りが少なく淋しい場所にスナカケボーズが現れ、人に砂をかけたという（『守山往来』『続守山往来』）。姿かたちについて具体的な描写のある事例が見あたらないので、砂をかけるのがどんななりをした坊主なのかはわからないが、守山市勝部では「大きな坊主がよう出よりました。秋に、田から帰ってくると、つり鐘のところで、砂をかけよった」とあり（『続守山往来』）、「狸は姿をかえて大入道に化けて人を驚かせたり、木の上から砂を撒いていたずらをする」とある（『野洲川下流域の民俗』）ので、砂をかける坊主も標準的な人間サイズではなく、普通より背が高い大入道的なものがイメージされていたのかもしれない。砂をかける悪戯の原因者は多くの地域で狐狸だとされるのだが、この地域のように坊主だとされることもたまにあり、また老婆であるとされることもある。県下では草津市と栗東市目川に「砂ほりばばあ」、湖南市石部中央に「すなかけばばあ」とよぶ例がある（『草津のふるさと文化』『栗東の民話』『甲西の民話』）。

ツルベオロシ

高島市では松の古木から舞いおり人をおどかすものとされる。東近江市では、夕方、大欅の上から「天狗」が釣瓶をおろして子どもをさらうことをいう。このタイプの仲間の言い伝

178

えは県下の各所に残されている（『高島郡誌』『湖東町のむかし話』）。

人魚

『日本書紀』の619（推古天皇27）年4月には、「蒲生河に物有り。その形人の如し」という記事があり、これを日本最古の人魚の記録だとする意見がある。こうした話がもとになって、いろいろな尾鰭がついたものか、湖東の蒲生野をはじめ県下にはいくつかの「人魚」伝説が残されている。近江八幡市の観音正寺は、殺生を生業とした報いで琵琶湖の「人魚」となった漁師を救うため、聖徳太子が築いたといわれ、かつては「人魚」のミイラを所蔵していた（『安土ふるさとの伝説と行事』）。日野町の伝説では、淵に身を投げた女性が大きな鯉に助けられ、彼女と鯉の間に生まれた「人魚」が醍醐天皇に取り憑いて害をなしたという。退治されたこの「人魚」を葬ったのが日野町小野の「人魚塚」である（『近江むかし話』）。湖東だけに限らず湖北の長浜市などでも、琵琶湖には人魚が住んでいるというそうだ（『虎姫町の民俗』）。

一つ目小僧

比叡山七不思議のひとつとされる。修業道場の総持坊の玄関には、一眼一足の僧侶の絵が掲げられている。これは修行をさぼって里へ酒を買いに行こうなどとする僧をいましめに、夜中、鉦を叩きながら見回りをする慈忍和尚の姿だとされる（『大津の伝説』）。比叡の山中には、単眼の神霊についての言い伝えが濃く分布しているのか、他にも元黒谷へ門人と薬草の採集に入った本草学者の松岡玄達が一つ目の童子と遭遇したという話も残されている（『有斐斎箚記』）。

フクマカブセ

川べりや橋のたもとを歩いているときに、ふっと目の前が真っ暗になる。時にはこのせいで川に落ちたりもする。甲賀市信楽町多羅尾ではこれをフクマカブセに被せられたといい、白い布のようなものを被せられているのだと考えた。狸に化かされたり、フクマカブセに被せられた人は、長持の中に入れたり、牢に入れたりして治した（『民俗採訪 昭和37年度』『多羅尾の民俗』）。フクマというのは、衾（昔の夜具）がなまったのであろう。これと同じように、突然あたりがまったくの暗闇になって道路がみえなくなることを、湖南市では「狸の金玉かぶせ」といい、狸が陰嚢で目かくししているのだと考えた。腰をおろし『般若心経』を唱えたりして気持ちを落ち着けると目は見えるようになるが、気づくと狸に持ち物をとられているという（『甲西の民話』）。

亡霊子
（ぼうこ）
　本能寺の変で織田信長が自害した後、安土城内の婦女子は明智勢に捕えられ、城から放逐された。その中には琵琶湖に身を投げて死んだ者もあり、その霊は命日に怪火となって現れるという。舟や衣服についたこの火を払うと火の粉はあたりにあふれ、ひとつでも手で覆い隠せばすべて消えるという（『近江むかし話』）。

蓑火
（みのび）
　彦根市大藪町には「蓑火」が出るところがあった。雨の夜に琵琶湖で漁をしていると、陰火が蓑につくのだそうだ。雨が降ると火はより強く光り、払うとまるで星のようにみえる。それで、「蓑火」とか「星鬼」とよぶ（『滋賀県管内犬上郡誌』）。井上円了が著書で引用した『不思議弁蒙』には、この怪火は琵琶湖で溺死した人の怨霊火であるとも、ガスのせいであるとも考えられているとある（『妖怪学講義』）。長浜市西浅井町では「みのむし」とよんでおり、正体は水死者の霊だという。散らばった光の小片のどれでもひとつを茶碗で伏せれば、他の光もすべて消え去るというのは亡霊子と同じである（『湖のくらし』『民俗文化』352）。

靄船
（もやぶね）
　これも比叡山に伝わる七不思議のひとつ。大津市坂本、日吉大社の左手から比叡山に登る坂道を表坂という。毎年、お盆になると、この坂を上って亡者たちが比叡山に向かうというのだが、このとき、死者は比叡山特有の深い靄でできた船に乗っているのだそうだ。あるとき、これと目撃した小僧によると、白い経帷子を着て額に三角巾をつけた亡者を乗せた船が、なん艘も、なん艘も、宙をふわふわ浮いて山頂を目指していったのだとか。以来、表坂を船坂という別名でもよぶようになったといわれている（『近江むかし話』）。この船に乗っているのは女の霊で、彼女たちと目が合った山法師が、翌日死んでしまったという話もある（『大津の伝説』）。

雪女
　湖北の山間部は日本海側気候のため豪雪地帯として知られている。雪深い土地であるため、長浜市には「雪女」の話が伝えられている。長浜市西浅井町では粉雪の降る日にきれいな人がやってきて、家の中に「ふわっとはいって来て、ちょんと」座っていたそうだ。この人は雪の精で、熱くて溶けてしまうから囲炉裏の火を消してくださいと言い、彼女の言うとおりにしてから話をしていたのに、いつの間にか溶けてしまったという（『西浅井むかし話』）。長浜市余呉町でも、白い着物に子どもを包んでつれていく「雪女郎」の話が語られている（『余呉の民話』）。

酒呑童子

地域の特徴

京都府は、日本列島のほぼ中央部に、近畿地方においても中央部から北部に位置している。北は日本海に接し、南は淀川水系を経て、大阪湾に通じている。旧国名でいえば、山城国の全域、丹波国の東部4郡、丹後国の全域を含む。784(延暦3)年の長岡京、794(延暦13)年の平安京遷都以来、江戸時代まで王城の地であった。そのため数多くの歴史的事件がこの地で生じた。

地形的には北部に山岳地帯があるが、由良川水系が数多くの谷を形成し、日本海側との交通路を確保した。また、南部は淀川水系が瀬戸内海との結びつきを緊密にしたため、これら水系を使った日本海側と瀬戸内との交通の便の良さが、この地を長きにわたり日本の中心地とした。特に山城国には東海・東山・北陸・山陽・山陰道が通過し、平安京成立以後は都を中心に交通のネットワークが整備され、日本中の人や物資が京へと集まるようになった。

都には古代から公家・寺家・武家が集中し、さらにそれらを支える商人・手工業者が町衆・町人として居住し、独特の都市文化を生み出した。そのことが都市と農村の交流をも進め、丹後や丹波の風俗文化にも影響を与えた。また、この地域は古くから多様な文化を受け入れてきた。もともと渡来人が多く、丹後の位置は大陸の窓口ともなり、南方の文化(中国、仏教、キリスト教)は淀川水系を通じて流入し受け入れてきたため、独特の、もてなしの文化が発展した。

伝承の特徴

妖怪は王権の存在と表裏一体の関係にある。したがって、この地域は妖怪文化の中心地でもあった。古代において妖怪は、疫病、洪水、干ばつ、地震などの自然災害、あるいは戦乱などの人災の原因とされた。そして妖怪は日本の外部から道を伝って都にやってくると認識されていた。つまり

全国の妖怪の目的地が都だったのである。その点において、特に都のあった山城国にはさまざまな妖怪が集中した。また山城国に侵入させまいと僧侶、神官、陰陽師、侍たちが防御したため、山城国の国境地帯には、妖怪の伝承が集中している。その代表が山城国と丹波国の境界にある酒呑童子の首塚、あるいは愛宕山の天狗伝承である。また、近江国との境界部でも比叡山や三井寺に天狗伝承や安倍晴明の疫病神退治の伝承が残されている。都の境界部にも同様に伝承が集中している。羅城門や朱雀門には鬼の伝承があるし、内裏周辺にも数多くの妖怪伝承が説話文学としても残されている。最も有名なのは一条戻橋の茨木（茨城）童子と渡辺綱の伝承であろう。

　山城国以外でも特に丹波国には数多くの妖怪伝承があり、それは山陰道を伝ってやってきた妖怪たちが、山城国に入れずに潜んでいた結果と思われる。また丹波国と丹後国の境界部には、あの有名な、酒呑童子のいたとされる大江山もある。丹後半島には浦島伝説や羽衣伝説も伝承されている。

　また政争に敗れ、無念に亡くなった人たちが、さまざまな災厄の原因と考えられたため、その御霊を祀る御霊信仰が生まれたのも、この地域の伝承を際立たせている。その御霊信仰は、上御霊神社や北野天満宮、あるいは祇園祭となって現在も継承されている。

主な妖怪たち

宇治の橋姫　　　宇治橋の下に祀られた女神、鬼女。嫉妬深い公卿の娘が貴船神社に祈り鬼女となった。御伽草子「鉄輪」や『平家物語』「剣巻」では、渡辺綱に退治された。塞の神としての性格もある。

髪結び猫　　　髪を結う猫の妖怪。『口丹波口碑集』によると、丹波国と摂津国の境、亀岡市西別院神地の国道のそばに一つの墓があり、この墓に髪を長く垂らした女に化けた猫が出ると言い伝えられている。春に墓地の松の木の二股の所でこの妖怪を目撃した人は、墓の上に一つの火の玉が見えたと思ったら、その下で18歳くらいの若い女が、しきりと長い髪を垂らして結っていたという。

貴船の鬼　　　室町時代の御伽草紙『貴船の本地』に、鞍馬の僧正ヶ谷の奥に大きな岩屋があり、さらに行くと鬼の国がある、と記されている。大正の頃までの京都の伝承を集めた『京都民俗志』には、鬼は貴船の奥の谷に住み、地下道を通って深泥池畔に出て、都の北に跳梁した

とある。都の人たちは、鬼の厭う豆をその穴へ投げてふさいだら、鬼は出なくなったので、それから毎年節分には炒り豆を同所へ捨てに行くこととなり、豆塚とよんだと伝えている。

九尾の狐

平安時代末期に鳥羽上皇に寵愛された妖狐。室町時代の御伽草子『玉藻の草子』では、玉藻前とよばれ、鳥羽上皇を取り殺そうとする。陰陽師によって正体が明かされ、那須野に逃れ侍に退治される。しかしその後、毒石「殺生石」となり近づく人や動物の命を奪ったとされる。江戸時代には九尾の狐として読み物などで語られた。伏見稲荷のダキニテン信仰とも関係があるとされる。

鞍馬の天狗

室町時代の御伽草子『天狗の内裏』に、鞍馬寺の不動堂の艮（北東）の方角に、天狗の国があり、あの牛若丸（源義経）が訪問し歓待されたとある。浄土で大日如来に生まれ変わった父、義朝に会い、平家を討伐する秘策を得た、と物語る。

牛頭天王

疫病神。牛頭天王を祭っているのが、かつての祇園社で現在の八坂神社。『祇園牛頭天王御縁起』によると、須弥山に牛頭天王という牛の頭をして赤い角のある王子がおり、龍宮の八海龍王の三女を嫁にもらうため龍宮へ行く。途中宿を探し、古単という長者の家を訪ねるが断られる。次に蘇民将来の家を訪ねるとその家は貧乏であったが、快くもてなしてくれた。そして龍宮を訪問し、本国に帰る途中に古単の家を訪問し、復讐のため古単の一族郎党をことごとく蹴殺した。その後も牛頭天王は蘇民将来の子孫を守護しつづけた。蘇民将来の一族はその印に茅ノ輪をつけたという。現在、多くの神社の6月30日の夏越大祓の際に、病気にならないように茅ノ輪くぐりをするのは、この伝承に基づいている。また7月1日から始まる祇園祭も、牛頭天王をもてなす祭である。その際に配られる粽には「蘇民将来之子孫也」と書かれている。この粽を玄関などに吊しておくと疫病にかからないとされる。これに類似する伝承は『備後国風土記』逸文にもある。

酒呑童子

『御伽草子』や『大江山絵詞』などによると、正暦（990～995）の頃、京の都の姫君らが数多さらわれる事件が起こる。安倍晴明が占うと、丹波と丹後の国境の大江山に鬼の国があり、そこの酒呑童子の仕業だと判明する。そこで朝廷は源頼光らに鬼退治の勅命を下す。大江山の鬼の国に到着した頼光ら一行は山伏の姿をしていたので、旅の山

近畿地方　183

伏と見誤った酒呑童子は、彼らを鬼の宮殿に招き入れ、酒宴を催す。神々の援助を得て、さらわれていた都の人たちを助け出した頼光たちは、刀を抜き酔い崩れた鬼たちを切り殺す。酒呑童子も首を落とされるが、その首は飛び頼光に食いつこうとする。が、四天王たちがその目をくりぬき、ついに息絶える。この酒呑童子の首を埋めた塚が、山城国と丹波国の国境、現在の京都市と亀岡市の境の老の坂にある。この老の坂をかつては大枝とよんだことから、大江山とはここのことだとする説もある。その姿は『御伽草子』には、昼は薄赤い顔をして背が高く、髪は子どもの髪型で人間であるが、夜になると恐ろしく、背の高さは約3mもあった、とある。

菅原道真

御霊信仰。13世紀に書かれた『北野天神縁起』に菅原道真が死後、雷となって清涼殿を襲ういきさつが詳しく記されている。それによると、901（延喜元）年、藤原時平の讒言から醍醐天皇によって大宰府に左遷。903（延喜3）年、失意のうちに大宰府にて死去。死して5年の908（延喜8）年、左遷の関与者が死去したのを皮切りに、翌年、時平が病になり息を引き取る。その後も関係者が次々と亡くなり大火や疫病が流行したため、醍醐天皇は道真を元の右大臣に戻し、1階級上げて正二位を贈り、左遷の詔文は焼き捨てられ、年号が延長と改められた。それでも道真の怨霊はおさまらず世間の噂となる。930（延長8）年、雨乞いの祈禱について会議をしていたところ、清涼殿南西の柱に落雷、殿上間にいた関係者たちは、皆ことごとく死んだ。そしてこの落雷を目の当たりにした醍醐天皇にも毒気が入り、病が重くなり、帝位を朱雀天皇に譲った3か月後に崩御する。北野天満宮の成立は、942（天慶5）年右京に住む多治比文子への天満大自在天神からの託宣にはじまり、959（天徳3）年には右大臣藤原師輔が社殿を造営し形を整えた。

崇徳院

御霊信仰。崇徳院は保元の乱（1157）で敗北し讃岐へと流され、生きながら怨霊となることを誓ったとされる。『保元物語』には、日本の大悪魔となって天皇一族を倒し、それ以外の支配者を立てる、と誓い、みずからの舌の先を食いちぎり、その血でお経の奥に誓いの書状を書いた。その後は髪も剃らず、爪も切らず生きたまま天狗の姿になった。1164（長寛2）年に46歳で崩御し、遺体を焼くと煙は都を指してたなびいた、とある。『太平記』にも愛宕山で天狗になった崇徳院が目撃された話が記されている。その後、実際に政権は武家へと移り、明治に政権が天

皇家に返ってきたとき、崇徳天皇の御霊を京都に戻し、白峯神宮に祀った。興味深いのは、その社が旧内裏を中心に北野天満宮と左右対称の場所に創建された点にある。

算盤小僧

夜中に樹の下で算盤をはじく音を立てる妖怪。算盤坊主ともいう。『京都　丹波・丹後の伝説』には、亀岡市西別院町笑路の西光寺近くの１本のカヤの木の下に出たとある。深夜、そのカヤの木から算盤をはじく音が聞こえてくる。見ると小坊主が懸命に算盤をはじいていた。この坊主は西光寺で算盤を学んだ坊主で、計算間違いをして寺に迷惑をかけ、このカヤの樹で首を吊った。『旅と伝説』10-9 には、同地に鎮座する素盞嗚神社の大樹の下に毎夜少年が一人現れて、算盤の稽古をするが、これは神社の隣の西光寺の和尚が、幼少の頃に深夜勉学に努めたためであろうと伝えている。

付喪神（百鬼夜行）

室町時代に書かれた『付喪神記』に、道具は百年を経ると魂を得、化け物となり、人の心をたぶらかすようになり、これを付喪神とよぶ、とある。だから世間では毎年春を前に、家にある古い道具を道端にすて、煤払いを行うのだと。この物語には、康保年間（964〜968）に、洛中洛外の家々から捨てられた道具たちが、人間への復讐を企て、都の北の長坂に居を構え、都の人や家畜を襲ったと記されている。長坂で化け物は肉の城を築き、血で泉をつくり、酒盛りをした。ちなみにこの長坂の道は丹波国を経て日本海側に通じている。そしてその後、付喪神たちは、一条通を東に向かう祭礼行列を催す。あの『百鬼夜行絵巻』に描かれた道具の妖怪たちが、この長坂から一条大路を行列した付喪神ではないかとの説がある。

土蜘蛛

巨大な蜘蛛の妖怪。『平家物語』の「剣巻」では、源頼光が病で寝ているとき、この妖怪が網で巻いて襲った。頼光が宝刀膝丸を抜いて切ったところ、血がこぼれ落ちて、北野の塚穴まで続いていた。掘ってみると蜘蛛が出てきたので、鉄で串刺しにしてさらした。それから膝丸を「蜘蛛切」と名付けた、とある。また鎌倉時代の『土蜘蛛草子絵巻』には、源頼光が渡辺綱と蓮台野を歩いていると、髑髏が空を飛んでいるのを目撃する。あとを追うと神楽岡の廃屋に入った。するとその廃屋にさまざまな妖怪が現れる。明け方に美女が現れ、鞠ほどの白雲のごときものを頼光に投げつけてきた。頼光はとっさに刀で切りつけると白い血が

近畿地方　185

流れ出た。その血の跡を辿ると西山の洞穴に至った。山蜘蛛がいたので退治すると、傷口からたくさんの死人の首が出てきた。さらに無数の小蜘蛛も出てきたので穴を掘って埋葬した、とある。絵巻で土蜘蛛は、顔は鬼のように、体は虎のように、手足は蜘蛛、あるいは昆虫のように描かれている。謡曲の「土蜘蛛」では、自らの正体を「葛城山で年を経た、土蜘蛛の精魂だ」という。この奈良の葛城山の土蜘蛛とは、『日本書紀』にもある、神武天皇が退治した土蜘蛛のことである。つまり神武以来、天皇家を祟る妖怪なのであった。この土蜘蛛の伝承は、『古事記』『風土記』にも登場し、神武の東征に抵抗した、土着の人たちだと考えられている。現在も京都にはこの土蜘蛛の遺跡が、北野天満宮の東向観音寺と上品蓮台寺にある。

釣瓶下ろし
（つるべおろし）

大きな木から下りてきて、人を食う妖怪。『口丹波口碑集』によると、亀岡市曽我部町法貴では、あるカヤの木に昔から釣瓶下ろしが出るといわれ、夜などはその木の下を通る人がなかったという。「夜なべ済んだか、釣瓶下ろそか、ぎいぎい」と言いながら降りて来たという。また同曽我部町寺の田の中の一本松では、夕方になると、首が下りて来て、通行人を引っ張り上げて喰ったとされる。

鵺
（ぬえ）

頭は猿、胴は狸、尾は蛇、手足は虎、鳴く声はトラツグミに似た怪鳥。『平家物語』では、近衛天皇の頃、源頼政が紫宸殿（ししんでん）の上を飛ぶ鵺を退治している。『源平盛衰記』では醍醐天皇の頃、平清盛が内裏の紫宸殿に出没する怪鳥を退治している。亀岡市の矢田神社の近くに頼政塚があり、鵺を埋めた鵺塚ともいわれている。

都の鬼

朱雀門では、『長谷雄草紙』に平安時代初期の文人で漢学者の紀長谷雄が鬼と双六をした話が、鎌倉中期の説話集『十訓抄』『古今著聞集』にも、管弦楽器の名手、源博雅が朱雀門で鬼と笛を吹き合った話がある。朱雀門の東にある美福門の前の神泉苑の北門では、常行という右大臣の息子が鬼の夜行に遭遇し、羅城門では、源博雅が鬼の琵琶の名演奏を聴いている（『今昔物語集』）。一条大路では『宇治拾遺物語』に、男が牛の頭をもつ鬼を目撃したとある。また一条戻橋では、渡辺綱が酒呑童子の家来である茨木（茨城）童子に髻（もとどり）をつかまれ、宙づりになり、愛宕山へと連れ去られそうになったが、綱は童子の腕を切り落とし、北野天満宮の回廊に落下している（『平家物語』「剣巻」）。また、この一条戻橋の下に安倍晴明が式神を隠したとも伝えられている（『源平盛衰記』）。

姥が火

地域の特徴

　大阪府は北摂山地、生駒・金剛山地、和泉山地に囲まれ、その内側には大阪平野が広がっている。西に瀬戸内海を臨み、平野の北東部に淀川、中ほどには大和川が流れこむ。旧国では摂津東部、河内、和泉の3国（および丹波の一部）からなる。

　平野の中心部は瀬戸内海に向かって開かれた海上交通の要衝であり、古代には難波宮が置かれるなど、古くから開けた地域であった。戦国期には天下を狙う豊臣秀吉により上町台地上に大坂城が築かれ、その西に広がる沖積平野に大規模な城下町が形成された。大坂夏の陣での豊臣家の敗退により、政治的中心となることは逃したが、近世には商品流通・金融の中心として栄え、「天下の台所」とよばれる日本一の商都となった。

　そして、経済的な繁栄のもと、商人らしく現金かつ合理的であるのに、サービス精神は旺盛な人間臭い上方文化が育まれた。そんな余裕のある文化的背景のおかげか、人々の怪異・妖怪に対する態度も単に不合理を切り捨ててしまうような単純なものにはならず、山片蟠桃や懐徳堂の学者のように鬼神の存在を否定する現実主義者と、上田秋成のような幻想家の両極端な人々が共存可能で（『大阪怪談集』）、不思議さえネタにして楽しむことのできる懐の広いものとなったようである。

伝承の特徴

　古代から政治経済、文化の中心であった畿内地域に属しているため、鬼や阿倍晴明に関わる古式ゆかしい雰囲気の伝承がみられる一方で、早くから都市化が進んだことにより、町ならではの特徴をもった伝承を認めることもできる。さまざまな書き物を読み、新旧の話を比較すると、サービス精神ゆえか、再話の過程で話が盛られ、内容がより具体的で面白くなっていくことがあるのに気づかされる。こうした点も、早くから落語や漫才に

親しみ、書物を読み、学問にふれて育った町の人らしい伝承のありかたなのであろう。

　また都市部では、周辺の農山村以上に怪現象を起こした犯人が狸であるとされることが多い。このような傾向が生じたのには、近世都市の基盤設備と狸の生態が影響しているようだ。豊臣秀吉によって大阪の町が築かれたとき、その中心地域には「背割下水」が設けられた。これは、東西南北碁盤目状の街路に面した建物の裏側、建物同士が背中合わせになったところを東西に流れる排水路である。上をふさいでいない溝、いわゆる開渠だったので、溝に捨てられた残飯を漁り、そこに棲息し、通路に使う狸を実際に目撃する人も多かった。こうした狸のことを「下水道の狸」といい、『おんごく』という子どもの遊びの謡にも「すいどのたのきは坊主に化ける。化けた姿が恐ろしや」などと歌いこまれている。明治の頃には、現在、大阪一の目抜き通りとなった御堂筋あたりの下水道にも「だんじり兵衛」という狸が棲んでいて、幻のだんじり囃子の音をさせたという。御堂筋にある南御堂、北御堂の付近に妖怪が出るという話を以下でも紹介するが、両御堂の周囲にも下水道の溝があり、狸の「深夜の常詰場所」であったため、狸の化かし話が生まれやすかったようだ（『上方』76）。現在でも、大阪城公園や天王寺公園などに生息している狸が確認される（『都市の自然2014』）ことからすると、実際に町中の水路に生息していた狸が化かす狸のイメージを支えていた可能性は高い。

主な妖怪たち

茨木童子　茨木市水尾に生まれたその子は、はじめから歯が生えそろっており、すぐに立ちあがって歩いたのだそうだ。母親はショックで亡くなり、怖れた父親は子どもを村はずれに捨ててしまった。彼は近くの床屋に拾われたが、床屋の仕事を手伝っているときに誤って傷つけた客の血を舐め味をしめ、やがてわざと傷をつけて血を舐めるようになってしまった。あるとき、彼は橋の下の水に映った自分の顔が鬼のようであるのに気づいた。里にはいられないと思った彼は、人の世を捨て大江山で「酒呑童子」の配下となり「茨木童子」と名乗った。この言い伝えの橋は「茨木童子の貌見橋」とよばれ、かつては茨木市新庄町に存在していたが、川は埋められて、今ではもう失われている（『茨木市史』）。

姥が火

江戸時代前期の地誌『河内国名所鑑』によると、枚岡（ひらおか）あたりの山裾を飛びまわるこの不思議な火は、枚岡神社の灯明の油を夜ごと盗んだ老婆が、死後神仏の罰を受けて光物となったもので、その形は死んだ老婆の首から火が吹き出しているようにみえるとある。挿し絵入りの百科事典『和漢三才図会』に記録された目撃者の談話では、その正体は口から火を吐く鳥だったという。この怪火は物語作者や絵師の創作意欲を刺激するらしく、近世大阪の町で活躍した井原西鶴の『西鶴諸国ばなし』をはじめ、謡曲、浄瑠璃、青本や合巻本といった絵物語などで繰り返し作品化されており、それらのなかには火を伴って飛行する老婆の首などの怪火を描いた挿し絵のつけられたものもある（『叢』18、『叢』32）。鳥山石燕の『画図百鬼夜行』でも、老婆の頭部が炎につつまれて飛行する印象的な怪火が描かれている。

大蜥蜴（おおとかげ）

大阪市の扇町公園附近は、江戸時代には近在のごみ捨て場になっていて「ごもく山」とよばれていた。堀川の開削工事のため、役人が人夫たちを指揮し、この塵芥の山の撤去作業を行っていたら、突如、異様な音が轟き、6尺（1.8m）近くもある大蜥蜴が出現し、役人たちを睨みつけた。人々が怖れ逃げ惑ううちに、大蜥蜴は堀川に飛びこんで行方をくらました。これ以後、堀川のこのあたりで毎年2～3人の水死者が必ず出るのは大蜥蜴の仕業だとされ、この近所では子どもたちに川遊びを禁じるためしばしばこの怪物の話が持ち出されたそうだ（『上方』33）。

葛葉狐（くずのはぎつね）

信太の森（しのだ）（和泉市の信太山附近）で猟師に追われた白狐が、かくまってくれた安倍保名に恩返しをするため女に化け、葛の葉と名乗って彼の妻になった物語は、説教節の『信太妻』、歌舞伎『蘆屋道満大内鑑』などにより広く語り伝えられている（『古代研究民俗篇第一』）。正体がばれ、わが子を置いて行かねばならなくなったとき、

「恋しくばたずね来てみよ和泉なる信太の森のうらみ葛の葉」

と和歌を一首残して葛の葉が森へ去るエピソードは、彼女の子が育って安倍晴明になったとされることもあってよく知られている。この子別れの物語は強く人の心に訴えかける力があるからであろう、現在に至るまでいろいろなかたちで語りなおされている。

信太山の伝承があり、狐への信仰が濃かったせいか、和泉地域には人を化かす狐の話が多く語り伝えられている。岸和田市では、番傘をさした綺

麗な柄の着物を着た5、6人の女の人の行列を目撃した人があり、泉佐野市では次々通る別嬪さんに道をふさがれた人がある。どちらも狐の仕業だと解釈されたのは、葛の葉のように狐は女性に化けるというイメージがあるからだろう。和泉地域に限らず狐はいろいろな悪さをするもので、「狐火」を目撃したという話は各地に残されているし、寝屋川市には通行人に水をあびせる「水かけ狐」、藁で編んだ籠状の入れ物を下ろし、そこに人を入れて吊り上げるというつるべ落としに似た「ふご狐」などの話がある（『寝屋川市のむかしはなし』）。

砂かけ婆

何者かが道行く人に砂をかけたという話が府下のあちこちに伝えられている。町中には、南御堂の南側の崖のあたりに砂をかけるお化けがいた（『随筆大阪』）。吹田市下新田では肉桂の木の下を通るとよく狸に砂をかけられたといい（『千里ニュータウンむかしのはなし』）、大阪市平野区では公孫樹の巨木附近で狸に（『ひらののオモロイはなし』）、河内長野の川上村では杉の木など大きな木の下で狸や狐に砂をかけられたという（『川上地区の民話』『天野・下里地区の民話』）。この悪戯、摂津から北河内にかけてはだいたい狸が犯人だとされるが、三島郡や大東市などでは狸ではあっても「豆狸」の仕業だと考えられていた（『上方』118、『御領まほろば』）。中河内から和泉にかけては、狐が犯人として名指しされる場合もある。だが、すべての場合において獣が犯人だと考えられていたわけではなく、「砂かけ婆」の仕業とされることも多かったようだ。船場の西のはずれにある筋違橋のたもと、池田市、東大阪市、大東市などにそうした言い伝えが残っている（『池田市史』『東大阪民話』『大東の伝承文化』『近畿民俗』55）。豊中市などでは砂をかける狸と「砂かけ婆」は同じものだと考えられている。大東市に伝わる「砂かけ婆」は「顔が人間、胴体は猫」という奇妙な姿をしているというのだが、この場合は顔が老婆のようだということなのだろう。

高入道

背の高い坊主の姿、ぼんやりと大きな人影などの形をとって出現し、背丈を伸ばして人を驚かしたりする大入道タイプのお化けは、日本各地に伝えられているが、大阪府下にも広く分布しており、摂津地域では「高入道」、河内地域では「高坊主」「高々坊主」や「背高坊主」、南河内から和泉にかけての地域では「白坊主」とよばれる傾向にある。富田林市には、黒いかたまりから両手をひろげた大入道みたいになって

ぶわーっと天までのびてみせたり、大きな女の姿になったりして夜遊び帰りの男たちを化かした「高々坊主」の話がある（『富田林の民話』）。東大阪市の「タカボーズ」は木の上から褌をたらしてみせたり、通行人の額を舐めたりした（『布施の民俗』）。高石市取石では、会社帰りの人がグリコを食べて歩いていたら「白坊主」が現れ、その人は恐かったので屁をひって逃げ帰ったそうだ（『とろし』）。都市のど真ん中にもこのお化けは姿を現しており、1882（明治15）年頃には、御堂筋にある北御堂の境内に、夜半、物凄い「高入道」が現れて通行人を驚かせるという噂が広がって、恐れた市民が夜歩きを控えるほどだったとの記録もある。棒や杖で「高入道」の足許を横なぎにしばきつけると消えるといい、これは人をたぶらかしている古狸がお化けの足のあたりにいるからだそうだ（『上方』33号）。この例に限らず、大入道の正体は狐狸であるとされる傾向が強く、大阪府下では狸の仕業だと語られる場合が圧倒的に多い。排便のためにしゃがんでいた僧を「高入道」と見間違えたなどと身も蓋もないオチのつく笑い話も語られている（『豊中の伝説と昔話』）。

だんじり吉兵衛

もう天神祭も終わっているのに、どこからともなく「ドコドンドコドン」「コンチキチン」とだんじり囃子の音が聞こえてくる。時には屋根を越えて遠くの方から、あるいはすぐ近くの軒下のあたりから。しかし、だんじりどころか、太鼓や鉦で囃す人の影すらない。「だんじり吉兵衛」はこんな怪音現象を起こす狸である。大阪市北区の堀川戎神社の境内には、だんじりの形を模した榎木神社の社があって、「だんじり吉兵衛」はそこに祀られている。都市祭礼のだんじり囃子を真似するところが、いかにも町の狸らしい。

大阪市内には、先にふれた御堂筋の「だんじり兵衛」のほかにも、「だんじり孫左衛門」「だんじり豆吉」と名前にだんじりのつくものが多い。「だんじり豆吉」は玉造小学校近くの榎木の大木に棲んでいて、雨の日に下を通ると、傘の上に砂や小石を降らせたという（『大阪動物誌』）。

チャンチャカお婆

大阪空襲で焼失するよりも前、北御堂の正門右手の便所、一番奥にある雪隠には、白髪を振り乱した「チャンチャカお婆」が住んでいると近所の子どもたちは恐れていた。黄昏時、誰からともなく「チャンチャカお婆、赤い紙やろか、白い紙やろか」と声が上がったら、みんなでそれに唱和して帰宅したものだという（『民

間伝承』26-2)。このフレーズに読みこまれた落とし紙の色を選ばせる質問は、その回答を誤るとよくないことが起こるというトイレの怪談話によくある定型のものである。大阪市内の小学校では昭和10年代にはすでにこのタイプの怪談が語られており、返事さえしなければなにも起きないが、赤い紙を選ぶと尻を舐められ、白い紙を選べば白い手で尻を撫でられるといっていたようだ（『現代民話考』7）。このお婆も似たような問いかけや嫌がらせをすると、子どもたちのあいだでまことしやかに語られていたのだろう。

ノヅチ　枚方市宮之阪にある禁野車塚古墳は、北河内で屈指の規模を有する前方後円墳だが、この古墳には恐ろしい「主」がいるといわれている。無闇に侵入する者、悪さを働いた者には塚に住む「ノヅチ」が祟るのだそうだ。胴の短い蛇だとか、大蛇だとか、その姿かたちについては意見が定まらない。現代的な文化財保護の考えが定着する以前には、「主」の伝説、塚の樹を伐った者が病死したなどの噂話が、この古墳を消滅から守ってきたという（『まんだ』13号、『ひらかた昔ばなし―総集編』）。現在「ツチノコ」とよばれるこのまぼろしの蛇を、まわりが5寸（約15cm）、長さが8寸（約24cm）の蛇だから「ゴハッスン」（『河内春日村民俗記』）、ころころと転がるから「コロ」とする別名が大阪府下には伝え残されている（『加賀田地区の民話』）。

豆狸　悪戯をするのは普通の狸ではなく、「豆狸」とよばれる特殊な小さい狸（単なる子狸だという意見もあるが）だと考える人たちもいる。この狸はお囃子の音をさせ、通行人に砂をかけるなどさまざまな不思議をなし、人に憑依することもあるという。北御堂の不開門あたりを、雨の日に通ると、急に傘を持つ手が重くなることがある。これは「豆狸」が傘の柄にぶら下がったせいなので、傘の柄の先を手でぽんぽんと叩いたらよいのだとか（『船場を語る』）。傘を重たくする「豆狸」の話は道頓堀界隈にも伝わっており、三田純市はそれをもとにして落語『まめだ』を新作したそうである。この落語では、傘の上に乗った「豆狸」はとんぼ返りをした人間に地面へ叩きつけられ命を落としてしまう（『米朝ばなし 上方落語地図』）。岡本綺堂の随筆に東京の芝でカワウソが同じ悪戯をして、同じくとんぼ返りによって地面に叩きつけられ落命する話がある（『風俗江戸物語』）ので、似た話は各地で広く語られていたようである。

長壁

地域の特徴

　兵庫県は近畿地方第1位の総面積を有し、本州の都道府県としては、山口県とともに日本海と瀬戸内海の両方に面しているという特徴をもっている。旧国でいえば、摂津・丹波・但馬・播磨・淡路の5国からなっており、これは他に類をみない特徴である。

　兵庫県がこのような広域にまたがる県となった背景には、神戸という開港場にふさわしい大県となるべきだという内務卿大久保利通の意見が反映されたという事情があったようだが、これはかなり強引な合併であった。例えば、摂津・丹波はそれぞれ大阪・京都と二分されることになり、また淡路は江戸時代まで徳島藩の支配下にあったものを切り離して兵庫県に組み込んでいる。こうした歴史的経緯を無視した合併であったために、住民には「兵庫県民」としての統一的なアイデンティティが希薄で、県民性も「ない」と評される。それゆえに、民俗文化的なものをみる際にも、県南東部の摂津地域は大阪、北東部の丹波地域は京都、北部の但馬地域は鳥取、南西部の播磨地域は岡山、淡路は徳島といった具合に、隣接する地域との関連性を考えることが重要になる。

伝承の特徴

　都に近いという関係から、鵺や茨木童子などの古典的な妖怪に関する伝承（鵺塚や破風をつくらない村など）があり、また姫路という大きな城下町があることから、長壁や皿屋敷の物語など、江戸時代からよく知られた妖怪の伝承も伝わっている。だが、これらは地元の生きた伝承としてはほとんど残っておらず、文献によってうかがうことができるものである。

　兵庫県の総面積の80％以上は山間部であり、妖怪の民間伝承も山間部に多く残っている。とりわけ但馬地域の「送り狼」や「掃部の嬶」の伝承は、かつて山のなかにニホンオオカミが棲息していた時代の、人々が狼に

近畿地方　193

対して抱いていた畏怖の姿を伝えるものとして興味深い。また、狐や狸が起こすとされるさまざまな怪異の伝承は、山間部ばかりではなく平野部でも聞かれるが、とりわけ淡路は化け狸伝承の本場である阿波との歴史的なつながりが深いこともあって、「芝右衛門狸」をはじめとした名のある化け狸の話が多く伝わっている。

主な妖怪たち

小豆洗い　水辺で小豆を洗うような音をさせる怪。江戸時代からよく知られた妖怪で、各地にその伝承があるが、その多くが姿を見せないのに対して、但馬地域に伝わる小豆洗いは老婆の姿をしているとされていた。養父市大屋町横行の野在橋では、老婆の姿の小豆洗いが丑三つ刻になるとゴシャゴシャと小豆を洗ったという。また養父町（現・養父市）浅野には、鳥取まで続くという大きな洞穴のある穴岩があり、ここに小豆洗いがいた。岩の前を花嫁が通ると、老婆の姿に化けた怪物に穴の中へとさらわれてしまうので、嫁入りがあるときには、一足先に出た使いの者が穴に注連縄を張り、花嫁が通り終わると取り除く決まりになっていた。後には穴岩の外れにできた「穴岩茶屋」に若干の謝礼を払い、その労を執ってもらうようになった。大正末期から昭和初期の頃までその風習が続いていたという（『兵庫県の秘境』）。

油返し　怪火の一種。伊丹市の昆陽池では、初夏の闇夜や寒い冬の夜に、池の南の千僧の墓地から油返しの火が現れ、昆陽池・瑞ヶ池の堤を通り、天神川のほとりから中山へ上がるという。昔、中山寺（宝塚市）の油を盗んだ者の魂であるとも、また狐の嫁入りとも、千僧の墓の狼の火であるともいわれている（『民間伝承』5-5）。1701（元禄14）年に刊行された摂津国の地誌『摂陽群談』に記された「仲山火」も同じものであろう。これによれば、昔、中山寺の僧侶の行く手を阻み、そのためにかえって罰を受け悔い改めた山賊が、中山寺に常夜灯の油を寄進したが、その油を盗んだ者が死んだ後に怪火となって中山寺に通うのだと伝えられている。油を盗んだ者がその罪により死後怪火と化すという伝承は、河内国（現・大阪府東部）の「姥が火」をはじめとして類例が多い。油がいかに貴重品であったか、かつての日本人の生活感覚を伝えるものといえる。

伊佐々王

1348（貞和4）年頃の成立とされる播磨国の地誌『峯相記』に記された怪物。安志（現・姫路市安富町）の奥に棲んでいたという身の丈2丈（約6m）の大鹿で、数千の鹿を従え、多くの人を食い殺し、ついに退治されたとされている。多くの滝壺があり、県指定の名勝ともなっている姫路市安富町の鹿ヶ壺は、この怪物が棲んでいた場所と伝えられ、かつては人が近づくことを禁じられていたという。『峯相記』の「二ノ角ニ七ノ草苅有テ、身ニハ苔生ヒ、眼ハ日ノ光ニ異ナラズ」という描写は八岐大蛇を彷彿とさせる。また奈良県の伯母ヶ峰には「猪笹王」というよく似た名前の怪物の伝承があるが、こちらは背中に熊笹の生えた大猪だとされる。だが鹿と猪はいずれも「シシ」とよばれた獣であり、体にさまざまな植物が生えている様子も共通しており、荒ぶる自然の力を象徴化した存在であると解することができるだろう。

牛女

都市伝説として現在も語り継がれている妖怪で、体は美しい着物を着た女性の姿だが、頭は牛だという。夜に六甲山の峠道を車やバイクなどで走っていると、ものすごい勢いで追いかけてくるという。牛女の話は戦後間もない頃から噂話として神戸や西宮あたりで語られていたようで、少年時代を阪神地域で過ごしたSF作家・小松左京が1968（昭和43）年に発表した短編「くだんのはは」は、この牛女の噂話をもとにしたものとされている。

鰻畷火

狸火ともいう。川辺郡東多田村（現・川西市）の鰻畷に出たという怪火。雨の夜に出ることが多い。人の姿をしており、時には牛を牽いて手に火を携えた姿で出てくるので、知らない人は煙草の火をもらって世間話をしたりすることもあるという。害をすることはないが、わざと近づこうとすると遠くに去ってしまうという（『摂陽群談』）。

お菊虫

「皿屋敷」の怪談で知られるお菊さんの怨念が化したという虫。腰元のお菊が、10枚1組の皿の1枚を割ってしまったために、主人に手打ちにされて井戸に投げ込まれ、幽霊となって毎夜皿を数えるという皿屋敷の怪談は、浄瑠璃の「播州皿屋敷」で知られる姫路だけではなく、尼崎にも伝わっている。1795（寛政7）年には姫路・尼崎・大坂で女が後ろ手に縛られたような姿の虫が異常発生し、「お菊虫」とよばれた。その正体はジャコウアゲハの蛹であるとされ、姫路では昭和の初め頃まで土産物として売られていたという。

近畿地方 195

送り狼　夜に一人で道を歩いていると、どこからともなく現れて後をついてくる狼。但馬や播磨の山間部でいう。狼に送ってもらうと狐や狸などが近寄ることはないが、転倒するとたちまち食い殺されてしまう。また、つまずいたり、後ろを振り返ったり、声を上げたりすると、驚いた狼は頭上を飛び越えて逃げてしまうが、その際にボンノクボに尿をかけていく。これは一種のマーキングで、尿をかけられた者は両3年の間に必ず食い殺されるという。無事に家まで送ってもらえたときは、履物か持ち物を投げ与えるのが決まりだが、その際にも後ろを振り返ってはならないとされた（『兵庫県の秘境』）。養父市大屋町大杉では、狼に飛び越された女は「目を入れられた」とされ、死後必ず狼がその死体を喰いに来るから、目を入れられた女を埋めたときは村人が夜番しなければならないという（『近畿民俗』1-2）。城崎郡竹野町（現・豊岡市）では、夜道を一人で行くときは、狼に飛び越されないように男ならキセル、女ならかんざしや針を頭の上に立てて歩かなければならないという（『民俗採訪』昭和38年度号）。

長壁（おさかべ）　姫路城の主（ぬし）とされる妖怪。江戸時代にはよく知られており、草双紙や錦絵、また歌舞伎の題材にもなっている。十二単姿の美女もしくは老婆として表され、その正体は狐とされることが多い。ただし、地元の姫路では長壁はあくまで神として祀られており、狐としてのイメージもない。十二単や狐のイメージは、玉藻前（九尾の狐）説話などの影響から、主に江戸の文芸のなかで醸成されたものだろう。

掃部の嬶（かもんのかか）　養父市八鹿町宿南（ようかちょうしゅくなみ）に伝わる写本『掃部狼婦物語（じゅうにひとえ）』に登場する化け狼。郷士・高木掃部の前妻に命を救われた恩を返すために、高木家横領を企てていた後妻を食い殺してその女になりすましていた。あるとき、山伏が狼の群れに襲われ、木の上に逃げるが、狼たちは次々と積み重なって木の上まで到達しようとする。しかし、今一歩のところで届かないので、「カモン、カモン」と呼ぶとひときわ大きな狼が現れ、山伏に飛びつくが、額に短刀を受けて逃げ去る。その後、掃部の家を訪れた山伏は、掃部の妻が先ほどの狼であったことを知る。狼はその短刀がかつて盗まれた高木家の宝刀であることを知り、取り返そうとしていたのだった。柳田國男が取り上げた「鍛冶屋の婆」とよく似た話で、同じ但馬の城崎郡温泉町（現・新温泉町）には「鐘尾のガイダ婆」という同様の話が

伝わっている。「送り狼」と並んで、狼に対する日本人の両義的な感覚が反映したものととらえることができる。

芝右衛門狸

淡路の有名な化け狸。人間に化けて芝居見物に出かけて、不運にも犬に食い殺されるというエピソードが有名だが、その場所は淡路・徳島・大阪など、伝承によってまちまちである。そのうちの一つ、大阪・道頓堀の中座では、奈落に芝右衛門狸を客招きの神として祀っていたが、中座の閉館後、2000（平成12）年に芝右衛門の故郷とされる洲本市に「里帰り」し、現在は洲本八幡神社に祀られている。

砂かけ婆

頭上から砂をかける妖怪。柳田國男の「妖怪名彙」で取り上げられた事例が奈良県のものだったため、奈良県の妖怪とされることが多いが、実際は大阪・兵庫の摂津地域でよく聞かれる怪である。西宮市今津では、松の木の下を夜通ると、狸が頭上から砂をかける。これを砂かけ婆とよんでいるが、音だけで砂は見当たらないという（『民間伝承』4-3）。また、尼崎市や伊丹市にも砂かけ婆が出たとされる場所がいくつかある。「婆」と言いながら老婆の姿をしているという伝承はなく、はっきりと狸の仕業と語るところが多いようである。但東町（現・豊岡市）平田の峠にも同じく砂をかける怪があり、「峠の砂まき」とよばれていた。これも狸の仕業とされている（『但東町の民話と伝説』）。

スミツケ

通りかかった人の顔に墨をつける妖怪。14世紀に赤松円心の子・則祐によって築城された感状山城（相生市）は、天正年間（1573〜92）に秀吉の中国攻めにより落城したが、そのときに抜け穴を通って脱出しようとした武士が穴から出られないまま死んでしまい、その怨念が光間寺の鐘楼の地下から現れて、夜、通りかかった人の顔に墨をつけるのだという（『播磨』71）。嘉吉の乱や秀吉の中国攻めなどで戦場となった播磨には、落城にまつわる伝説が多く、これもその一つであるといえる。

高入道

西宮市今津の酒蔵の間の狭い路地によく出たという。不意に眼前に現れ、見上げると天まで達するほどの背丈になる。ただし、物差で1尺（約30cm）、2尺、3尺と計ると消える。その正体は狸とも狐ともいう（『民間伝承』4-3）。但馬では見越入道とよび、鼬が化けたものとされる。養父市大屋町では、黒い影の下に鼬がいるから、影の真ん中を蹴り上げると驚いて逃げるという（『兵庫県の秘境』）。千種町（現・

近 畿 地 方　197

宍粟市）では、鼬が化けた大入道に出会った時の呪文を「イタチの道切る、天切る地切る、わが行く先悪魔を祓う。ナムアビラウンケンソワカ（3回唱える）」と伝えている（『千種　西播奥地民俗資料緊急調査報告』）。

ツチノコ

奥播磨では、恨みを残して死んだ者の霊はツチノコとなり、夜道で人の足を取る。足を取られた者は動けなくなり、声も出なくなるので、朝までその場に立ちすくんでいるしかないという（『西郊民俗』13）。これは四国のノッゴなどに似た、目に見えない霊怪であるが、但馬ではツチといういわゆる UMA（未確認動物）としてのツチノコに近い怪異が伝承されている。体は槌に似て太くて短く、黒みがかった灰色の蛇で、獰猛で人に食いつくという。養父市能座では、栗の木を柄にした鎌でツチに触れると、触れたところが口になるので、「栗の木は鎌の柄にするな」といわれているという（『兵庫県の秘境』）。また宝塚市ではゴハッスン（五八寸）ともいう。胴回り5寸（約15cm）、長さ8寸（約24cm）の太くて短い胴体からその名がある（『伊丹台地の史話と昔ばなし』）。

ナベカツギ

加東市社町上鴨川でいう。黄昏時に目の前を真っ暗にする。これをナベカツギといい、狸の仕業とされた。昭和初期まであったという（『上鴨川の民俗』）。通行人の視界を塞ぐ怪としては、「野衾」や「塗り壁」などがよく知られているが、これも同様の怪といえるだろう。

ヒダルガミ

ヒダルボウともいう。取り憑かれると耐えがたい空腹感に悩まされる。空腹のまま山道を歩いていると取り憑かれることがあるといい、そのときは米を一粒放るか、ご飯を一粒でも食べて「あーうまかった」と言えばすぐに治るという（『旅と伝説』9-1）。同様の怪は各地に伝承があるが、ヒダルガミの名称は特に兵庫県の摂津・但馬地域、および奈良県でよく聞かれる。

ワタボッサン

綿帽子さん。津名郡東浦町（現・淡路市）のヤケノスジとよばれる町道に出たという怪。闇夜に薄ぼんやりと白い綿の塊のようなものがふわふわと飛ぶ。祠を建てて祀るようになると出なくなったという（『続むかしばなしひがしうら』）。

砂かけ婆

地域の特徴

奈良県は、総面積が全国で40番目となる狭い県であり、海に面していないという特徴をもつ。県北西部には奈良盆地が位置し、県南部には近畿地方で最も高い山岳地帯が広がり、奈良県総面積の76.9%を森林が占めている。山地は、紀伊半島を横断する中央構造線で南北に分かれ、南部には古くから修験者の修行の場であった大峰山脈のほか、伯母子岳、大台ケ原など標高1,000mを超える山々が連なる。北部には比較的標高の低い生駒・金剛山地、竜門山地、宇陀山地、笠置山地・大和高原、佐紀丘陵などがあり、盆地を囲んでいる。

奈良盆地は「国中」と称され、峠を越えて多くの道が全国へ通じていた。近世には河内、伊賀・伊勢、熊野方面へ街道も発達した。県南部の山地からは、良質の木材が十津川（熊野川）などを利用して運搬され、また山を越えて行商人や芸能者が訪れるなど、物資や情報が行き交った。奈良の特産品には、近世より酒造や絞油、織物、木工芸品、売薬などがあった。

奈良の民俗を考える際には、県北西部の奈良盆地と南部に広がる広大な山地の両者の特徴を視野に入れる必要があるだろう。また「奈良県風俗誌」とよばれる一連の史料（1915年）に近代の暮らしが記録されている。

伝承の特徴

奈良県では、現在も数多くの遺跡や古墳が点在している。そのため、古墳や塚にまつわる伝承は多い。また、東大寺や興福寺、元興寺などの諸大寺や春日大社などが勢力をもち続けたことから、寺院仏閣に関わる伝承も多い。

奈良盆地は降水量が少なく、河川の水量も乏しいため、旱魃に苦しめられてきた。そのため、古くから溜池をつくるなどの工夫をして稲作を行ってきた。他方、南部の吉野地方は雨の多い山岳地帯で大山林があるが、土

近畿地方 199

砂崩れなどの災害も多い。例えば吉野郡の丹生川上神社（上社は川上村、中社は東吉野村、下社は下市町に鎮座）などは、古来より雨乞いと止雨の神様として信仰を集めている。天気や自然災害などに関する伝承も多い。

また奈良県南部には、役行者が開いたとされる修験道の修行場であった大峰山などがあり、天狗を中心とした妖怪・怪異伝承が多い。奈良県南部に広がる山岳地帯の豊かな自然が、天狗を中心としたさまざまな山の妖怪を生み出してきたといえるだろう。

主な妖怪たち

一本足・一本ダタラ

一つ目、一本足の妖怪。吉野郡川上村と上北山村の境界、伯母ヶ峰や十津川村など、主に山間部に出没するという。伯母ヶ峰の奥深くにて、昔、射馬兵庫という武士が、背中に熊笹の生えた 猪 を銃で仕留めた。猪は、伯母ヶ峰に棲んでいた猪笹王の亡霊であり、兵庫への恨みから、一本足の鬼となって伯母ヶ峰に現れ、旅人を取って食べるようになった。そのため東熊野街道は廃道同然となり、丹誠上人が伯母ヶ峰の地蔵を勧進して一本足の鬼を封じた。以後、一本足の鬼は出なくなったが、毎年旧12月20日だけは一本足に任せるという条件をつけたため、この日は「果ての20日」といって、伯母ヶ峰の厄日として警戒されている（『大和の伝説』）。

また十津川村では、一人の猟師が玉置神社にお参りをして歩いていると、身の丈1丈（3m）もある一本ダタラが現れて、猟師に喚き合いの勝負を挑んだ。一本ダタラは、勝てば道を通してやると言い、ものすごい声で喚いた。猟師はとても勝ち目がないと思って、一本ダタラに目をつぶって近くに寄るように言った。そして近寄ってきた一本ダタラの耳に火縄銃を近づけ、発砲した。一本ダタラは驚いて逃げていったという（『十津川郷の昔話二集』）

額塚

藤原氏の氏寺である興福寺の境内、南大門跡の西に額塚という小丘がある。764（天平宝字8）年5月、南大門の芝生に大きな穴ができて洪水が噴出し、行き来できなくなった。占者が占い、南大門にかかっている「月輪山」の額の「月輪」が水に縁のあるため、これを取りおろせばよいと告げた。額を取り下ろしたら、たちまち洪水がおさまった。その額の埋められたところに、額塚がある（『大和の伝説』）。この他、同

じく春日大社境内にも額塚がある。

ガゴゼ（元興寺）

元興寺に出没する鬼を指す。平安時代初期の仏教説話集『日本霊異記』に出てくる道場法師の鬼退治がガゴゼの原型とされる。敏達天皇の時代、ある農夫のもとに雷神が落ちてきた。農夫は雷神の願いを叶えたことにより、子どもを授かった。子どもは成長して怪力をもつようになり、元興寺の童子（道場法師）となった。やがて寺の鐘楼に人食い鬼が出るようになると、童子はその退治を申し出て鬼と闘った。闘いは真夜中から夜明けまで続き、鬼は頭髪を引き剥がされて逃げ去った。童子は鬼の後を追いかけるが、辻子で見失ってしまう。そのためこの辻子は不審ヶ辻子、俗に「ふりがんづし」とよばれるようになり、鬼の頭髪は元興寺の寺宝になったという。江戸時代になると、ガゴゼは元興寺に住む鬼として『南都名所集』（1675〔延宝3〕年）に紹介され広く知られるようになった。江戸時代後期には、鳥山石燕の妖怪画『画図百鬼夜行』（1776〔安永5〕年）に描かれ、図像化された。

吉備塚

奈良市東南端、奈良教育大学の構内（旧帝国陸軍歩兵第五三連隊内）に吉備塚がある。奈良時代、遣唐留学生として唐に渡った吉備真備の墓地と言われてきた。昔から、さわれば祟りがあると言われ、田圃の中で一鍬も入れずに残されてきた。工事に着手すると、必ず変わったことが起こったので、そのままにしたという。ここに、大きな蛇や狐が住んでいるという人もいる（『大和の伝説』）。

吉備塚古墳は径約20m、高さ約3mの比較的なだらかな小さな塚で、発掘調査より、現在では吉備真備の墓とは時代が異なる古墳の一つとされている（『吉備塚古墳の調査』）。

源九郎狐

源九郎稲荷ともいう。人をだまして悪戯をする大和の狐。播磨（兵庫県）の刑部狐の兄弟といわれている。源九郎狐は、『浮世草子』や『西鶴諸国はなし』にも取り上げられ、諸国の女の髪を切り、家々のほうろくを割らせ、万民を煩わせる狐として現れる。源九郎稲荷は浄瑠璃「義経千本桜」にも登場するが、ここでは源義経に忠義を守る狐として描かれている。大和郡山市にある源九郎稲荷神社（祭神・宇迦之御魂神）は、源九郎狐ゆかりの神社である。

ダル

ダリ、ヒダルガミともいう。山中を歩いている人に憑いて、急に空腹感を感じさせたり、動けなくさせたりする妖怪。運搬中の

牛や馬などにも憑く。奈良県最南端に位置する十津川村の旧熊野街道（世界遺産「熊野参詣道小辺路」）に入る三浦峠（海抜1,062m）に出没するダルは、ものを食べずに死んだ人、のたれ死んだ人の妄念で、憑く人と憑かない人がいるという。桜井市南部の多武峰のあたりではヒダル神と呼び、たいてい四ツ辻になったところにいるという。山道で倒れるとか、首をくくって死んだ人があると、ヒダル神が憑いたという（『あしなか』）。ヒダル神と同じような妖怪は全国各地の山間部に伝承されており、ヒダル神に憑かれたときは、弁当のご飯を少し残しておいて一口食べるとよいなどの伝承があり、山に入る際に注意すべきことを示しているともいえる。

ジャンジャン火

怪火の一種で、ホイホイ火、ザンネン火などともよばれる。奈良盆地の東にそびえる龍王山（標高586m）の山頂には、15世紀後半に十市郡十市（現・橿原市）を本拠とする戦国武将・十市遠忠が城主を務めた龍王山城跡がある。十市遠忠は、松永久秀に責められて憤死したため遠忠の怨念が残り、これが怪火を起こすという伝説がある。また落城してからは、毎年怪しいヒタマが西へ飛び、遠く離れた場所でもジャンジャンと火の燃える音が聞こえるという。さらに、遠忠の怨念が火の玉になって山頂に現れ、「オーイ」とよびかけると、ジャンジャンと音を立て、火の玉は大きくなりながら追いかけてきて、よんだ者を焼き殺してしまうという。これをホイホイ火とよぶ。

山辺郡二階堂村大字前栽（現・天理市）の庄右衛門という浪人が、大晦日の夜、ジャンジャン火に襲われ、黒焦げになって死んでしまった。その際に振りかざした刀が石地蔵の首に触れ、首が落ちた。この地蔵は首切地蔵として現在も天理市田井庄町、十字路の辻堂（現・天理大学体育学部キャンパス角の交差点）に立っている（『大和の伝説』）。怪火の伝承は全国にみられるが、奈良県では龍王山城の武将・十市遠忠の怨念によるとする伝説が多い。また名前の由来どおり「ジャンジャン」と音を立てて怪火が飛んでいくのが特徴である。

砂かけ婆

頭上から砂をまく、あるいは砂をまく音をたてて人を驚かす妖怪。砂かけ婆は、人淋しい森の陰や神社の陰を通ると、砂をふりかけて人を驚かすが、その姿を見た人はいない（澤田四郎 『大和昔譚』1931年）。柳田國男が「妖怪名彙」にて奈良県の砂かけ婆の事例を紹介したことから、奈良県の代表的な妖怪として取り上げられるように

なった。また水木しげるの『ゲゲゲの鬼太郎』に登場する砂かけ婆の老女のイメージも強い。しかし柳田も指摘するように、「姿を見た人は無いというのに婆といっている」のがこの妖怪の特徴である。

土蜘蛛

人を食べる巨大な蜘蛛の妖怪。平安時代の武将、源頼光が退治した伝説により有名となった。御所市の葛城一言主神社の境内には土蜘蛛塚がある。神武天皇が葛（つる草の総称）で網をつくって土蜘蛛を取り、頭・胴・脚の３部分に切断して別々に神社の境内に埋め、その上に巨石を据えた。これが土蜘蛛塚であり、土蜘蛛を取った葛の網に因んでこの地方をカツラキ（葛城）とよぶようになったという（『大和の伝説』）。他にも、御所市高天町に大きな土蜘蛛が住んでいたので、矢で放ち、打ち取った蜘蛛を高原彦神社のかたわらに埋めたという伝説もある（『大和の伝説（増補版）』）。

ツチノコ

1970年代に日本中でブームとなった幻の蛇。それ以前のツチノコは、頭だけの蛇もしくは胴体だけの蛇を「ノヅチ」とする伝承と、物を叩く道具である槌そのものの妖怪とする伝承があった。奈良県吉野郡大塔村（現・五條市）では、ノヅチは槌の形をした蛇のようなもので、人影めがけて突進してくるという。ノヅチに先に見つけられると、高熱が出て死ぬこともあるという（久谷哲久他「伝説」『中京民俗』9、1972年）吉野郡下北山村では、ノヅチをツチノコともよび、海に４年、山に４年修行して天に昇るが、人に見られると出世できないという（『近畿民俗』）。

天狗

奈良県南部では、修験道の開祖とされる役小角が活躍していたため、修験道と関係の深い天狗の伝承が数多く伝わっている。全国に名を馳せた八天狗のなかに、奈良・大峰の前鬼坊も名を連ねており、奈良の山間部のあちこちに天狗がいるとされた。例えば十津川村高津の大断崖の天狗崖には大天狗、小天狗がたくさん住んでいた。秋になると天狗のため大断崖は美しくなるという。しかし天狗の意に反すれば、たちまちその怒りにふれて、不祥事に遭うとされた（『大和の伝説』）。葛城の大天狗は、修行のため葛城山の山奥に入り込んでくる山伏たちを追い払おうとするが、役行者によって深い谷底に落とされた。それ以降、天狗の一族は二度と山伏たちの修行の邪魔をしなくなり、それどころか修行の手助けをし、守り神として祀られるようになったという（『葛城のむかしばなし』）。

近 畿 地 方　203

一本ダタラ

地域の特徴

　和歌山県は紀伊半島の西南部に位置している。山地が広い面積を占め、紀ノ川、日高川沿いをのぞくと平地は狭い。しかしながら、眼前には海が開けており、紀伊水道に面する出入りの多い海岸の大小の湾入を港として使用し、人々は明治まで陸上交通よりも海上交通に依存し生活していた。

　紀ノ川と有田川の流域、紀北地域の中心、和歌山の城下町は幕末期には人口約9万人に達し、全国第8位の都市であったと推定されている。紀州藩は徳川御三家のひとつとして、文化の育成にも力を注いでいた。1806（文化3）年から30年近くを費やして、仁井田好古を中心として、国学者の本居内遠、本草学者の畔田翠山をふくむ知識人たちに、藩内の自然地理、人口、田畑石高、物産、旧跡、伝承などをまとめさせ『紀伊続風土記』を完成させている。また、紀北の東部の高野町に存在する真言宗の総本山・金剛峯寺は、古くからこの国の仏教文化の中心のひとつであった。このように紀州には紀北地域を経由し先進的な文化がもたらされていた。

　日高川流域から新宮市まで、日高郡と東西の牟婁郡からなる紀南には、熊野詣の人々が多く訪れて各地の文物をもたらした。文学者の佐藤春夫は「国の大部分は深山幽谷で海岸にも河川の流域にも平地らしいものはほとんど見られない」ために「語り伝える話題も山や海だけに限られ、それも怪異の談が多い」と熊野の国を評している（『新潮』53-3）。

　また畔田翠山、南方熊楠のような本草学（あるいは、博物学）に通じた人たちの功績や、和田寛ら和歌山県民話の会などの先人による聞き書きなどの調査成果が残されているおかげで、この地域の妖怪の記録が質量ともに豊富であることは特記しておくべきであろう。

伝承の特徴

　京都、大阪方面から先進の文化が紀州に入ってくる経由地であった紀北

地域には、夜、ある道をはばき（脚絆）をはいて通ると知らぬ間に脱がせてしまう「脛巾脱ぎ」や、後述する「銭筒こかし」「天蓋」など、他地域ではあまり聞かない名や形、行動の特徴をもった妖怪が伝えられているのが興味深い。一方、紀南地域には「一本ダタラ」や「牛鬼」「送り雀」など、いかにも山深い地にふさわしい感じの話が伝わっている。また紀北では河童の仲間を「ガタロ」「ガァタロ」など、京阪神の「川太郎」に類する名でよぶことが多いのだが、紀南では「ゴウラ」「ゴウラボシ」などとよぶことが多く、夏は「河童」だったものが冬に山に入って「カシャンボ」になるといい、紀北と紀南に地域差のあることがうかがえる。

主な妖怪たち

一本ダタラ

紀南地域に伝わる一つ目一本足の妖怪。古くは『紀伊続風土記』巻之80「色川郷（那智勝浦町、古座川町）」の項に「一蹈鞴」の伝承が記録されている。これは強盗、あるいは妖賊とされ、那智山の奥の寺山に住んでいた。熊野三山の神社を襲って宝を奪い、雲取峠を行く旅人をさらうなど悪事を働いたこの賊は、狩場刑部左衛門という勇猛な男によって退治された。刑部左衛門はその恩賞として寺山を得たが、色川郷に寄付し立合地（共同管理地）とした。彼の死後、人々は那智勝浦町樫原の王子権現社に祀った。現在、樫原には大正時代に建てられた刑部左衛門の記念碑が残されている。この怪物の話は牟婁郡周辺に多数分布しており、その名称や姿、特徴は多くのバリエーションを生んでいる。那智勝浦に伝わる「一つたたら」は「身の丈が3丈（約9m）もあり、目が一つで、手も足も一本の化物」で、一つ目を射られて退治されたという（『那智勝浦町史』下）。南方熊楠が紹介する話では、寺の僧侶を取って食う妖怪「一ツダタラ」は鐘を頭にかぶって闘い、矢がついたという刑部左衛門の嘘に騙され、鐘を脱ぎ捨てたところを実は温存してあった最後の一矢で射倒されたとある（『十二支考』）。田辺市本宮町に伝わる一本足の「一本ダタラ」は大声を上げる勝負を人に挑み、負かされた者は連れて行かれてしまうのだが、耳の中に銃を発射されたときにはさすがに逃げて行ってしまったそうだ。

　以上のような退治譚のなかのキャラクターであるだけでなく、実際に山の中で遭うかもしれない存在として語られることも多く、本宮町には「一

本タタラ」と間一髪遭遇するところを狼に袖をくわえられ足止めされたおかげで難を逃れたという話があり（『熊野の民俗』）、新宮町には狼がそのうなり声で「一ツタタラ」を撃退し、妖怪に追われていた人を助けた話もある（『和歌山の研究』5）。

牛鬼　畔田翠山は辞書『古名録』の「うしおに」の項で、古典の『枕草子』や『太平記』などの書物にみられる「牛鬼」は中国の「山魈」と同じものだとしたうえで、熊野の言い伝えでは、「牛鬼」は毎年12月20日に山を下って海へ出ると記している。この怪物は足跡が一本足だとされており、彼は一本足の山の神に「牛鬼」の名をあてたようだ。翠山も編さんに関わった『紀伊続風土記』には、田辺市の牛鬼滝で猫のような声で泣く怪物に遭遇した話、三重県の御浜町片川に「牛鬼」を封じる碑が建てられたという話も採られており、翠山たちがこの妖怪に注目していたことがうかがえる。紀南から三重県の東紀州地域にかけては、淵や滝などの水界に棲んで人に害をなす怪物の言い伝えがいくつも伝わっており、それらにも「牛鬼」とよばれるものがある。すさみ町の琴の滝に出る「牛鬼」に影を食べられると死んでしまうといい、古座町の「牛鬼」は美しい女に化けて現れたりする（『和歌山の研究』5）。これらの伝承では「牛鬼」の姿かたちは描写されていなかったり、鬼面牛身であったりとさまざまではっきりとしない。このようなことになったのは、それぞれ異なった怪物に、由緒もあって恐ろしげな名が後づけされたせいではないだろうか。

送り雀　夜雀ともいう。夜道を歩く人の提灯の火にひかれてやってきて、「チ、チ」とか「チン、チン」と小さな声で鳴きながらついてくるもの。夜鳴く鳥は少ないので、怪しい存在だとされる。しかしながら、その鳥の姿を見た者はないとか、実は兎なのだとかいう地域もある（『動物文学』33）。これがついてくるのは人を魔物から安全に守り送ってくれているのだという話がある一方、逆に「送り狼」や魔物の先導をしており、これが現れるのはそれらの出る先触れであるなどともいう。有田郡、伊都郡高野町、田辺市龍神村、田辺市本宮町、中辺路町など和歌山県下の山深い地の各所でいうほか、近接する奈良県吉野郡にも伝わっている。

清姫　清姫は紀伊国牟婁郡真砂の庄司清次の娘であった。熊野詣での若く美しい僧侶安珍に裏切られた彼女は、逃げる男を追いかける。渡し舟に乗せてもらえなかった日高川を、彼女は蛇体に変化して渡る。道

成寺でようやく追いついた彼女は、安珍が隠れた梵鐘を7巻き半して中の男を嫉妬の炎で焼き殺した。

　現在、よく知られている安珍・清姫の物語の粗筋は、おおよそこのようなものであろう。平安時代の『本朝法華験記』以後、『今昔物語集』『道成寺縁起絵巻』や能、歌舞伎、映画、マンガなど、この物語はさまざまに語りなおされている。清姫が変じた姿についても、例えば絵巻物では蛇頭人身、人頭蛇身、龍のような姿と場面によってさまざまに描かれている。書かれた物語と相互に影響を与え合ったはずの口頭伝承でも、蛇になったとするだけでなく、髪がすべて蛇になった姿（『熊野・中辺路の民話』）、半人半蛇（『南部川の民俗』）などと描写される場合もある。

　県下には清姫関連の伝承地が多数存在しており、田辺市中辺路町真砂の周辺には「清姫の墓」、彼女が水浴びした「清姫淵」、蛇身になった彼女がねじった「捻木の杉」がある他、彼女の父母の位牌を伝える寺まであるそうだ。さらに、御坊市には清姫の「袈裟懸松」や「草履塚」も残されている（『紀州の伝説』、『日本伝説大系』9）。彼女の父が黒蛇に呑まれようとしているのを助けた白蛇が、白装束の遍路に化けて現れたのと契ってできた娘が清姫だとする話も真砂には伝わっているという（『熊野中辺路 歴史と風土』）。

コダマ

　『紀伊続風土記』巻之四には、和歌山城下町の北端にあたる宇治地区（現在の和歌山市駅あたり）で起こる怪音現象の記録が残されている。冬の夜、東から西へバタバタという音がたちまちのうちに通り過ぎていくことがあり、霜の降りるような寒い夜によく聞かれるのだという。これは、宇治の「コダマ」とよばれていた。この記事には、怪音を発生させているのが何者か書かれていないので原因者は不明だが、このようにありえないタイミングで聞こえてきて発生源が特定できない低い打撃音は、太鼓などを叩く音であると認識され、天狗や狸の仕業であると解釈されることが多い。県下でも高野町ではそうした怪音を天狗の仕業としており、田辺市本宮町や中辺路町では狸の仕業としている。日置川町では「狸の腹づつみ」と記録されているが、腹鼓が訛ったものであろう。

銭筒こかし

　伊都郡高野町東富貴の宝蔵院近くの路上、大木があり鬱蒼としたあたりで時に聞かれた怪音。夕方や晩遅く、誰もいないのに、ドシャーンと大きな音がしたそうだ（『高野・花園の民話』）。

近畿地方　207

底主人

ソコオズ、あるいは、ソコウズとよむ。日高川の上流地域、田辺市龍神村福井に伝わる川の主である。雨も降らないのに川の水が白く濁ったり、急に赤く染まったりするのを「底主人」が出たためだとこの地域の人たちは理解していた。上流の小森渓谷にある景勝地・赤壺のあたりから現れた蛇体が通ったあとであるともいう（『紀州・龍神の民話』）。この怪物は巨人で、頭は人で下半身は蛇。夏の夜のうちに川底に幅2mほどの白茶けた跡が残されると、これが川を下ったのだと考えた。大正になって下流に発電所のダムができた頃から、この不思議な水の濁りはみられなくなってしまったそうだ（『ふるさと福井』）。

土ほり

80年ほど昔のこと。ある家の奥の間で、誰も何もしないのに、部屋の片隅から片隅へ土がとぶという椿事が起きた。見に行った人によると、土はどこからともなく飛んだそうだ。毎日、掃除して捨てに行かないといけないほどの土がまかれたそうだ。夜道などで狐狸が人に砂をかけたり石を投げたりする話は県下にも伝わっているが、この話は、事件の現場が屋内で、まかれるのが土だとされている点が他とは少し異なっている（『日高町誌』下）。

天蓋
<small>てんがい</small>

紀の川市貴志川町丸栖には天蓋薮とよばれる場所がある。夜おそく、ある人がこの薮のあたりを通ったら、大きな鯉が2匹跳ねていた。つかまえようにもつかめなくて、網をとりに帰ろうとすると、今度は竹薮からぬっと何かが突き出した。よく見ると葬式のときに使う天蓋だった。驚いたその人は近くの家に転がりこんだ。その家の人は、狐の悪戯だろうといったそうだ（『貴志の谷昔話集』）。

肉吸い

美しい娘の姿をしているが、人に触れるとたちまちことごとくその肉を吸い取る。南方熊楠の「紀州俗伝」によると、和歌山と奈良の県境附近の山中に伝わるもので、果無山、吉野郡下北山村あたりで目撃された話があるという。果無山の例では、ホーホー笑いながら近づいてきて「火を貸せ」と言ったそうだ。似たような害をなす存在に龍神村の「カシマンボウ」がある。姿かたちについては伝わっていないが、こちらは「人の皮を引きむいて、かしま（反対）にする」と怖れられていた（『紀州・龍神の民話』）。人の身体を奇妙な方法で損壊するものの話が、紀州の山中に複数伝わっているのは興味深い事実である。

野槌（のづち）　畔田翠山は「野槌」についても著書『野山草木通志』に記録を残している。現在では「ツチノコ」と総称されるこの幻の蛇は「ノウヅチ」「ノーヅツ」（高野町）、「のうずつ」（田辺市龍神町）といった方言名で、近年の民俗資料の中にもその記録を認めることができる。

船幽霊　海上交通と漁撈に大きく頼っていた紀州の沿岸部には、波高い海で遭難し亡くなった者たちの幽霊話が多数伝わっており、それらは火の玉、船舶や人に似た姿かたちで目撃される。日高郡美浜町では「杓くれ杓くれ」と言いながら船を追う怪火を「浦火」とよぶ。西牟婁郡白浜町の四双島（しそ）付近で、毬のような火の玉が現れ、後に大きな無人の船に変化したという江戸時代の随筆からの引用記事が雑賀貞次郎の『南紀民俗控え帖』に紹介されている。この四双島あたりでは、明治になっても、雨や荒れ模様の夜には必ず「幽霊船」が現れたという（『白浜町誌』上）。有田郡では死者は亡くなったときに乗っていた船の姿をみせるので、汽船から身投げした者はその汽船、帆船の場合はその帆船をみせるとされ、これらは雨で荒れ模様の夜に現れる。明治時代に樫野崎（かしのざき）で難破したトルコ軍艦エルトゥールル号の船亡霊（ふなもうれん）を目撃した人もいる（『民間伝承』3-1）。和歌山市の二里ヶ浜沖では、亡霊が化けた漁船に乗り移ろうとして海に落ちてしまったという失敗談が語られている（『和歌山市の民話』上）。人の形をした「船幽霊」については、1861（文久元）年、田辺城下の海上で男女の見分けがつかない「髪をばらりと切りはなった二名のもの」に追われた武士の話が伝わっている（『伝説の熊野』）。みなべ町近海では、時化のときに現れた「船幽霊」が細い手を差し出して「杓をくれ、杓をくれ」と言う。このとき、言われるままに杓を渡すと、その杓で汲んだ水が船に注ぎこまれ沈められてしまうので、幽霊の気配を感じた漁師はすぐ底を抜いた杓を準備する（『和歌山の研究』5）。これらと同様に海上で柄杓を要求する存在でも、大入道のような形をしているものは「海坊主」とよばれることもある（『和歌山市の民話』上、『大辺路日置川・すさみの民話』）。

メヌリ　「メンヌリ」ともいう。和歌山県と奈良県の境にある両国橋などで人に憑く。急に霧がかかったみたいになり、何かを塗られでもしたかのように目が見えなくなる。なぜか夜空の星は見えることもある。油揚げを3枚お供えすると目は見えるようになるという（『高野・花園の民話』）。

近畿地方　209

ツチコロビ

地域の特徴

　鳥取県は、日本海を北に臨み、南には中国山地が迫るという豊かな自然に恵まれた山陰地方東部に位置する（自虐的にいえば、「島根県の右」）。都道府県別人口や高速道路の整備率を最下位とする一方で、ベニズワイガニの漁獲量全国1位、ズワイガニ2位、梨の出荷量全国3位、スイカ4位という統計にも裏付けられる。主な観光名所としては県東部に「日本一のスナバ」鳥取砂丘、中部の三朝温泉と三徳山（みささ）（日本遺産）、大山（日本遺産）、さらには妖怪を駅名としたJR境線と妖怪ブロンズ像を配置した商店街・水木しげるロードがある。

　現在の鳥取県域にあたる旧因幡国（いなばのくに）と伯耆国（ほうきのくに）との両国は、戦国時代の小大名割拠を経た後、江戸時代には西国の大大名である池田氏によって治められた。県城の中心は因幡の鳥取であり、伯耆の主要地には家老や上級家臣を派遣していた。民俗伝承については、県東部の因幡は但馬（兵庫北部）と、中西部の伯耆は出雲（島根東部）と、南部の農山村域は美作（岡山東北部）・備中（同西部）・備後（広島県東部）という隣接する地域と関連がある。

伝承の特徴

　江戸時代の藩士のなかには、お家の由緒・国の風俗の記録という勤めから派生したのであろうか、地誌類の編さんに意欲を起こし、伝承の採集を行った知識層がいる。この過程で口碑伝承、特に怪談の類も収集されており、江戸時代中期の代表的なものをあげると、佐藤長通（景嶂）・長健父子による『因府夜話』、上野忠親『雪窓夜話』、『因幡怪談集』（著者不明）、野間宗蔵「怪談記」（『因州記』所収）がある。これら記録された怪談の他に、民間では昔語りが行われ、狐をはじめとする化け物が登場していた。

主な妖怪たち

赤頭　大山町名和に伝わる、常人離れの怪力の持ち主であった赤頭という人物。上には上がいるもので、米俵を12俵梯子に乗せて運んだ彼を翻弄する14、5歳のくらいの男の子がいた。この子は、お堂の柱に指1本で、5寸釘を刺したり、抜いたりしたという（『因伯傳説集』）。

小豆とぎ　小豆を研ぐような音の怪。江戸時代、鳥取の町で噂になったり（「怪談記」）、小豆洗い女という（三朝町片柴）ところもあり、七尋女房（島根県で後述）とともに出てくるところもある。

牛鬼　湯村（鳥取市気高町勝見）では、寒い夜、雨やみぞれの降るなかを歩いていると、蓑笠から顔に蛍の火のようなものへばりつくという（上野忠親『勝見名跡誌』）。越前・越後のミノムシ（柳田國男「妖怪名彙」）と同様の怪異である。また同町姫路には、首から上が牛で下が鬼の形をした牛鬼という化け物がいて、田畑を荒らし牛馬を食い殺していたが、福田左近という人物に退治されたという（『因幡伝説民話第3集』）。

海坊主　米子地方に現れたという海辺の怪。『因幡怪談集』（「伯州米子の辺にて海坊主と言者を取ること」）によれば、剛気なる力自慢の男が、浜で2尺（約60cm）まわりほどの杭のような形状で光る怪物に遭遇したという。男は苦闘の末、自分の帯でくくりつけ、家の柿の木にしばっておいた。翌日、古老の話では「これは海坊主という物で、昔、海辺を夜通るとたまたまには出没すると聞いていた」という。

おとん女郎（狐）（髪そり狐）　鳥取市本高と宮谷との間にある立見峠には「おとんじょろう」という名の狐が棲みついていたという。この狐は、峠を通行する者を丸坊主にしてしまう、いたずら狐として有名であった。なぜ「おとんじょろう」とよばれるのか、それには別の話がある。立見峠の狐が子どもを生んだが、乳の出が悪くて困っていた。そこで、いつも峠を通る油商人が昼寝をするのを見計らっては油を盗み、子狐を育てた。母狐は、子が成長すると、油商人を訪ねて経緯を話し、恩返しとして自分が美しい女に化けるので、女郎（遊女）に売ってくれと言った。「お冨（おとん）」と名付けられた女（狐）は、芸が上手なことから人気が上がり、油商人も女郎屋も財をなしたという。この話では、いつも人を化かす狐が、恩返しをするという内容になっ

中国地方　211

ていて、人から恩を受けたらその恩返しをしなさい、という教訓も含まれ
ている。

カワコ

鳥取県には東から千代川・天神川・日野川と三大（一級）河川があり、それぞれの支流の村では、旧暦7月15日には、「釜焼き」などとよばれる小麦粉の団子をつくって神棚に供え、この日は川に近づかない、年中行事がある。また、12月朔日には「師走川に落ちないように」と膝や肘に泥に見立てたぼた餅を塗る真似をするという風習もある。県西部、日野川流域の河童伝承を取り上げる。

日野川河口の町、米子には江戸時代、夜便所に行くと尻をなでられるといわれていた。ある侍が便所で待ち構えて、手が出てきたところを捕まえて腕を切り、家に持ち帰ったという。すると、加茂川の河童が訪ねてきて腕を返してくれと言う。二度と悪さしないと誓わせて腕を返すと、河童はそのお礼に傷薬をくれたという。米子には、他に河童の足跡の残る「赤子岩」も残る。

日野川上流に近い日野郡には、人馬を水に引き込む悪戯河童を高僧が懲らしめる話が伝わる。そこで高僧は、石に名号や河童の姿を描き（彫り）、これを消せなければ水から出てはならぬ（この淵に棲んではならぬ）と言い渡し、河童は必死で削り取ろうとするができなくてあきらめるという。

経蔵坊（狐）

江戸時代の鳥取城には「経蔵坊」という早足の狐が棲んでいて、殿様の使いで鳥取と江戸とを3日で往復したという。ところがあるとき、道中の播磨の三日月村で田に仕掛けられたわなにかかり、死んでしまったという。殿様は哀れがり、城内に祠を建てて祀った。これが久松山中にある中坂神社であるという。

ショロショロ狐

鳥取市と岩美町の境、駒馳山のふもとの水がショロショロと音を立てて下がる所に出没しては美しい娘に化けたという狐。ある日、馬子をだまそうとしたところ、村に連れて来られ、苦し紛れに石の六地蔵の7体目に化けたが、馬子が7体の地蔵に順々にヤイト（灸）を据えたので、見つかったという。

ツチコロビ

県中部の山間部で伝わる胴体の太い蛇。古くから「伯耆中津の山間の村でも、槌転びというくちなわがいて、足もとに転がって来て咬み付くといっている（「妖怪名彙」）」という。三朝町では、「つちの子」が飛び出るというところもある（片柴）。同町神倉、

今泉では昭和35、40年の目撃譚も伝わる。

天狗

霊峰に棲むという天狗は、山の霊性や修験者の神格化と考えられ、県内で大山（西伯郡大山町）の伯耆坊や三徳山（東伯郡三朝町）の日中坊など固有の名前がある。特に大山には、天狗がいるので、子どもは2歳のときに初めてお参りし、後は10歳になるまでお参りできない習慣がある。小泉八雲が「骨董」で取り上げた、天狗に赤子の首を取られるという龍王滝（幽霊滝）のある滝山（日野郡日野町）の伝承にも通じる。米子市、江府町、日南町には大山の天狗が羽根を休めたという松の伝承があり、『陰徳太平記』には、大山大智明権現の神勅を尼子晴久に伝える天狗風の山伏が登場する。

徳尾の大坊主

「徳尾の森」（鳥取市徳尾の大野見宿禰命神社叢）は、千代川左岸の鳥取平野に独立して存在する照葉樹林の丘陵であり、夜になれば人寂しい所であった。ここには、江戸時代から化け物が出るといわれていた。

ある勇敢な侍が化け物の正体をあばいてやろうと、日暮れに出かけてきた。侍は森の脇にある茶店に寄り、亭主に化け物のことを尋ねると、夜更けに森を3回まわると出現するという。そこで森に入って、言われたとおりにすると、見上げるような大坊主が現れて、侍をにらみつけた。ところが侍はびくともしない。すると大坊主の姿は消えてしまった。

侍が森を下り、茶店の亭主に大坊主の話を聞かせると、亭主は「こんな大坊主でしたか」と、一回りも大きな大坊主に化けたので、さすがの侍もびっくりしたという。

鳥取の蒲団

鳥取のある旅館で使われていた蒲団は、夜中「あにさん寒かろう？」「おまえ寒かろう？」とものを言った。そのわけは、冷酷な家主に取りあげられた蒲団に、貧しくして亡くなった兄弟の念が染みついたものだったという。後に蒲団は供養されて、しゃべることはなくなったという（小泉八雲「日本海のほとりにて」）。

化け猫おふじ

天台宗の古刹・転法輪寺（琴浦町別宮）の山門に刻まれた彫刻の猫とともに語られる伝説。化け猫が、長年飼われた恩返しをする話でもある。住職は飼い猫のおふじが他の猫に「盆踊りに行こう」と誘われるのを聞き、化けて踊ることを知る。化け猫の正体を知った住職は猫を追い出す。それから何年か経って、隣国の長者から

「亡き妻の葬儀を邪魔する物の怪を追い払ってほしい」と頼まれる。住職が長者宅に行くと、猫が現れ「住職さんが拝んだら物の怪は消えるので、お礼をたくさんもらいなさい」といい、そのとおり事が運んだという。

フゴオロシ
大きな木のそばを通ると、フゴ（藁で編んだ円形の運搬具）が下りてきてさらわれるという（鳥取市気高町宝木、瑞穂）。同様に「天狗のカゴ下ろし」というところもある（三朝町片柴）。

山てて（父）
鷹匠が鷹を求めて智頭の山奥に入って小屋がけしていたところ、ある夜に身の丈6尺（約1.8m）、裸で全身に毛が生えている老人がやってきて火にあたった。髪は赤く縮れて顔は人とも猿ともつかない。言葉も通じなかった。後に古老に尋ねると、「山てて」であり、これにあたると山が荒れると答えたという（「怪談記」『因府夜話』）。

ヨブコ
鳥取地方では山彦すなわち反響を呼子または呼子鳥という（『因伯民談』1-4）。何かそういう者がいてこの声を発すると考える者もある（「妖怪名彙」）。

雷龍
1791（寛政3）年5月晦日暁に因州城下に落ちたという幻獣。タツノオトシゴのような形状で大きさは8尺（約2.4m）あったという。

七尋女房

地域の特徴

島根県は中国地方の日本海側に位置し、同地方では広島、岡山に次ぐ面積をもつ。東西に非常に長く、東の安来市と西の津和野町との間は約230kmの距離がある。また、海岸線の総延長は1,027kmにも達する。旧国名でいえば、出雲・石見・隠岐の3国からなり、それぞれに文化の個性は異なる。

出雲地方は比較的平野があり、稲作を中心に1年をサイクルとする再生継続型の生活が営まれてきたといえる。石見地方は出雲に比べると、山が海にせり出す地形で平野が乏しく、稲作と焼畑農耕を含む畑作とが合わせて行われ、ハンゲ(半夏生)を境に山の畑の仕事が始まる。したがって出雲ほど1年単位の安定型ではなく、区分転換型の生活がみられる。また、石見地方は浄土真宗が浸透したことも、出雲・隠岐とは異なる民俗文化の形成を促す要因となった。隠岐地方は主として出雲地方と共通の民俗文化もみられるが、島嶼部ゆえに独立性も強く、歴史的には遠流の地として京文化の影響、北前船による文化交流の影響なども認められる。

民俗文化的には、出雲は伯耆(鳥取県西部)や備後(広島県東部)と、石見は安芸(広島県西部)との共通性が顕著にみられる。

伝承の特徴

古代の歴史書である『古事記』上巻の3分の1は出雲系の神々や出雲を舞台とする出雲神話で彩られ、また733(天平5)年に成立した地誌『出雲国風土記』は全国でも唯一の完本である。『古事記』の出雲神話に、冥府に下った伊邪那美と黄泉国の醜女たちが「見るな」のタブーを犯した伊邪那岐を追いかける黄泉比良坂の物語があるが、その姿は山姥の伝承を髣髴とさせることで知られる。『出雲国風土記』の大原郡阿用の郷の地名は、目ひとつの鬼が来て田をつくる男を食らったところ、男が「あよあよ」と

中国地方 215

言ったからだと説明する。山間部でたたら製鉄を営む人々への里人の畏敬の念が生み出した伝承とされ、「一つ目」は火を扱うたたら師たちの一種の職業病と解釈される。また八束水臣津野命が島根半島を大陸や隠岐島、能登半島から引き寄せたという「くにびき神話」も一種の巨人伝説とみなすことができる。このように古代の文献にも妖怪文化に連なる伝承がみえるのが一つの特色だろう。

　島根県の約8割は山間部であり、また海岸線が長いという特色もあり、山の怪、海の怪、水の怪、道の怪など自然への畏敬の心から生まれたと思われる妖怪伝承が顕著である。なかでも、七尋女房、牛鬼、濡れ女、化け猫などは島根を代表する妖怪といえるだろう。ただ、城下町である松江では、子育て幽霊、雲州皿屋敷、橋姫など、概して都市部に多い妖怪伝承もみられる。

主な妖怪たち

小豆とぎ

もの淋しい町はずれの森から、小豆とぎという妖怪が出て人をとるという伝承がある。小豆とぎは小豆を混ぜ返すような音をたてる（『郷土研究』2-4）。松江市北田町には、かつて小豆磨ぎ橋という橋があり、この近くでは小豆をとぐような怪音が響いたという。その橋の上で「杜若」の謡曲を歌うと橋姫が現れ怪事を起こすともいわれる。この伝説は、小泉八雲が「神々の国の首都」（『知られぬ日本の面影』所収）に再話、紹介し、広く知られるようになった。

牛鬼と濡れ女

主に石見地方に伝承される海の怪。牛鬼は海中に棲み、大きな一つ目の牛の姿で夜間、夜釣りの釣り人を襲う。濡れ女とセットで現れるとされる。まず濡れ女が現れて釣り人に赤子を抱かせた後、今度は牛鬼が海から出てきて釣り人を追いかけて突き殺すという。大田市新市の染物屋の政五郎が2里（約7.9km）ほど離れた大浦の海岸で釣りをしていると、あまりによく釣れるので「釣れのよい時は濡れ女が出る」という伝説を思い出した。まもなく濡れ女が現れ赤子を抱いてくれと言う。赤子を抱くときには手袋をしろと言われるが、なかったので前垂れで手を覆ってから赤子を受け取ると濡れ女は海中へ消えた。政五郎は赤子と前垂れを投げ捨てて懸命に逃げ出したが、やがて牛鬼が追いかけてきた。蹄の音は大地を轟かし吐く息の音は耳をうがつほど大きい。

216

7町（約760m）も走って人里に達し、農家に助けを求めた。牛鬼はその家の周囲を巡り、「ああ取り逃して残念だ」と言って去ったという（『郷土研究』7-5）。

海女房

濡れ女によく似た海の怪で、出雲地方の海岸部に伝承される。出雲市十六島の漁師の家で、鯖の塩漬けをつくって重石をのせておいた。留守番をしていた老人が怪しい目がふたつ光っているのを見つけ屋根裏に逃げて下を見ると、赤子を抱いた化け物が入ってきた。赤子を抱いたまま漬物桶の石を軽々と取りのけ、塩漬けの鯖を食い、赤子にも食べさせ「じじいはどこへ行った。口直しに取って食ってやろうと思ったに」と言いながら去って行ったという。牛鬼も海女房も山姥と同じ性格をもつ妖怪で、人々の海への畏怖の念が垣間みえる。

大人

県内には大人（巨人）にちなむ地形説明譚がいくつか伝承される。松江市鹿島町名分にある20mほどの足跡型の窪地は大人の足跡とよばれている（『山陰民俗』16）。出雲市平田町檜山でも大人が歩いた跡が窪地や溜池となって残っている（『ひらたしの昔話』）。出雲市佐田町毛津にはかつて大人が住んでいたといい、彼が歩き出して第一歩をしるした場所が一窪田と名付けられた（『佐田町の民話と民謡』）。邑智郡邑南町でも大人の足跡があり、大人町、大人原とよんでいる。巨人は東日本ではダイダラボウ、ダイダラボッチなどとよばれるが、異常な存在としての畏怖の対象であり、同時に地方の国土創造神話の片鱗をうかがうことができる。

オショネ

松江市八束町に伝承される手足のない子どもの姿をした妖怪。中海で漁をしていた漁師が寒いので釣鐘（炬燵）にあたって下を見ていると、目の前に大きな山が現れた。目をつむったまま釣り竿を引いていたが、しばらくして目をあけると櫨の竹の上で手も足もない3人の子どもが火を真ん中に囲んで焚火をしていた。漁師はオショネに化かされたと気づき、釣鐘に向かってシュシュミという植物の葉を投げ込むと、オショネは驚いて飛んでいき、嵩山の松の木に提燈になってぶらさがったという（『ふるさとの民話 出雲編』）。

カワコ

全国的にあまりにも有名な水の怪だが、島根県内でも出雲地方を中心に主に「河童駒引き」「河童の詫び証文」の伝説として伝えられている。1717（享保2）年に成立した出雲地方の地誌『雲陽誌』によれば、西川津村の水草川で河童が馬を川に引き込もうとして失敗し、

持田村で陸に引き揚げられ里人に陳謝して詫び証文に手判を押した。以来、詫び証文を村の神社で祀り、川で泳ぐときには村人は「雲州西川津」と唱えると水難を逃れるという。なお、出雲地方では河童をカワコとよんでいる。仁多郡奥出雲町下阿井には駒引きの伝説にちなむ川子原という地名があり、悪さをしなくなった河童を祀るカワコ神社も存在する。

子育て幽霊

身ごもったまま葬られた母の幽霊。外中原町にあった飴屋に、毎夜、1厘だけもって飴湯を買いに来る顔の青ざめた白装束の女がいた。主人がどこの方かと訊ねたが、女は黙って帰って行った。ある夜、意を決して主人が女の後をつけていくと大雄寺の境内に入り、やがてある墓の前で姿を消した。赤ん坊の泣き声がするので掘り返して提燈の灯でみると、元気な赤ちゃんがおり、その傍らには毎夜飴を買いに来た女のむくろがあった。その赤ん坊は助けられ、北堀町の某家にもらわれてよい娘になった（『松江むかし話』）。この他、益田市など県内で16の事例がみられる（『北東アジア文化研究』39）。

さで婆さん

11月26日に便所に出現し、下の方から尻を箒でなでるという妖怪。出雲地方全域に伝承される妖怪で、この日の晩には大便所に行くなというタブーがある。実態としてはカイナデなど伝統的な便所の妖怪と共通するが、11月26日は、年に一度、旧暦10月に出雲の神在祭に集まる神々が諸国へ帰る日で、それを神等去出とよぶ。その晩には多くの禁忌が伝えられる。したがってサデ婆さんは、お立ちになる神々の神威への畏れゆえに物忌みがなされたことを象徴する霊的存在で、出雲信仰と密接に関わる妖怪である（『伝承怪異譚』）。

セコ

山で聞こえる怪音の一種で隠岐地方に伝承される。隠岐の島町倉見ではセコの通り道と知らずにそこに木挽きが小屋を建てると、「ヨイヨイヨイ」といって毎晩セコが出てきて小屋を突き抜けて通ったという（『ふるさとの民話　隠岐編Ⅲ』）。隠岐島後のセコはイタチのように身軽で、こちらでヨイヨイと鳴くと、すぐ飛んで行ってあっちでヨイヨイと鳴く。ヨイとかホイとか人の呼び声に似た声だが、特に一声で鳴いたときは気をつけなければならない（『民間伝承』25-1）。セコという呼称は、狩りの際に鳥獣を駆り立てる勢子が出す声に似ていることによる。なお、セコは九州では山太郎、山ン太郎、ヤマワロなどとよばれ、河童が山に入った姿ともいわれている。

七尋女房
（ななふろにょば）

　出雲地方東部、隠岐島前地方で主に坂道・峠・水辺などに現れる大入道系の道の怪でナナヒロオンナ、ナナタケオンナともよばれる。海士町西の中畑七衛門が夕暮れ時に馬で須賀へ行く途中、奥山から小石が飛んできた。七尋女房の仕業だと気づき、自宅から刀を持ってくると、女房はおむつを洗濯するように見せかけたが、彼はかまわず切りつけた。七尋女房は顔面に傷をうけながら松山に飛んで石と化した。「女房が石」といわれ今も成長を続けているという（『隠岐島前民話集』）。松江市島根町加賀の浜の子どもたちが小学校の前の川にホタル捕りに出ると、1ｍほどの背丈の女によく出会った。「あははは」と笑いながら七尋（約12.7ｍ）もある大女になってみせた（『島根町誌』）。七尋女房の正体は、小豆とぎであるとか、猫や狐が化けたものだともいわれる（『山陰の口承文芸論』）。なお、柳田國男は「妖怪名彙」で、この種の妖怪としてノブスマ（高知県）、タカボウズ（香川県）、ノビアガリ（愛媛県）、ミアゲニュウドウ（新潟県）などをあげている。

野馬
（のうま）

　石見地方のたたら場に現れるという一つ目の妖怪。邑智郡日貫村（現・邑南町）で、ある夜、たたら師たちが寝ていたところ、女が上に覆いかぶさった。遠くで「ヒーン」という野馬の声がし、間もなく高い窓から野馬が覗き込んだが、その女がいるのをみて逃げ去った。その女は金屋子神（たたら場の守護神）だという（『民俗学』1-4）。「伝承の特徴」で述べた『出雲国風土記』の「目一つの鬼」とも響き合う伝承で、たたら製鉄に関わる民俗信仰をうかがうことができる。

化け猫

　動物の怪。婆さんを食い殺した古い飼い猫が婆さんに化けて人を食う、化け猫の伝承が出雲、石見地方にみられる。浜田市国府町にあった旧家に薬屋が宿を乞うたところ、病人がいるからという理由で断られた。そこで薬屋は近くにあった大きな木に登って寝ていたところ、何十という猫が「ニャオー」と鳴いてぞろぞろやってきて、薬屋を根元から仰ぎ見てそれから肩車を始めた。1匹足らず上へ届かない。「菖蒲が廻のお婆さんを行って呼んでこよう」という声が聞こえ、まもなく大きな猫がやってきて一番上へ登ってきた。山刀で猫を斬りつけると苦しがって下へ降りて逃げてしまった。翌朝、薬屋は正体を見極めようと菖蒲が廻の家の婆さんを訪ねると、前から病気だが昨晩から急にひどくなったという。脈をとると、猫脈であることがわかり、薬屋は猫を殺すと、それは古

中　国　地　方　219

い飼い猫だった。

　類話は松江にも「小池の婆」として伝承されている。また、大田市三瓶町池田北には大きな猫又が出て山奥の小屋で寝ていた木挽きたちの舌をぬいて食ってしまったという伝承がある（『ふるさとの民話　石見編』）。隠岐島前の海士町保々見でも郵便局の近くの竹藪でネコ化けが出ると伝えられている（『猫に化かされた話』）。

件

地域の特徴

　岡山県は地震などの自然災害が少なく、降水量1mm未満の年間日数も全国1位ということから「晴れの国」と表現される。

　この岡山県は、古代においては今の岡山県下全域と広島県の東半分を一つとした吉備国であり、全国第4位の大きさの造山古墳（岡山市）・第10位の作山古墳（総社市）に象徴されるように、大和に匹敵する巨大な力をもっていた。しかし、大和政権下に組み込まれていくなかで、7世紀後半、吉備国は東側から備前・備中・備後の3か国に分国され、さらに713（和銅6）年に、備前国から北半分が美作国として分国された。これにより、現在の岡山県を形づくる備前・備中・美作3か国となった。

　備前は中国地方第2の人口規模で政令指定都市岡山市、備中は中核都市倉敷市、美作は津山市をそれぞれ中心としており、江戸時代の支配体制も異なることから、方言や県民性も異なるとされ、現在でもこの3つの地域に分けて岡山県内をみることも多い。

　また、古代からの歴史的なつながりや、新幹線で広島も新大阪もどちらも1時間弱という距離の近さから、中国地方には属しているが、むしろ関西方面や新幹線1本で行ける首都圏の方を身近に感じる県民も多い。

伝承の特徴

　早くから都市化し、空襲の被害も受けた県南（備前・備中南部）よりも、県北（美作・備中北部）の方が多く伝承が残されている。例えば、狐憑きの話などは今でも県北で聞き取ることができる一方で、備中南部の総社市を中心とした陰陽師集団の上原大夫は昭和初期に活動を停止するなど、県南は古いものが残りにくい傾向がある。岡山を代表する鬼である温羅は、大和から派遣されてきた吉備津彦命により退治されるが、その鬼退治をもととする地名や温泉などの由来が備中地方南部を中心に分布している。

また、河童の呼び方については、岡山県独自の呼び方であるゴンゴが備前・美作を中心に残されている。このように、備前・美作のゴンゴや備中南部の温羅伝承など、ある程度旧3か国それぞれにまとまった伝承が多いのが特徴である。しかし、一方では天狗に関する伝承は、天狗の止まり木や祟り、天狗倒しなど、岡山県下全域に広く分布している。

主な妖怪たち

小豆とぎ

岡山にも多くの小豆とぎ・小豆洗いが出没している。岡山市や赤磐市吉井町の小豆洗いは正体が狸といい（『知恵ぶくろ』）、岡山市御津町では小豆洗い狐とよばれていた（『御津町史』）。赤磐市赤坂町の小豆洗いも正体は性のからい（性格の悪い）狐だという（『赤坂町史』）。小豆とぎが立てる音もさまざまで、瀬戸内市の小豆洗いは「一升二升ゴーシゴシ、一升二升ゴーシゴーシ」と言い（『岡山文化資料』2-3）、岡山市瀬戸町の小豆洗いは「ジャキジャキサラサラ」と音をさせた（『瀬戸町誌』）。鏡野町の小豆とぎは夜な夜な「一升二升ときとき、一合二合ときときとき」や「小豆五升に水無しゃゴーシゴシ」と音をさせ（『鏡野町史民俗編』『奥津町の民俗』）、真庭市の小豆洗いは「小豆参升米参升あわせて六升ゴーシゴシ」と音をさせたという。

家化け物

「山陽道美作記巻八」によると江戸時代、津山に播磨屋という家があり、ここには化け物が棲んでいて、いろいろ怪しいことを起こしたという。例えば、夜に狐女が現れ酒瓶をたたいて踊ったり、しばしば2階から女の首や坊主の頭などが出て笑ったり、正月にブリを買って庭に吊っていると、人間の股になったりした。この播磨屋の住人はやがて死亡して家も断絶したという。

オケツ

岡山市での言い伝えに、お産のときに注意しないとオケツという怪物が生まれるという。形は亀に似ており、背中に毛があって、産まれるとすぐに縁の下に駆け込もうとする。素早く殺してしまえばよいが、逃げられると母親の命が絶たれるという恐ろしい妖怪である（『岡山文化資料』2-2）。

髪洗い女

瀬戸内市の二つの川の合流地点に橋があり、髪洗い女が、夜中にその橋の下で髪を洗ったり、「痛い痛い」などと泣きながら櫛で髪をすくという。その場所は、昔女が殺されて流れ着いた場所

ともいわれている。

伽藍さま

お寺の境内にいる妖怪で、どこのお寺にもいるという。この伽藍さまはひどくもの惜しみする妖怪で、下駄を履いて歩くと、下駄の歯の間に土がつくが、それすらもったいないと思うほどなので、寺へは決して下駄を履いて行ってはいけないとされた（『岡山文化資料』2-3）。また、岡山のお寺にはシチブという妖怪がいるという。これに噛みつかれると体の七分が腐ることから、シチブといわれる。

件

件は頭が人間、胴体が牛の人面獣で、生まれた後に予言をしてすぐ死ぬが、その予言は必ず当たるという。岡山では県北に件の伝承が多く、太平洋戦争の終結を予言したという話が残されている。目撃例もあり、新見市では、ぶよぶよした赤い肌にちらちら毛が生えていたといい（『岡山民俗』16）、岡山市では見世物として件の作り物が展示され、その姿は牛の頭で、目の間に人間の顔があったという。

サガリ

瀬戸内市に馬の首が下がることから、サガリという地名になった場所がある。近くには榎の木に馬の首が下がるところもある（『岡山文化資料』2-6）。

スイトン

蒜山地方に伝わる妖怪で一本足、スイーと飛んできてトンと知らない間に近くに来て立っているのでスイトンとよぶ。人の心を読み、人間が考えたり思ったりしたことがわかる妖怪で、人間でも引き裂いて食べたという（『週刊朝日』1962年）。また、蒜山には鼾かきという妖怪も出没し、皆ヶ山の3合目から奥には行ってはいけないといわれていたという（『地名ノート』）。

スネコスリ

井原市に井領堂というお堂がある。現在では市街地だが、かつては旧山陽道沿いの寂しい場所で、ここに夜になると犬の形をしたスネコスリが出て、人々のすねの間をすり抜けた（『井原市史民俗編』）。同じ井原市の神田池の辺りではすねっころがしとよばれ、暗闇に紛れて子どもや老人のすねや足首を引っぱって転倒させるという危ない妖怪であった（『芳井の昔話第一集』）。同じ足もとをくぐる妖怪に股くぐりがいて、これに股をくぐられると取られて居らなくなる（いなくなってしまう）という（『岡山文化資料』2-3）。

チャワンコロバシ

岡山ではいろいろなものが転んでいる。瀬戸内市の片山坂ではチャワンコロバシが出て、坂を茶

碗が転がってくる。それに伏せられると、夜が明けるまで出られないという。瀬戸内市では他にも2か所チャワンコロバシが出るところがあり、そこを通ると茶碗を転ばすような音をさせたという（『岡山文化資料』2-3）。また、深い谷に臼が転がったり（ウスコロビ）、袋が空中より落ちてきて人を転がしたり（ケコロガシ）するという（『現行日本妖怪辞典』）。

宙狐（チュウコ）

旧備前国に出る怪火の呼び名。岡山市豊付近ではありふれたものとされ、夏の夜に、無数の小さい火が地上20mあたりを右往左往しながら飛び回り、やがて消えてしまう。すると「チュウコが寝たから人間も寝るとしよう」といって寝床についたという。また、瀬戸内市のチュウコは大きさが提灯ほど、曇った雨模様の夜中に現れ空を飛んでいるが、地面に降りるときには火が大きく広がり明るくなって、やがて消えるという（『岡山文化資料』2-3）。

ツキノワ

いろいろな禁忌のある田んぼのことで、女人禁制だったり、逆に男性が耕してはいけなかったり、その田んぼを所有する家はマンが悪く（悪いことが起こり）断絶したりするといわれている。美咲町のツキノワは、満月の夜中に田んぼの稲の上に月の光の輪ができるといい、宅地にはしないという。真庭市のツキノワは、マンの悪い田んぼで耕作すると祟りがあるとされ、肥を入れてはいけないとされた。

槌ころび（つち）

江戸時代の地誌「山陽道美作記巻八」によると、津山市の望月坂にたびたび槌ころびが現れて目撃され、あるときには近くのお寺の小僧がこの坂で槌ころびに遭遇し、気絶したという。岡山県内ではその他にも槌ころびが出没しており、奈義町では、夜遅くに通っていると坂の上から槌が転んできたので魔の橋、まばしとよばれるようになった橋があるという（『奈義町滝本の民俗』）。瀬戸内市では垂直に柄のついたテンコロという槌が転がるテンコロコロバシが出た。また、同じく江戸時代の地誌「作陽誌」によると、美咲町にも槌ころびが出て怪をなしたので、村人が今でも恐れていると記されている。

ナガズト

岡山市吉備津神社付近に出た女の妖怪で、顔面は蒼白、口は耳元まで裂け、内股をあらわにした足はぬけるように白く、人並み外れて長いという。黒髪は腰のあたりまであり、人を見ると冷ややかに笑みを浮かべながら髪をとくという。夏の夜に出没したというが、その名前の由来は不明である（『きびつ今昔多知ばなし』）。

ナメラスジ

ナマメスジ・魔筋（マスジ）・魔道（マミチ）などともよばれ、魔物や妖怪の通り道とされる。その筋に家がかかっていると、その家は滅びるとされ、そこを通るとゾゾッとしたりマンが悪くなったりする（悪いことが起こる）といわれている。その筋は実際の道のこともあるが、道ではなく山や峠も越えて数kmにわたる空間的なもののこともある。美作市のナメラスジは、昔から家を建ててはいけない、樹木を植えてはいけないといわれ、この筋を夜の丑三つ時に、武器などを持った大勢の家来を従えた天狗が、シイシイと声をかけながら往復するという。もしこの行列に出会ったら、寿命が縮み不吉なことが起こるし、家は屋根が飛び木も倒されるという（『上山風土記』）。真庭市のナマメスジはそこに家を建ててはいけない、建てると悪いことが起こるとされ、その筋にある小屋では、夜になると小屋が揺れたり、魔物が出たりするという。美咲町のナメラスジは数km続き、魔物が通る道とされ、そこを通るとゾゾッとして頭の毛が逆立ち、火の玉が飛んだり、夜に鳥が飛んだりするという。

納戸婆
（なんどばあ）

納戸にいる頭のはげ上がった婆姿の妖怪で、ホーッと言って出てくる。その姿を子どもがとても怖がり、納戸に行くのを嫌がったりするが、庭ぼうきをもってたたくと、縁の下へ逃げこんでしまう（『岡山文化資料』2-3）。

ヌラリヒョン

海坊主の一種で備讃瀬戸に出る。頭ほどの大きさの丸い玉が浮かんでいるので、船を寄せて捕ろうとすると、ヌラリとはずれて底に沈み、またヒョンと浮いてくるのでヌラリヒョンという。何度捕ろうとしても、沈んでは浮き上がって人をからかうとされる（『季刊自然と文化』1984秋季号）。

野襖
（のぶすま）

「山陽道美作記巻八」によると、江戸時代に津山で通行をじゃまする妖怪が現れた。それが野襖で、夜中に藪の中から1尺（約30cm）ほどの紙のようなものが出てくると、たちまち1間（約1.8m）ほどに広がり、通行人を包んだ。これに遭遇すると、必ず発熱や悪寒を引き起こしたという。

はんざき大明神

はんざきとは特別天然記念物のオオサンショウウオのことで、真庭市にはこのはんざきを祀った神社がある。昔、大きさが10m以上の大はんざきが出没し、付近を通る人や

中国地方 225

牛馬を呑み込んで恐れられていたので、村の若者が短刀で退治した。ところがその後、若者の家に夜な夜な戸をたたいて号泣する声が聞こえ、ついには若者の一家が死に絶えてしまったという。それで村人がはんざき大明神を祀るようになったといい、毎年はんざき祭りも開かれている（『湯原町の文化財』）。また県北には、はんざきが捕まえられて売られていくときに、ものを言ったという伝承も残されている。

船幽霊　　瀬戸内海の水島灘付近では船幽霊の伝承が多い。夜、水島沖を航海していると、海の底から「杓をくれー、杓をくれー」と言う声が聞こえるので、船乗りは杓を1本海中へ投げ入れた。するとそれが波にとどいた瞬間に、1本の手が投げ入れた杓を握った。と同時に、何千という真っ白な手が海面から出て、それらにも1本ずつ杓が握られていて、楽しそうな歌声に合わせて、何千本かの杓で船の中へ海水を汲み込み始めた。そうしているうちに船はみるみると沈没してしまったという。だから水島沖で「杓をくれ」と言われたら、必ず杓の底をぬいてやらなくてはならないと伝えられている（『伝説の岡山県誌第一編　岡山の伝説』）。また、この船幽霊が出没する近くの島を杓島とよび、この船幽霊は源平合戦のときの平家の亡霊だともいわれている。

見越し入道　　津山市には入道坂とよばれる坂がある。「山陽道美作記巻之八」によると1687（貞享4）　年6月14日夜中の10時頃、藤八という家臣が使いの帰りにこの坂を下っていたところ、後ろから藤八の顔を触るものがいる。振り返ると背の高さは2mを超え、目が火のように赤い大坊主がいた。藤八はそれを見て気を失ったが、やがて通りがかりの人に助けられたという。そのため、この坂が入道坂と名付けられたという話がある。また、同じく津山市には掻き上りという地名があり、そこには首の長い見越入道が出た。江戸時代の地誌「作陽誌」には、それに遭遇し即死する者があったと書き記されている。

メツマミ　　新見市には通行をじゃまする妖怪が出没した。このメツマミは真昼に現れ、通行人が通りかかると、突然目の前が真っ暗になり、黒い袋を頭からすっぽりかぶせられたようになって、まるで金縛りのように前にも後にも動けなくなり、背筋に悪寒が走ったという。しばらくするともとのように目の前も明るくなり、動けるようになるが、当分はそこに近づくことができないくらい恐ろしいという（『ふるさと探訪』）。

山本五郎左衛門

地域の特徴

広島県は、中国地方の中央で、南が瀬戸内海に面し、北を中国山地に区切られた東西に長い県である。県内は旧国でいえば、東半が備後国、西半が安芸国である。多くの河川は瀬戸内海に注いでいるが、県北部の江の川は支流が三次市で合流した後、中国山地を横切って日本海に注いでおり、大きな特徴となっている。

県北部に「ユキグツ」「カンジキ」など雪国に属する民俗資料があり、自然降雪のスキー場もある。一方、南の島嶼部では雪が降らない地域の果物であるレモンの生産量が日本一である。工業都市が多いが、農業・水産業も盛んで「日本の縮図」ともいえる多様性をもっている県である。

北広島町の「壬生の花田植」がユネスコ無形文化遺産に登録される一方、県北部を中心に広島県は神楽が盛んな地域である。備後北部は国重要無形民俗文化財の「比婆荒神神楽」があり、安芸北部では「芸北神楽」が「石見神楽」に匹敵するほどの神楽団を有し、神楽競演大会などが盛んに催されている。また、備後は祇園信仰が盛んな地域である。「備後国風土記」逸文には蘇民将来の話があり、茅の輪も出てくる。

なお、現在の広島県には、ユネスコ世界文化遺産として「厳島神社」(廿日市市)、「原爆ドーム」(広島市)があり、日本遺産の「尾道市」や鞆などには港町として栄えた時代の文化財が多く残る。

伝承の特徴

安芸南部は長い間、真宗の強い影響下にあったことが知られており、特に、「安芸門徒」とよばれ、他の宗派や神祇に交わらず、仏教説話以外の伝承があまり多くないといわれてきた。しかし、瀬戸内海に面し、文化の回廊といわれるように、宗教色は少ないが、民俗芸能・伝承などには特色あるものが残っている。民話・伝承の点では、近隣の中国地方の県の状況

と共通性がみられる。

　広島県は山間部が多く、県北部の江の川は中国地方最大の河川であり、島根県側も含め、エンコウなどの伝承が多い。一方、瀬戸内側の河川でもデルタ地域などでエンコウの伝承が多い。また、動物伝承が山間部、島嶼部とも多い。特に、狐の伝承が多く、代表格の「おさん狐」の伝承は西区江波をはじめ、広島市各地で見られ、広島市の特徴的な妖怪話である。また、「消えずの火」などの宮島の七不思議といわれるなかには妖怪伝承もある。

　一般的に「稲生物怪録」とよばれる妖怪物語が備後北部の三次を舞台としてある。虚実を織り交ぜた物語構成は魅力的で、現代まで伝承が広がりをみせている。他の妖怪伝承とは異なるが、もののけ・妖怪話である。その話のなかには妖怪の頭、魔王の「山本五郎左衛門」と好敵手「神野悪五郎」やそのほかの妖怪「もののけ」が登場し、数々の怪異が起こる物語である。

主な妖怪たち

小豆とぎ

　小豆洗いと同様の音の妖怪である。備後の農山村、夜の川沿いで「イッショウ」「ニショウ」「ゴショウ」「ゴショウ」と音がするので、人間と思って声をかけると、カワウソだったそうである（『民間傳承』2-10・季刊『自然と文化』1982年秋季号）。

エンコウ（猿猴）

　エンコウは河童の類と考えられ、広島ではエンコウとしての伝承が多い。安芸高田市吉田町の可愛川の釜ヶ淵や安芸高田市甲田町の戸島川、広島市安佐北区白木町の魚切滝のエンコウのように頭の皿に水があると力を発揮するとか、安芸太田町羽生や東広島市大和町の白川淵、福山市加茂町山野の馬鍬渕のエンコウのように金物が苦手な一面を示す一方、神石高原町油木のエンコウなどは人間のつべ（はらわた）を抜く競争をした話も残っている。エンコウの地名自体は川の深いフチなど危険な場所を示すものとして付けられたものも多い。

　広島市南区を流れる猿猴川や猿猴橋、猿猴橋町の猿猴の地名は「広島城下町絵図」1619（元和5）年に「ゑんこう橋町」とあるので、古くからエンコウに由来して付けられたと考えられる。2016（平成28）年に猿猴橋を戦前の橋の形に戻した。橋の欄干に描いてあるエンコウは毛が生えた猿のような姿である。付近ではエンコウにちなんで「猿猴川河童まつり」が

毎年開催されている（『芸備今昔話』『広島県の民話と伝説』他）。

オイガカリ

庄原市に伝わるもので、歩いている人の背後から覆いかかってくる妖怪である（『妖怪名彙』）。

おさん狐

狐に関する妖怪の伝承は多いが、その広島の代表格がこの「おさん狐」である。広島市では、「江波のおさん狐」「江波のお三狐」として親しまれており、話がいくつか知られている。よく人を騙す狐として悪者扱いにされたり、四国の悪い狸と化けくらべをしたり、役者と対決したりとさまざまである。一方、80歳のおさん狐は、風格があり、京に行ったことがあるなどと伝えられ、地元の人に愛されてきた。現在では、おさん狐の像が広島電鉄江波車庫前の中央分離帯に、手を前に差し出した立ち上った姿で建っている。そのほかにも、山伏に化けの皮を取られた「おこん狐」の話や変化の玉と帽子を取り換えてしまった「おたね狐」の話がある（『芸備今昔話』『安芸国昔話集』『昔話の研究』『安芸・備後の民話1・2』他）。

カワウソ

広島市安佐南区の沼田地区の伴や阿戸では、カワウソが坊主に化けて夜通りかかった人の前に現れ、上を見上げると、背が伸びてさらに見上げるような大坊主になったそうである。「見上げ入道」と同様な話となっている（『安芸の伝説』）。

山本五郎左衛門
<ruby>山本五郎左衛門<rt>さんもとごろうざえもん</rt></ruby>

江戸時代中期の備後国三次（現・三次市三次町）を舞台とした妖怪物語「稲生物怪録」に登場する妖怪。物語の大略は<ruby>柏正甫<rt>かしわせいほ</rt></ruby>が著した初期作品の本（柏本系）では1749（寛延2）年の5月、稲生平太郎という16歳の若者が、隣人の元相撲取りの三井権八と百物語を行って比熊山に向かったが、そのときは何も起こらなかった。ところが、7月に入ると、平太郎の屋敷に、まず、髭手の大男が現れて以来、30日間にわたり、いろいろな妖怪が現れ、さまざまな怪異が起こった。親類や友人はみな逃げ出したが、平太郎だけが妖怪の正体を見極めようと屋敷にとどまった。最後に、武士の姿をした妖怪の頭である魔王の山本五郎左衛門が現れ、平太郎の勇気を讃え、降参して立ち去る。山本五郎左衛門は柏本系では読みを「サンモトゴロウザエモン」としている。『三次実録物語』では「山本太郎左衛門」となっている。

山本五郎左衛門のほか、物語に出てくる妖怪は初期作品の柏本系の本では髭手の大男（一つ目の大男）や小坊主のほか、顔がある輪（輪違い）、

曲尺の形の手（曲尺手）、飛び回る老婆の首、女の逆さ首、摺り子木の形の手（摺子木手）、編み目に顔がある網（網顔）、踏み石上の死体の化け物（踏石）、物置戸口の大きさの老婆の首（大首）などが現れる。絵巻・絵本などでは、最初が髭手の一つ目の大男と一つ目の小坊主で、蟹状の石、蛙状の長櫃、赤子、串刺しの頭、虚無僧、塗り壁なども登場する。

平太郎と五郎左衛門とが対面した最後の場面で、諸本のなかには「槌」を五郎左衛門が平太郎に授けるものもある。その「槌」が、広島市東区の國前寺に納められており、毎年1月7日に「稲生祭」のなかで御開帳されている。また、広島市南区の稲生神社の御祭神の一柱が稲生武太夫である。なお、明治以降の講談本では後日談として松山の「八百八狸」を退治したのも武太夫となっている。

根岸鎮衛の著した随筆集『耳嚢（みみぶくろ）』に「芸州引馬山妖怪の事の事」という話があり、『稲生物怪録』と同様、稲生武太夫が引馬山に一晩いた後、妖怪が次々に現れ、16日後に比熊山にいた三本五郎左衛門という妖怪が現れて退散する。また、同じ『耳嚢』には「怪棒の事」という話もあり、1808（文化5）年、主人公五太夫が石川悪四郎を訪ねて真定山に行った後、次々に妖怪が現れたが、五太夫が動じなかったので、悪四郎が退散している（『妖怪 いま甦る』『稲生物怪録と妖怪の世界―みよしの妖怪絵巻』『稲生物怪録絵巻集成』『改訂版 妖怪 いま甦る』『耳嚢』他）。

白坊主

呉市倉橋町では、カワウソが脚に接ぎ木して高さ2mの白坊主に化けて人を脅かしていたといわれている。出会ったときには地上1mあたりを殴ると良いそうである（『河童の世界』）。

シイ

山県郡ではシイまたはヤマアラシとよばれる妖怪。前に進ませるとき、シイが毛を逆立てると、牛が怖がることから、「シイ、シイ」と言って、後ろにシイ（ヤマアラシ）がいるぞと思わせると伝えられている（「牛聞書安芸郡山県郡」『民間伝承』第16巻第2号）。

神野悪五郎

先述の『稲生物怪録』のなかで、最後に登場する山本五郎左衛門の好敵手として稲生平太郎に語るのが、神野悪五郎である。五郎左衛門同様の妖怪大将であるが、平太郎に悪五郎が現れた時は共に戦おうと言う。平太郎が五郎左衛門を呼ぶ時に、一部の諸本では「槌」で柱を叩くようにと話す。神野悪五郎は宮地水位が著した『異境備忘録』でも紹介されている。神野悪五郎日影とよばれ、魔界の13の悪魔

の頭領の一人で第六の魔王とされている（『妖怪 いま甦る』『稲生物怪録と妖怪の世界』『稲生物怪録絵巻集成』『耳嚢』他）。

タクロウ火
多久良不火。三原市の沖合の佐木島あたりに伝わる火の妖怪である。1825（文政8）年に完成する『芸藩通志』記載されている。夜明け頃、波間に火の玉となって出現する。雨の夜には2つの火が並んで現れることがある（『芸藩通志』『妖怪名彙』）。

天狗
県内各地に天狗の伝承があるが、天狗松、天狗岩とよばれるところでは、天狗の領域を侵さないように、天狗が人を驚かしたり、死に至らしめたりと恐ろしい一面もみせる（『芸備今昔話』『芸備の伝承』）。

土びんころがし
東広島市の下見と原の境のあたりに竹や雑木の茂った藪があって、夜遅くそこを通ると「ガチャ、ガチャ」と音がする。夕方になって、その場所を通るのを子どもだけでなく大人もいやがったそうである（『広島県の民話と伝説』『芸備の伝承』）。

ノブスマ（野衾）
ノブスマは千年を経たコウモリの妖怪とされ、人を包んで血を吸うものと考えられた。二人の武士が、己斐（広島市西区）の茶臼山に登ったが、飽き足らず、大茶臼山の頂上まで登った。渋紙の敷物と思って休んでいると、がわがわ、ぐるぐると音をたて、二人を柏餅のように包みくるもうとした。二人が刀を抜いて切り破ったから、あわてて、二人を振り落として、北の空に飛び去ったという。通行人をさえぎるだけでなく、命まで奪おうとする怪である。江戸時代の『近世妖怪談』に所載されていたと伝う（『芸備今昔話』『芸備の伝承』）。

化け猫
いくつかの類話が伝わる。「廿日市市大野町の奥の中山」や「三次市三和町板木の成広谷」「猫山（庄原市東城町小奴可と西城町の間）」などの化け猫の話が残る。化け猫が家のお婆さんなどに化け、その家に入り込むが、猟師などに打ち取られる同様の話である（『芸備今昔話』『芸備の伝承』他）。

バタバタ
広島市中区鷹野橋周辺には宝暦年間にバタバタが出没したと伝えられており、タカノ橋商店街アーケードの入口付近にバタバタ石の石碑が建つ。菅茶山の随筆『筆のすさび』によれば、夜中に屋根の上や庭で、畳を杖で叩くようにバタバタと聞こえたことから名付けられた。正体を見極めようとした人がいて、音の方向を追いかけたら、常に7、8間先から音がして、見極めることができなかった。この怪異はバ

中国地方　231

タバタ石から起こっているといわれた（『北窓瑣談』『譚海』『筆のすさび』『芸備の伝承』他）。

ヒバゴン

1970（昭和45）年7月20日に謎の類人猿が初めて見つかり、発見場所が旧比婆郡（現・庄原市西城町）だったので、「ヒバゴン」と命名された。いくつかの目撃情報や写真情報があり、当時の西城町役場に「類人猿係」が創設され、盛り上がりを見せた。その後目撃されなくなったことから1975（昭和50）年には終息宣言が出された。ヒバゴンを題材に映画も作られるなど地域に及ぼした影響は大きい。

フチザル（渕猿）

渕に住んでいた猿に似た妖怪で、エンコウに近いものと思われる。1742（寛保2）年三坂春編選『老媼茶話』の「釜渕川猿」の項に渕猿として紹介されている。1534（天文3）年8月、芸州高田郡吉田（安芸高田市）の釜ヶ渕に渕猿が出没して通行人を淵に引きずり込み城下の商家も閉じてしまう始末であった。そこで、毛利家に仕える荒源三郎元重が川の中から水面まで連れ出して、頭を強く振って頭の水を振り落として弱ったところを退治した。同様の話は『芸藩通志』にも残っており、荒源三郎が「猳国」という妖怪を退治したことになっている（『老媼茶話』『芸藩通志』『芸備今昔話』『芸備の伝承』）。

弥山の拍子木

廿日市市の宮島の弥山では、大きな拍子木を打つような音がする時がある。天狗倒しと同じ、音の妖怪と思われる。弥山は天狗信仰の一大中心地であり、拍子木が聞こえたら、謹慎したほうが良いといわれている（『芸備今昔話』『芸備の伝承』）。

雷獣

江戸時代に各地で見られる雷獣は哺乳類のようであるが、広島市佐伯区五日市に落ちたといわれるものはクモかカニを思わせるもので、手と足は鱗状のもので覆われ、先端は大きなはさみ状になっている。『奇怪集』に、芸州九日市里塩竈に1801（享和元）年5月10日に落下したという雷獣のことが記載されている。また、大変珍しかったのか同様な画が多く残るが「五日市」とされたものも多い。菅茶山関係資料にも同様な資料がある。

龍燈

広島県廿日市市の厳島神社では、正月1日から6日頃まで、静かな夜に神社前の海面に現れるというもので、最初に1個現れた火が次第に数を増してたくさんの火が現れ、それらが集まってまた1個に戻り、明け方に消えて行くそうである（『芸備今昔話』『芸備の伝承』）。

シイ

地域の特徴

　山口県は三方を海に囲まれて本州では最長の海岸線をもち、その一方で、中国山地の西端を背負って山陰・山陽にまたがる。東は山陽道や瀬戸内海で畿内と、南は関門海峡や豊予海峡を経て南北九州と、そして西方・北方は響灘や日本海を隔てて朝鮮半島・中国大陸や山陰諸国・北陸と結ぶ。旧国で言えば周防・長門の2国からなるが、その一体感は、大内氏・毛利氏の時代から現在に至るまで、強く保持されてきた。

　山口県が歴史的・政治的に安定した版図をもちつつ、一方で周辺の地域と水陸で縦横に繋がってきたことは、山口県の民俗的な特徴にも影響を及ぼしているであろう。直接的には山海を通じた四国や九州や瀬戸内諸国、また山陰諸国との関連を考えなければならないが、一方で「民俗をもたらすもの」は軽々と国境を越える場合もあろう。山口県の地理的な特徴をふまえたうえで、さらに広い視点から伝承を考える必要がある。

伝承の特徴

　源平の合戦や元寇(げんこう)等、西国を大きく巻き込んで多くの犠牲者を出した歴史上の出来事は、もののけや妖怪たちの出現に、ある程度の影響を与えたと思われる。山野河海には他県と同様、多種多様なものたちが跋扈(ばっこ)していたし、萩藩およびその4支藩の城下町には怪異な出来事が渦巻いていた。

　大陸や四国・九州等、海を経由して伝わったと思われる妖怪のほか、宗教の伝播や諸国からの宗教者の廻国によって伝わったと思われるものも多く、山口県の妖怪は多様性に富んでいる。

主な妖怪たち

飴女房　　高僧が「赤子塚」のような異常出生譚(たん)をもつことは多く知られているが、その類話の一つが萩市江崎の教専寺第10世住職で

中国地方　233

あった大巌和上の出生譚である。

1791（寛政3）年、高津（島根県益田市）の庄屋宮内氏の妻が身籠もったまま亡くなったのを埋葬したところ、夜中に町の飴屋に若い女が現れ、飴を買うと消え入るように立ち去った。それからその女は毎晩飴を求めて現れるようになった。怪しんだ主人が女の後をつけると、海辺の墓地からか赤子の泣く声がする。そこは先日宮内家の妻女を葬った墓で、墓を掘りあげると棺の中で嬰児（後の大巌和尚）が妻の死体に抱かれていたという。

「岩邑怪談録」に登場するもののけ・妖怪

「岩邑怪談録」は、近世の博識家として知られた岩国藩の広瀬喜尚が集めた「怪談録」（45話）に、明治になって今田純一がみずから収集した24編を増補し、横道孫七による挿絵を加えたものである（『岩国市史　史料編三近代・現代』に収載）。

それらの怪異の主体については、「女（の霊）」19話、「動物（狐・狸・山猫等）」14話、「大坊主・小坊主」12話、「子供」8話、「首」6話、「天狗」5話などが多いが、「（怪）火」が14話、「（怪）音」が7話あることも注目される（重複を含む）。以下、特徴のあるものをあげておく。

❶**狼と山猫**　ある人が夜に石州（島根県）との境の星坂峠を越えたとき、狼が道に横たわっていた。越えていこうとしたが、その人の衣の裾を咥えたまま山に入った。食われるかと思ったが、そのままにしていると、向こうを山猫が幾百となく陣列をなして通過した。狼はその人が山猫に害されるのを知って、助けてくれたのであった。

❷**おさん狐**　岩国地方に限らず、「おさん」の名をもつ狐の話は山口県周辺には数多い。ここでは、久津摩某の小物が若い女に化けたおさん狐の正体を見破って斬り殺したという話になっている。

❸**ちんちろり**　加藤某が夜更けに道祖峠を越えると、後ろから小坊主が来て「加藤殿はちんちろり」という。加藤も負けじと「そう言う者こそちんちろり」と互いに張り合い言い合って帰り、門口を閉めると、小坊主は門の屋根で「さても強い者じゃ」と言ったという。

❹**天の金網**　芥川某が夜更けに関戸峠を越えると、にわかに月の光が消えて前後左右に金の網が現れ、囲まれて動けなくなった。瞑目鎮座して目を開けると月は輝き、金網はなくなっていたという。

❺**ぬけ首**　岩国城下新小路の某氏宅で、夜中に通りに面した格子からその

家の妻が外を見ているのを見ることがあった。ある夜、主人が目覚めて妻の寝床を見ると、胴体のみあって首なく、線（糸筋）のようなものが延びていた。驚いた主人が刀を取ってそれを切ると、たちまち上の格子から妻の首が落ちてきた。抜け首は当人に自覚なく、熟睡すれば首が伸び、目覚めると縮むものであるという。

❻**猫踊**　普済寺の猫がある日の夕方、赤い手拭いを咥えて出たのを小僧がつけていくと、草原に猫たちが集まって踊りを踊っていた。しばらくして踊り疲れた猫たちは、「また明日の晩に踊ろう」と人のように言い合って別れたという。

❼**ばたばた**　文久年間（1861〜64）、岩国城下のあちこちで、夜中から未明にかけて渋紙を打つような「ばたばた」という大きな音が秋から冬にかけて聞こえた。音の正体は、ついに知れなかったという。

牛鬼

牛鬼は残忍・獰猛で、その姿は牛面鬼身とも鬼面牛身ともいうが、光市牛島の牛鬼伝承において、その姿は明確でない。天文年間（16世紀前半）に牛鬼が現れ、人々を苦しめたので、島民は島から逃げ出してしまった。折しも四国の長宗我部家の家臣で橘諸兄の末裔という藤内道信という人が、御旗信重と二人で牛島へ渡り、事情を知って牛鬼を征伐することとした。苦労の末、三輪村の弓の名手城喜兵衛らの助力を得て牛鬼を退治したという（『防長風土注進案』ほか）。愛媛県で有名な牛鬼といい登場人物の素性といい、一衣帯水である四国とのつながりを暗示していよう。

海猩々・海坊主・船幽霊

夜の海に現れ、夜明けとともに消える怪物・怪船。海には酒が大好きな海猩々というものがおり、夜半船を出せば「樽をくれえ」という物恐ろしい声が海の底から聞こえる。樽を投げ込まないと恐ろしい祟りがある。投げ込めばその樽で海猩々が船へ水をくみ入れて沈めてしまう。だから船には底を抜いた樽を積んでおく。また突如大きな船が迫ってくる。叫んでも気づかない。いよいよ衝突を観念して気がつくと四国近くまで流されていた。幽霊船の見分け方は、股の間から逆見をして、船が水面から離れて高く走っていたら幽霊船であるという。これらは『周防大島を中心としたる海の生活誌』や『周防大島民俗誌』（いずれも宮本常一）に多く載せられている。

中　国　地　方　235

『玖珂郡志』や『防長風土注進案』に登場する妖怪

江戸時代の地誌である『玖珂郡志』（『玖』）や『防長風土注進案』（『注』）に登場するもののけ・妖怪の類で、既述や「岩邑怪談録」に出るものを除いてあげておく。

❶猿猴　山口県域ではカッパをエンコウとよぶ。当島宰判椿西分長蔵寺は助命した猿猴の詫び手形を刷り板にして牛馬安全の祈禱札を配っていたという（『注』）。猿猴の話はこの二書の記述のほかにも数多いが、ほとんどがいわゆる河童駒引譚である。書かれたものとしては、謡曲「大河下」の、周防瀬波川（佐波川）の河伯を退治した話や、「多々良姓系図注入」に載せる猿猴の詫び証文などが古い。

❷蜘淵　魔所。女郎蜘蛛が出て人を巻き取る（『玖』小瀬村）。

❸猫マタ川　往古、猛猫を盆に島に流せと命じられた男が盆踊りの間に合わないのでこの川口に流したところ、その後海辺より猫マタが出て人を誘引するという（『玖』由宇郷）。

❹ミサキ　八人ミサキ＝８人戦死の跡で祟りをなす（『玖』佐坂村）、七人ミサキ＝年貢催促の使者７人を殺害した五輪塔（『玖』柳井庄）、七人ミサキ＝７人の侍が斬り合って死す。怪異あり（『玖』柱野村）。ミサキの類話は県内に数多く、死霊にからめて語られる。

❺山オロビ　女の笑い声をする獣。狐に似て後ろ足が長く、２間ずつ飛行する（『玖』阿品村）。

❻竜灯　『玖』大畠浦ほか数多い。大畠浦の竜灯は大畠瀬戸に身を投げた「般若姫」の伝承にからんで語られ、姫が身を投げた瀬戸から三つの竜灯が飛ぶ。般若姫伝説の前半は、いわゆる満野長者伝説の一部である。

シイ（青・黒甾）

貝原益軒の「大和本草」に「此獣周防及筑紫には処々にあり。（中略）夜中門戸をとづといへども、よく人家に入て、牛馬をそこなふ」とある、牛馬を害する獣。山口県でも17世紀半ばには猫や狸に似た獣として認識されていた（「延宝見聞録」ほか）が、次第に妖怪化し、19世紀半ばの『防長風土注進案』には、「牛燈」とよぶ盆の柱松行事を行わない年は、水中から「片目」が出て牛を多く殺すという（先大津宰判深川村）。シイが牛を害するという言い方は諸伝承に共通で、徳島県の「牛打坊」の伝承に通じるものがある。

塵輪

忌宮神社（下関市）で8月に行われる「数方庭」神事は、新羅から攻めてきた「塵輪」（妖鳥ともいう）を退治したという伝承のルーツともいえるもので、諸国の神楽などにも塵輪の演目がある。仲哀天皇みずから、討った塵輪の屍体（鬼石）を囲んで踊ったのが起源という。

このほか響灘・北浦地方（日本海沿岸）には、蒙古襲来の恐怖の記憶ともいうべき「鬼」の伝承が濃密に残っており、周防部にも、近世前期の『本朝故事因縁集』に、鬼を睨み倒した「我慢次郎」の話が残る。

双頭の鹿

岩国市から柳井市の山間部にかけて、都から来たという双頭の鹿の伝承が広範囲に広がり、周辺に多くの関連する地名伝承を残している。『玖珂郡志』（19世紀はじめ）によると以下のとおり。

朱雀天皇の頃（10世紀前半）、比叡山に2頭（双頭）の鹿が住んで多く人畜を損じた。都では梅津中将という勇士に討伐を命じた。中将はこの悪鹿を追い、山陰・山陽を経て当国（周防）玖珂の里に至った。中将がこれを射ると、悪鹿はたちまち倒れたが、中将も精力尽きてここで死んだ。悪鹿の魂は霊となってまた人を悩ませたので、二頭の鹿と中将の箙を安置して二鹿神社とした（二鹿村）。梅津中将の御骨をまつるという「骨大明神」も瓦谷村にある。

類似の悪鹿伝承は県境を越えて島根県鹿足郡にもある。吉賀町七日市の「奇鹿神社」は、足が八つで角が八又に分かれているヤクロ鹿がこの地を荒らしたので、都から武士を招いて退治したものの、武士も死んでしまったため、悪鹿の祟りを恐れ土地の人が神社を建立したものという（「吉賀記」ほか）。いずれも都との関係を暗示している。

髪白比丘尼・八百比丘尼

人魚の肉を食べて不老となったとされる比丘尼。若狭の話が有名だが、山口県では長門市仙崎と下関市角島にある。1557（弘治3）年の年号をもつ八坂神社の「仙崎静浦記」によると、842（承和9）年に大亀を助けた翁が海神の宮に招かれ、不老の肉をもらって帰った。それを食べた翁の娘が不老となり、世に髪白比丘尼、また白比丘尼という。終年は若狭に至り、そこで死んだ。晩年、若狭で比丘尼に面会した仙崎の某がこの話を聞いたという。仙崎には、不死となった理由を人魚の生き血を飲んだことによるとするものや、比丘尼の名前を「お静」とするものなどの類話が残っており（『郷土文化ながと』24号）、18世紀前半の『防長地下上申』の瀬戸崎（仙崎）

中国地方　237

の項には「瀬戸崎浦之儀、往古は静ヶ浦、亦ハ長門ノ浦と申し中古髪白比丘尼出生之地故、後仙崎と号し候由申伝候」という地名伝承を載せている。

角島の話も人魚の肉で娘が不老になったが角島で難船して死んでいる。祟りをなすため尼宮として祀ったという（『防長寺社由来』）。

山姥・山女

山口県の山姥は、石城山（光市と熊毛郡田布施町にまたがる）のものが著名。石城山の8合目あたりを、約2,600mにわたり鉢巻状に取り囲んでいる「神護石」の途中にある水門には山姥が住み、「里人が祭りの膳椀などを借りに来ていたが、後に借りた者が一部の器を紛失したまま返してからは、貸さぬようになった」という椀貸伝説が伴う（『防長風土注進案』塩田村ほか）。同書には、ほかにも「山姥の穴」（小郡宰判大海村）、「山姥の岩屋」（舟木宰判宇内村・上の小野村）などがみえる。一方、室町時代の山口を拠点に隆盛をきわめた大内氏の館にも山女が現れた。1546（天文15）年の秋の夜、大内義隆が築山館で月見の宴を開いていると、大手の壁の上に妖しい影があった。松原という侍に撃たせてみると、山中に棲んでいた山女であったという（『趣味の山口』）。『玖珂郡志』には、山姥がかけた橋（伊陸村）のほか、毎年正月20日に牛王内村の足谷の奥から煙が上がるが、これは山姥が節飯を炊く煙だという話も記されている。

よい思案谷

食物連鎖と因果応報をその骨子とし、殺生を戒める正体不明の存在を主人公とする「よい思案谷」の話は全国にある。

ある猟師が関戸村で鳥屋にこもってキジを待っていた。ふと見るとガマが飛び出てきて、鳥居の前をはっているミミズを食い去ろうとした矢先に、草むらの中から蛇が出てきて、ガマを捕らえ呑みこんだ。猟師が不思議に思っていると、こんどはキジが来て蛇を捕らえ、ついばんだ。猟師は「これはよい獲物である」と鉄砲をとり、狙い定めて撃とうとしたとき、「今、キジを殺したならば、自分もまたどんな災難にあうかわからんぞ」と悟り、鉄砲をしまい帰りかけたところで、何者とも知れない大きな声が、「よい思案、よい思案」と繰り返し叫ぶので、猟師はたいへん驚き、一足飛びに走り帰り、再びその浴に入らなかった。伝え聞いた他の人々も入らなくなり、ついに「よい思案谷」とよばれるようになった（「岩邑怪談録」）。これらの話には、仏教布教の影がさしていよう。

三十六 徳島県

金長狸

地域の特徴

徳島県はかつては阿波国とよばれ、近世には徳島藩蜂須賀家による一国支配を受けていた。県北部の徳島平野を除くとその大半が山地で、平地部分は2割にも満たない。特に南部の四国山地は西日本でも有数の峻険な山岳地帯となっており、四国第2の高峰である剣山（標高1,955m）を有する。

県北部には四国三郎とよばれる吉野川が東西に流れており、その両岸の吉野川平野と東部太平洋沿岸の徳島平野を中心とした地域は「北方」とよばれている。吉野川流域は灌漑が困難で水田稲作に向かない土地であったが、藩政期には特産物としての藍の栽培が盛んに行われた。一方、県南部は「南方」とよばれ、林業や漁業が中心の地域とされている。また県西部の祖谷山、一宇山、木屋平、木頭山など剣山を取り巻く山岳地帯は特に「山分」とよばれ、特徴的な民俗が多く残されている。

伝承の特徴

徳島県の妖怪伝承の特徴としては、何といっても狸に関するものが多いということが第1にあげられる。

講談や映画などを通じて知られた「阿波狸合戦」の主人公・金長狸をはじめとして、県下には神として祀られた狸や、名前の付いた有力な狸が数多く存在する。他の地域では個別の妖怪と考えられている現象の多くが、狸の仕業として解釈されているのも徳島県ならではである。四国には実際に狐の生息数が極端に少なく、狸が妖怪としての狐の属性をすべて肩代わりしたために、一大「狸信仰圏」がこの地に築かれたと考えられているが、とりわけ徳島県はその中心地であるといえる。

ただし、笠井新也の『阿波の狸の話』のなかでも指摘されているように、動物としての分布はともかくとして、妖怪としての狸の伝承は平野部で多く聞かれる。これに対し、山岳部では大蛇の伝承、そして山爺・山父など

とよばれる、山中に棲む妖怪の話が多く聞かれるようになる。とりわけ山爺・山父は、四国山地を中心に高知県でもよく聞かれるもので、他の地域での山の怪異がもっぱら天狗の所業に帰されることを考えれば、この地域特有の伝承として注目される。

なお、犬神などの憑きものや首切れ馬など、家の盛衰や集団間の緊張を反映した伝承は、やはり吉野川流域を中心とした「北方」地域でより多く聞かれる。これは、藍などの商品作物を通じて貨幣経済が早くから導入されていたことに関連していると思われる。狸も家の盛衰と関わることがあるため、こうした視点から狸信仰の隆盛を考えることもできるだろう。

主な妖怪たち

赤シャグマ

県西部の山岳地帯を中心に伝えられていた赤い髪の怪物。赤シャガマともいう。三好郡東みよし町では、夜更けに赤い髪の子どもが座敷に現れてくすぐってくるので、家の外に逃げ出すと、身の丈3m余りの大きな赤シャグマが立ちふさがっていたという（『阿波の伝説』）。

一本足

海部郡美波町阿部の海岸に現れるという怪物。秋の夜の引き潮の時、あるいは大波のあった後の朝には、波打ち際から4、5尺（約120〜150cm）ばかりのところに、人間のものよりも大きな円形の足跡を残すという（『民間伝承』4-10）。

犬神

憑きものの一種。犬神筋とよばれる家筋の者が他家のものを羨んだり妬んだりすると、相手の者は病気になったり、精神に異常をきたしたりするとされている。犬神の俗信は中国・四国・九州地方にかけて分布しているが、四国では徳島県は高知県と並んでその信仰の盛んな地域で、三好市山城町の賢見神社は犬神落としの神社として有名である。小さな犬のようなものともいわれるが、むしろ人の生霊のようなものと考えられていることが多いようである。

牛打坊
うしうちぼう

牛を害する怪物。牛々坊、牛々入道、牛飼坊ともいう。県北部では、旧暦7月13日に盆小屋という藁葺きの小屋を掛け、僧侶の読経の後これを焼き払った。これは牛打坊を小屋の中に封じ込めて焼き殺すという意味合いをもつものであったという。牛打坊は夜更けに厩や牛屋をうかがって、牛馬に傷をつけたり、あるいはまぐさ箱を舐めてお

く。そうするとその牛馬は必ず死んだという。狸に似た黒い獣だともいう（『郷土趣味』21）。他の地域でシイとよばれる怪物に類したものと考えられる。

オオナゴ

大女。三好市などに伝えられる妖怪。夜に泣き声を上げながら通るという。死んだ子どもを求めて泣くのだともいわれており、何か悪いことが起こる前兆のようにも考えられている（『阿波池田の昔話と伝説資料集』）。

オカンスコロガシ

美馬市脇町の曽江の里道に出たという妖怪。夜中に石だらけの道の上で鑵子を引きずっているような音をさせて人々の安眠を妨害する。しかし、外に出て音の正体を確かめようとしても、戸を開けた途端にピタッと止んでしまうという。狸の仕業とされている（『阿波脇町の伝説と探訪編（追）2-1』）。

蚊帳吊り狸

美馬市穴吹町の舞中島というところにいた狸で、夜道の真ん中に蚊帳を吊り、人の行く手を阻んだという。蚊帳をまくって先へ進もうとしても、また次の蚊帳があり、戻ろうとしてもやはり無数の蚊帳をまくって進まなければならないので、いつまで経っても抜け出すことができない。しかし、下腹に力を入れて心を平静にして進めば、ちょうど36枚目に抜けることができるという（『阿波の狸の話』）。

金長狸

有名な「阿波狸合戦」の物語の主役として知られる狸。小松島市中田町には、この金長狸を祀った金長神社があり、付近住民の尊崇を集めている。津田浦（現・徳島市）の穴観音の六右衛門という狸のもとで修業をするが、金長の実力を怖れた六右衛門は彼を亡き者にしようとし、それが原因となって大勢の狸が加わる大合戦が起きた。結果は金長軍の勝利に終わったが、そのときの傷がもとで金長自身も死んでしまったという。

首おさえ

三好市池田町に伝承される怪。雨の降る夜に首をおさえて動けなくしてしまうという。金回りが良くなり始めた家の人に起こるとされた。狸の仕業であるともいう（『阿波池田の昔話と伝説資料集』）。

首切れ馬

四国全域に広く伝承されている路上の怪。県下では特に吉野川流域にその伝承が多く聞かれる。首のない馬で、ジャンジャンと鈴の音を鳴らしながら特定の道筋を走るとされている。美馬市美

馬町では、節分の夜に首切れ馬が三つ辻を走るとされ、その際に干し菜のようなものを引いているが、これは分限者の銭が入った瓶で、首切れ馬が通ったときに飛びつけば分限者になるといわれている。また、着物の片袖をかぶって見ると、首切れ馬が通るのがわかるという（『美馬の民俗　前編』）。

ケシボウズ

三好市東祖谷西山に現れたという妖怪。幼い子どもの姿をしており、頭頂部の毛だけを残して他を全部剃る「芥子坊主」という髪型がその名の由来である。いざり峠というところに出たケシボウズは、道行く人におぶってくれるようせがんだという。背負うととても重く負いきれるものではないので、負い縄が短いことを理由にして難を逃れたという話が伝わっており、この地方の負い縄の一方が短いのはそのためだとされている（『ひがしいやの民俗』）。

ゴギャナキ

山中で赤子のような泣き声を上げる妖怪。ゴンギャナキ、オギャナキ、オンギャナキともいう。美馬市木屋平では一本足で山中をうろつく妖怪とされ、これが来ると地震いが起こるという（『諸国叢書』第17輯）。また那賀郡那賀町木沢では、オギャナキがおんぶしてくれとせがむので、負い縄の一方をわざと短くして、それを理由に断って難を逃れるようにしていたという（『木沢村の民話と伝説』）。

コナキジジ

美馬市木屋平にかつて伝承されていた妖怪。山中で赤子の姿で泣いており、かわいそうに思った人が抱き上げて山を下りようとすると、次第に重くなっていき、ついには動けなくなって命を落としてしまうという（『諸国叢書』第17輯）。柳田國男の「妖怪名彙」にも記され、さらにそれをもとに水木しげるが『ゲゲゲの鬼太郎』のなかで主要な妖怪キャラクターとして活躍させたことであまりにも有名だが、柳田國男にこの伝承を紹介した徳島県の郷土史家・笠井高三郎の文章のなかでは、老人の姿をしているとは一言も書かれていない。おそらくコナキジジの「ジジ」とは、老人のことではなく「ヤマジジ」という妖怪の一種であることを示すものであろう。なお、三好市山城町にも子どもの泣き声を真似る怪としてコナキジジの伝承があり（『民間伝承』4-2）、山城町にはこれに基づいて2001（平成13）年に「児啼爺の碑」が建立されている。

四九火
（しくび）

徳島市と小松島市の境に位置する芝山（日峰山）に出るという怪火。カゼンドウともいう。4と9のつく日に現れ、手招きすると必ずそこに飛んでくる。その際は雪隠（便所）に入り草履を頭の上に載せていれば、3回雪隠の上を舞って飛び去るという（『郷土趣味』21）。

高入道

見上げれば見上げるほど、どこまでも背丈が伸びていくという怪。高坊主、タカセンボウともいい、また祖谷山（現・三好市）ではノビアガリといった。狸が化けたものとされるが、徳島市沖洲の「高須の隠元」とよばれていた狸が化けたとされる高入道は、夜道を歩く人に相撲を挑んできたという。ただこれに勝ってしまうとその夜は風雨が激しくなって不漁になり、逆に負けると不思議に大漁になる。そこで、この辺の漁師はこれに出会うと、わざと負けてやることにしているという（『阿波の狸の話』）。

衝立狸
（ついたてだのき）

美馬市脇町の高須というところにいた狸で、人が夜更けにそのあたりを通ると、道の真ん中に大きな衝立が立って進むことができなくなる。いわゆる「塗り壁」の怪異である。下腹に力を入れて構わず通ればわけなく進むことができるというが、多くの人はこれを怖れて夜にそこを通る者がなくなった。そこで付近の人々が集まって光明真言の石碑を立てて狸を封じ込めたので、それ以来この怪異はなくなったという（『阿波の狸の話』）。

ツチノコ

藁打ち槌のような形をした蛇。三好市山城町ではノヅツ、美馬市木屋平ではタテカエシともいう。一見動きは鈍重だが、坂道では縦に転がってものすごい勢いで迫ってくる。下に逃げると追いつかれるので、横に逃げなければならないという（『木屋平の昔話』）。

手杵
（てぎね）

美馬市木屋平に伝えられる怪物。赤子のような姿だが、のっぺらぼうの一本足で、全体的に手杵の形に似ているためその名がある。円を描くように跳ねまわり、山中で踊りを踊っているようにみえるので「山舞い」ともよばれる。特に何か悪さをするわけではないが、これを目にした人が恐怖のあまり病みつき、ついに亡くなってしまったという話もある（『木屋平の昔話』）。

ドンガン

人や牛馬を水中に引きずり込んで殺してしまうという怪物。いわゆる河童に相当するが、ドンガンとはまたスッポンのことで、スッポンがそうした災いの元凶であるとも考えられた。県南部でい

北海道

東北地方

関東地方

北陸地方

甲信地方

東海地方

近畿地方

中国地方

四国地方

九州　沖縄

四　国　地　方　243

うゴタロもまたスッポンを意味するという。勝浦郡勝浦町の坂本川にかつてあった馬渕は、馬がドンガンに首を食いちぎられて殺されたことからその名前が付いたといい、また殺された馬の亡霊が首切れ馬となって、近づく者を渕に蹴り込むという噂が流れたという（『勝浦町の民話と伝説』）。

ノガマ

山道を歩いているときや山で仕事をしているときに、いつの間にか足などに切り傷ができていることがある。これを「ノガマにかかった」という。いわゆるカマイタチに似た現象である。祖谷山地域（現・三好市）では、葬式の穴掘りに用いた鎌や鍬は、7日間墓に置いた後に持って帰らないとノガマになって祟るという。ノガマにかかったときは、「仏の左の下のおみあしの下の、くろたけの刈り株なり、痛うはなかれ、はやくろうたが」と唱えるという（『祖谷山民俗誌』）。

メツキコロガシ

美馬市脇町の梨子木の里道に出たという怪。夜にそこを通ると、オフナトサン（道の神）の石のところから転がってきて、足にぶつかってくる。ヒノキの薄い板にご飯を入れて折りたたんだような、平たくて柔らかいものだという（『阿波脇町の伝説と探訪編（追）2-1』）。

夜行さん

節分の夜に首切れ馬に乗ってやって来るという妖怪。三好市山城町では片目で髭の生えた鬼だといい、おかずのことについてとやかく言うと毛の生えた手を出すという（『民間伝承』3-2）。また同市池田町では、峰の四つ辻に行って待っていると銭をくれるという（『阿波池田の昔話と伝説資料集』）。

山爺

徳島県の「山分」とよばれる山岳地帯を中心に伝承されている山の妖怪。山父、山ヂチなどともいう。人のような姿をしているが一本足であるともいい、また巨大であるとも、逆に子どものように小さいともいう。美馬市木屋平、およびその東の名西郡神山町では、山父は10歳ほどの子どもくらいの大きさで、黄昏時に山道を行く人に負うてくれとせがむ。しかし、背負うと次第に重くなって動けなくなってしまうので、断るために背負い縄の一方を短くしておくという（『木屋平の昔話』）。

山杣

三好市山城町でいう山中の怪。真夜中に山の中から木を鋸で引く音や、楔を打つ音、そして木が倒れる音が聞こえてくるが、実際に木を切り倒した跡はないという（『ふるさとの故事 総集編』）。

高坊主

地域の特徴

　香川県は四国の北東部に位置し、47都道府県のなかで最も面積の小さい県である。しかし、山地が圧倒的に多い四国のなかで、例外的に平野部が県域の大半を占め、四国の中心的地域として発展してきた。気候は温暖で天災も少ないが、瀬戸内式気候のため雨が少なく、昔から水不足に悩まされ続けており、おびただしく残る溜池がそれを物語っている。

　大きく分けて、東はかつての高松藩、西は丸亀藩の支配を受けていたという歴史的背景もあって、東西で方言が少し異なっているなど、若干の文化的差異がみられる。また、小豆島は中世までは備前国（現在の岡山県）、近世は天領であり、阪神地域により近いという地理的条件もあって、独自の文化圏を形成している。

伝承の特徴

　四国は狐の生息数が日本の他の地域に比べて極端に少ないため、その文化的役割を狸が肩代わりしてきた。そのため、人を化かす動物の第一は狸であり、さまざまな怪異現象が狸の仕業として語られる傾向が非常に強い。とりわけ徳島県はこの「狸信仰」が最も強い地域として知られるが、香川県もまたそれに次ぐ「狸文化圏」である。屋島の太三郎狸や浄願寺の禿狸をはじめとして、固有の名称をもつ狸も多く、神として祀られているものも少なくない。しかし、小豆島では狸よりもカボソ、すなわちカワウソが人を化かす話が圧倒的に多い。四国でも瀬戸内海の島嶼部や愛媛県の一部では、狸よりもカワウソが化かす話が多くなる。どのような条件が関係しているものか、いずれにしても興味深い事実である。

　また、香川県の妖怪伝承の特徴として、路上の怪異の話が非常に多いということが挙げられる。アシマガリ、打綿狸、ケマリ、シロウズマ、徳利回しなど、進行を妨害するさまざまな怪異の伝承が多く、そして七人童子

のような「行き遭い神」の話も多く聞かれる。とりわけ後者は、四国およ
び岡山県を中心にみられるナワスジ・ナオスジ・ナワメスジ・マショウミ
チなどとよばれる魔物が通る道の伝承とも関連している。

主な妖怪たち

青坊主　仲多度郡まんのう町に伝承される妖怪。人の前に現れて「首
吊らんか」と誘うという（『香川の民俗』41）。綾歌郡綾川町で
もクビツリガミサンというものがあり、憑かれた当人にしか見えないが、
木の枝から縄を垂らして実に楽しそうに首吊りを繰り返すので、それを見
ているうちに本当に首を吊ってしまうという（『四国民俗』15）。

アシマガリ　路上の怪。「まがる」とは「邪魔をする」という意味の
方言で、綿のようなものを足に絡みつかせて進行を妨害
する。狸の仕業とされた（『讃州高松叢誌』）。また、子猫のようなものが
足にまとわりついて離れないともいう（『香川の民俗』41）。綾歌郡綾川町
羽床上長谷のミチマガリ地蔵は、山から丸いものが転げてきて足に「まが
って」くるので、それを封じるために置かれたものとされている（『香川
の民俗』31）。

阿波爺　綾歌郡綾川町西分の阿波爺という峠には、昔阿波の老人がこ
こまで来て死んだという伝承があり、爺の化け物が出るとされ
ていた。あるときそこを通った飛脚が「阿波爺阿波爺と言うたって、お爺
やこしどこっちゃにおらんが」と言うと、ガザガザッと音がして「ここに
おるぞー」と言って出てきたという（『香川の民俗』25）。

牛鬼　高松市北西部の連峰・五色台の峰の一つ、青峰に棲み人畜を害
していたという怪物。山田蔵人高清という弓の名人がこれを退治
することになり、青峰にある四国八十八箇所の第82番札所となっている
根香寺の観音に21日の願掛けをして、一夜に矢を5本ずつこしらえた。牛
鬼は前もって矢の数を読んでいて、すべての矢を使い果たした頃合いを見
て襲いかかってきたが、高清の妻が1本だけ隠し矢をこしらえておいたの
で、その隠し矢で牛鬼を射止めることができたという（『笠居郷風土記』）。
根香寺には、そのときに退治された牛鬼の角とよばれるものと、牛のよう
な頭部にコウモリのような飛膜状の翼をもつ牛鬼の姿を描いた掛軸が伝わ
っている（非公開）。

246

打綿狸
（うちわただのき）

仲多度郡多度津町堀町に出たという路上の怪。道に綿切れが落ちているのを拾おうとすると動き出し、空に上ってしまう。それは打綿狸であるといわれた。これが出た堀町には昔、綿打屋が2軒あったという（『民間伝承』4-11）。

大火焚き

オビタキ、ユルギカキともいう。高松市西部では、夜に墓地などで大坊主が火を焚いているといい、着物の左袖をかぶって坊主を手招きすると飛んでくるとされるが、恐ろしいので誰も試みた者がいないという（『笠居郷風土記』）。綾歌郡綾川町では、頭巾をかぶった4人の男が火を担いでいるとか、相撲取りの姿をした者が松明を灯しているともいう（『綾上町民俗誌』）。

カボソ

小豆島を代表する妖怪。カボソとはカワウソのことであるが、得体の知れない人、何を考えているかわからない人を「カボソみたいな人」と表現することがあり、人を化かす妖怪的存在として捉えられていたことがわかる。カボソの悪戯（いたずら）としてよく知られているのは、知人の声を真似て家の外から声をかけるというもので、これを「カボソに呼ばれた」といっている。その他、若い娘や子どもの姿に化けて現れたり、人を道に迷わせたりといった、他の地域での狐や狸と同様の悪戯をするとされている。小豆島町の草壁桟橋の近くには、カボソが多く棲む「カボソ山」があり、よく人を化かすので、ある勇敢な男に頼んでカボソの穴を潰してもらった。しかし、それから10年ほど経って、小雨の降る夜などに海岸でシャリシャリと砂を掻くような音がするようになった。これは「砂磨き」とよばれ、カボソが元の穴を恋しがって砂を掻いているのだとされた（『小豆島の伝説と民話』）。また土庄町柳（とのしょうちょう）には、かつてカボソを神として祀った獺神社（かわうそ）があり、霊験あらたかであったという。

川女郎
（かわじょろう）

仲多度郡まんのう町や多度津町に伝承される妖怪。大水が出て堤が切れそうになると、「家が流れるわ」と泣くという（『民間伝承』4-11）。川女郎は美しい女性の姿で現れるという話もあるが、馬鍬のような歯をしていてとても恐ろしいともいう。柘植の櫛（つげ）（くし）が嫌いなので、川女郎が出るとされる場所の近くを通るときには、柘植の櫛を口にくわえて通るとよいという（『綾上町民俗誌』）。

ガーラ

三豊市ではいわゆる河童のことをこうよぶが、これはまたタガメという虫のことでもあり、この虫が川や池で泳いでいる子

四 国 地 方　247

どもを襲って尻を抜くと考えられていた。瀬戸内海に突き出た荘内半島の付け根に続く海沿いの村々では、7月7日に七夕様の笹や供物のキュウリを海や川に流したが、そのキュウリを求めてガーラが集まってくるので、この日は海や川に入るものではないといわれていた（『香川の民俗』2）。

ケマリ　仲多度郡まんのう町に伝承される妖怪。灰色の毛が生えた手毬のようなものが転がってきて足元にまとわりついてくるので、蹴飛ばすとそのたびに少しずつ大きくなり、ついには股ぐらいっぱいの大きさになって歩くこともできなくなるという（『香川県史第14巻　資料編　民俗』）。綾歌郡綾川町にもワタマワシといって、道に落ちている綿切れを蹴ると次々に大きくなっていくという怪が伝承されている（『綾上町民俗誌』）。

ゴゼンボウ　小豆島に伝承される妖怪。裸の子どもの姿で現れ「相撲を取ろう」と言ってくる。こちらが勝つと、今度は少し大きいものが現れ、負かすとさらに大きなものが現れ……という具合にどんどん大きくなっていく。しかし、仏壇に供えてあったものを食べていれば逃げていくので、夜道を歩くときは必ずそうしたという（『小豆郡の民俗聞取り集　池田編』）。

七人童子　県西部に伝承される路上の怪。七人同行ともいう。丑三つ時に四つ辻を通ると七人童子に出会うとされ（『民間伝承』4-11）、これに行き会うと病気になるとか、投げ飛ばされるという。また獣や耳の動く人には見えるとされ、四つ辻で牛が急に立ち止まって動かなくなったので、牛の股から向こう側を見ると、七人同行が行列して歩いていくのが見えたという（『讃岐民俗』2）。なお、仲多度郡から三豊郡にかけては、七人童子（同志）は寛延の百姓騒動の折に処刑された7人の同志の怨霊、三豊市仁尾町では長宗我部元親に討ち取られた仁尾城の7人の侍の怨霊とされ（『香川の民俗』29）、単なる妖怪ではなくその土地の実際の歴史と深く関わったものと考えられている。三豊市の粟島では、七人童子は通常とは逆向き（逆打ち）に四国遍路をしているので、7人で四国遍路に行くと七人童子に行き会う、あるいは七人童子になってしまうとされていた。もしどうしても7人で遍路に行かなければならないときは、布で人形をつくって一緒に連れていき、8人になるようにした。この人形にも納め札をもたせるが、札には「城山イチコ」という名前を書いたという（『粟

島の民俗』)。

ショウカラビイ

小豆郡小豆島町神浦（こうのうら）でいう海の怪。沖で夕方、雨が降り出しそうなときにこちらと同じくらいの大きさの舟が現れる。それがショウカラビイの舟であることは、帆が反対に向いているのですぐにわかる。「杓をくれ」と言ってくるが、言うとおりに貸してしまうと、その杓で舟のなかに水を汲み入れられてしまうので、杓の底を抜いて貸さなければならない（『小豆郡の民俗聞取り集　池田編』）。

城崩れ（じょう）

小豆島の星ヶ城山麓、とりわけ旧内海町（うちのみ）（現・小豆島町）に多く伝承される祟り神。星ヶ城は南北朝時代に南朝方の佐々木信胤（のぶたね）が築城した城であったが、1347（貞和3）年に北朝方の細川師氏（もろうじ）に攻められて落城した。その際に非業の死を遂げた者の霊を祀ったものが城崩れの神であり、うっかりすると祟られるという（『小豆島今昔』）。

シリウマオイ

綾歌郡綾川町でいう。夜道を歩いていると、後ろから人がついてくるような足音が聞こえるが、振り返っても誰もいない。これをシリウマオイといった（『四国民俗』8）。

シロウズマ

綾歌郡綾川町に伝承される妖怪。畑の隅に積んである藁などをどけると、その下から丸い石のようなものが転がり出てくる。棒などで叩こうとすると先へ先へと転がっていき、それを追いかけていくうちにいつの間にか山の中に迷い込んでしまうという（『四国民俗』8）。

シロブスマ

仲多度郡まんのう町の造田家の土蔵の中に棲むという妖怪。一つ目一本足の妖怪で、雪の降った日には土蔵の外に出て歩き回るので、その足跡が雪の上に残っていたという（『香川の民俗』43）。

太三郎狸

源平合戦の古戦場として知られる高松市の屋島に棲んでいたという狸。屋島寺の本尊のお使いともいわれ、「蓑山大明神」として祀られている。寺に異変が起こる前には必ず住職に夢告げをして知らせ、また住職の代替わりの際には幻術を用いて源平合戦の光景をみせるとも伝えられている。四国の狸のなかでも親分格とされ、狸たちは屋島に行って化け狸としての修行をするともいう。なお、徳島県には阿波の狸合戦を「屋島の禿狸」が仲裁したという伝承があるが、これは屋島の太三郎狸と高松市番町の浄願寺の禿狸とを混同したものと思われる。

豆腐　丸亀城下に伝承される怪。丸亀城を築く際に、通りかかった豆腐屋を人柱として生き埋めにした。その祟りで、雨のしとしとと降る寂しい晩には「豆腐、豆腐」という悲しげな売り声が聞こえるという（『郷土研究』7-2）。丸亀市土器町から城下に入るには土居町の橋を渡らなければならなかったが、日が暮れると「豆腐」が出るので橋を渡ってはいけないと子どもたちを戒めていたという（『香川の民俗』29）。

徳利回し（とっくりまわし）　路上の怪。徳利転がりともいう。道を歩いていると徳利が足元に転がってきて歩くのを邪魔するという。また、丸亀市には徳利狸とよばれる狸の伝承がある。酒徳利に化けて道路の真ん中に立っており、拾おうとするとコロコロと転がってどうしても捕まえることができないという（『郷土研究』7-2）。

トリケ　踏切や川・池など、ある特定の場所で、人を死に誘い込むもの。トリキ、誘い神ともいう。その場所で先に死んだ者の亡魂がそこに留まり、通りかかった者を誘い込むのだという（『郷土研究』7-2）。

抜け首　県東部などでいう。夜になると首が抜け出してさまよう一種の特異体質をもつ人で、高松市西部では丙午（ひのえうま）の年、丙亥（ひのえい）の丙夜（ひのえ）（三更、0時頃）に生まれた女が抜け首になるとされた（『笠居郷風土記』）。さぬき市多和では、抜け首になる者は首に輪のような筋が入っているので、首に輪の入った女は嫁にもらうなといわれた（『香川の民俗』11）。

禿狸（はげだぬき）　高松市番町の浄願寺に「白禿大明神」として祀られている狸。屋島の太三郎狸と並び称される有名な狸で、近所の貧しい老夫婦を助けるために茶釜に化けて売られていったが、買った金持ちが毎日のように磨くので頭が禿げてしまい、痛さのあまり泣いていたところ、浄願寺の住職がお供えの餅を三つ与えてようやく泣きやんだといい、「今泣いたん誰かいの、浄願寺の禿狸、お飾り三つでだぁまった」という歌が伝わっている。また、日露戦争（日清戦争とも）の際には小豆1升を携えて大陸に出征し、小豆1粒を兵隊一人に見せかけて敵兵を混乱させたという。

枕小僧　さぬき市多和の大窪寺の寺務所に出たという妖怪。夜、寺務所で寝ていると、小さい子どもが足の上に立っていて、目は覚めているのに身動きがとれない。だから寺務所では寝てはいけないとされた（『香川の民俗』11）。

牛鬼

地域の特徴

愛媛県は四国の北西部に位置し、北は瀬戸内海、西は宇和海に面し、大小200以上の島がある。県内の8割が山岳地帯であり、西日本最高峰の石鎚山（1,982m）をはじめとする四国山地が東西に延びている。

古代には、『古事記』によると四国は身一つにして顔が四つあり、その一つが伊予国であり、「愛比売」（美しい女性の意味）とよばれた。その名のとおり、気候は温暖、少雨地帯であり、穏やかな自然環境とされるが、古代より南海地震が周期的に発生し、台風や集中豪雨も多く、風水害、土砂災害も頻発している。日常は穏やかながらも、災害などの自然の脅威に立ち向かいながら人々は生活空間を形成してきた。

愛媛県（伊予国）は、江戸時代には松山藩、西条藩、今治藩、大洲藩、宇和島藩など八つの藩に分かれていたこともあり、県全体でみると政治的、文化的な一体感に欠ける面がある。現在でも東部の「東予」、中央部の「中予」、南西部の「南予」の3地域に区分される。「東予」・「中予」は瀬戸内海に面し、古代より中央との人的、経済的、文化的交流が盛んであり、民俗文化に関しても瀬戸内海圏域との共通性が多い。しかし九州寄りの「南予」は方言、食文化、祭礼など「東予」・「中予」と異なる文化圏を形成している。

伝承の特徴

江戸時代には八つの藩があり、各所に城や陣屋を中心とした都市が形成され、それに関する伝承が多い。松山では「松山騒動八百八狸物語」で知られる隠神刑部や築城の守護として植えられた榎に棲む六角堂の狸伝説など、藩主や城と関わる伝承がみられる。

自然との関わりでいえば、各所の水辺に河童（エンコ）に関する伝承がある。今治市伯方町の「エンコ石」や西予市明浜町の「河童狛犬」などで

四 国 地 方　251

ある。また山間部の滝や淵には「牛鬼淵」があり、河童・牛鬼などは水辺の危険性を強調するために生みだされた伝承といえる。

　また、海に面した地域が多い愛媛県では船に関する怪異伝承が多く、「海坊主」や「船幽霊」の伝承が各地に伝わっている。

　山に関する伝承としては、山地で転倒した際に刃物で切ったような怪我をする「ノガマ」や、夜、山道を歩いていると足がもつれてしまう状態を「ノッゴ」に憑かれたという事例が多く、石鎚山の法起坊など「天狗」に関する伝承も多い。

主な妖怪たち

牛鬼
うしおに

　宇和島市を中心とする南予地方の神社祭礼には「牛鬼」という全国的に類例のない練物が登場する。青竹で牛の胴体のように編み、赤布やシュロで全身を覆い、長い首の先に張り子（和紙）製の頭を付ける。その形相は牛とも鬼ともつかないものである。宇和島市の宇和津彦神社祭礼や和霊大祭などで、この牛鬼を10〜20人が担ぎ上げ、神輿渡御の先駆けとして、家々に首を突っ込みながら悪魔祓いをしてまわる。牛鬼は江戸時代中期以降に各地の祭礼に登場していることが各種史料で確認できる。「牛鬼」は鳥山石燕『画図百鬼夜行』の全身が黒毛で覆われて、牛のように2本の角、口には牙があり、指が3本あるというイメージや、佐脇嵩之『百怪図巻』に描かれているような土蜘蛛系牛鬼のイメージとは別に、南予地方の祭礼牛鬼の形状は成立している。

　なお、祭礼とは別に「牛鬼」という妖怪に関する伝承もある。牛鬼の棲むとされる場所は、淵や滝、海など水に関するところが多い。宇和島市や西予市、久万高原町に「牛鬼」が棲んでいた淵や滝があり、地元の田畑を荒らしていたが鉄砲で撃たれて退治され、淵や滝に逃げ込んだという共通した話が残る（『愛媛まつり紀行』）。

海坊主

　お盆には海水浴をしてはいけないといわれる。海坊主が足を引っ張るためである。海坊主の姿は具体的ではなく、図像化されているものはまれであるが、松山市沖の二神島の伝承では、海坊主は坊主頭で赤銅色をしており、目は丸く、手足と尾があるが泳ぎは人間よりも遅いという。この海坊主を見た者は長寿になるという話もある。海坊主に関する伝承が豊富なのは南予地方の宇和海である。宇和島市戸島では、赤

252

火（出産のケガレ）や黒火（死のケガレ）の者が船に乗り込んでいると、必ず海坊主に憑かれてしまうが、金毘羅様に念じ祈ると退散するといわれている（『愛媛県史民俗編 上』）。

河童（エンコ）

愛媛県内では河童のことをエンコとよび、その正体はカワウソであると説明されることが多い。カワウソは愛媛県の県獣であり、動物では県内唯一の天然記念物である。カワウソに関する伝承では、人間の側が彼らにいたずらされ、翻弄されている例が多い。八幡浜市では「漁師が沖で漁をしていると、カワウソがこっちこい、こっちこいと手招きするので、行ってみると、船が陸に上がってしまい、難儀した」などの伝承がある。河童の造形としては西予市明浜町高山に河童狛犬が残っている。1881（明治14）年に若宮神社に奉納された石造狛犬で、祭神の宇都宮氏がいたずらをした河童を捕えたが命乞いするので許してやり、その恩返しに鯛を持参したという伝承に基づいて製作されたものである。西条市小松町では、命乞いして助けてもらった河童がのどの小骨抜きの秘法を行う道具を与えたり、今治市伯方町では、もう悪さをしないと誓った河童がその証文にと、海底から大石を持ってきて海岸に立てたという「エンコ石」など同様の河童の恩返しの話は多くみられる。八幡浜市では旧暦4月5日に海で河童（エンコ）におにぎりを奉納してその年の水難除けを祈願する行事も行われている『民俗の知恵』。

大人（オオヒト）

西予市宇和町山田には「大人様の足跡石」があり、この足跡は大人（オオヒト）が谷をまたいで歩いたとき、または、八幡浜市の金山出石寺の本尊と地元の山田薬師が長い棒で荷物をかついだときについたものだという。このような巨人伝説は各地で聞くことができるが、西予市と宇和島市境の歯長峠の伝説が有名である。足利又太郎忠綱は源氏に追われてこの地に居住した。力は百人力で、声は10里（約39km）に及び、歯の長さは1寸（約3cm）。このことから「歯長峠」と名前が付いたという。古くは江戸時代中期成立の『宇和旧記』にもこの巨人伝説が紹介されている。また、毎年正月16日に村境や橋などに藁製の大草履や大草鞋を吊るすという年中行事が南予地方から久万高原町各地で行われているが、これらも集落にこのような巨人が住んでいると強調して、外から悪疫を入れない目的で行われており、巨人伝説と関係するものといえる（『民俗の知恵』）。

四 国 地 方　253

首なし馬

　　　　　愛媛県内各地に首なし馬の伝承は多い。松山市の御幸寺山では合戦で討ち死にした城主の霊魂が馬に乗って出てきて、それを見る者は必ず患ったという話が江戸時代成立の『予陽郡郷俚諺集』にみえる。この首なし馬は御幸寺山から道後樋又にかけて駆け去るとか、松山城の東部を通り、南は伊予市の行道山まで至るともいわれる。そこには「首なし馬の通り道」といわれる場所があり、家を建ててはいけないという。首なし馬以外にも、縄目筋や天狗の通り道などといって一定の道を妖怪が通るという話がある。首なし馬が通る際にはシャンチキ、シャンチキというかすかな音が聞こえるといい、シャンシャン馬・チンチン馬ともよばれていた（『愛媛県史民俗編 上』）。

大蛇

　　　　　山間部の渓流などに大蛇が棲むという伝承を各地で聞くことができる。松山市の奥道後には大蛇伝説で知られる「湧ヶ淵」がある。江戸時代初期にこの淵に大蛇が棲み、美女に化けて通行人を惑わしていた。これを湯山の城主三好氏が鉄砲で退治し、淵には三日三晩、大蛇の血が流れたという。以後、怪しい美女は現れなくなった。この大蛇の頭骨は地元の庄屋となった三好家に代々伝えられ、現在は奥道後に「竜姫宮」という祠を建ててそこで祀られている。なお、松山を訪れた夏目漱石はこの「湧ヶ淵」で「蛇を斬った岩と聞けば淵寒し」の句を詠んでいる。なお、近くにある四国霊場第51番札所石手寺にも大蛇の頭骨が保管されており、類似する伝承がある。また、西予市宇和町の大安楽寺には「蛇骨堂」とよばれる祠があり、これはかつて領主宇都宮氏がこの地を開墾しようとした際に大蛇が現れ、それを退治することで土地を治めることができたという伝承があり、開墾に伴う自然の脅威が大蛇として伝承化されたと考えることもできる（『異界・妖怪』）。

祟り神

　　　　　柳田國男は「人を神に祀る風習」において全国の御霊信仰のさまざまな事例を紹介している。御霊とは、霊のうちでも特に怨みをもった霊魂、すなわち祟りを表す怨霊のことである。生前に怨みを残して死亡した人の霊魂がさまざまな災厄をもたらすと信じられ、その霊を鎮めるために、神として祀り上げる事例が南予に多いことを柳田は指摘している。例えば宇和島市の和霊神社は江戸時代初期に殺害された宇和島藩家老の山家清兵衛が種々の祟りをなし、それを慰めるために建てられた神社である。非業の死を遂げた人が神に祀り上げられる例は宇和島市吉田

町の安藤神社、八幡浜市の金剛院神社など類例は多い。南予地方では神を「和霊さま」、「新田さま」などと「さま」付けでよぶ。ところが、松山地方では、伊予豆比古命神社（通称椿神社）のことを「椿さん」とよぶなど「さん」付けである。南予は御霊信仰が根強いなど、神がいまだ荒ぶる存在として認識されており、なれなれしく「さん」付けできず、「さま」と呼んで畏敬の念を抱いているとみることができる『民俗の知恵』。

狸　愛媛県内には、狐に関する伝説は少なく、狐が松山城主の奥方に化けたのがばれて四国外に追放となったという伝承が江戸時代成立の『本朝故事因縁集』、明治時代成立の『伊予温故録』に紹介されている程度である。ところが、狸に関する伝承は特に東予、中予に濃厚であり、南予にも散見できる。西条市北条には長福寺の南明和尚に可愛がられて碁をうったという狸で大気味神社の境内に喜宮明神として祀られている喜左衛門狸や、松山市上野町の大宮八幡神社の榎の大木に住み金森明神として祀られている金平狸、新居浜市の一宮神社の供物を失敬して追放になり、一文字笠に化け、さらに金の茶釜や女郎に化けて郷里に戻った小女郎狸、松山城のお堀端に榎大明神の名で知られる八股のお袖狸がよく知られている。そして愛媛県を代表する狸伝承に、日本三大狸話の一つとされる『松山騒動八百八狸物語』に登場する隠神刑部（刑部狸）がある。これは松山藩のお家騒動に登場する狸で、眷属が808匹いたことから「八百八狸」とも称される。享保の大飢饉に際して起こったお家騒動が1805（文化2）年に『伊予名草』として刊行され、幕末に講談師の田辺南龍により怪談話に仕立て上げられ口演されることで広まった。隠神刑部は広島の三次出身で『稲生物怪録』で知られる稲生武太夫に封じられ、今も松山市久谷町に山口霊神として祀られている（『異界・妖怪』）。

天狗　石鎚山は日本七霊山の一つで、西日本最高峰の修験道の山として知られる。この山に棲む天狗は「石鎚山法起坊」とよばれ、江戸時代中期成立の「天狗経」の中で全国四十八天狗に数えられ、日本八大天狗とも称されている。また、愛媛を代表する天狗伝説に愛南町正木の「戸たてずの庄屋」がある。この話は江戸時代の『四国邊路道指南』にも紹介されており、庄屋の蕨岡家の先祖が天狗を射落としその翼をとって返すが、そのお礼で家に泥棒が入らないようになったという（『愛媛県史民俗編 上』）。

四 国 地 方　255

ノツゴ

夜間に人の歩行を邪魔する妖怪である。南予では、夜、山道で足がもつれて歩けなくなる状態を「ノツゴに憑かれた」という。愛南町油袋ではノツゴに憑かれても草履の鼻緒を切ると動けるようになるという。正体は幼い赤子の死霊であるとの話も伝わる。また、中予地方では５月５日に牛を休めて牛神を祀ることをノツゴ祭といい、中予、東予にはノツゴという地名も各所にある。元来土地の神である野神が牛馬の守護神となりそれを祀った場所とされる（『愛媛県史民俗編 上』）。

のびあがり・高坊主

河童（エンコ）の正体がカワウソであるという伝承は多いが、カワウソはノビアガリや高坊主（タカタカボウズ）の正体であるという伝承もある。中予、東予地方では「タカタカボウズ」、南予地方では「ノビアガリ」とよばれることが多い。松山市横谷では、人が見上げれば見上げるほど高くなる高坊主の話が伝わっている。逆に見下げたら見下げるほど小さくなる小坊主の伝承もあり、両者があわさっている事例もある。西予市城川町土居のノビアガリは、もとは丸い大石だったものが、見つめるとだんだん大きく細長くなり、同市野村町成穂では小坊主がひげの大男のノビアガリになる話がある（『異界・妖怪』）。

船幽霊

上島町魚島や大洲市長浜町では、海上で船に乗っている際、灯りが見えず船の姿がないにもかかわらず櫓を漕ぐ音が聞こえる現象を「船幽霊が出た」という。大正時代に松山市沖の興居島で船幽霊が出たといわれ、夜、沖に数千もの火が列をなして船に近づき、その怪しい火は一つになって消えたという。このように船幽霊伝承には怪火の出現が伴うことが多い。この怪火を今治市宮窪町ではオホラビ、松山市中島ではホホロビ、大洲市ではシケビ、バカビなどとよばれている。八幡浜市大島では水死した人の霊がさまよって船幽霊になるといい、夜、船の下に白いものが見えてどんなに漕いでもそこを脱出できないという。船の難破と結び付けられることも多い。今治市吉海町や宇和島市津島町では難破船があったところに船幽霊が出るといわれている（『愛媛県史民俗編 上』）。

夜雀

夜雀の伝承は内子町、西予市、愛南町など南予地方各地で聞くことができる。袂雀ともいい、夜中に山道を歩いているとチッチッと鳴いてついてくるという。そして一歩も歩けなくなり、これを「ヨスズメに憑かれた」という（『愛媛県史民俗編 上』）。

犬神

地域の特徴

高知県は四国の南部に位置し、太平洋に面した東西に長い海岸線をもつ。そのため海のイメージが強いが、県土の83％を山林が占める山国でもある。険しい山々が幾重にも重なり、四国の他県と隔絶した環境をつくる。

古くは土佐と幡多の二つの国に分かれていたようで、今も言語や文化など両地域には文化的差異があるが、早い段階で土佐一国になり、ほぼ同じ領域が江戸時代の土佐藩、近現代の高知県と現代まで踏襲されていることもあり、県民の一体感は強い。

一方、東西に広い県土には隣県や中央からもたらされたさまざまな文化が累積し、高知県の多様な民俗を生み出している。

伝承の特徴

広大な山間部に山姥、山女郎、山父など妖怪伝承が豊富である。また、四国山地を源流域とする四万十川や仁淀川、吉野川などの大河が多く、蛇や猿猴など水の妖怪伝説も多い。海の妖怪は意外と少ないが、平野部では芝天や狸、ケチ火など風土に応じた多様な妖怪が伝えられている。

高知県に妖怪伝承が残ったのは、国鉄が高知まで通ったのが1935（昭和10）年と遅く、都市化・工業化が遅れ、第一次産業に頼る農山村という、妖怪伝承にとっては好都合な環境が近年まで残っていたことが大きい。伐木作業の幻影である古杣、猟師が出会う山の怪物、夜道で聞こえる怪しい音など、いずれもかつての庶民の仕事や体験と結びついた妖怪談である。加えて民間宗教者の活動もあげられよう。香美市物部町のいざなぎ流は有名だが、西部にも弓祈禱を行う太夫がおり、近代医療の発達していなかった時代には病気や災厄を宗教者に祈ってもらう習慣があった。祟りの原因を求める過程で数多くの神霊や妖怪が創造されたのである。また、研究者らによる記録活動が継続的に行われてきたことも、高知県に豊富な妖怪伝

四国地方　257

承が残る要因となった。寺石正路、桂井和雄、広江清らの研究をはじめ、土佐民話の会の市原麟一郎を中心とする民話運動、各地の郷土史家や市町村教育委員会による民話集の刊行などのおかげで豊富な妖怪伝承が残されることになった。「土佐お化け草紙」や「土佐化物絵本」など妖怪を描いた在地の資料の存在も特筆すべきである。

主な妖怪たち

犬神 犬神統あるいは犬神持ちとされる家の者が、別の家の者にねたみや憎しみを感じると、犬神が相手に取り憑き、精神錯乱を来したり、犬の鳴き声を叫んだり、犬神持ちの人と同じ声色になったり、さまざまな症状を引き起こす。その場合は修験や陰陽師など宗教者を呼んで、犬神を祓う祈禱を行う。江戸時代の土佐では博士とよばれる宗教者が弓を打って犬神を降ろし犬神を祓う儀礼が行われていたようだ。『伽婢子』には、土佐国畑（幡多）の狗神を持つ人が他人の財産や持ち物を欲しいと思ったら、狗神が持ち主に憑いて祟りをなすので、狗神持ちの者を探して、欲しい物を与えれば病が癒えるとある。犬神の正体は、小犬や地鼠などの小動物とされ、犬神持ちの家筋は婚姻忌避などの差別を受けた。高知県では蛇憑きを長縄、トンベイとよび、こちらも広く分布している。

猿猴 水中にいて人や馬を引き込む妖怪。他県の河童に相当する。失敗して今後は人命を狙わないと誓ったり、お返しに魚を届けたり、薬の製法を教えたという伝説が各地に残る。四万十町には現在もエンコウから授かった薬を販売する薬屋がある。江戸時代には河太郎の名前も記録されており、土佐は河太郎系の呼称だったようだが、現在は愛媛県に共通する猿猴の名称が主流になった。また、盆の16日に川や海に行くと、お釜の蓋が開いて猿猴に引き込まれるという所も多い。

ケチ火 招いたり馬鹿にしたりすると飛んでくるという怪火。高知市土佐山では草履の裏に唾をつけて招くと寄ってくるという（『土佐山民俗誌』）。高知市薊野・一宮の法経堂では手紙を盗まれて死んだ飛脚の霊とされた。他に、同市潮江の高見山・宇津野山にはソウレン火が出た（『土佐風俗と伝説』）。

ゴギャナキ 江戸時代の『三安漫筆』には、ゴギャナキは、形は赤子のようで色は白く、赤子の泣く声で、夜、行く人の足

にまといついて離れず、はいていた草履を脱ぎ捨てれば立ち去るとある。香美市物部町では、赤子を山に置いて荷物を運び降ろし、急いで戻ったがオギャーオギャーという声だけで姿が見えない。オギャーナキという山の怪物に連れて行かれたという伝説が伝えられている（『村のあれこれ』）。

七人ミサキ

山や川、海で突然寒気がして高熱を発することを、七人ミサキに行き会った、憑かれたという。真正面からぶつかると死ぬともいう。憑かれたときは家の門口で箕であおる。重いときは宗教者に祈禱してもらう。高知市春野町の木塚明神は、戦国時代に長宗我部元親に切腹を命ぜられた蓮池左京進親実の7人の家来だといい（『旅と伝説』16巻2、3号）、大川村の七人ミサキは、猪の落とし穴に落ちて亡くなった7人の平家の落人という（『土佐の伝説』）。

芝天（しばてん）

夜道を歩いていると相撲を挑んでくる妖怪。相撲好きは他県では河童の属性だが、本県では独立した妖怪となっている。小坊主の姿で「おんちゃん相撲トロ」と呼びかけ、取り始めると次々と現れるとか何度投げ飛ばしてもかかってくるといってきりがない。夜が明けて気がつくと木の切り株だったという結末が多い。実際に幻相手に相撲を取っている人を見たという目撃談もある。芝天は春の社日に山を降り、川に入って猿猴になるといい、その時は山いっぱいに音がして、激しい風が吹くともいう。江戸時代の史料に芝天の名前はみえないが、明治時代になると記録が増える。戦後はラジオ番組「シバテンクイズ」から生まれたシバテン踊りが流行し、県民的キャラクターになった。

ジャン

高知市浦戸湾の孕（はらみ）でいう海上の怪音で「孕のジャン」とよばれた。夜半にジャーンと鳴り響いて海上を過ぎゆく。漁をしていてもこの音がすると魚が逃げてしまう。物の破談になるのをジャンになるというのもこれに由来するという。寺田寅彦は「怪異考」で、地鳴りが原因ではないかと考察している。

ダイバ

高知市土佐山でいう。夜道を行く牛馬に憑く怪で、砲音のように鳴って同時に肛門が抜かれるという。同じく牛馬に憑く物にムチという怪異もあり、こちらは牛馬の周りを鞭の音を鳴らして行く。そのときは牛馬に目隠しをしてやらねばならない（『土佐山民俗誌』）。

吊り上げモッコウ

モッコウは畚（もっこ）で運搬用の民具。芸西村馬ノ上では、かすが様の木の上にいて、暗くなると木

四国地方　259

の上からモッコウを降ろして、通りがかった子どもを吊り上げ、頭から食べてしまうので、子どもは早く帰らねばならないという（『芸西ふるさと民話』第2集）。安芸市伊尾木では、黒瀬谷の入り口の山の神の所で神の木からツリモッコウが降りてきて、モッコウに乗せられてどこへ連れて行かれるかわからんぞ、と子どもを脅した（『安芸の民話』第1集）。

テギノガエシ
手杵の姿でひっくり返りながら移動する怪。テギノガヤシ、タテカヤシともいう。四万十市西土佐奥屋内では猟師が雪の降った朝にテギノガヤシといって手杵をひっくり返したような跡がついているといい（『十和村史』）、香美市香北町ではタテカヤシといって背が高く体の真ん中に目口があり、上部も下部も足になる一本足の怪で、移動するときは上下の足を交互に使い転倒して行くが危害は加えない（『香北町史』）。

ノガマ
仁淀川町名野川で、野山で何でもないのに転んで傷口を鎌で切ったような怪我をするのを、「ノガマが食う」という。野鎌の意味で、いの町神谷、本山町吉野などにも伝承がある（『土佐民俗記』）。

ノツゴ
県西部に多い。宿毛市楠山本村では、路傍で赤ん坊の泣き声がする怪で、草鞋のチボ（乳首）をちぎってやるか、草をちぎってチボの形にしてやると泣き止むという（『俗信の民俗』）。四万十町戸川では、山路などで「草履をくれ草履をくれ」と言ってついてくる物で、見たことはないが姿は子どもみたいなものだという（『十和村史』）。

ヒダルガミ
馬路村では、山道で急に空腹に襲われて冷や汗の出るようなとき、ヒダルガミが食いついたといい、その場合は手のひらに米の字を書いてなめるとよいという。同様の怪を四万十市常六ではダリといい、これに憑かれたら身につけている手ぬぐいや草履を後へ投げるとよいという（『俗信の民俗』）。

ヒルマン坊主
高知市宇津野山に出た小坊主の怪。「おんちゃん相撲とろ」と言うので、相手をするとタラの木に組み付いていたり、馬の糞を饅頭とだまして食べさせられた（『土佐民俗』32号）。

古杣
夜の山中で木を伐採する音や声がするが、翌朝行くと何もないという怪。県下全域で聞かれるが、正体には諸説あり、いの町津賀ノ谷では山で死んだ杣の霊、四万十町大正では山に捨てられたり忘れられた墨差しに性根が入ったものという（『俗信の民俗』）。

棒振り
山道で棒を振るような音をして通るという目に見えない怪異。越知町野老山では夜の山道でビコービコーと鳴ってくるとされ、いの町神谷ではボーフリあるいはブリブリともいい、手杵を振るような音をたてて来るという（『土佐民俗記』）。

鞭
佐川町黒岩で、田の上を鞭を振り回すように非常に強い勢いで風が吹いていくもので、これに当たると悪い病気になるといわれている（『土佐民俗記』）。日高村日下や高知市鏡ではブチといい、不意にピューッと鳴って来て、皮膚を刃物で切ったようにけがをするものだという（『土佐の伝説』第2巻）。

夜行
越知町野老山で、錫杖を鳴らして夜の山道を行く妖怪。ジャンコジャンコ鳴って来るといい（『土佐民俗記』）、仁淀川町椿山では山の主猷を川の流れが突き抜けるような所に出る怪で、大きな柴を負うて行くような音がするという（『生と死と雨だれ落ち』）。同様に錫杖のような音を鳴らし山を行く怪を檮原町ではトオリモノとよび、行き会うたらよくない、悪い病気をするといった（『土佐の世間話』）。

八面王
香美市物部町でいう、頭が八つある蛇のような怪物。猟師が撃ち止めたヤツラオーを葬ったとされる長い墓が山中にあるという。ヤツラオーの墓については、木地師が所持していたやまたのおろちの巻物を納めて祭ったものとの説もある（『村のあれこれ』）。

山犬
産火を食べて大山を越すと、山犬や狼につけられるという。檮原町の話では、妻が産気づいたとの知らせを受け取った男が峠を越していくと、カサカサと音がついてくるが姿は見えない。山犬だと思って「守ってくれ」と頼むと、音はずっとついてくる。途中、袖を引っ張られて飛び降りると、大きな音がして真紅の炎が飛んでいった。これはチマタの風というもので、出産や死に際して肉親の者が出会うものという。これにふれるとその部分が赤くなってしまうといった（『土佐民俗記』）。

山爺
江戸時代のいの町寺川の記録「寺川郷談」には、「山鬼という者は、年は70歳の老人のようで人間に似ているが、目が一つ、足が一本で蓑のようなものを着ていて、本川の人は山ぢいとよぶ、俗にいう山ちちのことだ」と記されている。雪の日に6、7尺（約2mごと）に一つずつ杵でついたような丸い足跡が付いているとある。香美市物部町別府ではある家に毎年暮れの28日に爺さんがやってきて餅を食べさせる。爺さ

四 国 地 方　261

んが持ってきた高キビを蒔くと大豊作になる。ある年、うとましくなって
焼いた石を餅と偽って喰わせ、お茶のかわりにとほし油を飲ませると、帰
る途中で体が焼け始めた。ウスノクボという所に臼のような大きな骨が残
るという伝説がある（『村のあれこれ』）。

山女郎 （やまじょろう）

香美市物部町では、出産のあった家で煮炊きした物を口にす
ると穢れるとされ（「赤火」「産火（けが）」という）、その状態で山に
行くと山女郎に会うといった。見上げるほど背の高い女が、シュロの毛
より荒い黒髪を振り乱しゲラゲラ笑っている。これに会った者は帰って熱を
出し、死ぬ者もあった（『村のあれこれ』）。

山姥 （やまんば）

高知市土佐山桑尾の稗畑が毎年豊作続きだった。不審に思って
火をつけたら老婆姿の者が半焼けになって飛び出し、近くの山姥
ヶ滝の上へ飛び去った。それから持ち主の家は衰退した。土佐山には他に
も同様の話が多く、異常な豊作や幸運に恵まれることを「山姥が憑いた」
という（『土佐山民俗誌』）。南国市白木谷の山姥神社も福の神として信仰
を集めている。本山町では明日蕎麦の焼き畑にするため火を入れようとい
う晩、子育て中なので焼くのを待ってくれと山姥が嘆願に来たが、聞かず
に火をつけ山姥の子どもを焼き殺した。その祟りで村は火事で全焼したと
いう伝説がある（『土佐本山町の民俗』）。

夜雀 （よすずめ）

夜道で雀の鳴き声がついてくる怪。香美市香北町ではチッチ、
梼原町ではタモトスズメともいう。四万十町では人の歩く道を後
先につきまとい妙にさびしく気持ち悪いものという。提灯に憑くもので、
火を消して逃れたという話と、逆に火を消されたという伝承もある（『十
和村史』）。「チッチチッと鳴く鳥を、はよ吹き給え伊勢の神風」などと唱
えればよい（『俗信の民俗』）などさまざまな対策法も伝えられている。

笑い女

宿毛市橋上や高知市土佐山で、夜の深山で姿を見せずゲラゲ
ラと笑い声のする怪異。須崎市では麦の熟れる頃出るといった
（『土佐民俗記』）。江戸時代の土佐では山北の笑い男が、勝賀瀬の赤頭、本
山の白姥と並ぶ３大怪談として有名だった。月の１、９、17日に北山に入
れば笑い男に会うという。樋口関太夫は禁忌を破って９日に山に入ると、
15、16歳の小童が現れ笑い出した。次第に笑い声が大きくなり、山も石
も草木もみな笑うようにみえた。風の音や水の音までも大笑に響いたので、
関太夫は逃げ帰った（『近世土佐妖怪資料』）。

262

海御前

地域の特徴

 現在の福岡県は、①北側が海に面した福岡市を中心とする平野部で、九州全体の中枢の位置を占める「福岡地域」、②かつて日本一の産炭量を誇り、日本の近代化の一翼を担った遠賀川流域の「筑豊地域」、③九州第一の工業地帯を抱える北九州市を中心とする沿岸部の「北九州地域」、④筑後川両岸に広がる平野部で、農業と地場産業が盛んな「筑後地域」のように、地理的・社会的な特徴によって四つの地域に区分される。

 これらの地域は、古代の筑前国と筑後国、そして豊前国の大部分と重なる。江戸時代には、筑前は福岡藩とその支藩の秋月藩、筑後は久留米藩、柳川藩とその支藩の三池藩、豊前は小倉藩とその支藩の小倉新田藩、現在の大分県中津市に藩庁を置いた中津藩の領地となり、古代から現代に至るまで、ほとんど地域の範囲が変化していないことがわかる。

 こうしたことから、福岡県の妖怪文化は、まず上記の4地域の歴史と地理の違いを念頭に置いて、特徴を俯瞰することが重要だと思われる。

伝承の特徴

 県内全域にわたってきわめて多くみられるのが河童に関する伝承である。とりわけ、近世初期に広大な水田開発が行われた筑後川流域は、日本を代表する河童伝承地帯といえよう。現在では、久留米市田主丸町などで、河童伝説を観光資源として地域おこしが盛んに行われている。

 さらに地域別に概観すると、福岡・北九州地域の沿岸部では船幽霊、海女、海御前など、海と深いつながりをもつ妖怪伝承が豊富にみられたことが注目に値する。筑後・筑豊の平野部（里）では河童と並んで、村の周囲に出没する狐と狸にまつわる怪異が盛んに語られ、福岡・大分の県境に位置する英彦山は修験道の山として有名であることから天狗の怪異譚が語られた。大都市である博多は自然から遠く離れ、人口密集地域であったた

九州・沖縄地方　263

め、また、筑豊の炭鉱地域では大小の人身事故が相次いで起こったため、人の化け物、すなわち幽霊が登場する怪異譚が数多く語られた。

主な妖怪たち

小豆シャキシャキ（あずき）
小豆を洗う音が聞こえる怪異。小豆洗いの仲間と捉えることができる。福岡市西区の畑中地区や草場地区では、寺院の陰や地蔵のところで小豆をかきまわすような音が聞こえると、幽霊や化物が出るとされた（『西南学院大学民俗調査報告』1）。

飴買い幽霊（あめ）
子どもを育てる幽霊。毎夜、丑三つ時（午前2時頃）若い女性が飴を買いに来るので、不審に思った飴屋が女の後をつけて行くと、安国寺（福岡市中央区）の中に入り姿が消えた。境内には新しい卒塔婆（墓標）が立っており、地中から赤ん坊の泣き声がする。飴屋が寺の住職と墓を掘ってみると生きた赤ん坊が出てきた。死亡した母親が幽霊となり、乳の代わりに飴で我が子を育てようとしていたのだ。しかし、その赤ん坊は数日後に亡くなった。寺の記録によると1679（延宝7）年の出来事だという。同じような話は、博多区上呉服町の明光寺（『ふくおか歴史散歩』1）や鞍手町でも語られた（『鞍手町誌』民俗・宗教編）。

馬の足
夜道で遭遇するとされた妖怪。夜になると、古い塀を越えて伸びている木の枝に馬の片足が下がっており、気づかずにその下を通ると、それに蹴飛ばされた（『民間伝承』4-7）。久留米市原古賀町では、切られて根だけになった大きな榎の上に狸が登り、通行人を驚かせるため砂をふらせたり、真夜中に長さ1丈（約3m）の馬の足をぶら下げたりした（『筑紫野民譚集』）。この馬の足は、春日市（『むかしの生活誌』総集・補遺編）、福岡市内（『大正の博多記』2）などでも目撃されたという。

馬の首
これも夜道で遭遇する妖怪。夜、峠道を通っていると、松の木の枝に大きな馬の首がぶら下がり、目がギョロリと光った（『宗像市史』通史編4）。福津市では榎に下がり（『福間町史』明治編）、嘉麻市では竹やぶにぶら下がった（『稲築町史』下巻）。

海女（うみおんな）
海面を歩く女性の妖怪。大島など、県東北部の沖には海女とよばれる妖怪がおり、海の上を歩きまわっているところを漁師たちに、しばしば目撃された。しかし、特に何かをするということもなかった（『旅と伝説』5-8）。

海御前
うみ ご ぜ

「うみごぜん」や「あまごぜ（ん）」ともよばれた。北九州市門司区には、壇ノ浦の戦いで源氏に敗れ、海へ身を投じて死んだ平家一門の怨霊が河童となったという伝承がある。平清盛の甥である平教経の妻（母親とする説もある）の遺体が大積の海岸に流れ着き、里人たちによって葬られ、水天宮として祀られた。墓と水天宮は大積の天疫神社の境内にある。その後、平家の男たちの怨霊は平家蟹、女たちは河童となり、教経の妻がその河童たちを束ねる総元締めとなり、海御前とよばれるようになった。海御前は毎年５月５日（節供）だけは支配を解いて河童たちを自由に放すが、その際、河童たちに、白い蕎麦の花が咲く前に戻るように告げる。これは、源氏の旗が白色であるため、蕎麦の花を恐れているからだという。また、自由になった河童たちは人間にいたずらをしたが、源氏一族の者以外には手を出さず、秋になり蕎麦の花が咲く頃になると、山に引き揚げると伝えられていた（『旅と伝説』8-8、『綜合日本民俗語彙』1、『北九州市史』民俗）。また、海ではなく、合戦で敗走した平家一門が乗った船が筑後川で転覆し、怨霊が河童となったという伝承もある（『久留米市史』5）。

河童

川や池など水中に棲み、人や牛馬に害をなす妖怪。福岡県内各地で数多くの河童伝承が伝えられてきた。伝説の内容は、人や牛馬にいたずらをする河童の手を切り落とし、ミイラとなった手が旧家や寺院に保管されているというものや、恩返しやいたずらの詫びとして接骨法や妙薬の製法を伝授したり、毎日魚を運んできたというような、全国的にみられるものである。この河童について、『筑紫野民譚集』に、次のように身体的特徴が詳述されている。３歳か４歳の小児のようで、頭の頂に通常１枚の水が入った皿がある。髪を垂れ顔は青く、顔に十文字の毛が生え、黒色の全身は密生した毛に包まれている。眼は一つか二つで、嘴があり、背中に亀甲を背負っている。手が長く指は３本で、爪がとても長い。鮮魚のような生臭いにおいを発散する。また、河童以外に、福岡市南部ではガンタロウ（河太郎）、北九州市や朝倉市ではカワントノ（河の殿）、筑豊地域ではカワントンやカワッパ、久留米市ではカワトノ、コウラワロウ、ガッパという呼称もあった。また、京都郡伊良原村（現・京都郡みやこ町）ではガッコとよんだが、春の彼岸に山を下りて川に入り、秋の彼岸の夜明けにヒョウヒョウと鳴きながら山に行った。山に入ると、隣県の大分、長

九州・沖縄地方　265

崎、熊本、宮崎と同じくセコとよばれた（『綜合日本民俗語彙』1）。

川姫

築上郡に伝わる、若い男の精気を吸い取る女の妖怪。村の若者が水車小屋の側に集まっているときなどに、いつの間にか水車の影に美女が立っており、これを川姫とよんだ。これに心惹かれると、たちまち川姫に精気を吸い取られてしまうため、川姫を見つけると、その場にいる年寄りが戒めの合図をして、全員が下を向き、息を殺して災いから逃れられるようにした（『民間伝承』4-7）。

狐の怪異

2011（平成23）年、世界記憶遺産に登録された山本作兵衛の炭鉱記録画の一枚に、明治中期頃までは筑豊にはたくさんの狐が棲んでおり、人に取り憑いたり、人を化かしていたとある。同じ記録画の中に、1900（明治33）年、炭鉱事故で大火傷を負った坑夫のところに医師の他、20人ほどの者が見舞いに訪れたが、それらは焼けた人間の生皮を食べるために野狐が化けたものであり、焼けた生皮を食べると、狐は千年の長寿を得たという話が掲載されている（『筑豊炭鉱絵物語』）。

砂ふり婆

木の上から通行人に砂をふりかける怪異。三潴町（現・久留米市）では、深夜一人で歩いていると、大きな木の上から砂をふりかけて襲ってきた（『三潴町史』）。久留米市京町や三井郡宮ノ陣村（現・久留米市）では老婆ではなく、狸が榎の樹上から砂を降らせた（『筑紫野民譚集』）。

天狗倒し

英彦山の豊前坊あたりで、突然暴風が吹き出したかのような凄まじい音響の出ることをいった（『英彦山の民俗』）。星野村（現・八女市）では、山奥へ猟に行った夜、大きな木が倒れる音がするが、翌日行ってみると何事も起こっていない。これを天狗倒し、または天狗おどしとよんだ（『民俗採訪』昭和55年度号）。

人魚

水中に棲む、顔と上半身が人間で下半身が魚の化け物。1222（貞応元）年、博多津（博多港）に全長が81間（約145.8m）という巨大な人魚が上がった。すぐに鎌倉の幕府に知らせ、また、朝廷から勅使の冷泉中納言が検分に訪れ、博多の浮御堂に滞在した。地元の者たちが人魚を不老長寿の妙薬として食べようとしていたが、陰陽師の安倍大富が占うと、この人魚は国家長久の瑞兆であることが判明したため、浮御堂に葬ることになった。人魚が龍宮から来たと考えたため浮御堂を龍宮寺とし、山号を中納言にちなんで冷泉山とした。龍宮寺（福岡市博多区）の境内に

266

は人魚塚が建立され、本堂には人魚の絵の掛け軸と人魚の骨が安置されている（『福岡歴史探訪』中央区編）。

塗り壁（ぬりかべ）

遠賀郡の海岸部では、夜道を歩いていると、突然先が壁になり、どこへも行けないようになることがある。それを塗り壁とよび恐れた。棒をもって下を払うと塗り壁は消えるが、上の方を叩いてもどうにもならないという。柳田國男の「妖怪名彙」に掲載された有名な妖怪であるが、柳田は伝承の出典を明らかにしていない。ちなみに大分県臼杵市では、同じように通行を妨害する怪異を壁塗りとよんだ。

豊前坊（ぶぜんぼう）

九州の天狗の首領で、福岡県と大分県の県境にまたがる修験道の霊場として名高い英彦山の高住神社に祀られている。1903（明治36）年の初夏の頃、古処山の麓、朝倉郡秋月（現・朝倉市）に豊前坊天狗が現れ、谷間から流れ出る湧水は難病治療に効果がある霊水だと語ったという噂が流れたことがあった（『筑豊炭鉱絵物語』）。

船幽霊（ふなゆうれい）

海に現れる幽霊もしくは怪しい船の怪異のこと。鐘崎（現・宗像市）では盆の13日と15日には漁に出ず、もし、この日に漁を行うと船幽霊に会うといった。船幽霊が白い手を出して船の艫にぶら下がったこともあり、このときには用意してあった箒に火をつけて船の底を掃くと、幽霊は消えるとされた。また、夜、海面一帯が白くなる現象を「シキユウレイ」とよんだ。この中に入ると船が動かなくなったり、柄杓を貸せといわれたりした。鐘崎近くの波津（現・遠賀郡岡垣町）では、これを「シキボトケ」とよび、船が動かなくなった。藍島（北九州市）では船幽霊に会った時には一文銭の穴からのぞくのがよいとされた。波津では、お盆の満月で明るい夜の海上に、風に逆って進む帆船の影をはっきりと見ることがあり、これを「マヨイ船」といった。時には何も見えないのに、人の話声だけが聞こえることもあった（『旅と伝説』5-8）。福岡市西区の宮浦地区では、夜、海に出ると、ヒダマ（人魂）がいっぱい乗った大きな黒い船が近づき「柄杓を貸せ」という。柄杓の底を抜いて貸さないと水を汲み込まれ、船が沈められるといった（『西南学院大学民俗調査報告』1）。

木綿ひき婆（もめんひきばば）

福岡市内のとある屋敷跡の空き地に落葉樹の古木があり、木が風に鳴る音が綿繰り車の音のようだった。子どもたちは、その音を聞くと木綿ひき婆だといって恐れた。白髪の老婆が木

九州・沖縄地方　267

の下で綿くり車を回していて、人が通り過ぎると、振り返って恐ろしい目で睨んだという（『民間伝承』4-7）。

山アロー　大島村（現・宗像市）では、八朔（はっさく）の節供（旧暦8月1日）頃、山に入ると「オー」という声が聞え、これに化かされた人もあった。山アローは5歳ほどの子どものようだが、人間でも猿でもなく、短い髪、長い爪、緑がかった土色の肌をしていると考えられていた。また、その地域では河童ともよばれていた（『大島村史』）。熊本や九州山地などで「ヤマワラワ（山童）」とよばれる、河童の一種とされる妖怪がいたが、山アローはその仲間と考えられる。

山おらび　おらぶとは、大声で叫ぶという意味の方言である。主に山中で叫ぶと、それに呼び返す声が聞える怪異。山彦（やまびこ）とは異なるとされた。八女（やめ）地方では、山に入った者が「ヤイヤイ」と叫ぶと、山おらびも「ヤイヤイ」と叫び返し、人をおらび殺す。しかし、そのとき、破れ鏡を叩くと山おらびは負けてしまうという（『八女紀行』）。また、夜遅くまで子どもが起きていると、山おらびが来るから早く寝ろと親が言った（『民俗採訪』昭和55年度号）。

幽霊　博多など都市部の幽霊ではなく、筑豊という土地の特徴を明確に示す幽霊譚として、坑内での幽霊があげられる。坑内で死者が出ると、死体を地上に引き上げて供養しても霊魂は地下に残り、幽霊となってさ迷うと信じられていた。そのため、遺体を収容し炭函に乗せて巻き上げる際、同乗する者たちが交互に死者の名前を呼び、「アガリヨルゾー、今何片ぞー」と大声で叫んだ。そして坑口に出る前、いったん停止して、護山神の御守札を取り除けてから坑外にあがり、「あがったぞー」とみんなで叫んだ（『筑豊炭鉱絵物語』）。また、中間市蓮華寺の小笹峠（なかましれんげじ）で、「子どもを抱かせてあげよう」という女の声が聞えたので、通りかかった医者が恐れずに子どもを抱くと、女の幽霊が「炭坑の落盤事故で命を落とし、後に残したこの子が気がかりで成仏できなかったのだが、これで思い残すことはない」といって医者に珍しい薬草を渡したという話がある（『筑豊弁で語るちくほうの民話』）。これは通行人に子どもを抱かせる「ウブメ」や「オボ抱き」という、古くから日本各地に伝わる伝承と同じような内容の話だが、女の幽霊が炭鉱事故で死亡したと説明することから、古いタイプの伝承を地域や時代の特徴にあわせて変化させたと考えられる。

化け猫

地域の特徴

佐賀県は九州の北部、長崎県と福岡県の間に位置する県である。かつては長崎県とともに肥前国を構成していた。

県北は玄界灘に面してリアス式海岸が地図上の輪郭線を描く一方、県南には日本最大級の干満の差を生じる有明海の干潟が広がっている。有明海から県央にかけては沖積平野である佐賀平野が広がるが、この平野の一部は干拓により有明海が姿を変えたものでもある。

県南部に平野が広がる一方、県西部、県北部から東部地域にはそれぞれ多良岳山系、背振山地という、標高1,000m級の山々が連なっている。背振山地の東端、背振山は、平安時代中期の天台宗の僧侶・性空が修行に励んだ山としても知られており、背振山地は密教僧の修行の地でもあった。

「佐賀」という地名の起こりについては、『肥前国風土記』に記載される、暴れ川を鎮めるのに土人形を以て神を祀ることを提案した二人の賢女に由来する説などがあり、そのいずれもが古代へのロマンを多く含んだものである。古代ロマンといえば松浦佐用姫の伝説も興味深い。古代、新羅に渡った恋人の帰りを待ち焦がれる佐用姫という女性が唐津にいたが、しばらくするとその恋人そっくりの男性が夜ごと通ってくるようになる。男の正体は山中の沼に住む蛇であったが、そのために佐用姫は沼の底に死体となって発見される。異類婚姻譚のなかでもかなり古い部類の話なると考えられるが、このような古代の伝説が後世の伝承に与えた影響についても考えておかなければならないだろう。

伝承の特徴

県下では狐や河童などの素朴な妖怪の話が広い範囲で聞かれる。特に狐に関しては本人、あるいはそれに近しい立場の人間の体験談として語られていることが注目に値する。聞き取りの豊富さから、現代にかなり近い時

期まで狐が人を騙すことが盛んにあったような印象を受ける。

河童についての伝承も多いが、やはり分布するのは平野部、積極的に河川の改修、水路の掘削を行った地域のようである。人による水支配の試みと挫折、あるいはその更なる克服から河童のイメージが生じてきたとみることもできる。ただ、河童については春日大社の造営に携わった人形たちの成れの果て、それが肥前に移り住んできたという伝説もあり、そのような特殊な伝承が生じた歴史的背景も考慮する必要がある。

一方で山間部には大蛇や化け蛇についての伝承がみられる。祈禱僧や盲僧の活躍が語られることが多いが、そこから修験や座頭などの伝承の運び手の姿も想定すべきかもしれない。

主な妖怪たち

鬼 　唐津市北波多村にある山、岸岳には武内宿禰の末裔という鬼が棲んでいたが、渡辺綱の子、渡辺久によって滅ぼされたという（『北波多村史』自然、集落誌・民俗編）。多久市にある山、鬼の鼻山は、その名のとおり鬼がつくった山とされる。鬼がこの地の鎮守に「一晩で美しい山をつくれるか」と問われた際につくった山だが、鶏をまねた鎮守の声に引き上げた結果、鼻のような形の山になったと伝わる（『多久市史』第5巻民俗編）。また、鳥栖市石谷山には鬼が村人たちと抱えられるかどうかの賭けをして負けた巨石が残る。その際の爪痕が残っているため「鬼の爪跡石」とよぶ（『鳥栖の歴史読本』）。

河童 　地域によってはカワソウともよぶ。広大な佐賀平野には灌漑用水が張り巡らされてきたが、平野を網目状に走るこの堀には河童の話が多く残されている。小城市小城町では堀に入るとカワソウから足を引かれる、尻の穴から手を入れられ、ジゴ（内臓）を抜き取られるなどといわれ、子どもは堀に遊びに行くのをたしなめられた（『小城の口承文芸』）。県下では5月頃に川祭りを行う地域が多い。川、あるいは堀端に設けられた洗い場に、野菜、果物、飯などを備える。川や堀に落ちないように、河童に狙われないようにという意味合いが込められている（『佐賀市史』第2巻）。県西部武雄市にも興味深い河童の伝承が残る。橘諸兄の子孫、橘島田丸は奈良の春日大社造営の任にあたったが、その際、配下に99体の人形を加持で童子の形となして使役する者があり、このおかげで工事は

滞りなく終えることができたが、人形は川に捨てても従前の如く動き続け、人畜を害するようになったという。河童の始まりはこの捨てられた人形だとされる。島田丸が勅命を以て水辺に呼びかけた結果、河童の害は起こらなくなった。島田丸の務めていた役職は兵部大輔であったが、兵部を主として据えることから河童を兵主部とよぶようになったと伝わる。島田丸のさらに遠い子孫にあたる橘公業は1237（嘉禎3）年に武雄に移り住んだが、その際、兵主部も共にわたってきたとされる。兵主部たちは市内を流れる川、潮見川に住んだという（『肥前叢書』第2輯）。

　河童といえば伊万里市で経営を続ける松浦一酒造に伝わる世にも珍しい河童のミイラも忘れてはならない。同酒造の創業は1716（正徳6）年と長い歴史をもつ。「当家には何か珍しいものが伝わっている」と代々語り継がれていたが、それが何かわからずじまいだった。しかしながら1953（昭和28）年の大豪雨の際に母屋の瓦を修繕、その際に梁の上から「河伯」と書かれた箱が見つかり、中から現れたのが河童のミイラだったのである。身を屈めた姿で乾燥しており、大きさ50cmほど、同酒造の話によると「所謂"見世物"にありがちな"不自然な継ぎ目"はない」という。酒造であるため水の神としても祀っているが、この河童が見つかって以降、それまで養子続きだった酒造も男の子の双子に恵まれるなどしたため、子授けの神のようにも感じられるとのこと。あくまで酒造なので子宝祈願などは行えないが、子を望む人々からの問い合わせは多い。現在は同酒造に設けられた展示場内にてその姿を拝観できる。

カナワ

佐賀市大和町を流れる川上川に現れたマムシの化け物。川上川は多くの魚が棲む清流であったが、同時に「カナワ」という得体の知れない化け物が橋を渡る者を殺す危険な場所でもあった。ある晩、親子二人が舟漁をしている際に火の玉のようなものに襲われ、これが件の「カナワ」かと恐れ気を失う。目が覚めたときには川岸によく成長したナマズが「カナワ」を飲み込み死んでいたという。川上川に架かる橋のたもとには神功皇后の妹とされる淀姫を祀る淀姫神社があるが、この神の使わしめはナマズであるとされる。以来、氏子はナマズを食せずと誓い、食せば腹が痛むともいう（『大和町史』）。なお、大和町から遠く離れた武雄市朝日町にも淀姫神社、川上という地名があり、その氏子も同様にナマズを食すことを忌むという（『朝日町史』）。

釜蓋の化け物

唐津市相知町横枕に出現した化け物。「釜蓋の化け物ぞ」と自称しながら現れ、夜に裏道を通る者を驚かせた。耳まで裂けた口、鏡のように光る眼をもつという。一人の老爺が孫の手を引きここを通る際「昔、ここに釜蓋の化け物が現れていた」と話したところ、「今でも出るぞ」とその姿を再び現したともいう。困った村人が権現様をその道に勧請したところ化け物は出なくなったという（『横枕郷土誌』）。

小太尻坊主

東松浦郡玄海町に現れた得体の知れない怪異。雨の日に浜に現れ、襲われると病気になるという（『玄海町史』下）。

子持ち女の幽霊

墓地などに夜現れ、通りがかる者に子を抱かせる幽霊。抱くと子はどんどん重くなるが、それに耐えきると大力を授かる。長崎との県境である伊万里市、県中央部の小城市、福岡との県境である鳥栖市にそれぞれ伝承がある（『脇田町誌』『小城町史』『続新佐賀夜話』）。東松浦郡玄海町には夜道に一人で現れる不気味な女を切りつけたところ、翌朝そこには古狸と刀傷のある岩が転がっており、以後それを女石とよぶようになったという伝承もある（『玄海町史』下）。「ウブメ」という名でよばれてはいないように思われる。

コンニャクの化け物

佐賀市中の館町にある寺、乾享院に現れた化け物。乾享院は鍋島家の君主筋である竜造寺一族が祀られた寺であったが、竜造寺家没落の後には荒れるがままだった。境内にある大きな楠からぶら下がり通る者の頬を撫でたという。刀で斬っても二つ四つに割れるばかりで埒が明かなかった（『続新佐賀夜話』）。

獅鬼

伊万里市大川町にある眉山に出没した怪獣。牛にも獅子にも似た姿で、2丈（約6ｍ）あまりの大きさだったと伝わる。付近の村々を襲っていたが渡辺綱の子である渡辺久が村人と共に追い詰め、最後には神社から飛び出した諏訪大明神の白羽の矢により仕留められた。死後も悪病を流行らすなど災難をもたらしたが、丑の日に埋牛塚で牛祭りを行ったところその祟りもやんだという（『伊万里市史』民俗・宗教・生活編）。

大蛇

県下には複数の大蛇の伝承が残るが、武雄市と西松浦郡有田町にまたがる黒髪山に棲んだ大蛇が特に名高い。約800年の昔にこの地方を荒らしまわった大蛇がいたが、九州に下向していた弓の名手・鎮西八郎為朝により打ち取られた。矢で撃ち落とした大蛇にとどめを刺したのはたまたま行き会った盲僧であったという（『有田町史』政治・社会編2、『若

木百年史』)。大蛇の鱗のうち3枚は牛の背に乗せられ鎌倉に運ばれようとしたが、途中で重さに耐えかね、牛は死んでしまった。そこでその地を牛津とよぶようになったという（『牛津町史』）。神崎市神崎町西郷にも村人による大蛇退治の伝承があり、それに因む地名が多く残る。大蛇の鼻があった場所は「花手」、尾の先は「尾崎」、ふすべ（いぶし）殺したことからその地を「伏部」という（『神崎郡郷土誌』（上・下合本）、『続新佐賀夜話』）。

天狗石

勇猛で鳴らした戦国の武士、光安刑部丞が遭遇した奇妙な石。刑部丞は神埼市脊振町にある土器山（かわらけやま）に夜間の狩りへ出た際、手のひら大の石に猟犬が吠えかかるのを見て、これを拾う。不思議に思いながら懐に入れて山を下りるが、歩を進めるうちに石はどんどん大きくなり、最終的には大岩の大きさまでになった。仕方なく谷底に投げ込んだところ、大きな音を発した後に数千もの人々の笑う声が聞こえてきたという。主君にそれを話すと天狗の土産を置いてきて惜しいことをしたと笑われたという（『肥前夜話』第1篇、『肥前叢書』第2輯）。

天火

天から落ちてくる火。神崎郡吉野ヶ里町ではこれが現れると村中の者が集まって箕などを叩きながら「天火さんな お立ちんなさい」と大声で一晩中騒いだ（『東脊振村史』）。また、唐津市厳木町ではこれが出ると天気が良くなるともいう（『総合日本民俗語彙』第3巻）。

白蛇

鳥栖市にある九千部山（くせべやま）に住んだ蛇の化け物。天災から民を救うために法華経1万部の読経を果たそうとする旅の僧の前に美女に化けて現れた。僧は誘惑に負けて読経を果たし得ず、村人が山に登って見に来たときには白骨をさらしていた。1万部に至らなかったことから九千部の名が山に付けられたという（『中原町史』下巻）。

化け猫

佐賀藩主である鍋島家に祟った全国的にも有名な化け猫。江戸中期以降になされた創作上の存在であるが、幕末に歌舞伎の題材にもなり全国的に有名となった。筋書きは多様にあり、時代・登場人物すら異なることが多いが、大まかにいえば次のとおりである。「鍋島藩の殿様がかつての君主・龍造寺家の血を引く盲人と碁を打つが、勝負のもつれから盲人を殺してしまう。行方知れずの息子を待つ盲人の母は狂乱して自害、飼っていた猫"コマ"はその血をなめて化け猫に変貌する。猫の祟りにより殿様は毎晩苦しみもがくが、最後には忠義の家臣によって殿様の側室に化けていたところを退治された。その死骸は5尺を超える大きな

猫だったという」。創作であることが明らかであるものの、不思議なことに杵島郡白石町にある寺、秀林寺には猫の墓がある（『白石町史』）。

味噌五郎どん

雲仙岳、あるいは背振山に腰かけて有明海で顔を洗うという大巨人で、県内各地に足跡とされる窪地がある。多良岳に住み、眼前に広がる有明海から魚を釣り上げ、投げた魚が岩へと変じた話、また、有明海を埋め立てようとした話などが伝わっている。その名のとおり、味噌をたいそう好んだともいう（『佐賀県鹿島市中木庭地区民俗文化財調査報告書 なかこば』）。佐賀では「味噌五郎どん」とよばれることが多いが、県東部鳥栖市から福岡県にかけては「ウシどん」とよばれる。鳥栖市にある朝日山、福岡件三井郡にある花立山はウシどんが畚から落とした土だという。畚を支えた天秤棒が中ほどから折れたために等しく積んだ前後の土がそれぞれ落ちて山をなした。それゆえ二つの山は非常に似た形なのだという。また、この際に足を踏ん張った両足跡もそれぞれ堀となっている（『鳥栖市誌』第5巻、『郷土資料シリーズ』第8号）。

ヤコ（野狐）

狐のことをヤコとよぶ。県下全域にヤコに関する話が多く残っている。宴席の帰りに化かされ、翌朝に野原で目を覚まし、あたりを見回せば土産が食い散らかされていたという話（『鳥栖市誌資料編』第11集 とすの口承文芸）の他、山中から木を切り倒す音、石の転がる音が聞こえてくることを「ヤコの鋸引き」とよんだという話、夜中に通る提灯の行列を「狐の嫁入り」とよんだという話（『大川内町誌』）などもある。県下では村の中で行方不明者が出るとヤコに憑かれ連れ去られたものと判断した。そのような場合、唐津市呼子町では村の人間があつまり体を綱で繋いで列をつくり、鉦・太鼓を打ち鳴らしながら「もどせーかえせー」と吟唱して周囲を練り歩いた。最後の一人は20mも離れて繋がれ1升瓶の底を指で打ちながら歩くが、不明者がこれに飛びついてくれば救出は成功だったという（『呼子町史』）。杵島郡江北町では1892（明治25）年頃に屋敷で祀っていた稲荷が周囲の人々に憑いて病気にするなどの騒ぎを引き起こした。屋敷の住人がまじないで治療を行っていたが、かえって稲荷は著名となり多くの参詣者を呼び込むこととなった。しかしながら参詣者の中に重病の女があり、その女に稲荷が憑いて「今に黒土にする」と託宣するとその女の宅はじきに火事となり、女は焼死した。以来、参詣者は後を絶ったという（『江北町史』）。

磯女

地域の特徴

長崎県は、地形からみると、平坦地に乏しく、山岳や丘陵が多くて起伏が激しいという特徴がある。また、多くの半島や岬、湾、入り江があるため、海岸線の長さは北海道に次いで全国第2位となっている。さらに、長崎県には、無人島を含めると971の島々があり（外周100m以上のもの。有人島は72）、この数は全国第1位である。

長崎県の特徴を歴史からみた場合、何といっても安土桃山時代から明治時代の初頭まで日本の国際交流の拠点であったことがあげられるだろう。江戸幕府の鎖国政策の一環として1634（寛永11）年から2年かけてつくられた出島では、最初にポルトガル、続いてオランダとの貿易が行われた。また、江戸幕府は1635（寛永12）年に中国商船の入港も長崎のみとし、1689（元禄2）年には中国人居住地区として唐人屋敷を建設した。長崎県下では他に対馬経由で朝鮮通信使が来朝していた。幕末（1854〔安政元〕年）には長崎港が国際開港され、1870（明治3）年に外国人居留地が造成された。

さらに、支配体制でいうと、長崎県は江戸時代、幕府直轄地である天領と、佐賀藩、大村藩、島原藩、平戸藩、平戸新田藩、福江藩、富江藩、対馬府中藩に分かれていた。入り組んだ地形と異なる支配体制から、それぞれが独自性に富んでおり、それが現在まで引き継がれているところがある。

伝承の特徴

地域の特徴で述べたとおり、長崎県は日本一島が多く、海岸線も長い。したがって、生業や交通に船を利用するものも多かった。こうしたことから、海に関する妖怪伝承が比較的多いことが特徴の一つとしてあげられる。磯に日常的に通う姿がよくわかる「おと女の火」、竜宮信仰の厚さがうかがえる「禿童（はぎわら）」、九州各地に伝わる「磯女」や、より広い範囲に伝承されている「船幽霊」なども残っている。また、山がちな地形で動物も多

九州・沖縄地方　275

く生息していることから、狐や狸、蛇、ネズミ、狼、猿、鳥などに関するさまざまな話が伝えられている。

　加えて、全国的によく知られる妖怪譚も数多く伝わっている。本項では地域色豊かなかたちで残っている「河童」や「子育て幽霊（飴買い幽霊）」「巨人伝承」を紹介したい。

　さらに、「妖怪」という分類とは少しずれるかもしれないが、唐人の幽霊譚やキリシタンにまつわる怪異譚のような国際色豊かな伝承が伝わっているところが、長崎県ならではといったところだろう。

主な妖怪たち

磯女／海姫様
磯女に関する伝承は、長崎県各地に残っている。内容はさまざまで、「磯女は胸から上が人間で、下の方は幽霊のような姿をしていて船を襲う」（宇久町（現・佐世保市）、『旅と伝説』5-8）、「唐見崎で磯女、前方で海姫様とよばれているのはほとんど同じものであり、正体は水死者である。凪の日に女の姿で現れて、海の中にある自分の魂を陸に帰してくれるよう船頭に頼む」（小値賀町、『常民』2）、「漁をしてはならない（すれば恐ろしい祟りがある）とされている日に、一人の男が漁に出た。結果はかつてないほど大漁だった。男が帰ろうとしたところ、恐ろしく鋭い叫び声がして、風もないのに男が持っていたたいまつの火が消えた。さらに闇の中から何ものかが近づいてくる気配がして、風習に背いたことをなじり、男の顔を殴りつけた。男は逃げ帰ったものの、そのまま床につき死んでしまった。これを俗に磯女の祟りという」（有明海・千々岩海沿岸、『旅と伝説』1-8）といった具合である。漁業を生業とする人々が、海上でさまざまな怪異と向き合ってきた証だろう。

おと女の火
布津村（現・南島原市）では、いつからともなく「おと女の火が下るから明日は雨だね」といった。曇天の夜、布津大崎鼻の松林の間を火の玉が雲仙岳麓から海の方に向かって飛ぶのが見えると、翌日はたいてい雨なのだという。

　その由来は次のようなものである。昔「おと婆さん」とよばれる老婆が雲仙岳麓の松林の中の一軒家に住んでいた。おと婆さんの唯一の楽しみは、大雨の日を除いて毎日1里（4km）あまりも離れた海辺に行き、潮干狩りをすることだった。珍しく何もとれなかったある暑い日、おと婆さんが

帰ろうとして自分が上っている石を見上げると、蛸の足の先が1本見えていた。おと婆さんが喜び勇んで引っ張ると、太い足が途中から切れた。おと婆さんはそれから毎日通い、蛸の足を1本ずつとって帰った。8日目となり、おと婆さんは残りの足1本と胴体を持って帰るつもりで大矛を用意して磯に向かった。すると1本の足を引きずりながら大きな蛸が現れて、「私はこの岬の海の精である。殺生が好きなあなたを喜ばせてあげたいが、仲間が減るのが残念でならない。そこでこうして毎日あなたに自分の足を1本ずつ捧げていたのだ。だが、今日あげると私の杖としている足がなくなってしまう。今日はイボ一つで我慢してくれないか。そして今後は雨の前夜にこっそり来てくれ」と言った。しかし、おと婆さんは己の欲望のあまりこれを聞き入れず、持ってきた大矛で蛸の目玉をついた。身をかわした蛸の足がおと婆さんの首にかかろうとした瞬間、一天かき曇って波は荒れ、雨が降り、おと婆さんの体は海の底へと引き込まれた。その晩漁に出ていた舟人の話では、八つの火の玉が大崎鼻から次々飛んで、山の麓に向かい一つの大玉となって消え失せたという。その火が「おと女の火」というわけである。これと類似した話は近隣の加津佐町（現・南島原市）にも伝わっている（『長崎県郷土誌』）。

河童　　長崎県下では、いわゆる河童のことと思われる妖怪を「河太郎」「ガワタロ」「ガアタロ」「キャタロ」「ガーッパ」「ガータンボ」などとよんでおり、その伝承数は他の妖怪に比べて群を抜いている。内容としては、「河童の婿入り」や「河童の詫証文」「河童と相撲を取る話」のような他県でも見受けられるものもあるが、独自性が強いと思われるものも複数ある。例えば、長崎市の水神社には次のような話が伝わっている。水神社の神主である渋谷氏はかつて河童を統率していた栗隅王の子孫だという。水神社では、毎月5日の晩に河童にごちそうするしきたりがあった。ごちそうのなかには必ず竹の子の輪切りがあったのだが、実は神主のものだけが本物の竹の子で、河童に供されたものは老い竹の輪切りだった。河童たちは、平気で食べている神主を見て感心したという。水神社に客人がある際は、前日に「河童の献立」と紙に書いて本殿の裏の石に貼っておけば、翌朝には新鮮な野菜や肴が載せてあった。この石は河童石とよばれ、現存している（『長崎の民話』）。

光源寺の幽霊　「子育て幽霊（飴買い幽霊）」の話である。長崎市の麹屋町に1軒の飴屋があった。ある夜、白い着物を着た24、5歳くらいの女がやってきて、一文銭を渡し、飴を売ってくれという。女は毎晩やってきて、7日目の晩には、お金がないから飴をめぐんでほしいといった。飴屋が後をつけると、伊良林町の光源寺に入っていき、墓の中に消えてしまった。近づいてみると、新しい墓の下から赤ん坊の泣き声が聞こえてきた。女は死んで葬られた後に出産したため、棺の中に入れた六文銭で飴を買い、子どもを育てていたのである。

　ここまでは全国各地にある「子育て幽霊」の話と共通する。しかし、光源寺の幽霊の話には続きがある。まず、この女は長崎出身の彫刻師・藤原清永が修業で京都に行った際の宿の娘だった。清永と恋仲になっていたものの、清永は長崎に呼び戻され、別の女性と結婚することになった。そうとは知らない宿の娘は清永を追って長崎までやってきたが、清永の結婚を知って失望し、長旅の疲れも出て、病気になり死んでしまう。それを清永が光源寺に頼んで葬ったのである。飴屋の一件後、清永は改めて女の供養をし、墓の下から出てきた赤ん坊は彼が育てることになった。また清永は、御礼に死んだ女の姿をつくって光源寺に納めた。これが今も寺宝として残っている「産女の幽霊」像だといわれており、毎年8月16日に一般に公開されている。

　また、この幽霊は1か月後に飴屋の枕元に立ち、御礼に何かしたいが困っていることはないかと尋ねる。飴屋はこの辺は水が出ないから、水がほしいと答えた。翌日飴屋が道を歩いていると、朱色の女物の櫛が落ちていた。そこを掘ってみると、冷たい清水が出てきた。この水は、日照りでよその井戸から水が出ないようなときでも、こんこんと湧き出たという。これが麹屋町にある「幽霊井戸」だが、現在は道路の下に埋められており、井戸の一部だったコンクリート片だけが残されている（『長崎の民話』）。

唐人幽霊堂　長崎市の唐人屋敷の一角に「幽霊堂」という建物があった。ここには長崎で亡くなった唐人たちの位牌が納められていた。いつの頃からかここには幽霊が住んでいると噂されるようになった。唐人たちには葬式の際、棺の中に片方の靴を入れ、もう片方は棺の上に載せておき、葬式が終わると後者を家人が持って帰るというしきたりがあった。その晩、幽霊堂の方から、片足は靴をはき、もう片方は裸足

で歩く足音が聞こえてくる。すると家人たちは「今帰ってきた」と安心した。唐人の間では、死んだら一度帰ってこなければ恥だと信じられていたという（『長崎の民話』）。これと類似した話は、1851（嘉永4）年に書かれた中島広足の「かしのしづ枝」（『日本随筆大成』第1期16）にも「清人の幽霊」と題されて収められており、こちらでは「この清国人の幽霊は、日本人にはみえず、清国人にのみ面影がみえたり、靴音が聞こえたりするという」などと書かれている。異国の風習と幽霊譚が多くの人の関心を集めたのだろう。

二十六聖人に関する伝承

1597年2月（慶長元年12月）に26人のキリシタンが長崎市の西坂で磔（はりつけ）に処せられた。彼らの死骸はそのまま数十日間さらされていたという。ところが、処刑されたはずの外国人宣教師が西坂近くのキリシタン寺（教会）でミサを行っており、同じく磔にされた少年もそれにお供をしているのをある外国人が目撃した。その外国人が刑場に行ったところ、一人の外国人宣教師と少年の遺体がなかった。刑場の番人に尋ねると、この二人の遺体は時々消えたり現れたりすると答えたという（『旅と伝説』1-10）。このようなキリシタン殉教の話から潜伏キリシタンにまつわる話まで、多くのキリシタン関連怪異譚が長崎県には残されている。

ヌリボウ

ヌリボウとは、壱岐島（現・壱岐市）に伝わる妖怪で、他県でいうヌリカベ（塗り壁）のようなものである。夜道を歩いていると、路側の山から突如突き出てくるという。出る場所は決まっていて、言い伝えもいろいろある（『民間伝承』4-1）。

禿童（はげわら）

禿童とは、壱岐島に伝わる竜宮童子の話である。長者原（ちょうじゃばる）に竜宮信仰が厚い夫婦がいた。二人は毎年海に向かって門松・年縄を献じていた。ある年の暮れ、夜更けに眠っていると、竜宮からの使いというものがきた。竜王が夫婦の長年の信仰心に感じ入り、竜宮に招待するという。竜宮でのもてなしが終わり、欲しいものを問われた夫婦は、使いの助言に従い、禿童をもらう。夫婦が禿童の頭を撫でながら願い事をすると、すべての願い事が叶った。立派な家や蔵、財宝に若さまで手に入れた二人だったが、次第に禿童の振るまいが気に入らなくなる。そこで夫婦は禿童を竜宮に返した。するとたちまちすべてが元に戻り、夫婦も白髪の老人と化して、ほどなく亡くなったという（『日本昔話記録13 長崎県壱岐島昔

話集』)。

味噌五郎

味噌五郎は、いわゆる「巨人伝承」の一つである。長崎県では、島原半島や外海町（現・長崎市）などに伝承が残されている。西有家町（現・南島原市）に伝えられている話によると、味噌五郎は高岩山に住んでいた。味噌五郎は人が良く、力持ちで、畑仕事の手伝いをしたり山を切り開いたりしては、百姓から好物の味噌を分けてもらっていた。これが「味噌五郎」という名前のゆえんである。味噌五郎は雲仙岳に腰を下ろし、有明海で顔を洗うほど大きかったという。味噌五郎が畑仕事で鍬を振るっている最中に尻もちをつき、その拍子に鍬から落ちた土でできたのが有明海の湯島であり、掘った後に水がたまったのが雲仙の空地であるという話もある（『西有家町の民話　みそ五郎やん』）。千々石町（現・雲仙市）に伝わるのは、味噌五郎が飼っていた大牛の話だ。千々石町には尾ノ先・尾ノ上・鞍置・牛ノ頸という地名がある。全部つなぐと約2里（8km）にもなるのだが、それが味噌五郎の大牛の大きさに相当するのだという（『長崎県郷土誌』）。

外海町に伝わるのは、怒った味噌五郎の話である。味噌五郎が二つの山を竿でかついで歩いていた。峠の頂上に着いたとき、あまりに疲れたので近隣の人々に味噌をなめさせてほしいと頼んだところ、断られてしまった。怒った味噌五郎は二つの岩を放り投げた。一つは峠の上に残り、一つは海に転がり落ちて島のようになった。現在前者は大城、後者は小城とよばれている。また、海に浮かぶ「竿ばな」とよばれる岩は、味噌五郎が担いできた竿であるという。珍しく怒った味噌五郎だが、この話は、いかにこの地が貧しかったかを物語る話とも解釈されている（『長崎の民話』）。

油すまし

地域の特徴

熊本県は九州の中央部に位置する。九州山地が南北に走り、西部は有明海・不知火海に面し、天草諸島が連なる。県南部を東西に球磨川が流れる。

中世には阿蘇氏や菊池氏、相良氏が勢力を拡大した。近世には熊本藩と、県南の人吉盆地を中心とする相良藩、天領の天草とに分かれた。国内最大級のカルデラが広がる阿蘇地域には、阿蘇神話の主人公である健磐龍命（火山神・農業神）を祀る阿蘇神社や、阿蘇山修験道の拠点としての歴史をもつ西巌殿寺（天台宗）がある。阿蘇から熊本市内を通り有明海へ注ぐ白川流域には、熊本藩初代藩主であり「土木の神様」として信仰を集める加藤清正（地元では親しみを込め「清正公さん」とよばれる）ゆかりのさまざまな水利遺構・伝承がみられる。天草ではかくれキリシタンや天草四郎の伝承が多い。

熊本の県民性を表す言葉として、頑固だが強い正義感をもつ意味の「肥後もっこす」、新しもの好きを意味する「わさもん」などが知られている。

伝承の特徴

一般に熊本を代表する妖怪としては、不知火、油すまし、アマビエなどが知られている。八代海に浮かぶ怪火である不知火は、景行天皇巡幸の伝説と結びついて「日本書紀」などに記されている。天草の油すましは、柳田國男『妖怪談義』（1956年）で紹介されたことで有名である。アマビエは、1846（弘化3）年に肥後国の海中に出現し作柄や疫病の予言をした妖怪で、くちばし、鱗をもつ三本足の姿で図示され、瓦版を通して当時の人々に知られた点は、他所でのアマビコ（尼彦）などと共通している。

県内各地の伝承をみると、ガーッパ（河童）の報告例が多く、県北の菊池市には水神信仰の伝播に関わった天地元水神社がある。八代市は中国から日本への河童の上陸地との伝承があり、1954（昭和29）年建立の「河

童渡来之碑」が有名である。県南の葦北郡から球磨郡にかけてはヤマワロ、ヤマンタロウ、セコなどの去来伝承が濃厚にみられる。

主な妖怪たち

油すまし　柳田國男『妖怪談義』で紹介されているアブラスマシの、原典での名称は「油ずまし」である。天草で老婆が孫に「昔ここに油ずましが出たそうだ」と語ると「今も出るぞ」と言ってその姿を現したという（『天草島民俗誌』）。栖本町（現・天草市）には「油すましどん」という地蔵尊が祀られており、7月24日が祭日となっているが、この伝承との関連は不明である。土地の言葉で「油すまし」は油の原料である菜種や椿の実から油を搾り出すこと。「どん」は敬称である（『栖本町誌』）。

ウグメ　天草で一般に船幽霊のことをウグメとよぶ。船が難破して死んだ人々の幽霊で、真っ暗な海上で、ウグメが出る所だけが薄明るくなり、何十人と群がって出て「あか取りの柄杓を貸してくれ」と言ってくるので、底を抜いた柄杓を渡さないと船が沈められてしまう。ウグメはウブメが訛った語だとも説かれる（『熊本県民俗事典』）。

うそ越　昔、一町田村益田（現・天草市河浦町）の「うそ越」という所を二人の旅人が通りかかった際、「昔ここに血のついた人間の手が落ちて来たそうだ」と話すと、「今も―」と声がして血のついた手が坂を転び落ちて来た。驚いた二人が、少し行った所で「ここには生首が落ちて来たそうだ」と話すと「今ああ……も」と声がして生首が転げ落ちてきたという（『天草島民俗誌』）。油すましの伝承とよく似た内容である。

ウブメ　一部で「ウグメ」という呼称もみられる。明治の初め、ある人が夜遅くに阿蘇郡白水村（現・南阿蘇村）吉田の墓所を通ると、女が近づいてきて「子を抱いてくれ」と頼まれたが、かねてウブメが出る場所と聞いていたので走り逃げた。ウブメは履物にかかる癖があるので、ウブメが来ると思ったら履物の緒を切って抱くのを断ったらよいという（『熊本県民俗事典』）。上益城郡益城町では、緋の袴をはいた白衣の神女の姿で現れ、「ウブメの子、抱かしゅ」といって泣きすがるという（『益城町史　史料・民俗編』）。鹿本町（現・山鹿市）でも「ウグメん子ば、抱かしゅ」と言いながら墓所に出現するという（『鹿本町史』）。

大きな足

昔、御領と佐伊津（ともに現・天草市）の境にある松の木によく大きな足が下がった。その足を見た者が、帰りがけに出会った相手に「今そこの木で恐ろしい大足を見た」と話すと、相手が「これくらい大きかったか」と自分の足を見せつけて正体を示し、再度脅かされるという話例が多い（『天草島民俗誌』）。

河童

熊本ではガーッパ、ガラッパなどとよぶ地域が多い。八代郡日奈久町（現・八代市日奈久）では、昔神社を建てるときに人手が足りず、殿様が藁人形をつくって仕事をさせたものがガワッパの始まりになったという起源譚がある（『熊本県民俗事典』）。天草の姫戸や龍ヶ岳（ともに現・上天草市）などの集落で祀られるシブヤサンは、河童の神様・海神として近隣の信仰を集めているが、この名称は菊池市原にある天地元水神社の神官で、九州各地に水神信仰を広めた渋江家の関与が推測される。

重箱婆

大正から昭和初期にかけて、県内各所に重箱婆が出現した。木倉（現・上益城郡御船町）では、夜道を歩いていると、白髪の老婆が重そうな重箱を下げて現れ、髪をとかす間、重箱を持ってくれと頼む。受け取った重箱は徐々に重くなり、やがて老婆の姿は消え重箱は石に変わったという（『九州日日新聞』1921〔大正10〕年1月30日付）。山鹿市熊入町の下馬地蔵横の杉の木にも毎夜重箱婆が出現し、木の枝に下がっていたというが、1950年代後半にはすでにこの伝承自体が希薄になっていたようだ（『管内実態調査書　城北篇』）。正体は狸とする例もみられる。

不知火

八朔の前夜に不知火海沿岸一帯でみられる怪火。地元では龍灯、千灯籠などともよばれ、かつては旧暦8月1日頃の夜半、近隣の人々が高台の龍灯場に参集して火の出現を待った。龍灯は海底からリョウゴン（龍宮）さんが出現される姿だとする伝承もある（『熊本県民俗事典』）。現在は観望地として永尾神社（宇城市不知火町）が有名である。一定の日に遠方の火を見るため人が集まる習俗には類例があり、葦北郡津奈木町の海岸では歳の晩（大晦日）に山上から海を眺めれば龍灯が見えると皆で出かけ、五家荘（現・八代市泉町）では八朔に龍灯を見るためお神酒を下げて山に登ったという。いずれも昭和初期の事例である（『熊本県年中行事誌』）。

白坊主・黒坊主

ともに昭和30年頃の植木町（現・熊本市）の伝承。白坊主は杵下がりともいう。夜更けに大木（多くは

栴檀）の下を通ると、上から白坊主が杵で頭を打ってくる。打たれた人が
もし樹上を見上げると、白衣の坊主が大口で笑う姿が見える。その吐く息
がかかると大病を患うといわれ、深夜の外出が戒められたという。黒坊主
は、手足が金火箸のように細く、夜中に民家の煙出しから台所に入り、水
がめの水を柄杓で飲み干してしまう。その大きな光る目を見ると失明する
ので、夜は目を覚まさぬようぐっすり寝ることが推奨された（『管内実態
調査書　城北篇』）。

蛸の足　牛深港（現・天草市牛深町）と下須島との間に「おくん瀬」
の地名がある。江戸時代後期、おくんという名の欲深いお婆
さんが、蛸の足を7本まで切り取り、最後の1本を切ろうとして海中に引き
込まれ死んだという伝承がある。1955（昭和30）年頃には、旧暦3月15
日にこの付近で夜釣りをすると、おくん婆さんが一人言を言いながら蛸の
足を切る声がしたという。天草には類似の伝承が多くみられる。天草郡苓
北町では、昔、老婆が海岸の「とくぼ瀬」の岩の下で1匹の大蛸を見つけ、
その足を毎日1本ずつ取ってきて食べ、8本目を取るときに欲を起こして
頭（胴）まで取ろうとして、岩の下に引き寄せられ蛸に食べられてしまっ
たという（『管内実態調査書　天草篇』）。

塗り壁　塗り壁は『妖怪談義』で紹介された福岡県の例が著名だが、
熊本では上益城郡御船町木倉の坂（迫道）に出現した。ここは
夜に道の両側の絶壁から無数の小石が降ってきたり、突然人の目の前に鍋
がぶら下がったりするなど、怪異が起こる場所として知られていたが、な
かでも最も恐れられていたのが塗り壁だった。夜に坂道の途中で、突然目
の前に真白な壁ができて何も景色が見えなくなる。無理に進もうとすると
溝に落ちたり崖に突き当たったりする。塗り壁に出会ったら、気持ちを落
ち着かせてこの壁を手で塗り回す真似をするか、気長に煙草でもふかしな
がら壁が消えるのを待つのがよいとされた。正体は狸だともいわれた（『九
州日日新聞』1921〔大正10〕年1月20日付）。

猫の王　阿蘇五岳の中の根子岳（猫岳）には猫の王が棲み、近隣の猫
が除夜・節分等に根子岳に参詣し、猫の王に挨拶をするという。
この話は近世の地誌から記載がある（「肥後国誌」「太宰管内志」）。日頃
から根子岳には多くの猫が棲んでいるともいわれる。

山わろ

葦北郡・球磨郡などの九州山地一帯では、山の神霊を示す名称は地域ごとに差異がみられる。葦北郡では山わろのほか、山ん者、山ん人などともいう。球磨郡や五家荘（現・八代市泉町）では山ん太郎、セコなどとよばれることが多い。春の彼岸に里に下って田の神となり、秋の彼岸に山に登る山の神になる（『熊本県民俗事典』）。県内各地では、こうした春秋に神が山と里を去来する伝承を、ガーッパ（河童）の属性として語る地域もある。葦北郡津奈木町では、山わろは「山ん神さん」ともよばれ、山中で薪を取る音、竹を切る音を立てるがその姿は見えない。一人で山道を通っていて突然寒気がし、髪の毛が一本立ちするようなときには山わろが身近にいる。また、山中でそれまで元気だった犬が突然静かになると、山わろが犬の口中に棒を立て鳴けなくしたとされる。山わろは秋彼岸に山に上り、春彼岸に川に下るという（『津奈木町誌　上巻』）。

雷神

1673（寛文13）年夏、熊本市坪井にある曹洞宗報恩寺境内に激しい稲妻とともに落ちてきた雷を、住職が法力で枯れ井戸に封じ込めた。雷は寺の小僧となって3年間真面目に務めた後、天に帰るのを許され、昇天時に井戸に清水が噴出したという。この井戸は「雷封じの井戸」とよばれる。落雷の伝承は熊本市内に類例が多く、高橋町の天台宗聖徳寺では、激しい雨とともに境内の井戸に雷が落ち、住職が「今後この地に落ちないと誓うなら、救けて雷神として祀る」と約束して姿を刻んだといわれる風天尊像が祀られている。市内の清水地区では、観音堂裏の杉の木に落ちた雷を観音様が叱りつけ、以来この地には落雷がないという。昔、並建町で、美しい娘が井戸端で行水をする姿に見とれた雷が井戸に落ち封じ込めれたという伝承もある（『新熊本市史 別編第2巻民俗・文化財』）。

セコ

地域の特徴

　大分県は九州の北東部に位置している。豊後水道をはさんで東に愛媛県、周防灘をはさんで北に山口県が存在し、北西で福岡県、西では熊本県、南に宮崎県と接している。面積は約6,300km²あり、英彦山(ひこさん)や祖母山、九重連山などの山々が面積の多くを占めている。

　現在、大分県には18の市町村があるが、江戸時代には中津、杵築、日出、府内、臼杵、佐伯、岡、森の八つの藩と島原、肥後、延岡という三つの飛地領に加え、幕府の直轄領が存在し、各領地は複雑に入り交じっていた。これが「小藩分立」であるが、多くの藩に分立できてしまうほど、大分県の地形は複雑である。地形の複雑さに小藩分立策の影響か、大分県の文化は統一性や独自性がなく、複雑でいて多様であるとみられている。

伝承の特徴

　多くの地域と市町村合併したところほど、妖怪伝承は必然的に多くなる。そんななか、旧野津町としか合併していない臼杵市はすでに100以上の妖怪伝承が確認されている。これは臼杵市で妖怪を使った町おこしを行っている「臼杵ミワリークラブ」の働きによるもので、臼杵市は妖怪伝承の採取および活用が進んでいる。市町村合併していない地域は確かに伝承が少ないが、それでも20以上の妖怪伝承があることは確認できている。

　大分県の伝承は多様であるが、特に河太郎や河童、河伯などの水怪の話が多い。日田市にて捕らえられた水怪を写した「寛永年中豊後国肥田ニテ捕候水虎之図」はいうにおよばず、『和漢三才図会』や『日本山海名物図会』に豊後の名産として河太郎（川太郎）があげられていることからも水怪の伝承の多さが窺える。水怪や蛇の話はどの市町村にもあるが、その背景には河川の氾濫などによる水難事故の多さが関係しているのだろうか。

　蛇や河童以外では、鶏鳴・九十九伝説、竜宮淵や水蜘蛛、塗り壁、産女、

286

馬の首などが県内各地に分布している。他県で「山童や天狗の仕業」と説明される現象も、大分県内では「セコ」がその役目を担っていることが多い。これも大分県の伝承の特徴としてあげられるだろう。

主な妖怪たち

空き家の化け物 　僧が空き家に泊まるとその晩、小皿、お椀、鍋の欠けらが床下から出てきて踊り出したという話。臼杵市には他にも金、銀、銅、壺の各精霊が現れる「宝化物」の話がある。豊後高田市には「棟椿木（とうしゅんぼく）」をはじめ「北岩の老猿（ほくがんのろうえん）」「山池の狸妖（さんちのりょう）」「西竹林の鶏（さいちくりんのけい）」らが廃寺に現れる話がある。中津市には「雨坊主（あまぼうず）」が雨の降る日に出る。カラカサの形をした一つ目一本足の小僧で、大正時代に子どもはよくこの化け物の絵を描いたという。大分市の法心寺の墓場には具足や刃物が埋まっており、ここを通ると足を挫いたり怪我をしたりするという。

赤豆洗（あづきあらい） 　四島（八津島神社近辺のことか）では人が通ると、毛だらけの藁槌に似た形をした「赤豆洗」という化け物が転がり出てくるという。赤豆洗のように転がってくる妖怪は、他に「トックリヘビ」「コロ」「ハンドコカシ」「コッケラバチ」「ケッコロボシ」などがある。トックリヘビやコロは世にいう「ツチノコ」の類に入る。ハンドコカシは臼杵市に伝承があり、水瓶（はんど）が転がってくる、もしくはそのような音がするという。コッケラバチ、ケッコロボシはともに佐伯市の妖怪で白い真綿のような塊が転がってきて通行人の足にまとわりついては歩けなくさせる。

犬神 　家に取り憑く憑き物。日出町内には犬神藪や犬神小路（いぬがみしょうじ）といって、犬神が住んでいるとされる場所がある。南部地域では「夜刀神」と書いた札や軸を「富尾神（トビノオガミ、トビノオサマとも）」と称して祀る所もあるという。日出生台や祖母山、傾山に住む大蛇を殺すと「富尾神」になって憑くと伝える所もある。

ウグメ 　「産女」「児抱かしゅう」「ツクナ」などとよばれる、赤子を抱いた女が道ばたに立っているという妖怪である。これは死んだ産婦がなるものだとされ、立っているだけのものもあれば、通行人に赤子を抱いてほしいと頼むものもいる。赤子を抱いたら、いつのまにか藁打槌（わらうち づち）や石に変わっていたという話もあるが、最後まで抱くとお礼に力持ちにしてくれたという話もある。例外だと国東市富来の「ウブメ」の話がある。

九州・沖縄地方　287

このウブメは夜道を歩いているとチッチッチッと鳴いてついて来るという。これに似た怪に津久見市の「フナザンさん」がある。

馬の首　突然、馬の首だけが現れる、馬のいななきや馬が歩いている音が聞こえてくるという怪である。合戦から主の遺書を家に届けた馬が、主人を見捨てたと勘違いされて首を切り落とされたという由来が臼杵市や竹田市で語られている。また、国東市では「ウマンクビ」とよばれ、狐火の一種であるという。黒岳には「馬鬼」という頭に角が生えた馬の話がある。元は神に捧げられた馬であったが、いつしか人を襲うようになった。

海じじい　「海じじい」は佐伯市の海の怪である。たき火を起こして栄螺を焼いていると焼いた中身が消えている。船の綱を通す鉄輪からたき火の方を見ると海じじいの姿が見えた。逃げると「もうちっと栄螺を食わせぇ」という声が聞こえたという。類話は佐伯市に多く市外だと国東市の「海坊主」「オデエモン」ぐらいである。佐伯市には「一つ目五郎」ともよばれる海坊主がおり、一眼一足で立って繰り返しに進み、出逢う人を打ち殺す。県内では海坊主の話より「海幽霊」「亡者船」など「船幽霊」の類が多い。柄杓で海水を汲む、船の形で現れる、暗礁などに乗り上げさせる、船上に乗り込んでいるといった話が確認できる。

蛇靇　『豊後国風土記』に「蛇靇」という蛇もしくは龍と思われる水の主が出てくる。大分県下には蛇の姿の化け物の話は河童などの水怪に匹敵するほど多く、どの市町村にも必ず蛇の妖怪の話が伝わっている。蛇はよく人の姿に化ける。竹田市や臼杵市には男に変じて、人間の女のもとへ通う話がある。逆に女に変じて女房になる話があるかと思えば、別府市の「猪の瀬戸の蛇」や由布市の「湯平の蛇女」のように女の姿で道行く人や湯治客を襲う蛇の妖怪もいる。

鬼　鶏鳴・九十九伝説だが、宇佐市の大蛇がつくった石段以外はすべて鬼が登場し、最低でも県下11か所の地域には神と鬼との約束により築かれたとされる遺物が存在する。鬼が約束を果たすも、人間が約束を守らなかったため、屋敷を燃やされるという話が杵築市にある。豊後大野市に伝わる「乳鬼子」は黒原山（おそらく熊本県の山）に住む鬼で、釜を被ることで矢を防いでいた。しかし、「矢が尽きた」と騙されてついには退治されてしまう。

288

河童　県内には「ガータロー」「ガワッポ」「ヒョウスベ」などさまざまな水怪の総称があり、姿形も微妙に違う。県内で一、二を争うほど多く、あまりにも多いので目にとまったもののみ紹介する。日田市では提灯を灯して道を歩くと「川坊主」が出てきて提灯の火を消すという。大分市の「カントン」は雨の降る日に綺麗な着物を着た少女に化け、一緒に遊ぶ子の尻を抜くといい、親から子ども脅しとして使われる。玖珠郡の「ガワタロ」は時々木に登るといい、水に溶けて逃げる蛇は山の神か川の者（ガワタロ）であるともいう。「川者（かわのもの）」に憑かれて病気になったときは法者に頼んで、御幣で撫でてもらい、紙袋の中にそれを入れて焼くという。宇佐市ではタクシー幽霊の怪談は「川姫」の仕業だとされる。中津市では河童などのように川姫は山に行けば「山姫」になるという。

キネズー　「キネズー（杵胴とも）」は日田市、九重町、玖珠町でいう雪の日の怪である。雪が降り積もった朝、外に出ると片方だけの足跡が点々とついているのはキネズーの足跡だという。寝付かない子どもや泣く子どもには「キネズーが来る」と言い、雪の降る夜は「キネズーが来るから外に出るな」と言っていたという。雪の怪といえば雪女であるが、吹雪の中を舞い、犬ヶ岳に来た人を凍死させる「雪姫」の話が中津市にあり、佐伯市には口が耳まで裂けた「雪女郎（ゆきおなご）」が小屋の中にいた男たち全員の血を吸い取り殺す話がある。

クダン　豊後高田市の方で生まれた「クダン」は「7軒をカンジョウ（諸説あるが浄化の意味ともいう）してもらった米を炊いて食べないと悪いことがある」と告げて、3日後に死んだ。佐伯市では「件（くだん）は眞實を云うものだ。人魚は嘘をいうものだ」という。件は人面牛身であるが、佐伯市に現れる「牛鬼」は牛頭人身であるといい、見た人は寝込むという。

子取り　宇佐市では、「子取り」は泣く子どもを背中の袋に入れて連れ去るという。子攫（さら）いの怪は他に、佐伯市の「ケイカロボシ」、大分市の「袖引き婆」、臼杵市の「コートロ」が確認されている。大分県内での怖い存在、妖怪の総称として「ガンコ」があるがあまり聞かない。臼杵ではいつまでも土蔵で遊んでいると「がも爺」が現れるともいい、津久見市では夜に口笛（おじいもん）を吹くと魔物が寄ってくるというそうだ。

セコ　「セコ」は山と川（または海）とを行き来する怪。また、山中の音の怪や憑き物も兼ねている。他県では「山童」というが、県内

ではセコの他に「山セコ」「セコドン」「山太郎」などとよぶ。川にいる間は「河童」など別の名前に変わることが多いが、セコのまま行き来すると伝える所もある。セコは騒ぎながら移動する。セコの通り道の上に小屋を建てれば揺さぶられ、なば木を組んでいれば倒されるという。山にいる間はさまざまな音真似をするが、鉄砲の音真似だけはできず、豊後大野市では鋸の音を嫌うという。高崎山の山童は樵の仕事を手伝い、山神社に祭られるまでになったが、日出生台の「山アロ」は仕事を手伝うが怒りやすく、山アロの勘違いで樵が怒鳴り殺されている。

殺生石

九重町、竹田市、別府市に「殺生石」という石がある。これに触れた鳥は落ち、毒気にあてられた獣は死ぬという。別府市の「かえる石」の下には悪霊が封じられており、注連縄を切ると祟られる。杵築市の「天狗礫」は打ち当たると必ず病む飛礫だという。日田市の「今にも石」の前を通るとき「昔ここにエズイモンが出た」と言うと、「今にもー」という声とともに、石の側から毛だらけの脛が1本下がったという。

せんちん婆さん

便所にツバを吐くと「せんちん婆さん」が口のはたをつねってごきだこ（おでき）をつくるという話が臼杵市にある。小学校では、トイレの4番目の個室で4回流すと「四回婆さん」が出てくるという。大分市には「センチンボウズ」というトイレの怪がある。便所の中にいて、人の尻穴に手をつっこんでは心臓を抜き取るという。豊後大野市では夜中に学校のトイレに入ると「サンボンユビ」が出てくると聞いた。姫島村では夜遅くまで起きていると「ゲンノババが出るぞ」といい、ゲンノババに頭をつかまれないために盥を被って夜中、戸外の厠に行っていたという。

七不思議

大分県には姫島、両子寺、安心院盆地、飯田、岡城下、宇目、救民、石城寺、入津湾、鶴見岳にそれぞれ七不思議がある。特に岡城下七不思議は「眞門庵のぬれ草鞋」「七里馬場七本杉」「長井戸八尺女」「源爺が岩の箕化物」「上角のヒュウヒュウバタ」「溝川の小豆洗」「琵琶頸の御輿入道」の七つでヒュウヒュウバタ以外はすべて妖怪が関わっている。

人魚

国東市では庚申が赤ん坊のような「人魚」を料理として人々に振る舞い、一人その場に残った東方朔が平らげたという。杵築市の人魚は工藤惟策という人の網にかかったところを捕まえられ乾物にされ

た。佐伯市の人魚は百貫五兵衛という人の網にかかったが、同情を誘うまたは祟るとおどして逃がされるのだが、下り松の岬まで逃げると五兵衛をあざ笑って海中に潜っていったという。現在の豊後大野市から将軍家に人魚が献上されたと紹介する本があるが、これは人魚に似て人魚ではないらしく、鳴き声は鹿のようであったという。

ヌエ　豊後大野市では「ヌエ」を「ヒトダマ」という。ここでいうヌエとはトラツグミのことだろうか。人が死後、鳥になるという話は多く、また「乳母の火」「あいたのうの火」「わんうり火」などのように死後に火の玉となる話もいくつかある。「状探しの狸」という話がある。密書を失くした飛脚の霊魂が狸となって火を灯しながら失くした密書を探しているという。この話を「とんとろ落ち」と題する本もあるが、「とんとろ落」とは大分市坂ノ市にある地名である。聞き取りを行ったところ、とんとろ落は灌漑であり、川から水路に水を引き入れる所なのだそうだ。

野ぶすま　空を飛び回る布状の怪物。モモンガを「野衾」というが、話がある臼杵市、九重町ともに「野ぶすま（野ふすま）」と表記する。臼杵市では、正体はコウモリの「コッチュウ（年経た動物の意）」だという。野衾ならぬ「野襖」は前に進めなくなる高知県の怪だが、そのような妖怪を県内だと「塗り壁」「カベヌリ」「ヌルカベ」「白壁」などとよぶ。前に進めないという共通点はあるが、目隠しに遭う、前に壁があるような気がする、実際に壁が出るなど各地域によって起こる現象は違う。正体は狸が多く、狐、イタチ、魔物の仕業とする所もある。日田市には屏風の迫という所があり、ここを通ると屏風が出て見えなくなるという。

饑虫　「饑虫」は宇佐市、由布市、九重町、別府市でいう食べ物を持っていない人に憑いては動けなくさせる妖怪である。別府市では蠱物ともよばれ、行き倒れや飢え死にした旅人がなるとされる。「ヒダルガミ」「ヒダリィガミ」も山や峠を通る人に憑き、空腹で動けなくしてしまう妖怪でこのとき口に何か含めば動けるようになるのだという。屋外で憑くものとして他に「ミサキ風」がある。「ユウレイ風」「タチアヒの風」などともよばれ、憑かれると高熱が出たり、気分が悪くなったりする。所によっては目の前が暗くなって歩けなくなるともいう。祈禱師などに風抜きをしてもらうことで治るとされる。

九州・沖縄地方　291

弥五郎

地域の特徴

　宮崎県は九州では鹿児島県に次ぐ2番目の広さの面積をもち、北は大分県、西は熊本県、南西は鹿児島県と接している。県の東部・南部は日向灘に面しており、西部は急峻な山がそびえる九州山地が迫っている。

　宮崎県は神話の故郷といわれ、天孫降臨や海幸山幸の日向神話の舞台となり、古代においては日向国であった。しかし、豊臣秀吉による九州平定後、日向国の国割が行われ、江戸時代には延岡藩、佐土原藩、高鍋藩などの小藩と鹿児島藩の一部、幕府領が入り乱れる小藩分立の状態であったのが特徴である。そのため、旧藩領の範囲にあった市町村ごとにそれぞれの伝統文化や行事などが営まれていたが、他の地域の影響を受けることもあった。また、民俗学的な視点でみると、宮崎県の山間部では焼畑や狩猟を中心とする文化、平野部では稲作を中心とする農耕・養畜の文化、沿岸部では漁業・加工の文化がみられる（『宮崎県の地名』）。

　このように宮崎県には地域によって多様な文化や慣習が存在している。

伝承の特徴

　宮崎県の面積の約7割を山間部が占めており、山に住む妖怪や山の怪、天狗の伝承が残る。また、河童の伝承では、河川やため池が多くある平野部に多く残っているが、山間部でも伝承が残り、海に住む河童の伝承も残っている（『日向市史』）。そのため、県内の伝承をみると河童に関する伝承がほとんどを占めている。一方、海に面した沿岸部では、船亡霊や船幽霊、幽霊船、エンコー（河童か）などの伝承が残る。

主な妖怪たち

河童　県北部に流れる五ヶ瀬川、その川に流れ込む支流にはそれぞれ河童の頭目がいた。日之影町を流れる七折川には綱の瀬の弥次郎、

高千穂町の山裏川には川の詰の勘太郎、高千穂町を流れる岩戸川には戸無の八郎右衛門、高千穂町押方の二上川には神橋の久太郎、五ヶ瀬町を流れる三ヶ所川には廻渕の財賀小路安長の5匹の河童が頭目であったといわれる（「日向の河童伝承」ほか）。河童の名称は、地域によって異なる。県東部の沿岸部を中心に、「ヒョッスンボ」「ヒョスンボ」「ヒョスボ」、県南部・県西部では「ガラッパ」「ガワロ」「ガグレ」、山間部では「セコ」、県北部では「セコッポ」とよばれている。性格はいずれも似ており、頭に皿があり相撲が好き、金物を嫌う。人間を川に引きずり込もうとしたり牛馬にいたずらをしたりする。また河童の報恩として、魚を持ってきたり、骨接ぎや万病に効く薬を伝授したり、恩のある一族の関係者は川に引きずり込むのをしないなどの話や河童の手が残っている。猿と河童は犬猿の仲で、猿と河童が闘うと猿が勝つという。延岡市北方町の農家には、現在でもセコッポ除けの猿の手が牛小屋にさげてある。

ガモジン

どのような姿の妖怪であるかは不明である。宮崎市内や西都市内などでは、泣き止まない子どもに「泣き止まないとガモジンが来るぞ！」と言っていた。「ガモジン」とは、化け物・妖怪を意味する幼児語といわれる（『全国幼児語辞典』）。日向市では「ガゴドン」といわれている（『日向市史』）。

奈良県の元興寺に、飛鳥時代に「ガゴゼ」「ガゴジ」「グワゴゼ」「ガンゴウ」「ガンゴ」とよばれた鬼が現れたという話がある。その「ガゴゼ」がもともとの起源といわれる。しかし、柳田國男はこの元興寺説を否定し、中世の口語体にオバケが「咬もうぞ」と言いつつ出現したときがあり、その声をより怖くするために音を変え「ガモ」または「ガガモ」になったとされる（『妖怪談義』）。いずれにしても、子どもにとって怖く恐ろしいイメージのものが妖怪化したのではないだろうか。

カリコボーズ

カリコボーともいう。県の中央部、九州山地の米良地方にはカリコボーズまたはカリコボーという山に住む妖怪の話がある。カリコボーズは、春になると川に入り、秋になると山に帰るという。山にはカリコボーズの通る道があり、そこに家などを建てると家が震動したりするので建ててはいけないなどの禁忌がある。その姿は不明で、「ホイ、ホイ」という鳴き声で、近くで鳴くかと思えば遠くで鳴いたりとあっという間に移動する。鳥の姿をしているなどといわれる。

風呂が好きで、風呂に入ると臭くてその風呂は使えないなどという。

熊本県のヤマワロも同様で、春の彼岸に山から川に入ってガラッパになり、秋の彼岸にまた川から山に帰ってヤマワロになるという（『全国妖怪事典』）。

霧女　霧島の東麓には、昔から霧女が住んでいるという。その霧女は色が白く、面長の美人で必ず一人旅の男を狙って霧の深い日に寄り添うが男が口説こうとするとすぐにその姿を消してしまうという。近年でも時々現れ、自動車を呼び止めて乗せてもらい、数十分行くといつの間にか姿を消し、その座っていたシーツはしっとり濡れているという。霧女は年老いた化け狸だともいわれている（『日向国諸県の伝説』）。もともと狸が化けて人を惑わしたという話に、近年の都市伝説として新たな話が加わったものとみられる。

件　妖怪のなかには、未来のことを予言する予言獣とよばれるものがいる。なかでもよく知られているのがクダンである。体が牛で顔が人間という姿をしている。江戸時代から第二次世界大戦中に現れたといわれる。『宮崎県史』によると、椎葉村で昭和の初め頃に第二次世界大戦がまもなく始まるとクダンが予言したという話がある。第二次世界大戦前に、クダンの札を売り歩く者が各地におり、その話がたまたま椎葉村に残っていたとみられる。

大蛇　県内の山間部では、かつて焼畑が広く行われていた。焼畑を行う場所をコバやヤボといい、木などを伐採するコバ切りやヤボ切りをして火入れをした。日之影町の崎の原というところに逆巻大明神の祠がある。その由来として、火入れをするヤボに大蛇の夫婦がおり、雌の大蛇は子どもを出産したばかりであった。雄の大蛇は男の夢枕に立ち火入れを延ばすように懇願したが聞き入れられず、雌の大蛇と子どもは焼け死んでしまった。そのため雄の大蛇が男を恨んで家を壊してしまい、その家は災いが続いた。そのため大蛇の怨みを慰めるために逆巻大明神を建てたという（『みやざきの神話と伝承101』）。また、日南市の大戸野という地区では、茅野という茅場で毎年野焼きを行っていたが、火を入れる前の日に女性が庄屋の家に現れ、庄屋が話を聞くとその女性は雌の大蛇で、子どもが病気で動けないのでしばらく火を入れるのを延ばしてほしいと頼んだ。しかし、庄屋は聞き入れず、火を入れてしまい大蛇は子どもの蛇と一

緒に焼け死んでしまった。それ以後、村で災いが起こり、そのため大戸野神社を建てたという（『みやざきの神話と伝承101』）。

天狗

山間部の日之影町にある戸川岳には藤密坊、丹助岳には丹助坊、城の岳には早鷹中央坊という天狗がいた（『日之影町史』）という話や、平野部の宮崎市清武町や高鍋町には大木に天狗が住んでいたという話（『清武に伝わる民話と風俗』『高鍋町史』）がある。山間部では修験者が山にこもって修行をしており、その姿と天狗が結びついたとみられる。また、大木にはなんらかの霊力があり、その霊力と天狗が結びついたとみられる。

県西部の三股町の高野集落には、馬渡天狗を祀った祠がある。この天狗は、長田峡の北方にある高野山に住んでいた。木を切ったり木の枝を落としたりする山仕事をしていた。あるとき、殿様の屋敷にある大木の枝を切る仕事を頼まれた。殿様と家来は神業といわれるその天狗の仕事を見物した。何とかその枝を切り、休憩してタバコを吸ったのだが、吸い殻を誤って殿様の頭に落としてしまった。天狗はその罪で切腹させられ、村人たちはその天狗のために祠を祭ったという（『みやざきの神話と伝承101』）。

トッテンタテクリの杵五郎

西都市尾八重には、立て杵に似た容姿で全体が一本の足のような妖怪の話がある。立っては倒れまた立っては倒れるという動作を繰り返し移動する。猪が泥遊びをするニタにはさまざまな妖怪が現れ、最初にこの妖怪が現れ最後に山猫が現れるという。尾八重を含む東米良地方や西米良村の猟師はニタで猟をしない。それは妖怪がニタに現れるからであるという（『北浦町史　通史編』）。延岡市島野浦という島にもタテクリカエシという妖怪が伝承され、同じように「立っては倒れる」という動作で移動する（『北浦町史　通史編』）。

火の玉

火の玉とは一般に死者の魂といわれる。県内の市町村史などにはその目撃談がみられる。柳田國男の「妖怪名彙」（『妖怪談義』）には、宮崎の怪として「ヲサビ」が紹介されている。もともとは『延岡雑談』という本に記載されており、延岡付近の三角池に、雨の降る晩に二つの火の玉が出現し、これは昔二人の女性が機織りに使う道具である筬を「返してない」「返した」で争いをして池に落ちて死んでしまったため、今でも二つの火の玉が現れて喧嘩するのだと伝えられている。

九州・沖縄地方　295

ミサキ・チッチ　『日之影町史』に、体験談として夕方山から帰るとき、家に着くまで後をつけてくるものがおり、チュチュという鳴き声だけで正体がわからないという話が記載されている。また、椎葉村でも山道を歩いているとき、頭上で「チッチ」と鳴くものに気づき、はじめは気にも留めなかったが、しばらくすると前後左右でうるさくつきまとい始めた。その鳴き声は人家の近くまでついてきたという体験談がある（『宮崎県史　資料編　民俗1』）。

弥五郎　巨人伝説の一つで、巨人は、異なる世界に属するものや遠い過去の存在として並外れた身体と力をもつものとされる。県内には弥五郎に関する伝説がある。都城市山之口町の円野神社と日南市田ノ上神社、鹿児島県の岩川八幡神社では11月3日に「弥五郎どん祭り」が行われる。この祭りは隼人の霊をなぐさめるために始まったといわれ、隼人の乱を起こした首長が「弥五郎どん」であったという。大きな弥五郎どんが先導して浜下りが行われる。

山姥・山姫　山姥というと、山に住み人間を食べる恐ろしい存在としてイメージされることが多いが、一方で貧しい者や正直者に福をもたらす話もある。

　猟師の間に信仰されている「西山小猟師」の話のなかに、山姥（山の神）が登場する。産気づいた山姥に最初に出会った東山大猟師は、助けようとせずに行ってしまう。次に西山小猟師がやってくると、親切に山姥の出産を手伝う。山姥は親切にした西山小猟師には山で獲物が捕れるように約束したという話である。また、延岡市の琴塚という横穴に山姥が住んでおり、必要な数の椀や膳などを貸してくれた話（『日向民話集』）、いわゆる「椀貸し淵伝説」が県内各地に残っている。その姿は見えないようにしているためわからず、その姿を見ようとしたり、貸した数の椀や膳を返さなかったために、それ以後貸してくれなくなったという話がある。

　山間部の日之影町や椎葉村や宮崎市の鰐塚山などでは、美しい若い女性の姿をした山姫が住んでおり、若者がその山姫に出会ってついていってしまうとやがて体が動けなくなり、血を吸われてしまうという話がある（『日之影町史』『都城盆地物語』）。

ヤンブシ　ヤンボシともいう。ガモジンと同じように、子どもにとって怖く恐ろしいイメージのものが妖怪化した。

ヤンブシ・ヤンボシとは山伏のことで、頭巾とよばれる帽子のようなものを頭につけ、袈裟などの法衣を身にまとい、錫杖とよばれる金属製の杖をもち、山中で修行する修験者のことである。年の瀬など年に一度、里や町に降りてきた。髪の毛はぼさぼさに伸び、髭を蓄えた姿は、異様で子どもにとっては恐怖の対象だった。母親が子どもの髪の毛が伸びると「頭がヤンボシのごたる。散髪に行け」と子どもに言ったりとか（『西都市史 通史編』）、「言うことをきかないとヤンボシに連れて行ってもらう」と叱ったりした。

幽霊　江戸時代に書かれた『庄内地理志』巻61「花房」の項には、幽霊の話が記述されている。野村某という武士が、篠池で赤ん坊を抱いた女の幽霊に逢い、この赤ん坊をしばらくの間抱いていてほしいと頼まれ、赤ん坊を抱いたところ石よりも重かった。幽霊が戻ってきて赤ん坊を返すと、お礼に望みを叶えてやると言い、字を綺麗に書きたいと願ったところその願いが叶ったという話である。この話は、お産で死んだ女性が妖怪となった「産女」の話によく似ている。産女は夜の道端や川べりで子どもを抱いて泣いており、通りかかった人に子どもを抱いてくれるようにせがむという。頼みを聞いて子どもを抱くと次第に子どもの体が重くなり、自分が石などを抱えていることに気がつくが、重さに負けないで最後まで抱くことができると、そのお礼として「怪力」や「名刀」などの能力や宝を授ける（『日本の妖怪』）という。

龍　西米良村に伝わる昔話に「漆兄弟」の話がある。兄が川の淵に誤って鎌を落としてしまい、拾いに行ったところ、良質の漆がその川の淵にあることを知り、弟には黙っていた。しかし、弟は兄が川の淵から漆を取っているのを知る。弟に知られた兄は木彫りの龍を川の淵に沈め、弟が川の淵に潜ると龍が現れ逃げて兄に報告した。これで漆は自分のものになったと思った兄は、川の淵に潜ったところ本物の龍がおり、その龍に襲われ二度と戻ってこなかったという話がある（『みやざきの神話と伝承101』）。他に滝や川に龍が住んでいるという話がある。

九州・沖縄地方　297

イッタンモンメン

地域の特徴

鹿児島県は、九州島の南部に位置し、北側を宮崎県および熊本県と接し、南側を沖縄県と接している。東側を太平洋に接する大隅地域、西側を東中国海に接する薩摩地域、さらに、黒潮本流沿いに東中国海と太平洋の狭間に連なる、種子、屋久、トカラ、奄美諸島からなる。南の与論島から北薩摩の出水まで、南北600 km に及ぶ広がりをもっている。

こうした広がりがあるために、方言や民俗文化もそれぞれの地域ごとに異なり、多様な様相を示す。特に、竹をキーワードとしてこの地域の民俗文化をみていくと、東・南中国海を取り囲む東南アジア大陸部や中国南西部の少数民族の民俗文化との精緻な重なり合いが認められる。それは、有形、無形に関わらず、生活の基盤のレベルで確認することができる。かつて柳田國男が『海上の道』で提示した「比較の学問の夜明け」の実践の場として、この地域の民俗文化が特権的な位置を占めていることは、いまだに変わっていないといってよい。

伝承の特徴

薩摩地域や大隅地域は、山がちな地形が多く、川内川、万瀬川、別府川、天降川、肝属川という大きな河川が深く入り込んでいる。こうした地形は、河川は短いものの海に囲まれている奄美大島や徳之島も状況は変わらない。そうした環境は、水の精、山の精としての河童系の伝承を豊かにしている。それは、川と山を、海を行き交い、人間世界と近しく生きる物として、現在も生き生きと語られる。また、子どもたちの行動を抑制、矯正させるために、黄昏時や夜に恐怖感をもって語られる妖怪も伝承されている。

一方、民間の伝承だけでなく、『倭文麻環』や『兵六物語』『南島雑話』などの江戸時代の文献にも、河童、猫、狐、牛などさまざまなかたちの伝承が記されている。

主な妖怪たち

イッタンモンメン

志布志市有明町や肝属郡肝付町で伝承されている。水木しげるの漫画で一反木綿として有名になった妖怪である。長さ11mほどの木綿の姿をしていて、夜道を歩いているとひらひらと飛んできて、人の首や体に巻きつくものだという。昔、霧の深い夜、一人の侍がイッタンモンメンに出くわした。体に巻きついてきたので、二つに切り裂くと1枚は足元に、もう1枚は山奥の方に飛んで行った。刀の切っ先には赤い血がべっとりとついていたと語られる（「血を流す布のような妖怪——一反木綿（イッタンモンメン）」）。イッタンモンメンとは、一反物メンの意である。

大隅地方では、夕方子どもたちが遅くまで外で遊んでいたり、親の言うことを聞かなかったりすると、「メン（メンドンとも）が来るぞ」と脅されるもので、姿ははっきりしないが恐ろしい存在としてメンが語られていた。また、鹿児島郡三島村硫黄島の八朔祭りに出現し人々を脅かし、祝福する仮面仮装の神は「メンドン」とよばれる。この妖怪も木綿ではなくメンなのである。

ウワームヌ

ウワーは豚、ムヌは幽霊のことである。与論島では、夜半過ぎに幽霊が出るとされる道を歩いていると、豚が人間に向かってやってくる。そのときに股を潜らせると魂を奪われ命を失うという。それを防ぐには両足を交差させるとか、手に持った藁を片手で地面に立てて脇の下を通す（『奄美大島与論島の民俗語彙と昔話』）。また、沖永良部島では、夜魔物が現れる村の境界のヌンギドコロを歩いていると、シューゥワ（白豚）が出没する。このシューゥワに股を潜られると死ぬ。だから、出遭ったら両足をアジサッコウ（交差）して歩くという（「ムン話」）。ラオス北部、ヴェトナム北部、中国南西部の少数民族や、東南アジア大陸部北部の焼畑民のあいだでは、黒豚はもちろん黒（赤）色の家畜こそが儀礼において供犠に用いられる聖なる色で、白色の家畜は忌避される対象である。奄美諸島の白い豚の伝承もこうしたアジアの色の思想を共有するものであると考えられる。

海賊与助の霊

トカラ列島で語られる油津（現在の宮崎県日南市）の海賊与助に関する伝承である。16世紀中頃、トカラの

九州・沖縄地方　299

島々を荒らしまわっていた海賊与助は、中之島の島民の計略にはまり虐殺された。村から牧場に行く途中の坂中にある大岩（与助岩）の下に埋められた。その後、与助の怨霊がブト（蚋）に姿を変えて、人々の血を吸うようになったという。人々は、与助の怨霊を慰めるために、盆に供物を供え、与助踊りを踊る。

ガラッパ

河童のことである。頭頂には水をたたえた皿をもち、頭髪は長く、手足も長く、指の間には水掻きがあり、背中には甲羅を背負っているのが、語られる標準的な姿である。ヒエクサイ（生臭い）臭いがするといわれ、ドクダミの臭いがガラッパの臭いであると認識され、ドクダミのことをガラッパグサとよぶ。川で水遊びしている子どものジゴンス（尻の穴）を抜くと恐れられる。子どもたちは、川でおしっこをしたくなったときは、「ガラッパドン、ガラッパドン、ショベンヌ　サセックイヤイ」と断ってから行う。また薩摩や大隅地域では、梅雨時あるいは夏に川に団子を流して水難防止を河童に祈願する、ダゴナガシ、カワマツリ、スイジンマツリなどとよばれる祈願祭が行われる。ガラッパは、春の彼岸には山から川に下り、秋の彼岸には川から山に登りヤマワロ（山童）になるといわれ、田ノ神と山の神の去来と重なる伝承もうかがえる。特に、梅雨時には雨が降るなか、山の尾根筋を伝って、ヒョウー、ヒョウーと鳴きながら、山と川の間を上り下りするともいわれる。特に、川内川流域にはガラッパの伝承が多く、鹿児島では川内市域の人々のことを揶揄して「センデ（川内）ガラッパ」とよぶ。また、牛馬を水の中に引きずり込んだり、いたずらをしたりする。志布志市周辺では、牛馬が理由もなしに暴れて困った場合は、ガラッパのせいだといって、牛馬の安全を祀る笠木山のオカサッドンにお参りする。

例えば、川内市藺牟田町黒木に伝わる伝承は典型的な伝承である。大王川の三角淵に住むガラッパは、手足に水掻きのある指を3本ずつもち、両手は体の中で繋がっていて、片方の手を自由に伸縮させることができた。髪はおかっぱで、頭頂には皿があり、この水が枯れると力を失う。このガラッパドンはいたずら好きで、種播き後、畑で相撲を取って荒したり、馬のたてがみを編んだり、牛の口綱を解き放したり、子どもを水の中に引きずり込んで、口から手を入れて肝を抜いたりなど、村人を困らせていた。ただ、上手に頼めば田植えや、田の草取り、山からの木の搬出を手伝いも

してくれていた。そこで大王神社の宮司が一計を案じ、宴席に招き、人間には見た目のよく似たやわらかい筍をガラッパには固い筍の根の料理でもてなす。その固さを食べる人間の歯の強さを恐れ、口から手を入れるのをやめて、尻の穴から手を入れることにする。それ以降水死した人の尻には大きな穴が開くようになったという（『けどういんの民話』）。

ケンムン

ケンムンとは木の者の意で、ガジュマルという木に住む精霊であるとされる。幕末期に鹿児島から奄美大島に流罪となった名越左源太は、その著『南島雑話』に「水恒 カワタロ 山ワロ 好テ相撲ヲトル適其形ヲミル人スクナシ且テ人ニアダヲナサス却テ樵夫ニ随木ヲ負テ加勢スト云必人家ヲミレハ逃去住用ノ當幾ニ尋テ図ス」と記し、赤ら顔で、おかっぱ頭で、頭頂には皿を頂き、全身は毛でおおわれて、屈んだ2頭のケンムンが描かれている。相撲を好むこと、山仕事を手伝うこと、人家に近づかないことなどの特徴をあげて、鹿児島のガラッパ（カワタロ、ヤマタロ）と同じものと理解していたことがわかる。しかし、奄美の人々のあいだで語られるケンムンは、さらに多様な存在である。奄美の民俗研究者の恵原義盛氏は、その背丈は5、6歳の子どもくらいであること、雄ヤギの臭いがすること、ケンムンマチ（ケンモン松明）といって青白い光を放つこと、魚の目が好物で漁師の獲物の目玉を剝り抜いて食べてしまうこと、貝が好きなこと、蛸はヤツデマル（八つの手のもの）といって怖がること、金属を嫌うこと、人間の目を突くこと、投網の邪魔をすること、子どもを水中に引きずり込むこと、崖から人を投げ転がすこと、人に仕返しをすること、さらに、人に恩返しをすること、人と仲良しになることなどをあげ、その多様な存在を描き出している（『奄美のケンモン』）。奄美大島では、ケンムンは過去のこととして話されるだけでなく、現在も依然として遭遇した話が生成され、ケンムンは存在するか、しないかの論議も盛んに繰り広げられている。

テング

『倭文麻環』は、島津家の包丁人で助市という者が、天狗に化けた怪鳥の片翼を切り落とす様子と、大小2本の刀を持ちその怪鳥と取っ組み合いをする絵を掲げている。描かれた怪鳥は、助市よりも大きく、大きな翼をもち、頭髪は逆立ち、頭頂には兜巾（ときん）を付け、眼光はキラキラと光り、嘴は鋭く尖り、両手の4本の指には長い爪をもち、左の手には八つ手の扇を持ち、両足は3本の指に鋭い爪をもっている。兜巾を

九州・沖縄地方　301

付けている点から山伏の姿がうかがえる。それに対して、『南島雑話』に描かれた飛天夜叉は、二枚歯の高下駄を履いた普通の人間の姿をしており、扇も持ってはおらず、鼻高でもない。

　一方、民間に伝承されている天狗は、雲を突くような大きな体をしていて、赤い着物を着て八つ手のような扇を持っていると語られる。空を飛び渡り、持った扇で人を飛ばすなど異常な能力を発揮し、さらに、大岩を持ち上げて山をつくり上げたり、崩したりする（『川内地方を中心とせる郷土誌と伝説西薩摩の民謡』）。また、山中で木を倒す音がするが、行ってみると何もない、これは天狗の仕業だという（『十島村誌』）。さらに、恵原義盛によれば、奄美大島の天狗も山の木倒しと同様のことを行うという（『奄美のケンモン』）。

奈麻戸奴加奈之

　　　　　　　　　　　『南島雑話』に描かれた八角八足で、腹と腿に白い星がある怪牛で、普通の牛より大きいとある。耕作の神であり、生神であると信じられ、人々はこれを見ることをタブー視しているとされる。名越左源太はこれを見て「全ク造リモノナリ」と指摘している。小野重朗によれば、この神は、加計呂麻島のノロ（琉球王府から任命された地域の女性司祭者）が行う旧暦2月にテルコ（海の国）の神を迎えるオムケ（御迎え）と4月に送るオーホリ（御送り）の祭りの際に出現することから、テルコから去来する牛の霊であろうとする（『奄美民俗文化の研究』）。耕作の神と信じられているのは、田畑を耕す牛に対する畏敬の念が根底にあると思われる。

キジムナー

地域の特徴

沖縄県は日本列島、最南端の離島県である。鹿児島県から台湾まで飛び石のように繋がる南西諸島の南半分を占める島々が沖縄県で、沖縄本島、宮古島、石垣島(八重山)の三つの大きな島を中心に、東西1,000km、南北400kmの海域に約40の、人の住む島々からなる。

かって、琉球王国という独立国であった歴史をもち、日本、中国、朝鮮、東南アジアの国々と交易していた。日本で唯一の亜熱帯地域で、独自の民俗、文化をもっている。琉球語とよばれる独特の方言をもつが、そのなかに万葉集などにみられる日本の古い言葉が残っていることから、この頃に日本祖語から分離し、独特の文化と歴史を築いてきたといわれている。そして、沖縄県内でも何百キロと離れている沖縄本島、宮古諸島、八重山諸島は互いに通じ合えないほどの独自の方言をもち、庶民が伝承してきた地域の神話、昔話、伝説なども独特な内容をもっている。

政治・経済・文化の中心地はかつての王城、首里城を抱く那覇市で、他府県や先島(宮古・八重山)、本島周辺離島とは、船や飛行機で結ばれている。離島県であることは、人々の生活すべてに大きな影響を及ぼしてきた。1945(昭和20)年沖縄県は、太平洋戦争で日本で唯一の戦場となった。そして、戦後27年間アメリカの軍統治下で琉球とよばれ、1972(昭和47)年日本に祖国復帰し沖縄県に戻った。

伝承の特徴

説話集として最も古いのは、琉球王府が歴史書『球陽』外巻として、編纂した『遺老説伝』(1743年)である。本島から八重山諸島与那国島までの古老が伝える不思議な話が収められている。聞き取りに基づく文献としては佐喜真興英が自身の伝承や宜野湾村新城の伝承を書いた『南島説話』(1922年)、今帰仁村や旧羽地村の伝承を書いた島袋源七の『山原の土俗』

九州・沖縄地方 303

（1929年）がある。

　1945（昭和20）年沖縄は、アメリカと日本が戦った太平洋戦争の戦場となった。両軍の兵隊、住民あわせて22万人が沖縄で戦死した。焼土のなかに人々は住む家をつくり、海で魚を捕り、畑をつくり、暮らし始めた。少し落ち着くと、戦争で死んだ人たちの骨を集め、祀り慰霊し始めた。当時のことを、体験者の方々に聞くと「生き残った私たちは、幽霊も亡霊も一緒に生きてきたんだよ」と話した。米軍統治が終わり（1972〔昭和47〕年）、日本本土と自由に渡航往来ができるようになり、沖縄全域での民話調査が始まった。戦争で多くのお年寄りが亡くなっていたので、伝承は途絶えたのではと思われたが、生き残った明治生まれのお年寄りたちは、平和な自分の子ども時代を思い出しながら、豊かに昔話、伝説、妖怪話を語った。

　この調査で、沖縄全域の伝承が明らかになった。例えば、沖縄の代表的な妖怪とされるキジムナーの呼び名が、沖縄本島北部で、アカカナジャー（伊平屋島）、アカブサー（伊是名島）、ブナガヤ・プルパカヤー（国頭村・大宜味村・東村）、カムローグヮー（名護市屋部）、シェーマ・セーマ（本部町）、本島中部で、フカゾークークー・キジムン（与那城町平安座島）、ケンケンジムナー（勝連町）、カーガリモー（中城村）、本島南部で、キジムナー（那覇市・南風原町）、マージャ（玉城村）、マア・キムナー（久米島）、宮古諸島で、マズムヌ（宮古島）、インガマヤラウ（伊良部島）、マズムヌ（多良間島）、八重山諸島で、マア・マンダー・マージャッピ（石垣島）、マンジャー（小浜島）、マーザ・カムラーマ（鳩間島）、キディムヌ・マディムヌ（与那国島）と、方言の違いで呼び名が変わり、本島中南部で伝承されているキジムナーと同じものとして語られることが多い。しかし、一部変化したり、キジムナーとは、まったく違うと語る人もいる。妖怪はマジムン、マズムヌ、ヤナムンとよばれ、例えば、キジムナーマジムンという言い方もする（『沖縄の民話研究』遠藤庄治著作集第1巻）。

　1973（昭和48）年以降、遠藤庄治沖縄国際大学名誉教授（故人）を中心に行われた民話調査の報告は、ほとんどの調査地自治体から民話集のかたちで、本が発行されている。

主な妖怪たち

遺念火
いにんびー

　昔、識名にとても仲の良い夫婦がいた。妻は毎日豆腐をつくり、首里池端の市場に売りに行った。夫は、毎日夕方になると妻を迎えに識名坂まで行った。美人の妻に横恋慕した男が、市場から帰る妻に襲いかかり、逃れようとして妻は金城橋から身を投げた。帰りの遅い妻を捜し、事の有様を知った夫は、後を追って金城橋から身を投げた。それ以来、アコークロー（夕方）になると、首里の方からタマガイ（ひとだま）が一つ、識名の方から一つ出て、識名坂で二つになってゆらゆらするのが遠くからも見えた（那覇市泊・1910〔明治43〕年生・男）。

　男女の思いのすれ違いで女が自害し、同じ場所で男も後を追い死ぬ。そこに夜になると、二つのタマガイが出るという話は、各地に伝わっている。思いを残し（遺念）死んだ人のマブイが遺念火になるといわれ、旧暦8月8日から始まるヨーカビー（8日日、妖火日）行事の頃に、よく現れるといわれている。

牛マジムン

　那覇の坂下に牛マジムンが出るというので、公儀の命令で力持ちの池宮親方が退治にすることになった。親方は牛マジムンと格闘し、牛の角をもぎ取って帰った。朝になると、角ではなく、龕の両側に飾りとして付いている龍の角であった（本部町山川・1921〔大正10〕年生・男）。
がん

　龕は遺体を入れたお棺をのせ、墓まで運ぶ輿。遺体を千人のせた龕は牛に化けるという。
こし

キジムナー

　伝承地によって、呼び名・姿が違うが、近年は、キジムナーに統一されつつある。ガジュマル・あこう木・桑などの大木にすむ木の精霊。姿は赤い髪の毛の小さい子ども、あるいは大人、禿げ頭で頭に皿があり、カッパに似ているとの伝承もある。人間と親しくなると毎晩一緒に魚捕りをし、大漁の魚を人間に与える。住みかを人間に焼かれると、別な場所に移り、焼いた人間に報復する。からかったり、いたずらした人間にはどこまでも追いかけて、仇を討とうとする。キジムナーと親しくなった家は裕福になり、追い払った家は貧乏になる。人間に追いかぶさり金縛りのようにしたり、おぼれ死にさせることもあり、邪悪な妖怪とも考えられている。

九州・沖縄地方　305

後生からの使者

昔仲の良い夫婦がいた。妻は働き者で、夜遅くまで機織りをしていた。夫は夜機織りをすると後生の人にマブイ（魂）を取られると聞いていた。ある雨の晩、夫は用事からの帰り川を渡ろうとして、二人の男と道連れになる。水音を立てずに川を渡るので人間ではないと気づくが、「お前は、音をたてるが人間か」と聞かれる。夫が「今後生（新仏）だ」と言うと、頭をさわらせろというので、クバ笠をさわらせ、足を見せろというので、杖を見せる。二人は安心し、人間のマブイを取りに行く話を始める。聞いていると、取られるのは自分の妻だったので二人について行く。二人が家に入り、妻のマブイを金襴の袋に入れ出てくると、夫は「隣にもっと美人がいますよ。このマブイは私があずかりましょう」と言い、隣に行かせる。その間に、夫は屋根に上がり、二人が「隣に女はいない」と出てくると、クバ笠をバタバタさせながら「ケッケレーケッ」と鶏の鳴くまねをした。二人は、夜が明けるぞといって慌てて逃げて行った。夫は急いで妻の口鼻に袋をあてマブイを戻したので、妻はすぐに生き返った（『南島説話』）。

夜中、後生からマブイを取りにきた者に出会う話は、県内各地で聞かれる。金持ちの娘のマブイを取り返し結婚して幸せになる。マブイは懐に入れたり、金蠅に変わったりする。

子育て幽霊

毎夜、菓子、飴を買いにくる女がいる。朝になると女の持ってきたお金は、うちかび（死者に供える紙銭）になっている。不思議に思った店の主人が、その晩、女の後をつけると、死んだ妊婦の墓に入っていった。墓を開けると、飴を持った赤ん坊がいた（那覇市松尾・1897〔明治30〕年生・男）。

沖縄全地域から聴取された話。一部地域で死んだ母親から生まれた子は後生とこの世を行き来できる、テーラシカマクチという男になったという伝承もある。

人魚

沖縄本島や周辺離島では、泣き声が人間の赤ん坊に似てるからアカングァーイユ（赤子魚）といわれ、顔や身体、胴体までは人間で、その後ろは鰭も尾びれもある魚だという。子どもに乳を飲ませるジュゴンだという話もある。八重山ではヨナイタマともよばれた。龍宮、ニライカナイからきたもの、あるいは龍宮の神の娘という伝承がある。食べると不老長寿になるといわれる一方、取ったり食べたりすると祟りがある

といわれる。人間に捕まった人魚が、龍王に助けを求め、助けるために津波を起こしたという伝承が先島に多い。

化け猫

昔、ひとり者の男の所に女がやって来て妻にしてくれという。子どもが二人できる。ある時「あんまーは変だよ。おとうが畑へ出かけると、天井に上がり鼠を捕まえ食べている」と、子どもたちがいう。大きな魚をもたせ、女を追い出す。女は猫になり長柵のガマ（洞窟）にいく。後をつけた男は、「男のマブイ（魂）を取ってやる」という猫の会話を聞く。仲間の猫が、「我如古長柵の青泣き猫、青泣きすな、高泣きすな、青泣きせば、松の頂きに首くくられるぞ。南風吹かば北の松にガッパラ、北風吹かば南の松にガッパラ、アア　ウトゥルサ　ムンドー（ああ、恐ろしや）」と人間に言われたら、マブイは取れないという。男は、その呪いの言葉を言い、命が助かった（『南島説話』）。

宜野湾市我如古の長柵ガマの化け猫として県内各地で伝承されている。猫が化けないよう、死骸を木に吊るす由来にもなっている。

兵隊の幽霊

戦争中、家の前の家畜のための水甕の横に、夜になると片足で立っている兵隊さんの幽霊が出た。ユタもいなかったから、「どうしたのかね」と心配して、ご飯を炊いておかずもつくって「ひもじかったら、これどうぞ」とお供えしても、毎晩出るから、「何か思いがあったら、思いを叶えてやるから、言ってくれ」と言うたらね、「自分の片足は、どこどこでなくなったから探してくれ」と言いよったらしい。そしたら、家の後ろのススキの中に行ったらね、片足があった。「もう、足ここに置いておくから、元のとおりに足自分で付けてください」というて水甕の横においたら、その晩から幽霊は出なかったって（与那原町上与那原・1903〔明治36〕年生・女）。

戦後20年たった頃の話。激戦地だった小禄も米軍の基地になって、金網のすぐ側におじーの畑があった。そこで小さな豚小屋をつくって、豚2頭飼っていた。子豚が生まれるからと、おじーは夜通し起きていた。夜中に兵隊さんの幽霊が二人でてきて、「まだ生まれないのか」とおじぃーに聞いたって。

朝、豚小屋から帰ってきたおじーは、「あぬ人達ん、家うてぃ豚ちかなとーてーさ」（あの人たちも、故郷で豚飼っていたんだねー）と言ったよ（那覇市小禄・1953〔昭和28〕年生・女）。

沖縄には、沖縄戦で亡くなり、まだ拾骨されてない日本兵や住民の遺骨がまだある。終戦後、33回忌の頃までは、日本兵の幽霊の話も多かった。

ミシゲーマジムン

ミシゲー（しゃもじ）、マカイ（お椀）など、台所の古道具を捨てるとマジムンになるという。昔、那覇の町に豚や牛、一つ目や傘のとても怖いマジムンが出た。夜、寺の小僧が自分もマジムンの振りをして友だちになり、昼間はミシゲー、マカイ、鍋のふた、箸に戻って寺の床下に居ることを聞き出す。鶏が鳴いたので、床下に行き古道具を焼いた。以来、マジムンは出なくなった（『沖縄の昔ばなし 山本川恒翁の語り』）。

耳切り坊主

昔、那覇に黒金座主とよばれる坊主がいた。唐の国で修業を積み、人をだます妖術も習って帰り、占い好きな女たちをたぶらかすようになった。噂を聞いた琉球王は、大村御殿の北谷王子に征伐を命ずる。王子と座主は碁で勝負をし、負けそうになった座主は妖術で王子を殺そうとするが耳を切り落とされ、大村御殿に生まれる男の子は育たぬようにしてやると、呪いをかけ死ぬ。けれども、知恵者の乳母は、男の子が生まれたとき、「うふぃなぐんぐゎ　うまりとーん」（大きな女の子が生まれた）と言い、難を逃れたという。以下の子守唄が今でも歌い継がれている。

大村御殿ぬ　かどぅなかい	大村御殿の角に
耳ちりぼーじぬ　たっちょんどー	耳切り坊主が立ってるよ
いくたい　いくたい　たっちょーが	幾人　幾人　立ってるの
みっちゃい　ゆったい　たっちょんどー	三人　四人　立ってるよ
いらなん　しーぐん　むっちょんどー	鎌も　小刀も　持っているよ
なーちゅるわらべー　耳すぐす	泣く子は　耳ぐすぐす
ヘイヨー　ヘイヨー　なくなよ	ヘイヨー　ヘイヨー　泣くなよ
ヘイヨー　ヘイヨー　なくなよ	ヘイヨー　ヘイヨー　泣くなよ

（那覇市与儀・1896〔明治29〕年生・男）

● 参考文献一覧 ●

第Ⅰ部

◆第1章

『江戸の妖怪革命』香川雅信、河出書房新社、2005

「『象徴』概念は『合理的』に埋葬されうるか？―新潟県佐渡郡の貉信仰から」『民族學研究』59-4、梅屋潔、日本文化人類学会、pp.342-365、1995

「『化かされる』という経験―あるいは人類学的実践についての覚書き」『慶應義塾大学大学院社会学研究科紀要』38、梅屋潔、慶應義塾大学大学院社会学研究科、pp.81-92、1993

『憑霊信仰論』小松和彦、ありな書房、1984

「柳田國男と妖怪・怪談研究」『日本民俗学』270、香川雅信、日本民俗学会、2012

『妖怪学新考』小松和彦、小学館、1994

「妖怪談義」『定本柳田國男集』4、柳田國男、筑摩書房、1968

『妖怪の理　妖怪の檻』京極夏彦、角川書店、2007

◆第2章

『江戸の妖怪革命』香川雅信、河出書房新社、2005

『鬼の研究』馬場あき子、筑摩書房、1988

『河童とはなにか』国立歴史民俗博物館・常光徹編、岩田書院、2014

『天狗はどこから来たか』杉原たく哉、大修館書店、2007

『幽霊―近世都市が生み出した化物』髙岡弘幸、吉川弘文館、2016

◆第3章

「天草島民俗誌」『日本民俗誌大系』2、浜田隆一、角川書店、p.134、1975（原書1932）［本文中文献番号1）］

「江戸東京の怪談文化の成立と変遷―19世紀を中心に」横山泰子、風間書房、1997［同2）］

『怪異の風景学』、佐々木高弘、古今書院、2014［同7）］

「解説」『怪異の民俗学6　幽霊』小松和彦、河出書房新社、2001［同3）］

『学校の怪談』常光徹、ミネルヴァ書房、1994［同6）］

『神話の風景』佐々木高弘、古今書院、2014［同7）］

『憑霊信仰論―妖怪研究への試み』小松和彦、講談社、1994（原書1982）［同4）］

『民話の地理学』佐々木高弘、古今書院、2014［同7）］

『幽霊―近世都市が生み出した化物』髙岡弘幸、吉川弘文館、2016［同2）］

「幽霊の変容・都市の変貌―民俗学的近・現代研究に向けての試論」『国立歴史民俗博物館研究報告』132、髙岡弘幸、pp.99-120、2006［同8）］

『妖怪の民俗学』宮田登、筑摩書房、2002（原書1985）［同5）］

◆第4章

『井上円了・妖怪学全集』全6巻、井上円了、柏書房、2001

「江戸東京の怪談文化の成立と変遷―19世紀を中心に」横山泰子、風間書房、1997

『江戸幻想文学誌』高田衛、筑摩書房、2000（原書1987）

『江戸の怪異譚―地下水脈の系譜』堤邦彦、ぺりかん社、2004

『江戸の妖怪革命』香川雅信、角川学芸出版、2013（原書2005）

『江戸化物草紙』アダム・カバット、小学館、1999

『怪異学の技法』東アジア恠異学会、臨川書店、2003
『学校の怪談』常光徹、ミネルヴァ書房、1994
『古代の都と神々』榎村寛之、吉川弘文館、2008
『新訂 妖怪談義』柳田國男著、小松和彦校訂、角川学芸出版、2013（原書1956）
『百鬼夜行の見える都市』田中貴子、筑摩書房、2002（原書1994）
『憑霊信仰論―妖怪研究への試み』小松和彦、講談社、1994（原書1982）
『日本怪異妖怪大事典』小松和彦ほか、東京堂出版、2013
『日本幻獣図説』湯本豪一、河出書房新社、2005
『日本妖怪変化史』江馬務、中央公論新社、2004（原書1923）
『妖怪の理　妖怪の檻』京極夏彦、角川書店、2011（原書2006）
『妖怪画談全集』日本篇（上・下）、藤沢衛彦、中央美術社、1930
『妖怪の民俗学』宮田登、筑摩書房、2002（原書1985）
『妖怪文化入門』小松和彦、角川学芸出版、2012（原書2006）

第Ⅱ部

◆ 1. 北海道
『アイヌ叙事詩 神謡・聖伝の研究』久保寺逸彦、岩波書店、1977
『アイヌ伝説集』更科源蔵、みやま書房、1981
「アイヌの妖怪説話（続）」『人類学雑誌』29-10、吉田巌、東京人類学会、1914
『アイヌ民譚集 付、えぞおばけ列伝』知里真志保編訳、岩波文庫、1981
『カムイユカㇻと昔話』萱野茂、小学館、1988
『コタン生物記Ⅱ』更科源蔵・更科光、法政大学出版局、1976
『炎の馬』萱野茂、すずさわ書店、1977

◆ 2. 青森県
『青森県史―民俗編』青森県史編さん民俗部会、青森県、p.406、2001
「奥羽巡杖記」『旅と伝説』2-7、中道等、三元社、p.11、1929
「ザシキワラシの話」『郷土趣味』5-2、佐々木喜善、郷土趣味社、p.6、1924
「たたりもっけ」『日本民俗誌大系』12、波多郁太郎・戸板康二、角川書店、pp.475-478、
　　1976
『津軽口碑集』内田邦彦、郷土研究社、p.128、1929
『津軽俗説選』青森県立図書館編、青森県学校図書館協議会、pp.79-80、pp.157-158、
　　pp.164-165、1951
『伝説雑纂』小井川潤次郎、木村書店、p.370、1998
「南部恐山」『あしなか』53、伊藤隼、山村民俗の会、pp.8-9、1956
「ノートから」『旅と伝説』13-6、中市謙三、三元社、p.14、1940

◆ 3. 岩手県
「岩手県気仙沼郡三陸村越喜来」『民俗採訪』昭和39年度号、國學院大學民俗学研究会、
　　國學院大學民俗学研究会、p.96、1965
「岩手雑纂」『旅と伝説』3-8、田中喜多美、三元社、pp.2-3、1930

「岩手雑纂」『旅と伝説』4-8、田中喜多美、三元社、p.36、1931

「奥州のザシキワラシの話」『遠野のザシキワラシとオシラサマ』佐々木喜善、中央公論社、2007

『九戸郡誌』岩手県教育会九戸郡部会編纂、岩手県教育会九戸郡部会、1986

『紫波郡昔話集』小笠原謙吉、三省堂、1942

「増補盛岡砂子」『南部叢書』1、星川正甫、南部叢書刊行会、pp.353-573、1927

『伝説雑纂』小井川潤次郎、木村書店、pp.275-276、1998

『遠野物語』柳田國男、角川書店、1955（原書1910）

◆ 4. 宮城県

「田代島・網地島の猫話」『憑霊の民俗』川島秀一、三弥井書店、2003

『七ヶ浜の言い伝え—第二集』鈴木奥蔵、私家版、1988

『田代管見録』小野喜惣治、藁屋書房、1888

「はしわのわか葉 続」『菅江真澄全集』12、菅江真澄、未來社、1981

◆ 5. 秋田県

『秋田市史—民俗編』16、秋田市、p.719、2003

『秋田の伝説』長山幹丸、蓮西寺、1965

『秋田の迷信と説話—大館・北秋を中心に』河田竹治、大館孔版、pp.80-82、1969

「秋田名蹟考」『第三期新秋田叢書』13、升屋旭水、歴史図書社、pp.45-46、1978（原書 1903〜10）

『秋田むがしこ』1、今村義孝編、未來社、pp.118-120、1959

「阿仁町の伝承・民話」4、秋田県文化財保護協会阿仁町支部、阿仁町教育委員会、p.76、1975

「伊東園茶話一の巻」『第一期新秋田叢書』7、石井忠行著、今村義孝監修 pp.76-77、1971（1863）

『羽後町町制施行50周年記念事業—元西』地域誌編さん室編、pp.70-80、2006

『大館市史』4、大館市史編さん委員会編、pp.613-614、1981

「おぼう力の話」『旅と伝説』7-3、武藤鉄城、pp.39-44、三元社、1934

『怪談』小泉八雲、偕成社、1991（原書1904）

「鹿角の座敷ボッコ（三）—福子との関連を中心に」『西郊民俗』109、熊谷チヨ、pp.24-29、1984

『上小阿仁村史 通史編』上小阿仁村史編纂委員会、p.967、1994

『奇々怪々あきた伝承』福島彬人、無明舎出版、p.202、1999

『奇話・珍話 秋田巷談』原武男、私家版、1971

「久保田の落穂」『菅江真澄全集』10、菅江真澄、未來社、p.395、1974（1822）

「月の出羽路仙北郡七」『菅江真澄全集』7、菅江真澄、未來社、p.247、1978

『中村風土記—羽州秋田郡新城之荘』永田賢之助他、中村の歴史刊行委員会、pp.269-273、2008

「氷魚の村君」『菅江真澄全集』4、菅江真澄、p.193、1973（原書1810）

『本荘市史 文化・民俗編』本荘市、p.712、2000

『みんなで綴る郷土誌Ⅱ 山村民俗誌』森吉町生涯学校教育推進本部、p.95、1980

『山内村のむかしっこ』黒沢せいこ、私家版、p.26、2003

「雪の山越え」『菅江真澄全集』11、菅江真澄、未來社、p.435、1980

「妖怪名彙」『民間伝承』4-2、柳田國男、28、民間伝承の会、1934

「横手盆地のむかしっこ」黒沢せいこ、はたはた編集部、pp.45-47、2002

◆ 6. 山形県

「朝日修験―古文書と聞書」、『あしなか』165、森口雄稔、山村民俗の会、p.19、1979

「大山の犬祭り」『旅と伝説』1-8、伊藤保治郎、三元社、pp.62-68、1928

『郷土趣味』3-12、郷土趣味社、p.19、1923

「原始山民とその分裂」『旅と伝説』9-4、藤原相之助三元社、p.19、1936

『庄内大谷の民俗』東京女子大學史學科編、東京女子大学史学科郷土調査団、p.53、1966

『新庄のむかしばなし』大友義助、新庄市教育委員会、p.655、1971

『羽黒山二百話』戸川安章、中央企画社、1972

「羽黒山夜話（完）」『旅と伝説』17-1、戸川安章、三元社、p.24、1944

『民間伝承』8-1、民間傳承の会、pp.25-26、1942

『民間伝承』16-1、民間傳承の会、pp.25-26、1952

『雪女房―米沢の民話』武田正、遠藤書店、pp.70-73、1981

◆ 7. 福島県

「4. 昔話と伝説　会津の昔話と伝説」『会津若松市史―民俗編』24、会津若松市研究会編、会津若松市、2005

『猪苗代町史―民俗篇』猪苗代町史編纂委員会、猪苗代町史出版委員会、1979

『いわき市史』いわき市史編纂委員会、1972

『岩瀬郡誌』福島県史料叢書刊行会、1972

『裏磐梯北塩原の民俗』北塩原村1977

『奥会津南郷の民俗』南郷村教育委員会、1971

『郡山市史』7民俗、郡山市、1969

「新出「化物づくし絵」について」『怪』32、香川雅信、角川書店、pp.248-249、2011

『新編会津風土記』全5巻、丸井佳寿子監、歴史春秋社、1999-2003（原書1809-1809）

『西白河郡誌　全』西白川郡編、西白川郡、1915

『田島町史』田島町郷土史研究会編、田島町郷土史研究会

『田村郡誌』田村郡教育会編、臨川書店、1988（原書1904）

『福島県文化財報告書第168集　福島県の昔話と伝説』福島県教育委員会

『ヒメの民俗学』宮田登、青土社、1987

『ふるさとの伝え語り―二本松市史資料叢書』二本松市教育委員会

「ふるさとの昔話」岩瀬村教育委員会

『妖怪事典』村上健司編著、毎日新聞社、2000

「老翁茶話」『近世奇談集成』1、pp.143-145

「『老媼茶話』にみる近世会津の民俗風景」『福島県立博物館紀要』27、佐々木長生、2013

◆ 8. 茨城県

『一話一言』大田南畝、江戸後期

『いわまの伝え話』岩間町史編さん資料収集委員会編、岩間町教育委員会、1986

『梅の塵』梅の舎主人、天保15年（1844）

『甲子夜話　続篇』松浦静山、江戸後期

『河童とはなにか』常光徹、国立歴史民俗博物館編、国立歴史民俗博物館、2014

『閑田次筆』伴蒿蹊、文化3年（1806）

『古河市史　民俗編』古河市史編さん委員会編、古河市、1983

『古河の昔話と伝説』古河市史編さん委員会編、古河市教育委員会、1978

『水府地理温古録』高倉胤明、天明6年（1786）

『仙境異聞』平田篤胤、文政5年（1822）

『善庵随筆』朝川鼎、江戸後期

『高萩の昔話と伝説』高萩市教育委員会編、高萩市、1980

『譚海』津村正恭、江戸後期

『兎園小説拾遺』曲亭馬琴、江戸後期

『利根川図志』赤松宗旦、安政5年（1858）

『楓軒偶記』小宮山楓軒、江戸後期

『真壁町の民俗』茨城民俗学会編、茨城民俗学会、1986

『町田の民俗』東洋大学民俗研究会編、東洋大学民俗研究会、1988

『無形の民俗文化財記録　北関東のサザカミ習俗　茨城県・栃木県』61、文化庁文化財
　部編、2015

「妖怪其他」『民間伝承』5-2、小川景、民間伝承の会、1939

◆ 9. 栃木県

『氏家町史　民俗編』氏家町史作成委員会編、氏家町、1989

『宇都宮の民話』宇都宮市教育委員会社会教育課編、宇都宮市教育委員会、1983

「各地方「ガゴゼ」一束」『民族と歴史』6-5（35）、大竹通、日本学術普及会、1921

「隠れ里の米搗き」『芳賀郡土俗研究会報』1、高橋勝利、芳賀郡土俗研究会、1929

『嬉遊笑覧』喜多村信節、天保元年（1830）

「旧三依村の信仰の諸相について」『下野民俗』32、阿久津満、下野民俗研究会、1991

「高校生が知っている不思議な話」『下野民俗』39、久野俊彦、下野民俗研究会、1999

「米とぎ婆さまと小豆どき婆さま」『芳賀郡土俗研究会報』1、高橋勝利、芳賀郡土俗研
　究会、1929

『酒野谷の民俗』宇都宮大学民俗研究会編、宇都宮大学民俗研究会、1982

『下野の伝説』尾島利雄、第一法規出版株式会社、1974

『仙境異聞』平田篤胤、文政5年（1822）

『想山著聞奇集』三好想山、嘉永3年（1850）

『続子どものための鹿沼のむかし話』黒川恒幸編、鹿沼のむかし話を集める会、1978

『栃木の民話』第二集、日向野徳久、未來社、1965

「芳賀郡の俚諺的俗信（二）」『旅と伝説』8-10（94）、榎戸貞次郎、三元社、1935

『北窓瑣談』橘南谿、江戸後期

『南河内町史　民俗編』南河内町史編さん委員会編、南河内町、1995

『妖怪談義』柳田國男、講談社学術文庫、1977

◆ 10. 群馬県

『きつねのあくび　藤原の民話と民俗』渋谷勲編著、日本民話の会、1982

『群馬のおもしろばなし』井田安雄、上毛新聞社、1991

『群馬県史資料編27 民俗3』群馬県史編さん委員会編、群馬県、1980

『上野の伝説』都丸十九一、第一法規出版、1974

『館林市史特別編5 館林の民俗世界』館林市史編さん委員会、館林市、2012

『日本怪談集 妖怪篇』上、今野円輔、中公文庫、2004

◆ 11. 埼玉県

「オーサキ狐と古文書」『埼玉民俗』2、小池信一、埼玉民俗の会、1972

「ヲサキがつくと云ふ事」『民族と歴史』8-1、中尾清太郎、日本学術普及会、1922

『オオカミの護符』小倉美惠子、新潮社、2014

『奥秩父の伝説と史話』太田巌、さきたま出版会、1983

「奥武蔵の狼さま」『埼玉民俗』1、戸口美明、埼玉民俗の会、1971

『怪談』著者不明、埼玉県立熊谷図書館蔵稿本、1985

『川口市史』民俗篇、川口市、1988

『川越地方郷土研究』4、埼玉県立川越高等女学校、1937

『川越の伝説』川越市教育委員会社会科、1981

「川釣りと妖気」『埼玉民俗』8、小林徳男、埼玉民俗の会、1978

『川にまつわる埼玉の伝説』埼玉県環境部、1985

「児玉町で聞いた妖怪譚三話」『埼玉民俗』7、山崎泰彦、埼玉民俗の会、1977

「高麗丘陵に拾う」『あしなか』16、神山弘、山村民俗の会、1950

『坂戸市史』民俗資料編1、坂戸市、1985

『草加市史』民俗編、草加市、1987

「秩父街道の伝説と昔話」『甲斐路』91、望月整子、山梨郷土研究会、1998

「天狗ノート」『あしなか』24、岩科小一郎、山村民俗の会、1951

『伝承文芸』19、國學院大學民俗文学研究会、1995

『水辺の妖怪　河童』さいたま川の博物館、2002

『吉川市史』民俗篇、吉川市、2002

『蕨市史』民俗篇、蕨市、1994

◆ 12. 千葉県

『市川の伝承民話』市川民話の会、市川市教育委員会、1992

『いちはら昔話 女神様は松がきらい』酒井登志生、市原よみうり、1997

『印旛村史 通史Ⅱ』印旛村史編さん委員会編、印旛村、1990

『浦安の世間話―前田治郎助の語り』米屋陽一編、青弓社、1992

『きさらづの民話』木更津民話の会、みずち書房、1984

『奇談雑史』宮負定雄著、佐藤正英 武田由紀子校訂・注、ちくま学芸文庫、2010

『昭和63年度 千葉県立房総のむら資料調査報告書』5、千葉県立房総のむら資料調査会編、千葉県立房総のむら、1989

『千葉県の妖怪ガイド』千葉県博図公連携事業実行委員会、2016

『銚子の民話』銚子市文化財審議会、銚子市教育委員会社会教育課、1987

『富浦町のはなし―千葉県安房郡富浦町〈口承〉資料集』國學院大學説話研究会編、國
　學院大學説話研究会、2002

『日本の民俗 千葉』高橋在久・平野馨、第一法規出版、1974

『房総の伝説』荒川法勝編、暁書房、1975

『房総の伝説』（「河童」「船幽霊」含む）平野馨、第一法規出版、1976

『房総の民話』高橋在久編、未來社、2015

『傳説民話考』長尾豊、六文館、1932

『長柄町の民俗―千葉県長生郡長柄町』、東洋大学民俗研究会、1972

『成田市史 民俗編』成田市史編さん委員会、成田市、1982

『八千代市の歴史 資料編 民俗』八千代市史編さん委員会編、八千代市、1993

『妖怪と出会う夏 in Chiba 2015』千葉県立中央博物館、2015

◆ 13. 東京都

『秋川市史』附篇、秋川市、1983

『麻布区史』麻布区、1941

『稲城の昔ばなし』稲城市教育委員会、1992

『青梅市史』下、青梅市、1995

『江戸川区の民俗』1、江戸川区教育委員会、1989

「江戸の七不思議変遷考」『東京都江戸東京博物館研究報告』5、横山泰子、東京都江戸
　東京博物館、2000

『大島町史』民俗篇、大島町、1999

『大田区市』民俗篇、大田区、1983

『奥多摩の世間話』渡辺節子、青木書店、2010

『奥多摩町の民俗（奥多摩町史資料集5）』奥多摩町教育委員会、1982

『葛飾のむかし話』葛飾区児童館職員研究会図書グループ、1984

『口承文芸』大田区の文化財22、大田区教育委員会、1986

『神津島の民俗』神津島集誌Ⅴ、鈴木光志、1984

『子どものための調布のむかしばなし』調布市立図書館、2008

『里語りとんとんむかし―谷慈の里・中ノ郷 伝説・伝承譚・里語り』菊地ただし、か
　たくら書房、2002

『下北沢（世田谷区民俗調査報告書 第8次報告）』世田谷区、1988

『隅田川の伝説と歴史』すみだ郷土文化資料館、2000

『続 中野の昔話・伝説・世間話』中野区教育委員会、1989

『多摩市の民俗 口承文芸』多摩市史叢書5、多摩市教育委員会、1992

『東京・江戸語り』ふるさとお話の旅4、野村敬子、星の環会、2005

『東京都の民俗』宮本馨太郎、慶友社、1981

『日暮里の民俗』荒川区民俗調査報告書5、荒川区教育委員会、1997

『練馬区史』練馬区、1957

『日の出町史』文化財編、日の出町、1989

『檜原の民話』語りによる日本の民話6、高津美保子、国土社、1987

『町田市史』下、町田市、1976

『南千住の民俗』荒川区教育委員会、1996

◆ 14. 神奈川県

『大磯町史　8. 別編　民俗』大磯町、2003

「影取の伝説」『ひでばち』20、戸倉英太郎、1961

『神奈川県史 各論編5 民俗』神奈川県企画調査部県史編集室編、神奈川県、1977

『神奈川の伝説』読売新聞社横浜支局編、有隣堂、1967

『かながわの伝説散歩』萩坂昇、暁印書館、1998

『神奈川の民俗』相模民俗学会編、有隣堂、1968

『神奈川県の民話 県別ふるさとの民話8』、日本児童文学者協会編、偕成社、1978

『神奈川県の民話 新版日本の民話19』、安池正雄編、未來社、1959

『神奈川県の民話と伝説』下、萩坂昇、有峰書店、1975

『神奈川県民俗シリーズ1　江の島民俗誌　伊勢吉漁師聞書—鎌倉腰越の民俗』、神奈川
　　県教育委員会、神奈川県教育委員会、1961

『神奈川県昔話集1』、小島瓔禮、神奈川県教育庁指導部、1967

『神奈川県昔話集2』、小島瓔禮、神奈川県弘済会、1968

『川崎の世間話』「川崎の世間話」調査団編集、川崎市市民ミュージアム、1996

「行事由来伝説「一つ目小僧と道祖神」の形成—目籠・事八日・斎日」『民具マンスリー』
　　34-10、入江英弥、2002

『寒川市史　12. 別編 民俗』寒川町、1991

『新・足柄山の金太郎』笠間吉高、夢工房、2003

『相州内郷村話』鈴木重光編、郷土出版社、1924

『日本怪異妖怪大事典』小松和彦ほか編、東京堂出版、2013

『日本伝説大系5』、宮田登編、みずうみ書房、1986

『日本の伝説20 神奈川の伝説』、永井路子他、角川書店、1977

『日本の民俗神奈川』和田正洲、第一法規出版、1974

『日本の妖怪』小松和彦編著、ナツメ社、2009

『年刊民俗探訪　神奈川県足柄上群寄村・三保村　昭和26年度号』國學院大學民俗学
　　研究会、國學院大學民俗学研究会、1951

『箱根の民話と伝説』安藤正平他、夢工房、2001

『藤沢の民話』3、藤沢市教育文化研究所、1978

『ふるさと磯子のむかしばなし16話』横浜市磯子区役所区制推進課、1988

『ふるさと港南の昔ばなし50話—港南区制25周年記念誌』港南の歴史研究会編、横浜
　　市港南区役所、1994

「ミカワリと三隣亡」『神奈川の民俗』小島瓔禮、有隣堂、1968

「ミカワリバアサンと八日ゾ」『日本民俗学』73、岩堀喜美子、1971

「妖怪プロファイリング」『怪』24、化野燐、角川書店、2008

「横浜市泉区踊場の「猫の踊」譚」『昔話伝説研究』21、高塚さ␣より、2000

『横浜の伝説と口碑—中区・磯子区』栗原清一、横浜郷土史研究会、1930

316

『よこはまの民話（神奈川の民話1）』萩坂昇著、むさしの児童文化の会、1981

「理科系の伝説研究―武田久吉「大磯の虎御石」をめぐって」『昔話伝説研究』35、小堀光夫、2016

◆ 15. 新潟県

『絵草子 酒呑童子』高橋郁丸、考古堂書店、1994

「火車猫考　北高和尚に退治された怪猫」『新潟の生活文化』8、高橋郁子、新潟県生活文化研究会、2001

「悲しみの天女　ヤサブロバサへの旅」『弥彦郷土誌』19、高橋郁子、弥彦村教育委員会、2004

「佐渡名狢録」『佐渡の狢の話―伝説と文献』山本修之助、佐渡郷土文化の会、1988

「酒呑童子のふるさと分水町」『町史研究分水』2、高橋郁子、分水町教育委員会、2002

『桃山人夜話』竹原 春泉、1841

『新潟の妖怪』高橋郁丸、考古堂、2010

『北越奇談』橘崑崙、永寿堂、1811

『北越雪譜』鈴木牧之、文渓堂、1836

「山の人生」『アサヒグラフ』柳田國男、朝日新聞社、1926

◆ 16. 富山県

『越中怪談紀行』桂書房、2015

『砺波民俗語彙』佐伯安一、高志人社、1961

『とやま民俗』50、富山民俗の会、1997

『とやま民俗』57、富山民俗の会、2001

『とやま民俗』58、富山民俗の会、2002

『富山湾』巧玄出版、1970

『富山湾沿岸漁業民俗調査報告書』富山市教育委員会日本海文化研究所編、1992

『滑川の民俗』中、滑川市教育委員会編、1995

◆ 17. 石川県

『相川新町史』相川新町史編纂委員会、松任市相川新町内会、1999

『石川縣珠洲郡誌』日置謙編、珠洲郡役所、1923

『石川縣鹿島郡誌』小田吉之丈他編、鹿島郡自治会、1929

「石川県鹿島郡地方」『旅と伝説』6-7、諏訪藤馬、三元社、1933

『石川縣能美郡誌』石川県能美郡役所編、石川県能美郡役所、1923

『猿鬼伝説』猿鬼伝説編纂委員会、柳田村当目公民館、1993

『尾口村史』2、尾口村史編纂専門委員会、石川県石川郡尾口村役場、1979

『加能賀能登の伝承』藤島秀隆、桜楓社、1984

『金澤古蹟志』森田平次、歴史図書社、1976

『金石町誌』中崎善治郎、石川県石川郡金石町役場、1941

『加能越金砂子』日置謙校訂、石川県図書館協会、1931

「奇談北國巡杖記」『日本随筆大成』2-18、鳥翠台北室、吉川弘文館、1974

「クワンクワン考」『加能民俗研究』31、大門哲、加能民俗の会、2000

『稿本金澤市史 風俗編』1、和田文次郎編、石川県金澤市役所、1927

『小松市の昔話』京都女子大学説話文学研究会、小松市教育委員会、1981

『三州奇談』日置謙校訂、石川県図書館協会、1933

『志雄町の民話と伝承』1、浅野冨士夫編、志雄町教育委員会、1986

『七浦村誌』七浦小学校同窓会編、1920

「白石先生紳書」『日本随筆大成』3-12、新井白石、吉川弘文館、1977

『瀬領町史』瀬領町史編纂委員会編、瀬領町公民館、2001

『辰口町史』1、辰口町史編纂専門委員会編、石川県石川郡辰口役場、1983

「「釣瓶落としの怪」の伝承」『加能民俗研究』23、松本孝三、加能民俗の会、1992

『傳承文芸（奥能登地方昔話集）』89、國學院大學民俗文學研究会、1971

『七塚町史』七塚町史編纂専門委員会、石川県七塚町役場、1976

「能登志賀町の昔話・伝説集」『石川県立郷土資料館紀要』7、石川県立郷土資料館編、石川県立郷土資料館、1976

『のとじまのむかしばなし』ふるさと再発見講座のとじまの昔話の会編、2008

『能登名跡志』日置謙校訂、石川県図書館協会、1931

『橋立町史』橋立町史編纂委員会、橋立町史編纂委員会、1997

「北陸の龍灯伝説」『加能民俗研究』17、小倉学、加能民俗の会、1989

『松任の民俗文化誌』松任市教育委員会、松任市教育委員会、2001

「三日月の日記」『続能登路の旅』浅加久敬、石川県図書館協会、1934

『御手洗の歴史』御手洗村史編纂委員会、松任町御手洗公民館、1955

『南加賀の昔話』黄地百合子他編、三弥井書店、1979

『門前町史資料編 民俗6』、門前町史編さん専門委員会、石川県門前町、2005

『輪島の民話』1、輪島市教育研究所編、輪島市教育研究所、1977

『輪島の民話』3、輪島市教育研究所編、輪島市教育研究所1980

◆ 18. 福井県

『越前若狭の伝説』杉原丈夫編、松見文庫、1970

『大野市史 方言編』大野市史編さん委員会編、大野市役所、2006

『伽婢子』（新日本古典文学大系）、松田修他校注、岩波書店、2001

『海村生活の研究』柳田國男編、日本民俗学会、1949

「嘉良喜随筆」『日本随筆大成』1-21、日本随筆大成編輯部編、吉川弘文館、1976

『京都丹波・丹後の伝説』京都新聞社編、京都新聞社、1977

「組屋の『疱瘡守略縁起』」『西郊民俗』139、大島建彦、西郊民俗談話会、1992

『こしの村物語』青木捨夫、青木皇、2014

「拾椎雑話」『拾椎雑話・稚狭考』法本義弘校訂、福井県郷土誌懇談会、1974

「諸国里人談」『日本随筆大成』2-24、日本随筆大成編輯部編、吉川弘文館、1975

「続著聞集」『仮名草子集成』45、花田富二夫他編、東京堂出版、2009

「曾呂里物語」『仮名草子集成』45、花田富二夫他編、東京堂出版、2009

「太平百物語」『百物語怪談集成』（叢書江戸文庫）、太刀川清校訂、国書刊行会、1987

「大名政府」『若越郷土研究』11-6、W.E. グリフィス著、杉原丈夫訳、福井県郷土誌懇談会、1966

『高浜町誌』福井県大飯郡高浜町編、福井県大飯郡高浜町、1985

「譚海」『日本庶民生活史料集成』8、原田伴彦ほか編、三一書房、1969

『敦賀郡神社誌』石井左近編、福井県神職会敦賀郡支部、1933

「東遊記後編」『東西遊記』1（東洋文庫）、宗政五十緒校注、平凡社、1974

『南越民俗』2、南越民俗発行所、1937

『南越民俗』3、南越民俗発行所、1937

『南越民俗』5、南越民俗発行所、1938

『福井県神社明細帳（嶺南編）』若狭路文化研究会編、若狭路文化研究会、2001

『福井県における虫塚・虫送り・虫供養』福井県植物防疫協会編、福井県植物防疫協会、2000

『福井県の伝説』河合千秋編、福井県鯖江女子師範学校内郷土研究部、1936

『ふるさとの民話民謡』敦賀市民運動推進協議会編、敦賀市民運動推進協議会、1982

『ふるさと東浦』敦賀市立東浦小中学校編、敦賀市立東浦小中学校、1982

「北窓瑣談」『日本随筆大成』2-15、日本随筆大成編輯部編、吉川弘文館、1974

「真雪草紙」『松平春嶽全集』1、蘆田伊人・糟谷季之助編、三秀舎、1939

「妖怪名彙（三）」『民間伝承』3-12、柳田國男、民間伝承の会、1938

「若狭郡県志」『越前若狭地誌叢書』下、杉原丈夫・松原信之編、松見文庫、1973

「若狭高浜むかしばなし」高浜町教育委員会編、高浜町教育委員会、1992

『若狭の伝説』（若狭郷土シリーズ）、若狭人発行所編、若狭人発行所、1954

◆ 19. 山梨県

『甲斐傳説集』土橋里木、山梨民俗の会、1953

『甲斐の民話』土橋里木、未來社、1959

『甲斐昔話集』土橋里木、郷土出版社、1930

『甲府市史 民俗編』甲府市、1988

『旅と伝説』8-11（95）、今井福次郎、三元社、1935

「裏見寒話」野方成方、山梨県立博物館蔵、1752

「峡中紀行」荻生徂徠、山梨県立博物館蔵、1706

「吉窪美人鏡」笹子追分人形保存会編、笹子追分人形保存会蔵

◆ 20. 長野県

『小谷口碑集』小池直太郎、郷土研究社、1922

『北安曇郡郷土誌稿』7、信濃教育会北安曇部会編、信濃毎日新聞、1937

『北佐久郡口碑伝説集』信濃教育会北佐久部会編、信濃毎日新聞、1934

『現代民話考　偽汽車・船・自動車の笑いと怪談』3、松谷みよ子、立風書房、1985

「玄蕃之丞末路」『民族』1-6、平瀬麦生、民族発行所、1926

「信州遠山郷鎌倉福次郎翁狩猟談」『あしなか』68、向山雅重、山村民俗の会、1960

『信州の民話伝説集成』中信編、はまみつを、一草舎出版、2006

『信州の民話伝説集成』東信編、和田登、一草舎出版、2006

『信州の民話伝説集成』南信編、宮下和男、一草舎出版、2005

『信州の民話伝説集成』北信編、高橋忠治、一草舎出版、2005

『立科町誌　民俗編』立科町誌編纂委員会編、立科町誌刊行会、1995

『小県郡民譚集』小山眞夫、郷土研究社、1933

『長野県史 民俗編中信地方 仕事と行事』3-2、長野県編、長野県史刊行会、1990

『長野県史 民俗編中信地方 ことばと伝承』3-3、長野県編、長野県史刊行会、1990

『長野県史 民俗編南信地方 ことばと伝承』2-3、長野県編、長野県史刊行会、1989

『原村史』下、原村編、原村役場、1993

『むしくら』虫倉山系総合調査研究会編、虫倉山系総合調査研究会、1994

「妖怪談義」『柳田國男全集』20、柳田國男、筑摩書房、1999

「妖恠名彙（三）」『民間伝承』3-12、柳田國男、民間伝承の会、1938

『長野県史 民俗編東信地方 ことばと伝承』1-3、長野県編、長野県史刊行会、1987

『長野県史 民俗編南信地方 仕事と行事』2-3、長野県編、長野県史刊行会、1989

『長野県史 民俗編北信地方 ことばと伝承』4-3、長野県編、長野県史刊行会、1986

◆ 21. 岐阜県

「あの口裂け女の棲み家を岐阜山中に見た」『別冊宝島うわさの本』92、朝倉喬司、宝島社、1989

『虎杖夜話 板取の伝説と民話』渡辺賢雄、板取村教育委員会、1976

「奥美濃妖怪伝説の民俗学的一考察・和良念興寺の頭骨」『石川県白山自然保護センター研究報告』1、吉田幸平、石川県白山自然保護センター、1974

『海津町史 民俗編』海津町編、海津町、1972

「想山著聞奇集」『日本庶民生活史料集成』16、三子想山、三一書房、1973（原書1850）

「岐阜県武儀市洞戸村調査報告書」『常民』24、中央大学民俗研究会、中央大学民俗研究会、1987

『岐阜県輪中地区民俗資料報告書』3、岐阜県教育委員会、岐阜県教育委員会、1970

『岐阜市鷺山史誌』鷺山史誌編集委員会編、鷺山校下自治会連合会、1989

「「口裂け女伝説」を追う」『謎解き超常現象』Ⅳ、本城達也、彩図社、2015

『桑原町誌』桑原町誌編集委員会編、桑原町誌刊行実行委員、1994

『郡上八幡町史』下、太田成和、八幡町役場、1961

『現代民話考』3、松谷みよ子、立風書房、1985

「こどもたちのこわいもの」『季刊自然と文化』秋季号、斎藤たま、日本ナショナルトラスト、1984

「紙上問答」『郷土研究』2-4、森彦太郎、郷土研究社、1914

『高根村史』高根村史編集委員会編、高根村、1984

『徳山村史』徳山村史編集委員会編、徳山村、1973

『日本の地誌』7.中部圏、藤田佳久・田林明、朝倉書店、2007

『飛騨国大野郡史』上、田中貢太郎編、升重書店、1925

「飛騨の英雄両面宿儺」『伝説に歴史を読む』八賀晋、大巧社、2006

『飛騨の鳥』川口孫治郎、郷土研究社、1921

「飛騨の野筒」『土俗と伝説』1-1、住広造、文武堂、1979

『一目小僧その他』柳田国男、小山書店、1934

『ふるさと宮代ものがたり』ふるさと宮代ものがたり編集委員会編、垂井町立宮代小学校、1983

『ふるさとやわた』池田町八幡公民館編、池田町八幡公民館、1990

『洞戸村史』上、洞戸村史編集委員会編、洞戸村史編集委員会、1988

「美濃揖斐郡徳山村郷土誌」『旅と伝説』13-5、国枝春一・広瀬貫之、三元社、1940

『美濃国稲葉郡志』稲葉郡教育会、稲葉郡教育会、1915

「美濃国に行わるる崇拝」『東京人類学会雑誌』29-6、小川栄一、東京人類学会、1914

『美並村史 通史編』下、美並村教育委員会編、美並村教育委員会、1984

『本巣町史 通史編』本巣町編、本巣町、1975

『大和町史 通史編』下、大和町編、大和町、1988

『山と人と生活』高橋文太郎、金星堂、1943

『代情山彦著作集』代情山彦、代情山彦著作集刊行会、1981

『和良の民俗 岐阜県郡上郡和良村』東洋大学民俗研究会、東洋大学民俗研究会、1979

◆ 22. 静岡県

「伊豆の送り鼬」『郷土研究』2-7、三田久太郎、郷土研究社、1914

『伊豆の民話』岸なみ、未來社、1957

「建築儀礼と人形―河童起源譚と大工の女人犠牲譚をめぐって」『日本民俗学』146、神野善治、日本民俗学会、1983

『静岡県史』資料編23民俗1、静岡県、1989

『静岡県史』資料編25民俗3、静岡県、1991

『静岡県史』別編I民俗文化史、静岡県、1995

『静岡県伝説昔話集』(1976復刻版)、静岡県女子師範学校郷土研究会、長倉書店、1920

『史話と伝説 駿東の巻』松尾四郎、松尾書店、1958

「水神信仰と河童」『民間伝承』13-8、竹田旦、日本民俗学会、1949

『遠江・駿河の民話』菅沼五十一、未來社、1973

「年中行事調査標目六」『旅と伝説』6-9、柳田國男、三元社、1933

『ふるさと富士川　昔ばなし・伝説』2、富士川町文化保護審議会、富士川町教育委員会、1981

◆ 23. 愛知県

『愛知県伝説集』福田祥男、名古屋泰文堂、1967

「岡崎猫」『錬成余韻』愛知県女子師範学校、愛知県第二高等女学校編、今井隆三、愛知県女子師範学校、愛知県第二高等女学校、1940

「おとら狐の話」『郷土研究』4-6、早川孝太郎、郷土研究社、1916

「おとら狐の話」『郷土研究』4-7、早川孝太郎、郷土研究社、1916

「オトラ狐の後日譚について」『山陰民俗』3、早川孝太郎、山陰民俗学会、1954

「「踊り歌う猫の話」における「踊る猫」のイメージ―錦絵に描かれた踊る猫」『年報非文字資料研究』7、小林 光一郎、神奈川大学日本常民文化研究所非文字資料研究センター、2011

『尾張志』上、下、深田正韶編、歴史図書社、1969

「蟹について」『西郊民俗』18、田中新次郎、西郊民俗談話会、1961

「豊浜の風俗、習慣、言語について」『みなみ』76、磯部宅成、南知多町郷土研究会、2003

『古今百物語評判』朝倉治彦編『仮名草子集成』29、東京堂出版、2001

「五十三駅扇宿附」『黙阿弥全集』26、河竹黙阿弥、春陽堂、1926

「山州名跡志」『大日本地誌大系』16、蘆田伊人編、雄山閣、1929-1931

『名古屋の伝説　史蹟観光シリーズ』14、名古屋市経済局観光貿易課編、名古屋市、
　　1981

「資料通信」『名古屋民俗』19、伊原良吉、名古屋民俗研究会、1979

「日本霊異記」『新編日本古典文学全集』10、中田祝夫校注・訳、小学館、1995

「沙石集」『新編日本古典文学全集』52、小島孝之校注・訳、小学館、2001

「物類称呼」『生活の古典双書』17、越谷吾山著・杉本つとむ解説、八坂書房、1976

『日本歴史地名大系　愛知県の地名』23、平凡社、1981

「東三河の伝説物語」乙部静夫、「東三河の伝説」刊行会、1934

「独道中五十三駅」『日本戯曲全集』11、鶴屋南北、渥美清太郎編、春陽堂、1928

『美浜町誌資料編』2、美浜町誌編さん委員会、美浜町役場、1985

「黙阿弥の怪談と怪異、明治維新以後の変遷（続）―日本近現代怪談文学史9」『埼玉
　　学園大学紀要　人間学部篇』14、三浦正雄、埼玉学園大学、2014

「竜女成仏譚―雨乞習俗と伝説」『近畿民俗』49、高谷重夫、近畿民俗学会、1970

◆ 24. 三重県

『赤目の歴史と民俗』富森盛一、三重県郷土資料刊行会、1972

『安濃町史 通史編』安濃町史編纂委員会編、安濃町、1999

「海女と鮫と突きん棒漁」『民俗文化』5、高橋龍三郎、近畿大学民俗学研究所、1993

「阿山郡方言訛語集」三重県阿山郡教育会、三重県阿山郡教育会、1904

「熊野古老ばなし」熊野文化協会編『日本民俗誌集成』14、倉石忠彦ほか編、三一書房、
　　1978

『桑名の伝説・昔話』近藤杢・平岡潤、桑名市教育委員会、1965

「五ケ所湾周辺の伝説」『中京文化』2、能川満子、中京大学郷土研究会、1966

『菰野町史』下、菰野町教育委員会編、菰野町、1997

「志州の島々」『島』昭和9年前期号、山口貞夫、一誠社、1934

『志摩の蜑女』岩田準一、アチック・ミューゼアム社、1939

『志摩の民俗』上、下、鈴木敏雄、三重県郷土資料刊行会、1969

「諸国里人談」『日本随筆大成』2-24、菊岡沾涼、吉川弘文館、1975（原書1743）

『新潮日本古典集成 太平記 三』山下宏明校注、新潮社、1983

「鈴鹿峠と坂上田村麻呂」『三重大史学』8、山田雄司、三重大学人文学部考古学・日本
　　史研究室、2008

『勢和村の民俗』伊勢民俗学会編、光出版印刷、1985

『多度町史 民俗』多度町教育委員会編、多度町、2000

「蜑人の生活」『海村生活の研究』瀬川清子、日本民俗学会、1949

『鳥羽市史』下、鳥羽市史編さん室編、鳥羽市役所、1991

『鳥羽志摩の民俗』岩田準一、鳥羽志摩文化研究会、1970

『日本の地誌』7.中部圏、藤田佳久・田林明、朝倉書店、2007

「ふでのまにまに」『菅江真澄全集』10.随筆、菅江真澄、未来社、1974（原書1816）

322

「北勢の伝説 その一」『伊勢民俗』1-1、伊勢民俗学会、伊勢民俗学会、1952

『松阪市史』10. 史料編 民俗、松阪市編、蒼人社、1981

「三重・岐阜・滋賀の伝説をもつ玩具」『旅と伝説』8-8、伊藤蝠堂、三元社、1935

『三重県史』別編 民俗、三重県編、三重県、2012

「三重県鈴鹿市旧椿村・庄内村」『民俗採訪 昭和47年度号』國學院大學民俗学研究会、國學院大學民俗学研究会、1973

『三重県伝説集』三重県立津高等女学校郷土地理調査研究部編、三重県立津高等女学校地理教室、1936

『三重県文化財調査報告書 8 熊野灘沿岸漁撈習俗調査報告書』三重県教育委員会、三重県教育委員会、1967

『三重県文化財調査報告書 9 鳥羽、志摩漁撈習俗調査報告書』三重県教育委員会、三重県教育委員会、1967

『三重の文化伝承』堀哲、伊勢民俗学会、1978

「龍燈に就いて（続）」『郷土研究』3-8、南方熊楠、郷土研究社、1915

『霊界五十年』長田幹彦、大宝輪閣、1959

◆ 25. 滋賀県

『安土ふるさとの伝説と行事』安土町教育委員会編、安土町教育委員会、1980

『伊吹町の民話』伊吹山麓口承文芸学術調査団編、伊吹山麓口承文芸学術調査団、1983

『大津の伝説』大津市教育委員会博物館建設室編、大津市、1988

『近江の昔ものがたり』瀬川欣一、サンライズ出版、1999

『近江むかし話』滋賀県老人クラブ連合会編、東京ろんち社、1968

「近江野洲郡の傳承」『郷土研究』5-5、小牧實繁、郷土研究社、1931

『草津のふるさと文化 むかし話・地名・民具』草津市教育委員会編、草津市教育委員会、1980

『朽木の昔話と伝説』玉木京、朽木村教育委員会、1980

『甲西の民話』甲西町教育委員会編、甲西町教育委員会、1980

『湖東町のむかし話』湖東町教育委員会編、湖東町教育委員会、1979

『滋賀県管内犬上郡誌』渡辺弘人、圭章堂、1881

「滋賀県甲賀郡信楽町多羅尾」『民俗採訪 昭和37年度』國學院大學民俗学研究会、國學院大學民俗学研究会、1964

『続守山往来』守山市教育委員会編、守山市教育委員会、1982

『高島郡誌』滋賀県高島郡教育会編、滋賀県高島郡教育会、1927

『高島の昔ばなし』高島の昔ばなし刊行委員会編、高島町教育委員会、1980

『多羅尾の民俗』中京大学郷土研究会、中京大学郷土研究会、1977

『虎姫町の民俗』中京大学郷土研究会、中京大学郷土研究会、1982

『西浅井むかし話』西浅井町教育委員会編、西浅井町教育委員会、1980

『日本の昔話と伝説』リチャード・ゴードン・スミス（吉澤貞 訳）、南雲堂、1993

『日本の地誌』8. 近畿圏 金田章裕・石川義孝、朝倉書店、2006

『能登川のむかし話』能登川町教育委員会編、能登川町教育委員会、1980

『湖のくらし 塩津浜逸話集』中村芳三、現代創造社、1982

「蓑火の怪」『民俗文化』352、粕渕宏昭、滋賀民俗学会、1993

『守山往来』守山市教育委員会編、守山市教育委員会、1980

『野洲川下流域の民俗』滋賀民俗学会編、滋賀民俗学会、1974

『有斐斎箚記』皆川淇園、江戸後期

『妖怪学講義』2、井上円了、哲学館、1894

『余呉の民話』余呉町教育委員会編、余呉町教育委員会、1980

『栗東の民話』栗東町教育委員会編、栗東町教育委員会、1980

◆ 26. 京都府

『京都魔界案内』小松和彦、光文社、2002

『京都妖界案内』佐々木高弘著、小松和彦監修、大和書房、2012

『日本妖怪異聞録』小松和彦、小学館、1992

『百鬼夜行の見える都市』田中貴子、筑摩書房、2002

◆ 27. 大阪府

『天野・下里地区の民話』河内長野市教育委員会、河内長野市教育委員会、1999

『茨木市史』茨木市史編纂委員会編、茨木市役所、1969

「「うはがひ」について」『叢』18、藤原はるか、近代文学研究叢の会、1996

「江戸の化物」『風俗江戸物語』岡本綺堂、贅六堂、1922

『大阪動物誌』鬼内仙次、牧羊社、1965

「大阪妖怪画談」『上方』33、日垣明貫、上方郷土研究会、1933

『大阪怪談集』高田衛編、和泉書院、1999

「怪異譚「姥が火」にみられる絵の変遷」『叢―近世文学演習ノート』32、佐藤智子、
　　東京学芸大学、2011

『加賀田地区の民話』河内長野市教育委員会、河内長野市教育委員会、1992

『川上地区の民話』河内長野市教育委員会、河内長野市教育委員会、1988

『現代民話考』7、松谷みよ子、立風書房、1987

「河畔のノヅチ伝説―禁野の車塚古墳」『まんだ』13、瀬川芳則、まんだ編集部、1981

『御領まほろば』橋本實、橋本實、1985

『新修池田市史』5.民俗編、池田市史編纂委員会編、池田市、1998

「信田妻の話」『古代研究』1.民俗学篇、折口信夫、大岡山書店、1929

『随筆大阪』錦城出版社編輯部編、錦城出版社、1943

「砂かけばばあー」『近畿民俗』55、柏原夫佐子、近畿民俗学会、1972

「船場怪談」『民間伝承』26-2、山川隆平、六人社、1962

『船場を語る』船場昭五会編、船場昭五会、1987

『千里ニュータウンむかしのはなし』石井俊子、石井俊子、1977

『大東市文化財ガイドブック 2 大東の伝承文化』社会教育課編、大東市教育委員会、
　　1982

『都市の自然2014』大阪市立自然史博物館編、大阪市立自然史博物館、2014

『豊中の伝説と昔話』鹿島友治、鹿島友治、1975

「とろし」泉北郡取石小学校宮本学級、泉北郡取石小学校宮本学級、1937

『富田林の民話 総集編』富田林民話研究クラブ編、富田林民話研究クラブ、1999

「浪華民俗雑談」『上方』76、三井武三郎、上方郷土研究会、1937

『寝屋川市のむかしばなし』三島利三、三島利三、1998

『日本の地誌』8. 近畿圏、金田章裕・石川義孝、朝倉書店、2006

『ひらかた昔ばなし 総集編』枚方市伝承文化保存懇話会編冊子編集刊行委員会、枚方市、2004

『ひらののオモロイはなし』錦織啓、平野の町づくりを考える会、1989

『布施の民俗』布施市史編纂委員会編、布施市役所、1965

『米朝ばなし 上方落語地図』桂米朝、毎日新聞社、1981

「三嶋の民俗断片」『上方』118、高谷重夫、上方郷土研究会、1940

『東大阪 民話』西川増子、西川増子、1994

◆ 28. 兵庫県

『伊丹台地の史話と昔ばなし』阪上太三、あさひ高速印刷出版部、1996

『上鴨川の民俗』東京女子大学史学科民俗調査団、1999

『続むかしばなしひがしうら』東浦町老人クラブ連合会、2003

『大日本地誌大系38　摂陽群談』雄山閣、1971

『但馬宿南の狼伝承　掃部狼婦物語』八鹿町教育委員会、1990

「但馬養父郡大杉村民俗記」『近畿民俗』1-2、河本正義・太田陸郎・玉岡松一郎、近畿民俗刊行会、1936

「ダンジリキチベー」『民間伝承』4-3、山田良隆、民間伝承の会、1938

『但東町の民話と伝説』但東町教育委員会、1991

「千種　西播奥地民俗資料緊急調査報告」兵庫県教育委員会文化課編、兵庫県社会文化協会、1972

「百日晒など—奥播の無縁仏」『西郊民俗』13、池田和生、西郊民俗談話会、1960

「兵庫県川辺郡・武庫郡・神戸市の食物」『旅と伝説』9-1、辰井隆、三元社、1936

『兵庫県史 史料編 中世4』兵庫県、1989

『兵庫県の秘境』谷垣桂蔵、のじぎく文庫、1965

『兵庫県の歴史』今井修平他著、山川出版社、2004

「兵庫県城崎郡竹野町」『民俗採訪　昭和38年度』國學院大學民俗学研究会、國學院大學民俗学研究会、1965

「村の伝説」『播磨』71、小林楓村、西播史談会、1967

「妖恠名彙に寄す」『民間伝承』5-5、辰井隆、民間伝承の会、1940

◆ 29. 奈良県

「奥吉野の蛇と民俗」『近畿民俗』44、林宏、1968

『葛城のむかしばなし』葛城市民話編集委員会編、葛城市立図書館、2008

「ガンゴウジとガゴゼ—元興寺をめぐる説話伝承の世界」天理大学考古学・民俗学研究室『モノと図像から探る妖怪・怪獣の誕生』角南聡一郎、勉誠出版、2016

『吉備塚古墳の調査』奈良教育大学文化財コース編、奈良教育大学、2006

『出産育児の近代—奈良県風俗誌を読む』安井眞奈美著、法蔵館、2011

『十津川郷の昔話』2、十津川教育委員会編、第一法規、1989

「十津川の三浦峠とヒダル神」『あしなか』144、山田隆夫、1974

参 考 文 献　325

『大和の伝説』高田十郎、大和史蹟研究会、1959

『大和昔譚』澤田四郎、澤田四郎、1931

◆ 30. 和歌山県

『紀伊続風土記』1-5、仁井田好古編、臨川書店、1990

『貴志の谷昔話集』中西包夫編、貴志中学校、1952

『紀州の伝説』神坂次郎、角川書店、1979

『きのくに民話叢書 3 和歌山市の民話』上、和歌山県民話の会、和歌山県民話の会、1983

『きのくに民話叢書 4 高野花園の民話』和歌山県民話の会、和歌山県民話の会、1985

『きのくに民話叢書 5 紀州龍神の民話』和歌山県民話の会、和歌山県民話の会、1987

『きのくに民話叢書 6 大辺路・日置川・すさみの民話』和歌山県民話の会、和歌山県民話の会、1990

『熊野・中辺路の民話』「熊野・中辺路の民話」編集委員会編、民話と文学の会、1980

『熊野中辺路』熊野路編さん委員会編、熊野中辺路刊行会、1991

『熊野の民俗』近畿民俗学会編、近畿民俗学会、1985

『古名録』第7、畔田翠山、日本古典全集刊行会、1937

「十二支考」『南方熊楠全集』1、南方熊楠、平凡社、1971

『白浜町誌 本編』上、白浜町誌編さん委員会編、白浜町、1986

『伝説の熊野』那須晴次、郷土研究会、1930

『那智勝浦町史』下、那智勝浦町史編さん委員会編、那智勝浦町、1980

『南紀民俗控え帖』雑賀貞次郎、紀州政経新聞社、1954

『南部川の民俗』東洋大学民俗研究会編、東洋大学民俗研究会、1981

『日本伝説大系』9、青山泰樹、みずうみ書房、1984

『日本の地誌』8.近畿圏、金田章裕・石川義孝、朝倉書店、2006

『日高町誌』下、日高町誌編集委員会編、日高町、1977

『ふるさと福井』福井小学校創立百周年記念事業実行委員会編、福井小学校創立百周年記念事業実行委員会、1980

「亡霊船」『民間伝承』3-1、濱口彰太、民間伝承の会、1937

「村の動物」『動物文学』33、沖野岩三郎、動物文学会、1937

「山妖海異」『新潮』53-3、佐藤春夫、新潮社、1956

「和歌山県の民話・伝説」『和歌山の研究』5、和田寛、清文堂、1978

◆ 31. 鳥取県

『因幡伝説民話』3、渡辺光正、1979

『気高町の伝説と民話』濱田英一ほか、気高の魅力を発信する会、2012

『続三朝町誌』山崎勉、1968

『鳥取県の妖怪―お化けの視点再考』小林光一郎、鳥取県、2013

「日本の幻獣―未確認生物出現録」川崎市民ミュージアム、企画展解説図録、2004

『風土記』三朝町立東小学校PTA、1979

「妖怪名彙」『妖怪談義』柳田國男、修道社、1956

◆ 32. 島根県

「石見牛鬼譚」『郷土研究 7-5』、岡田建文、郷土研究社、1933

「石見より（1）」『民俗学』1-4、竹内健夫、民俗学会、1929

「出雲より」『郷土研究』2-4、清水兵三、郷土研究社、1914

「雲陽誌」『大日本地誌大系 42』、雄山閣、1977

『隠岐島前民話集』島根大学昔話研究会編、1977

「隠岐都万村聞書（1）」『民間伝承』25-1、大森郁之助、1961

「鹿島町名分の巨人伝説」『山陰民俗』16、木村重延、1958

「古事記 祝詞」『日本古典文学大系』1、倉野憲司・武田祐司、岩波書店、1958

『佐田町の民話と民謡』佐田町教育委員会、佐田町、1986

「山陰の妖怪伝説『七尋女房』の正体」『山陰の口承文芸論』酒井董美、三弥井書店、1998

『島根県口碑伝説集』島根県教育委員会、島根県、1979

『島根町誌—資料編』島根町教育委員会、島根県、1981

『全国妖怪事典』千葉幹夫編、講談社学術文庫、2014

『増補山島民譚集』柳田國男、平凡社、1969

『伝承怪異譚—語りの中の妖怪たち』田中瑩一、三弥井書店、2010

『日本怪談集—妖怪篇』上、今野圓輔、中央公論新社、2004

『日本怪談集—妖怪篇』下、今野圓輔 中央公論新社、2004

『猫に化かされた話—隠岐海士町の民話』酒井董美、ハーベスト出版、2016

『農耕文化の民俗学的研究』白石昭臣、岩田書院、1998

『ひらたしのむかし話』平田市老人のための明るいまち推進協議会、1979

『風土記』日本古典文学大系 2、岩波書店、1958

『ふるさとの民話　出雲編』1、酒井董美、ハーベスト出版、2011

『ふるさとの民話　石見編』2、酒井董美、ハーベスト出版、2011

『ふるさとの民話　隠岐編Ⅲ』15、酒井董美、ハーベスト出版、2016

『松江むかし話』石村春荘、1964

「民話『子育て幽霊』に見る母性愛」『北東アジア文化研究』39、酒井董美、鳥取短期大学北東アジア文化総合研究所、2014

◆ 33. 岡山県

『赤坂町史』赤坂町教育委員会、赤坂町、1984

『井原市史民俗編』井原市史編集委員会、井原市、2001

『上山風土記』赤木美作守、矢乃原館文庫、1981

「岡山市附近の方言 7」『岡山文化資料』2-2、嶋村知章、岡山文献研究会、1929

「邑久郡東部の土俗資料」『岡山文化資料』2-6、時実黙水、岡山文献研究会、1930

「邑久郡東部の妖怪」『岡山文化資料』2-3、時実黙水、岡山文献研究会、1930

『奥津町の民俗』苫田ダム水没地域民俗調査団、奥津町、2004

『鏡野町史民俗編』鏡野町教育委員会、鏡野町、1993

『きびつ今昔多知ばなし』赤木政夫、赤木政夫、1974

『現行日本妖怪辞典』佐藤清明、中国民俗学会、1935

「狐狸の話」『岡山文化資料』2-3、嶋村知章、岡山文献研究会、1930

「『山陽道美作記巻八』について」『岡山県立博物館研究報告』25、木下浩、2005

「山陽路の妖怪」『季刊 自然と文化』日本ナショナルトラスト、1984

『新訂作陽誌』矢吹正則、復刻再版作陽新報社、1975

『瀬戸町誌』瀬戸町誌編纂委員会、瀬戸町、1985

『知恵ぶくろ』吉井町老人クラブ連合会、吉井町老人クラブ連合会、1993

『地名ノート』山田信光、2005

「天狗話」『岡山民俗』16、三浦秀宥、1955

『伝説の岡山県誌1 岡山の伝説』、花田一重、文正社、1937

『奈義町滝本の民俗』奈義町滝本の民俗編集委員会、岡山民俗学会、2011

「蒜山の怪物」『週刊朝日』串田孫一、朝日新聞出版、1962

『ふるさと探訪』市制施行30周年記念新見市報道委員会、新見市、1984

『御津町史』御津町史編纂委員会、御津町、1985

『湯原町の文化財』湯原町文化財専門委員会、湯原町教育委員会、1997

「妖怪雑輯」『岡山文化資料』2-3、嶋村知章、桂又三郎、岡山文献研究会、1930

『芳井の昔話』1、芳井町教育委員会昔話執筆編集委員会編、芳井町教育委員会、1993

◆ 34. 広島県

『安芸国昔話集』磯貝勇編、岡出版、1934

『安芸国昔話集　広島』全国昔話資料集成5、磯貝勇編、岩崎美術社、1974

『安芸の伝説』藤井昭、第一法規出版、1976

『安芸・備後の民話』1・2　垣内稔編、未來社、1941

『安芸・備後の民話』日本の民話22 第1集、垣内稔編、未來社、1959

『安芸・備後の民話』日本の民話23 第2集、垣内稔編、未來社、1959

『安芸・備後篇』日本の民話16、垣内稔編、未來社、1974

『稲生物怪録絵巻集成』杉本好伸編、国書刊行会、2004

『稲生物怪録と妖怪の世界―みよしの妖怪絵巻』広島県立歴史民俗資料館、2004

「オースキとヒラケ」『民間博承』第2巻第10号、山田次三、1937

『改訂版　妖怪　いま甦る―《稲生物怪録》の研究』三次市教育委員会、2013

『吉備の伝説』土井卓治、第一法規出版、1976

『芸備今昔話』及川儀右衛門、一誠社、1934

『芸備の伝承』及川大渓（儀右衛門）、国書刊行会、1973

『芸備の昔話』広島県師範学校編、歴史図書社、1979

『芸備昔話集　広島』村岡浅夫編、岩崎美術社、1975

「山陽路の妖怪」『自然と文化』平林木、財団法人観光資源保護財団、1984

『伝説』広島県民俗資料6 口承文芸3、村岡浅夫編、中本本店、1973

『広島県の民話と伝説』広島県文化財調査報告第8集、広島県教育委員会、1970

『広島県の民話・伝説・民謡』広島県商工部観光課、1967

『広島県の民話・伝説・民謡』第2集、広島県商工部観光課、1967

『広島県文化財調査概要（民話・伝説採集目録）』広島県教育委員会、1968

『広島の伝説』日本の伝説21、若杉慧・村岡浅夫、角川書店、1977

『備後の伝説』上、備後文化シリーズ３、村上正名編、児島書店、1970

『昔話』広島県民俗資料２　口承文芸1、村岡浅夫編、中本本店、1968

『昔話の研究』広島県師範学校編、1939

『妖怪　いま甦る　「稲生武太夫　妖怪絵巻」の研究』三次市教育委員会、1996

『妖怪談義』柳田國男、講談社学術文庫、1977

『読みがたり　広島のむかし話』広島県学校図書館協議会編、日本標準、1974

◆ 35. 山口県

「岩邑怪談録」『岩国市史　史料編3　近代・現代』、岩国市史編纂委員会、2004

「延宝見聞録」山口県文書館蔵（未刊行）

「玖珂郡志」広瀬喜運、マツノ書店、1975

「吉賀記」六日市町文化財審議会、1976

「趣味の山口」防長史談会、1931

「仙崎静浦記」八坂神社蔵

「本朝故事因縁集」山口県文書館蔵（未刊行）

「防長寺社由来」全７巻、山口県文書館編、山口県文書館、1981〜85

「防長地下上申」全４巻、山口県地方史学会編、山口県地方史学会、1978〜80

「防長風土注進案」全21巻、山口県文書館編、山口県文書館、1961〜64

「宮本常一著作集38　周防大島を中心としたる海の生活誌」宮本常一、未來社、1994

「宮本常一著作集40　周防大島民俗誌」宮本常一、未來社、1997

「大和本草」貝原益軒、1709

◆ 36. 徳島県

「阿波藍商人が伝えた狸文化―大阪・木更津への伝播をめぐって」『史泉』118、田中優生、関西大学史学・地理学会、2013

『阿波池田の昔話と伝説資料集』池田町昔話・伝説資料集編集委員会、池田町ふるさとづくり運動推進協議会・池田町教育委員会、1977

「阿波における狸伝説―附『外道』について」『憑物』後藤捷一、喜田貞吉編、宝文館出版、1988

「阿波の犬神」『徳島の研究6　方言・民俗篇』、多田伝三、清文堂、1982

「阿波の俗信」『諸国叢書』17、笠井高三郎、成城大学民俗学研究所、2001

「阿波の土俗（四）」『郷土趣味』21、後藤美心、郷土趣味社、1920

『阿波の狸の話』笠井新也、中央公論新社、2009

『阿波脇町の伝説と探訪編』追2-1、國見慶英、國見慶英、1988

『祖谷山民俗誌』武田明、古今書院、1955

『怪異の風景学　妖怪文化の民俗地理』佐々木高弘、古今書院、2009

「怪物一本足」『民間伝承』4-10、松村敏夫、民間伝承の会、1939

『勝浦町の民話と伝説』勝浦町教育委員会、1989

『木沢村の民話と伝説』木沢村婦人会編、木沢村教育委員会、1992

『木屋平の昔話』芝原富士夫、教育出版センター、1978

「山村語彙」『民間伝承』4-2、武田明、民間伝承の会、1938

「節分」『民間伝承』3-2、武田明、民間伝承の会、1937

参　考　文　献　329

「徳島県の河童伝承について」『四国民俗』36・37、庄武憲子、四国民俗学会、2004

『日本の伝説16　阿波の伝説』、武田明・守川慎一郎、角川書店、1977

『日本歴史地名大系37　徳島県の地名』、三好昭一郎監修、平凡社、2000

『ひがしいやの民俗』東祖谷山村故事収集委員会・ひがしいやの民俗編集委員会編、東祖谷山村教育委員会、1990

『ふるさとの故事　総集編』山城町社会福祉協議会・山城町老人クラブ連合会、1989

『美馬の民俗　前編』荒岡一夫、荒岡一夫、1963

「山男の系譜」『国立歴史民俗博物館研究報告』18、永澤正好、国立歴史民俗博物館、1988

◆ 37. 香川県

「赤しゃぐまその他」『香川の民俗』2、細川敏太郎、香川民俗学会、1966

「阿讃山地の民俗（大川山の周辺）」『香川の民俗』43、武田明、香川民俗学会、1985

「綾歌郡の昔話（一）」『香川の民俗』25、水野一典、香川民俗学会、1977

『綾上町民俗誌』綾歌郡綾上町教育委員会編、香川県綾歌郡綾上町、1982

『粟島の民俗』香川民俗学会・香川県仲多度郡多度津町・武田明編、1989

「大川郡多和の妖怪」『香川の民俗』11、武田明、香川民俗学会、1969

「香川県綾上町妖怪名彙」『四国民俗』8、水野一典、四国民俗学会、1978

『香川県史14　資料編　民俗』、香川県、1985

『笠居郷風土記』高松市西部民俗調査団編、高松市歴史民俗協会・高松市文化財保護協会、1986

「讃岐丸亀地方の伝承（続）」『郷土研究』7-2、立花正一、郷土研究会、1933

「讃岐妖怪雑記」『四国民俗』36・37、水野一典、四国民俗学会、2004

『讃州高松叢誌』宮武省三、1925

「四国妖怪談義」『四国民俗』36・37、梅野光興、四国民俗学会、2004

「死に誘われる話―香川県綾上町の聞書から」『四国民俗』15、水野一典、四国民俗学会、1985

『小豆郡の民俗聞取り集　池田編』小豆郡民俗研究会編、2012

『小豆島今昔』川野正雄、小豆島新聞社、1970

『小豆島の伝説と民話』内海町教育委員会編、1978

「土器川のほとりの聞書」『香川の民俗』29、尾崎修、香川民俗学会、1979

「仲多度郡琴南町美合の妖怪と怪談」『香川の民俗』41、武田明、香川民俗学会、1984

『日本歴史地名大系　香川県の地名』38、川野正雄、武田明監修、平凡社、1989

「編集後記」『香川の民俗』29、武田明、香川民俗学会、1979

「編集雑記」『香川の民俗』31、武田明、香川民俗学会、1981

「眞野聞書」『讃岐民俗』2、和気周一、讃岐民俗研究会、1939

「妖怪語彙」『民間伝承』4-11、三宅周一、民間伝承の会、1939

◆ 38. 愛媛県

『異界・妖怪―「おばけ」と「あの世」の世界』愛媛県歴史文化博物館、愛媛県歴史文化博物館、2007

『愛媛県史　民俗編』上、愛媛県史編さん委員会、愛媛県、1983

『愛媛県史　民俗編』下、愛媛県史編さん委員会、愛媛県、1984

『愛媛まつり紀行』愛媛県歴史文化博物館、愛媛県歴史文化博物館、2000

『愛媛の祭りと芸能』愛媛県歴史文化博物館、愛媛県歴史文化博物館、2016

『民俗の知恵—愛媛八幡浜民俗誌』大本敬久、風社出版、2005

◆ 39. 高知県

『安芸の民話』1、安芸市ビデオプロダクション、安芸市教育委員会、1979

『あの世・妖怪・陰陽師—異界万華鏡・高知編—展示解説図録』高知県立歴史民俗資料館、2003

「犬神持と蛇統の問題」『おらんく話』桂井和雄、高知新聞社、1959

『桂井和雄土佐民俗選集 椿山採訪記 生と死と雨だれ落ち』2、桂井和雄、高知新聞社、1979

「怪異考」『怪異考／化物の進化』寺田寅彦、中央公論新社、2012（原著1927）

「近世土佐妖怪資料」広江清、『日本民俗文化資料集成　妖怪』8、谷川健一編、三一書房、1988（原著1969）

『芸西ふるさと民話』2、芸西民話の会、芸西村青少年育成村民会議、芸西村教育委員会、1992

『香北町史』松本実、香北町教育委員会、1968

「七人みさきに就いて」『旅と伝説』16-2, 16-3、桂井和雄、三元社、1943（復刻版、岩崎美術社、1978）

『俗信の民俗』桂井和雄、岩崎美術社、1973

「俗信—妖怪・予兆・呪・禁忌」『十和村史』津野幸右、十和村史編纂委員会編、十和村、1984

『土佐山民俗誌』桂井和雄、高知市立市民図書館、1955

『土佐の怪談』市原麟一郎、一声社、1981

『土佐の世間話』常光徹、青弓社、1993

『土佐の伝説』桂井和雄、高知県福祉事業財団、1951

『土佐の伝説』2、桂井和雄、高知県福祉事業財団、1954

『土佐の妖怪』市原麟一郎、一声社、1977

『土佐本山町の民俗』大谷大学民俗学研究会編、1974

「土佐風俗と伝説」『日本民俗誌大系　中国・四国』3、寺石正路、池田弥三郎編、角川書店、1974（原書1925）

『憑霊信仰論』小松和彦、講談社、1994（原著1982）

「ひるまんほうずの話」『土佐民俗』32、中山俊子、土佐民俗学会、1979

「村のあれこれ」松本実、物部村教育委員会、1971

「山の妖物と怪異」『土佐民記』、桂井和雄、海外引揚者高知県更正連盟、1948

「妖怪譚—土佐の河童伝承を事例として」梅野光興『神話・伝承学への招待』斎藤英喜編、思文閣出版、2015

◆ 40.福岡県

『稲築町史』下、稲築町、稲葉町、p.658、2004

『大島村史』大島村教育委員会編、大島村、pp.624-626、1985

『鞍手町誌　民俗・宗教編』鞍手町、p.529、1995

『西南学院大学民俗調査報告』1、西南学院大学国語国文学会民俗学研究会編、p.72、1982

『綜合日本民俗語彙』1、民俗学研究所編・柳田國男監修、平凡社、p.172、p.366、p.434、1955

『北九州市史 民俗』北九州市史編さん委員会編、北九州市、p.182、1989

「九州北部の伝説玩具」『旅と伝説』8-8（92）須永元一郎、三元社、pp.75-81、1935

『久留米市史』5、久留米市史編さん委員会編、久留米市、p.462、p.883、1986

『大正の博多記』2、波多江五兵衛、博多を語る会、p.40、1975

「筑紫野民譚集」『日本民俗誌体系』2、及川儀右衛門、角川書店、pp.406-413、p.459、1975（原書1924）

『筑豊炭鉱絵物語』山本作兵衛、田川市石炭資料館監修、岩波書店（岩波現代文庫）p.210、p.213、pp.286-287、2013

『筑豊弁で語るちくほうの民話』占部暢勇、梓書院、pp.46-48、2015

『英彦山の民俗』添田町教育委員会、添田町、p.108、1973

『ふくおか歴史散歩』1、福岡市市長室広報課編、福岡市、pp.189-190、1977

『福岡歴史探訪 中央区編』柳猛直、海鳥社、pp.42-44、1996

『福間町史 明治編』福間町教育委員会編、福間町、pp.502-503、1972

「船幽霊など」『旅と伝説』5-8（56）桜田勝徳、三元社、pp.22-25、1932

『三潴町史』三潴町史編さん委員会編、三潴町、p.667、1985

『民俗採訪昭和55年度号』國學院大學民俗学研究会、p.198、1981

『むかしの生活誌 総集・補遺編』春日市郷土史研究会、p.115、1987

『宗像市史 通史編』4、宗像市史編纂委員会編、宗像市、pp.678-679、1996

「妖怪名彙」『新訂妖怪談義』柳田國男、小松和彦校注、角川学芸出版、p.253、2013

『八女紀行』『桜田勝徳著作集』6、桜田勝徳、名著出版、p.475、1981

「妖怪名彙」『民間伝承』4-7、水野葉舟、民間伝承の会、p.6、1939

◆41.佐賀県

『朝日町史』朝日町史編纂委員会、朝日町史発刊委員会、p.662、1993

『有田町史　政治・社会編』Ⅱ、有田町史編纂委員会、有田町、pp.517-520、1986

『伊万里市史　民俗・宗教・生活編』伊万里市史編さん委員会、伊万里市、pp.831-832、2005

『牛津町史』牛津町町史編纂委員会、牛津町、p.990、1990

『大川内町誌』伊万里市大川内町誌編集委員会、伊万里市大川内町誌編さん委員会、pp.368-371、2000

『小城の口承文芸』小城町教育委員会、小城町教育委員会、p.24、2005

『小城町史』小城町史編集委員会、小城町、p.692、1974

『改訂総合日本民俗語彙』3、民俗学研究所、平凡社、p.1010、1955

『神崎郡郷土誌』（上・下合本）栗山賓四郎、名著出版、pp.223-224、1974

『北波多村史』北波多村史執筆委員会、唐津市、p.1023、2011

『郷土資料シリーズ』8、鳥栖市編纂委員会、鳥栖市史編纂委員会、p.41、1957

『玄海町史』下、玄海町町史編纂委員会、佐賀県玄海町教育委員会、pp.848-849、p.851、
　2000

『江北町史』江北町史編さん委員会、江北町、pp.547-548、1982

『佐賀県鹿島市中木庭地区民俗文化財調査報告書なかこば』鹿島市教育委員会、鹿島市
　教育委員会、pp.124-125、1995

『佐賀市史、近世編』2、佐賀市史編さん委員会、佐賀市、pp.525-527、1977

『白石町史』白石町史編纂委員会、白石町史編纂委員会、pp.292-331、1974

『続新佐賀夜話』後藤道雄、新佐賀夜話編纂会、pp.54-56、pp.167-169、1954

『多久市史、民俗編』5、多久市史編さん委員会、多久市、p.753、pp.773-774、2005

『鳥栖の歴史読本』鳥栖市教育委員会、鳥栖市、p.214、2009

『鳥栖市誌』5、鳥栖市教育委員会、生活民俗編、pp.489-491、2009

『鳥栖市誌資料編』11、鳥栖市誌編纂委員会、とすの口承文芸鳥栖市、pp.328-338、
　2008

『中原町史』下、中原町史編纂委員会、中原町、540-546、1982

『東背振村史』東背振村史編さん委員会、東春振村、p.1085、1982

『肥前叢書』2、肥前史談会、肥前史談会、pp.208-209、pp.267-268、1973

『肥前夜話』1、久保源六、久保源六、pp.92-95、1931

『呼子町史』呼子町史編纂委員会、呼子町、pp.735-737、1978

『大和町史』大和町史編さん委員会、大和町教育委員会、p.663、1975

『横枕郷土誌』藤田正雄、藤田正雄、pp.21-22、1981

『若木百年史』若木百年史編纂委員会、佐賀県武雄市若木町若木百年史編集委員会、
　pp.416-430、1973

『脇田町誌』伊万里市脇田町誌編集委員会、伊万里市脇田町公民館、pp.226-230、1993

◆ 42.長崎県

「海の驚異」『旅と伝説』1-8、榊木敏、三元社、pp.68-72、1928

「かしのしづ枝」『日本随筆大成』第1期16、中島広足、吉川弘文館、pp.1-84、1976

「切支丹風の伝説」『旅と伝説』1-10、大庭耀、三元社、pp.26-33、1928

「五島列島小値賀島調査報告書」『常民』2、中央大学民俗研究会編、1963

『旅と伝説』5-8、櫻田勝徳、三元社、pp.22-25、1932

『長崎県郷土誌』長崎県史談会、臨川書店、1973

『長崎の民話』吉松祐一編、未來社、1972

『西有家町の民話　みそ五郎やん』西有家町役場、西有家町役場、出版年不明

『日本昔話記録　長崎県壱岐島昔話集』13、柳田國男編（山口麻太郎採録）、三省堂、
　1973

「妖怪名彙（四）」『民間伝承』4-1、柳田國男、民間伝承の会、p.12、1938

◆ 43.熊本県

『天草島民俗誌』浜田隆一、郷土研究社、pp.104-105、p.161、p.162、1932

『管内実態調査書　天草篇』（「牛深警察署」pp.20-21「富岡警察署」p.24）熊本県警察
　本部警務部教養課編集・発行、1959

『管内実態調査書　城北篇』熊本県警察本部警務部教養課編集・発行、p.483、p.504、

1960

「木倉の怪〔一〕」『九州日日新聞』大正10年（1921）1月20日付、楠田祥、1921

「木倉の怪〔九〕」『九州日日新聞』大正10年（1921）1月30日付、楠田祥、1921

『熊本県年中行事誌』丸山学、日本談義社、p.112、p.150、1952

『熊本県民俗事典』丸山学、日本談義社、pp.141-142、pp.273-274、p.278、p.300、1965

『鹿本町史』平川厚編纂、鹿本町役場、pp.695-696、1976

『新熊本市史　民俗・文化財』別編2、新熊本市史編纂委員会編、熊本市、pp.707-710、996

『栖本町誌』栖本町誌編纂委員会編、栖本町、pp.697-698、2006

『津奈木町誌』上、津奈木町誌編纂委員会編、津奈木町、pp.1129-1134、1993

『益城町史 史料・民俗編』益城町史編さん委員会編、益城町、p.155、1989

◆ **44. 大分県**

『安心院町誌』安心院町誌編集委員会、安心院町誌編集委員会、1970

『飯田の民話と伝説』小野喜美夫、九重町公民館、1983

『院内町誌』院内町教育委員会内院内町誌刊行会、院内町教育委員会内院内町誌刊行会、1983

『臼杵市史』下、臼杵市史編さん室、臼杵市、1992

『臼杵石仏地域の民俗』臼杵市教育委員会社会教育課、臼杵市教育委員会、1978

『臼杵町誌』酒井富三著・臼杵図書館編、1940

「臼杵ミワリークラブの臼杵妖怪図鑑 vol. 3」『てくてくウォーカー2007年8月号』斎藤行雄・古谷美和、いづみ印刷、2007

『大分県国東半島武蔵町の民俗』武蔵大学人文学部日本民俗史演習、武蔵大学人文学部日本民俗史演習宮本研究室、2006

『大分県史 民俗』大分県総務部総務課、大分県、1986

「大分縣の犬神」『民間伝承』15-2、一宮左内、民間伝承の会、1951

『大分県の民話』日本児童文学者協会、偕成社、1983

『大分県三重町誌総集編』三重町役場企画商工観光課、三重町、1987

「大分の民話≪伝説≫」『おおいた文庫』3、土屋北彦、アドバンス大分、1980

『大分の消えゆく民話』隈井良幸、大分合同新聞社、2007

「大分の七不思議を科学する」『大分学・大分楽II』河野忠、明石書店、2005

『大分の伝説』大分県小学校教育研究会国語部会、日本標準、1978

『大分の伝説』上、下、梅木秀徳、大分図書、1974

『大分の民具』大分県民具研究会、葦書房、1992

『大分のむかし話』大分県小学校教育研究会国語部会、日本標準、1975

『大山町誌』大山町誌編纂委員会、大分県日田郡大山町役場、1995

『緒方町誌　区誌編』緒方町立歴史民俗資料館 緒方町誌編纂室、緒方町、2001

「怪異」『民間伝承』5-1、瀬川清子、民間伝承の会、1939

怪異・妖怪伝承データベース　http://www.nichibun.ac.jp/youkaidb/

『改訂綜合日本民俗語彙 ア―キ』1、民俗學研究所、平凡社、1955

『河童伝承大事典』和田寛、岩田書院、2005

『亀城ド異談』臼杵妖怪共存地区管理委員会・臼杵ミワリークラブ、2009

『奇談異聞辞典』柴田宵曲、筑摩書房、2008

『杵築市誌』杵築市誌編集委員会内杵築市誌刊行会、杵築市誌編集委員会内杵築市誌刊
　　行会、1968

『清川村誌』清川村誌刊行会、加藤久、1979

「笈埃随筆」『日本随筆大成〈第二期〉』12、百井塘雨、吉川弘文館、1974

『玖珠町史』下、玖珠町誌編纂委員会、玖珠町教育委員会、2001

「玖珠のガータロー」『あしなか』19、牟田康夫、山村民俗の会、1950

『くにさき　西日本民俗・文化における地位』和歌森太郎、吉川弘文館、1960

『九六位山麓の民俗』大分市教育委員会、大分市教育委員会、1982

「江州侍―もうひとつの佐々木六角氏」『江源武鑑現代語訳』四-下、
　　http://www6.plala.or.jp/gousyuu/bukan/kan4.2.html

『国分寺地域の民俗』大分市教育委員会、大分市教育委員会、1983

『子供の歳時記』直良信夫、佼成出版社、1983

『佐尉郷坂ノ市小佐井郷土史』坂ノ市公民館豊海大学編、坂ノ市公民館豊海大学、1981

『佐伯の昔話』佐伯市教育委員会佐伯市高齢者教室、佐伯市教育長　柴田義夫1988

『佐伯市史』佐伯市史編さん委員会編、佐伯市、1974

『三光村誌』三光村誌刊行委員会、三光村、1988

「（三八）豊後直入郡地方」『なら』32、古庄賢二、高田十郎、1925

『山村生活の研究』柳田國男、国書刊行会、1975

『狩猟伝承研究』千葉徳爾、風間書房、1969

「セコ、馬の首、七不思議」『新豊州夜話』朝日新聞社、朝日新聞社

『西南学院大学古典文学研究大分・福岡の伝説分類案その（三）』5、山中耕作、西南
　　学院大学学術研究所山中（耕）研究室、西南学院大学国語国文学会古典文学研究会、
　　1986

『増補　豊後傳説集』郷土史蹟傳説研究會、郷土史蹟傳説研究會、1932

『続緒方町誌』波多野政男、大分県大野郡緒方町役場、1958

『大正も遠くなりにけり―その1』竹本正夫、大分プリント社、2001

『竹田奇聞』中、岡本香村、竹屋書店、1975

『竹田市史』下、竹田市史刊行会大分県竹田市会、竹田市史刊行会、1987

『竹田直入の民話』竹田・直入小中学校　図工・美術教育研究会、竹田・直入小中学校図工・
　　美術教育研究会、1981

『憑物』喜田貞吉・山田野理夫、宝文館出版、1988

「中菱漫録」『日本随筆大成〈第三期〉』3、佐藤成裕、吉川弘文館、1976

『鶴見町誌』鶴見町誌編さん委員会、鶴見町、2000

『豊岡古人語集』阿部隆好、竹屋書店、1979

『中津江村誌』中津江村誌編集委員会、中津江村教育委員会、1989

『納屋地区に於ける民俗の研究』著者／藤原正教　復刊者／久米忠臣、大分県民俗学会、
　　杵築松平藩研究会、2000

『日本怪談集　妖怪篇』下、今野圓輔、中央公論新社、2004

参　考　文　献　　335

『日本の憑きもの 俗信は今も生きている』石塚尊俊、未來社、1959

『日本の伝説49 大分の伝説』、梅木秀徳・辺見じゅん、角川書店、1980

『日本の民俗 大分』染矢多喜男、第一法規出版、1973

『日本の民話49 大分の民話』、土屋北彦、未來社、1972

『日本昔話通観23 福岡・佐賀・大分』、稲田浩二編、小沢俊夫、同明舎出版、1980

『入津湾の民俗』平木修一、北九州大学民俗研究会、1974

『野津町誌』下、野津町誌編さん室、野津町、1993

『狭間町誌』狭間町誌編集委員会、狭間町誌刊行会、1984

『日田地方の昔ばなし』NTT日田電報電話局編集委員会、NTT日田電報電話局編集委員会、1987

『姫島村史』姫島村史編纂委員会編、大分県東国東郡姫島村教育委員会内姫島村史編纂委員会、1986

『百貫五兵衛』『郷土研究』1-10、榎田伯人、郷土研究社、1913

『風土記』吉野裕訳、平凡社、2000

『ふるさとに残る「武蔵の昔話」―第一集』田城擴、武蔵町教育委員会、1978

『豊後国直入地方の民間伝承』『日本民俗誌大系 未刊資料Ⅰ』10、長山源雄、角川書店、1976

『豊後高田市臼野地方 語り継がれた民話』穴井和子、大分合同新聞文化センター、2007

『豊後野津のおとぎばなし』平山喜英、野津町の文化を育てる会、1988

豊後の国怪談マップ
　　http://beppu-univercity.co-creates.co.jp/japan_literature/kaidan/index.html

『別府の伝説と情話』堀藤吉郎、別府民間伝承研究会、1956

「昔話研究（4）北海部郡昔話（二）―大分県北海部郡臼杵町」『昔話研究』1

『耶馬渓町史』耶馬渓町史編集委員会、耶馬渓町史編集委員会、1975

『耶馬渓町の民俗―耶馬渓ダム水没地区民俗資料緊急調査』大分県教育委員会、大分県教育委員会、1972

『妖怪談義』柳田國男、講談社、1977

『蓬生談』上、中、下、森春樹、大分縣日田市教育委員會、1958-60

『両豊民間信仰』『郷土研究』1-5、三浦魯一、郷土研究社、1913

『わしどうん村ん昔ばなし 千歳村の伝説・民話・地名民俗等』2、平成七年度 千歳村アカデミアの会、1996

◆ 45.宮崎県

「おさ火の怪」『延岡雑談』泉毅一郎、白鳥社、1967

「琴塚の山姥」『日向民話集』中村地平、日向文庫刊行会、1982

「庄内地理志 巻61 大岩田口五」『都城市史 資料編 近世3』都城市、2003

『清武に伝わる民話と風俗』清武町教育委員会、清武町文化財保護審議委員会、1986

『全国妖怪事典』千葉幹夫編、講談社学術文庫、2014

『全国幼児語辞典』友定賢治編、東京堂出版、1997

「総論 民俗」、『宮崎県の地名』、平凡社、1997

「俗信と妖怪」『日之影町史9　資料編4　民俗』日之影町、1999

「地域にみる民俗文化」『西都市史　通史編』、西都市、2016

「富高と潮見の民俗神」『日向－光満ちるくにの生活誌 日向市史 民俗編』江口司、日
　向市、2005

『日本の妖怪』別冊宝島2225、宝島社、2014

「日向の河童伝承」『日本民俗学』133、矢口裕康、1981

「蛇権現」『みやざきの神話と伝承101』宮崎日日新聞社、2002

「細島の民俗誌」、『日向－光満ちるくにの生活誌 日向市史　民俗編』渡辺一弘、日向市、
　2005

「馬渡天狗伝」『みやざきの神話と伝承101』宮崎日日新聞社、2002

「米良の漆兄弟」『みやざきの神話と伝承101』宮崎日日新聞社、2002

『宮崎のげなげな語り』ふるさとお話の旅12宮崎、矢口裕康、星の環会、2005

「山の信仰」『日之影町史9　資料編4　民俗』日之影町、1999

「山の信仰と俗信」『北浦町史　通史編』北浦町、2002

「山の麓の霧女」『日向国諸県の伝説』瀬戸山計佐儀、1975

「山の妖怪」『宮崎県史　資料編民俗1』宮崎県、1992

「山姫の話」『都城盆地物語』瀬戸山計佐儀、三州文化社、1986

「妖怪古意」『妖怪談義』柳田国男、講談社学術文庫、1984

「妖怪名彙」『妖怪談義』柳田国男、講談社学術文庫、1984

◆46.鹿児島県

『奄美大島与論島の民俗語彙と昔話』栄喜久基編著、奄美社、1971

『奄美のケンモン』恵原義盛、海風社、1984

『奄美民俗文化の研究』小野重朗、法政大学出版局、1982

『鹿児島力』橋口満、高城書房、2009

『けどういんの民話』けどういんの民話集編集委員会編、祁答院町教育委員会、1979

『十島村誌』十島村誌編集委員会編、十島村、1995

『川内地方と中心とせる郷土誌と伝説西薩摩の民謡』小林三郎編、鹿児島縣立川内中學
　校、1937

『南投雑話』2、名越左源太、平凡社、1984

「ムン話」出村卓三、南海日日新聞、平成13年3月21日

『倭文麻環』白尾国柱、合同出版、1974

◆47.沖縄県

『沖縄の民話研究―遠藤庄治著作集1』、NPO法人沖縄伝承話資料センター、2010

『沖縄の昔ばなし　山本川恒翁の語り』NPO法人沖縄伝承話資料センター、2014

『沖縄大百科事典』沖縄タイムス社、1983

『沖縄文化史事典』真栄田義見・三隅治雄・源武雄編、東京堂出版、1976

『球陽外巻　遺老説傳』角川書店、1978

『佐喜真興英全集 南島説話』琉球資料復刻頒布会、1973

『日本昔話通観26　沖縄』、同朋舎、1983

※掲載話は、NPO法人沖縄伝承話資料センター調査資料より引用

索　引

あ　行

あいたのうの火 ·················291
青坊主 ·····················246
赤頭（高知県）···············262
赤頭（鳥取県）···············211
赤牛 ······················159
アカカナジャー ···············304
赤シャグマ（赤シャガマ）·······240
アカテコ ····················41
赤沼の河太郎 ················147
垢ねぶり ····················16
アカヒトリ ···················71
アカブサー ··················304
赤目たら主 ···················71
アカングァーイユ ·············306
空き家の化け物 ··············287
アクバンバ（灰ばんば）·········58
悪路王 ·····················47
明智の人魂 ·················176
足利又太郎忠綱 ··············253
アシマガリ ··············245, 246
小豆洗い ··············3, 4, 6, 8, 9
小豆洗い（茨城県）·············77
小豆洗い（岡山県）············222
小豆洗い（群馬県）·············89
小豆洗い（栃木県）·············83
小豆洗い（長野県）············147
小豆洗い（新潟県）············118
小豆洗い（兵庫県）············194
小豆洗い（山梨県）············141
小豆洗い女 ·················211
小豆洗い狐 ·················222
アズキザックリ ···············147
小豆シャキシャキ·············264

小豆とぎ ·····················6
小豆とぎ（岡山県）············222
小豆とぎ（島根県）·······216, 219
小豆とぎ（東京都）············106
小豆とぎ（鳥取県）············211
小豆とぎ（長野県）············147
小豆とぎ（広島県）············228
アズキトギトギ　ウメボッシャスイス
　イ　メンパコロガシ ··········126
小豆とぎ婆（群馬県）···········89
小豆とぎ婆（埼玉県）···········95
小豆とぎ婆（栃木県）···········85
小豆婆（埼玉県）··············95
小豆婆（東京都）·············106
小豆婆（長野県）·············148
アズサ ·····················41
安達ヶ原の鬼婆 ···············71
赤豆洗 ····················287
アッポチャ（アッポッシャ）·····135
阿弓流為 ····················47
穴観音の六右衛門 ············241
アヒクグリ（相潜り）··········136
油返し ····················194
油すまし ····················20
油すまし（熊本県）·······281, 282
油盗人 ·····················16
油盗人（滋賀県）·············176
油坊 ·····················176
あまごぜ ···················265
甘酒婆 ·····················42
アマサン ···················135
アマノジャク ················112
アマノザサ ··············123, 124
アマビエ ···················281
雨坊主 ····················287

アマミオコシ・・・・・・・・・・・・・・・135
アマメヤサン・・・・・・・・・・・・・・・135
アマメン・・・・・・・・・・・・・・・・・・135
アマメンサン・・・・・・・・・・・・・・・135
綱の瀬の弥次郎・・・・・・・・・・・・292
飴買い幽霊（石川県）・・・・・・・129
飴買い幽霊（長崎県）・・・・・・・278
飴買い幽霊（福岡県）・・・・・・・264
飴女房・・・・・・・・・・・・・・・・・・・233
アメリカ狐・・・・・・・・・・・・・・・160
アモメ・・・・・・・・・・・・・・・・・・・135
アヤカシ・・・・・・・・・・・・・・・・・・・9
アラサルシ・・・・・・・・・・・・・・・・35
阿波爺・・・・・・・・・・・・・・・・・・・246

家化け物・・・・・・・・・・・・・・・・・222
行き遭い神・・・・・・・・・・・・・・・246
生霊・・・・・・・・・・・・・・・・・・・・240
イクチ・・・・・・・・・・・・・・・・・・・77
伊佐々王・・・・・・・・・・・・・・・・195
異獣・・・・・・・・・・・・・・・・・・・・122
異人（岩手県）・・・・・・・・・・・・51
異人（山形県）・・・・・・・・・・・・68
異人（山梨県）・・・・・・・・・・・140
イズナ・・・・・・・・・・・・・・・・・・・148
泉小太郎・・・・・・・・・・・・・・・・147
磯女・・・・・・・・・・・・・・・・・・・・276
イタコ・・・・・・・・・・・・・・・・・・・40
イタチ（秋田県）・・・・・・・・・・59
イタチ（大分県）・・・・・・・・・291
イタチ（群馬県）・・・・・・89，90
イタチ（富山県）・・・・・・・・・126
イタチ（長野県）・・・・・・・・・148
イタチ（兵庫県）・・・・・・・・・197
イッタンモメン・・・・・・・・・2.16
イッタンモンメン（一反木綿）・・・299
イッパク・・・・・・・・・・・・・・・・135
一本足（徳島県）・・・・・・・・・240
一本足（奈良県）・・・・・・・・・200
一本ダタラ（奈良県）・・・・・・200

一本ダタラ（和歌山県）・・・・・・205
糸車を回す婆様・・・・・・・・・・・・53
稲生武太夫・・・・・・・・・・・・・・・230
遺念火・・・・・・・・・・・・・・・・・・・305
犬神・・・・・・・・・・・・・・・・・4，17
犬神（愛知県）・・・・・・・・・・・166
犬神（大分県）・・・・・・・・・・・287
犬神（高知県）・・・・・・・・・・・258
犬神（徳島県）・・・・・・・・・・・240
犬神（富山県）・・・・・・・・・・・126
隠神刑部・・・・・・・・・・・・・・・・251
犬の宮・・・・・・・・・・・・・・・・・・65
井上円了・・・・・・・・・・・・18，26
猪笹王・・・・・・・・・・・・・・・・・・195
猪・・・・・・・・・・・・・・・・・・・・・・14
猪（埼玉県）・・・・・・・・・95，96
猪（奈良県）・・・・・・・・・・・・200
猪（宮崎県）・・・・・・・・・・・・295
猪の瀬戸の蛇・・・・・・・・・・・・288
茨木童子（大阪府）・・・・・・・188
茨木童子（京都府）・・・182，186
茨木童子（兵庫県）・・・・・・・193
鼾かき・・・・・・・・・・・・・・・・・・223
今にも石・・・・・・・・・・・・・・・290
宮守の妖・・・・・・・・・・・・・・・135
いるか・・・・・・・・・・・・・・・・・・78
イワエトゥンナイ・・・・・・・・・35
岩手山の鬼・・・・・・・・・・・・・・47
イワナ・・・・・・・・・・・・・・・・・・92
インガマヤラウ・・・・・・・・・304
印旛沼の怪獣・・・・・・・・・・・・101

ウグメ（大分県）・・・・・・・・・287
ウグメ（熊本県）・・・・・・・・・282
ウグメ（産女、長崎県）・・・・・278
ウコン・サコン・・・・・・・・・・・65
牛（愛媛県）・・・・・・・・・・・・252
牛（沖縄県）・・・・・・・305，308
牛（鹿児島県）・・・・・299，302
牛（京都府）・・・・・・・・・・・・186

340

牛（佐賀県）・・・・・・・・・・・・・・・・272
牛（静岡県）・・・・・・・・・・・・・・・・159
牛（兵庫県）・・・・・・・・・・・・・・・・195
牛（福井県）・・・・・・・・・・・・・・・・136
牛（北海道）・・・・・・・・・・・・・・・・・39
牛（山梨県）・・・・・・・・・・・・・・・・143
牛々入道・・・・・・・・・・・・・・・・・・240
牛々坊・・・・・・・・・・・・・・・・・・・240
牛打坊・・・・・・・・・・・・・・・・・・・240
牛鬼・・・・・・・・・・・・・・・・・・・・・9
牛鬼（愛媛県）・・・・・・・・・・・・・・・252
牛鬼（大分県）・・・・・・・・・・・・・・・289
牛鬼（香川県）・・・・・・・・・・・・・・・246
牛鬼（島根県）・・・・・・・・・・216, 217
牛鬼（鳥取県）・・・・・・・・・・・・・・・211
牛鬼（福井県）・・・・・・・・・・・・・・・136
牛鬼（三重県）・・・・・・・・・・・・・・・170
牛鬼（山口県）・・・・・・・・・・・・・・・235
牛鬼（和歌山県）・・・・・・・・205, 206
牛女・・・・・・・・・・・・・・・・・・・・195
牛飼坊・・・・・・・・・・・・・・・・・・・240
ウシどん・・・・・・・・・・・・・・・・・・274
宇治の橋姫・・・・・・・・・・・・・・・・・182
牛マジムン・・・・・・・・・・・・・・・・・305
ウスコロビ・・・・・・・・・・・・・・・・・224
ウスツキコ・・・・・・・・・・・・・・・・・・49
うそ越・・・・・・・・・・・・・・・・・・・282
歌うどくろ・・・・・・・・・・・・・・・・・・89
打綿狸・・・・・・・・・・・・・・・245, 247
うつろ船・・・・・・・・・・・・・・・・・・・77
鰻暖火・・・・・・・・・・・・・・・・・・・195
姥が火・・・・・・・・・・・・・・・・・・・・16
姥が火（京都府）・・・・・・・・・・・・・・189
姥が火（兵庫県）・・・・・・・・・・・・・・194
乳母の火・・・・・・・・・・・・・・・・・・291
ウブメ（うぶめ）・・・・・・・・・・・・・・・16
ウブメ（産女）（秋田県）・・・・・・・・・・59
ウブメ（産女）（大分県）・・・・・・・・287
ウブメ（産女）（北海道）・・・・・・・・297
ウホシサパウシ・・・・・・・・・・・・・・・・39

馬鬼・・・・・・・・・・・・・・・・・・・・288
馬の足・・・・・・・・・・・・・・・・・・・264
馬の首（大分県）・・・・・・・・・・・・・・288
馬の首（福岡県）・・・・・・・・・・・・・・264
ウマンクビ・・・・・・・・・・・・・・・・・288
ウミアマ（福井県）・・・・・・・・135, 174
海女・・・・・・・・・・・・・・・・263, 264
海御前・・・・・・・・・・・・・・・263, 265
海じじい・・・・・・・・・・・・・・・・・・288
海猩々・・・・・・・・・・・・・・・・・・・235
海女房・・・・・・・・・・・・・・・・・・・217
海人魚・・・・・・・・・・・・・・・・・・・・53
海姫様・・・・・・・・・・・・・・・・・・・276
海坊主（愛媛県）・・・・・・・・・252, 253
海坊主（大分県）・・・・・・・・・・・・・・288
海坊主（神奈川県）・・・・・・・・・・・・112
海坊主（滋賀県）・・・・・・・・・175, 177
海坊主（千葉県）・・・・・・・・・100, 101
海坊主（東京都）・・・・・・・・・・・・・・107
海坊主（鳥取県）・・・・・・・・・・・・・・211
海坊主（宮城県）・・・・・・・・・・・・・・53
海坊主（山口県）・・・・・・・・・・・・・・235
海坊主（和歌山県）・・・・・・・・・・・・209
海幽霊・・・・・・・・・・・・・・・・・・・288
温羅・・・・・・・・・・・・・・・・221, 222
ウワームヌ・・・・・・・・・・・・・・・・・299

荏草の孫左衛門・・・・・・・・・・・・・・141
江波のおさん狐・・・・・・・・・・・・・・229
絵本百物語・・・・・・・・・・・・・・・・・・8
エンコ・・・・・・・・・・・・・・・・・・・253
エンコウ・・・・・・・・・・・・・・・・・・・9
エンコウ（猿猴）（高知県）
　・・・・・・・・・・・・・・・・・・258, 259
エンコウ（猿猴）（広島県）
　・・・・・・・・・・・・・・・・・・228, 231
エンコウ（猿猴）（山口県）・・・・・・・236
エンコー・・・・・・・・・・・・・・・・・・292
役小角・・・・・・・・・・・・・・・・・・・203
役行者・・・・・・・・・・・・・・・・・・・200

オイガカリ ······229	大火焚き ······247
置行堀 ······109	大人（愛媛県）······253
オイヌサマ ······95, 96	大人（島根県）······217
奥州会津怪獣の絵図······72	大坊主（岡山県）······226
大姥様 ······147, 150	大坊主（香川県）······247
狼（オオカミ）（岩手県）······50	大坊主（滋賀県）······177
狼（埼玉県）······95, 96	大坊主（山口県）······234
狼（高知県）······261	大百足 ······22
狼（長崎県）······276	大百足（滋賀県）······177
狼（オオカミ）（長野県）······146	大山の犬祭り ······65
狼（兵庫県）······193, 196	岡崎の化け猫 ······165
狼（福井県）······136	蛇䶢 ······288
狼（山口県）······234	オガリヤワラシ ······42
狼の火 ······194	オカンスコロガシ ······241
狼梯子 ······136	お菊塚 ······112
オーガメ ······124	お菊虫 ······195
大きな足······283	オキナ ······35
オーサキ（埼玉県）······95, 96	オギャーナキ ······259
オーサキ（東京都）······106	オギャナキ ······242
オーサキドウカ ······95	オクナイサマ ······48
オオスケコスケ ······118	おくら狐······149
大スッポン ······136	送りイタチ ······159
大滝丸（悪路王）······71, 72	送り犬 ······6
大武丸 ······47	送り犬（オクリイヌ）（長野県）
大蛸······101	······147
大鱈······53	送り狼 ······17
大蜥蜴 ······189	送り狼（埼玉県）······96
オオナゴ ······241	送り狼（静岡県）······159
大鯰······102	送り狼（兵庫県）······196
大入道（石川県）······128, 130	送り狼（和歌山県）······206
大入道（茨城県）······79, 80	送り雀 ······205, 206
大入道（大阪府）······190	おくん婆さん ······284
大入道（岐阜県）······154, 156	オケツ ······222
大入道（群馬県）······89	オコジョ ······148
大入道（滋賀県）······177, 178	おこん狐 ······229
大入道（島根県）······219	長壁······193, 196
大入道（兵庫県）······198	オサキ ······96
大入道（三重県）······170	オサキギツネ ······95
大入道（山形県）······65	長田貝 ······165
大入道（和歌山県）······209	長田蟹 ······165

おさん狐（広島県）・・・・・・・・・・・229
おさん狐（山口県）・・・・・・・・・・・234
オシッコサマ・・・・・・・・・・・・・・・・42
オショネ・・・・・・・・・・・・・・・・・・・217
オシラサマ・・・・・・・・・・・・・・・・・48
お尻目小僧・・・・・・・・・・・・・・・・・72
オスイコサマ・・・・・・・・・・・・・・・・42
お袖狸・・・・・・・・・・・・・・・・・・・255
恐山の死霊・・・・・・・・・・・・・・・・・42
おたね狐・・・・・・・・・・・・・・・・・229
おっとう見越・・・・・・・・・・・・・・・170
オデエモン・・・・・・・・・・・・・・・・288
オトウカ・・・・・・・・・・・・・・・・・・89
おと女の火・・・・・・・・・・・275, 276
オトボウナマズ・・・・・・・・・・・・・90
おとら狐・・・・・・・・・・・・・・・・・166
おとん女郎（狐）（髪そり狐）・・・・211
おなかばあさん・・・・・・・・・・・・149
オナカマ・・・・・・・・・・・・・・・・・・65
鬼・・・・・・・・・・11, 13, 14, 16, 18
鬼（青森県）・・・・・・・・・・・・・・・44
鬼（石川県）・・・・・・・・・・・・・・130
鬼（岩手県）・・・・・・・・・・・・・・・46
鬼（愛媛県）・・・・・・・・・・・・・・252
鬼（大分県）・・・・・・・・・・・・・・288
鬼（大阪府）・・・・・・・・・・・・・・188
鬼（岡山県）・・・・・・・・・・・・・・221
鬼（岐阜県）・・・・・・・・・・・・・・154
鬼（京都府）・・・・・・・182, 183, 186
鬼（佐賀県）・・・・・・・・・・・・・・270
鬼（島根県）・・・・・・・・・・・・・・215
鬼（徳島県）・・・・・・・・・・・・・・244
鬼（鳥取県）・・・・・・・・・・・・・・211
鬼（長野県）・・・・・・・・・・147, 150
鬼（奈良県）・・・・・・・・・・200, 201
鬼（新潟県）・・・・・・・・・・・・・・120
鬼（福井県）・・・・・・・・・・・・・・136
鬼（福島県）・・・・・・・・・・・・・・・72
鬼（山梨県）・・・・・・・・・・・・・・141
鬼の塩屋の火・・・・・・・・・・・・・172

鬼婆・・・・・・・・・・・・・・・・・・・・71
鬼火・・・・・・・・・・・・・・・・・・・171
お化けトンネル・・・・・・・・・・・・113
お化け屋敷（茨城県）・・・・・・・・・81
お化け屋敷（東京都）・・・・・・・・106
オビタキ・・・・・・・・・・・・・・・・・247
オブゴ・・・・・・・・・・・・・・・・・・・96
オボ（群馬県）・・・・・・・・・・・・・90
オボ（福島県）・・・・・・・・・・・・・72
おぼう力・・・・・・・・・・・・・・・・・59
オボケザンマイ・・・・・・・・・・・・125
オボノヤス・・・・・・・・・・・・・・・・73
オホラビ・・・・・・・・・・・・・・・・・256
おまっしゃ狐・・・・・・・・・・・・・・149
おまん狐・・・・・・・・・・・・・・・・・131
オモイ・・・・・・・・・・・・・・・・・・142
オヤウ・・・・・・・・・・・・・・・36, 37
オンギャナキ・・・・・・・・・・・・・・242
隠形鬼・・・・・・・・・・・・・・・・・・172
オンボノヤス・・・・・・・・・・・・・・73
怨霊（香川県）・・・・・・・・・・・・248
怨霊（福岡県）・・・・・・・・・・・・265

か　行

カーガリモー・・・・・・・・・・・・・・304
ガアタロ（長崎県）・・・・・・・・・・277
ガアタロ（和歌山県）・・・・・・・・205
ガータロー・・・・・・・・・・・・・・・289
ガータンボ・・・・・・・・・・・・・・・277
ガーッパ（熊本県）・・・・・・281, 283
ガーッパ（長崎県）・・・・・・・・・277
ガーラ・・・・・・・・・・・・・・・・・・247
怪音（神奈川県）・・・・・・・・・・・116
怪音（島根県）・・・・・・・・・・・・218
怪音（和歌山県）・・・・・・・・・・・207
怪火・・・・・・・・・・・・・・・・11, 20
怪火（石川県）・・・・・・・・128, 133
怪火（愛媛県）・・・・・・・・・・・・256
怪火（大阪府）・・・・・・・・・・・・189
怪火（熊本県）・・・・・・・・281, 283

索　引　343

怪火（高知県）・・・・・・・・・・・・・・258	傘の一本足・・・・・・・・・・・・・・・170
怪火（埼玉県）・・・・・・・・・・・・・・97	カシマンボウ・・・・・・・・・・・・・・208
怪火（滋賀県）・・・・・・175, 176, 178, 180	火車（愛知県）・・・・・・・・・・・・・165
怪火（静岡県）・・・・・・・・・・・・・160	火車（青森県）・・・・・・・・・・・・・・44
怪火（徳島県）・・・・・・・・・・・・・243	火車（群馬県）・・・・・・・・・・・・・・90
怪火（富山県）・・・・・・・・・126, 127	火車（静岡県）・・・・・・・・・・・・・159
怪火（奈良県）・・・・・・・・・・・・・202	火車（新潟県）・・・・・・・・・・・・・119
怪火（兵庫県）・・・・・・・・・・・・・194	カシャ猫・・・・・・・・・・・・・・・・・73
怪火（三重県）・・・・・・・・・171, 172	カシャンボ・・・・・・・・・・・・・・・205
怪火（和歌山県）・・・・・・・・・・・209	画図百鬼夜行・・・・・・・・・・・・・・・7
怪牛・・・・・・・・・・・・・・・・・・136	風の三郎・・・・・・・・・・・・・・・・・47
怪魚（茨城県）・・・・・・・・・・・・・・77	ガゼンドウ・・・・・・・・・・・・・・・243
怪魚（神奈川県）・・・・・・・・・・・113	ガタゴン・・・・・・・・・・・・・・・・・48
怪魚（北海道）・・・・・・・・・・・・・・35	片目の鮒（宮城県）・・・・・・・・・・・54
怪魚（山形県）・・・・・・・・・・・・・・67	片目の鮒（山形県）・・・・・・・・・・・66
海賊与助の霊・・・・・・・・・・・・・・299	ガタロ・・・・・・・・・・・・・・・・・・9
怪鳥・・・・・・・・・・・・・・・・・・301	ガタロ（和歌山県）・・・・・・・・・・205
カイナデ・・・・・・・・・・・・・・・・218	ガッコ・・・・・・・・・・・・・・・・・265
海難法師・日忌様（火忌様）	学校の怪談・・・・・・・・・・・・・23, 30
・・・・・・・・・・・・・・・・・106, 107	河童・・・・・・・4, 8, 17, 20, 21, 23
カイラゲ・・・・・・・・・・・・・・・・129	河童（愛知県）・・・・・・・・・・・・・165
ガイロ・・・・・・・・・・・・・・・・・170	河童（秋田県）・・・・・・・・・・・58, 60
蛙・・・・・・・・・・・・・・・・・・・60	河童（石川県）・・・・・・・・・・・・・128
蛙石（大分県）・・・・・・・・・・・・・290	河童（茨城県）・・・・・・・・・・・・・・78
蛙石（神奈川県）・・・・・・・・・・・114	河童（エンコ、愛媛県）・・・・・・・・253
顔がある輪・・・・・・・・・・・・・・・229	河童（大分県）・・・・・・・・・286, 289
蝸牛様・・・・・・・・・・・・・・・・・119	河童（岡山県）・・・・・・・・・・・・・222
カクシババア・・・・・・・・・・・・・102	河童（沖縄県）・・・・・・・・・・・・・305
隠し坊主・・・・・・・・・・・・・・・・89	河童（香川県）・・・・・・・・・・・・・247
額塚・・・・・・・・・・・・・・・・・・200	河童（鹿児島県）・・・・・・・・299, 300
ガグレ・・・・・・・・・・・・・・・・・293	河童（神奈川県）・・・・・・・・111, 112
隠れ座頭・・・・・・・・・・・・・・・・102	河童（群馬県）・・・・・・・・・・・88, 90
隠れ里の米つき・・・・・・・・・・・・・86	河童（熊本県）・・・・・・・・・281, 283
影取池・・・・・・・・・・・・・・・・・113	河童（高知県）・・・・・・・・・・・・・259
ガゴジ（宮崎県）・・・・・・・・・・・293	河童（埼玉県）・・・・・・・・・・・97, 98
ガゴジ（元興寺）（愛知県）・・・・・167	河童（佐賀県）・・・・・・・・・269, 270
ガゴゼ（元興寺）（奈良県）・・・・・201	河童（滋賀県）・・・・・・・・・・・・・178
ガゴゼ（宮崎県）・・・・・・・・・・・293	河童（静岡県）・・・・・・・・・・・・・162
ガゴドン・・・・・・・・・・・・・・・・293	河童（千葉県）・・・・・・・・・100, 102
傘・・・・・・・・・・・・・・・・・・・81	河童（東京都）・・・・・・・・・106, 107

河童（栃木県）・・・・・・・・・・・・・・・・・83
河童（鳥取県）・・・・・・・・・・・・・・・・212
河童（長崎県）・・・・・・・・・・276, 277
河童（長野県）・・・・・・・・・・・・・・・・147
河童（新潟県）・・・・・・・・・・・・・・・・119
河童（広島県）・・・・・・・・・・・・・・・・228
河童（福井県）・・・・・・・・・・・134, 139
河童（福岡県）・・・・・・・263, 265, 268
河童（三重県）・・・・・・・・・・・・・・・・172
河童（宮城県）・・・・・・・・・・・・・52, 54
河童（宮崎県）・・・・・・・・・・・・・・・・292
河童（山形県）・・・・・・・・・・・・・・・・66
河童（山口県）・・・・・・・・・・・・・・・・236
河童（山梨県）・・・・・・・・・・・・・・・・142
河童（和歌山県）・・・・・・・・・・・・・205
ガッパ・・・・・・・・・・・・・・・・・・・・・・・265
河童小僧・・・・・・・・・・・・・・・・・・・・169
河童地蔵・・・・・・・・・・・・・・・・・・・・66
カテキサマ・・・・・・・・・・・・・・83, 84
カナワ・・・・・・・・・・・・・・・・・・・・・・・271
蟹（石川県）・・・・・・・・・・・・・・・・・129
蟹（山梨県）・・・・・・・・・・・・・・・・・143
蟹寺・・・・・・・・・・・・・・・・・・・・・・・・129
カネコオリ（つらら）娘・雪太郎
　・・・・・・・・・・・・・・・・・・・・・・・・・・120
カネダマ（神奈川県）・・・・・・・・・113
カネダマ（東京都）・・・・・・・・・・・107
カブキリ・・・・・・・・・・・・・・・・・・・・60
カブキリコゾウ・・・・・・・・・・・・・・81
カブキレワラシ・・・・・・・・・・・・・・49
カブソ・・・・・・・・・・・・・・・・・・・・・・128
カベヌリ・・・・・・・・・・・・・・・・・・・・291
カボソ・・・・・・・・・・・・・・・245, 247
カマイタチ・・・・・・・・・・・・・・・・・・16
カマイタチ（茨城県）・・・・・・・・・・78
カマイタチ（栃木県）・・・・・・・・・・85
カマイタチ（徳島県）・・・・・・・・・244
カマトバ・・・・・・・・・・・・・・・・・・・・136
釜蓋の化物・・・・・・・・・・・・・・・・・272
髪洗い女・・・・・・・・・・・・・・・・・・・・222

神隠し・・・・・・・・・・・・・・・・・・・・・・・15
神隠し（神奈川県）・・・・・・・・・・・115
神隠し（千葉県）・・・・・・・・・・・・・102
神隠し（東京都）・・・・・・・・・・・・・108
カミサマ・・・・・・・・・・・・・・・・・・・・41
髪白比丘尼・・・・・・・・・・・・・・・・・237
雷（愛知県）・・・・・・・・・・・・・・・・・167
雷（京都府）・・・・・・・・・・・・・・・・・184
雷（熊本県）・・・・・・・・・・・・・・・・・285
雷（栃木県）・・・・・・・・・・・・・83, 87
神橋の久太郎・・・・・・・・・・・・・・・293
髪結び猫・・・・・・・・・・・・・・・・・・・・182
カムイ・・・・・・・・・・・・・・・・・・・・・・・35
カムラーマ・・・・・・・・・・・・・・・・・304
カムローグヮー・・・・・・・・・・・・・304
亀入道・・・・・・・・・・・・・・・136, 137
亀姫・・・・・・・・・・・・・・・・・・・・・・・・73
がも爺・・・・・・・・・・・・・・・・・・・・・290
ガモジン・・・・・・・・・・・・・・293, 296
掃部の嫁・・・・・・・・・・・・・193, 196
蚊帳吊り狸・・・・・・・・・・・・・・・・・241
カラカサ・・・・・・・・・・・・・・・・・・・・287
烏天狗・・・・・・・・・・・・・・・・・・・・・104
ガラッパ（鹿児島県）・・・・・・300, 301
ガラッパ（熊本県）・・・・・・・・・・・283
ガラッパ（宮崎県）・・・・・・・・・・・293
ガラボシ・・・・・・・・・・・・・・・・・・・・170
伽藍さま・・・・・・・・・・・・・・・・・・・・223
カリコボー・・・・・・・・・・・・・・・・・293
カリコボーズ・・・・・・・・・・・・・・・293
ガロ・・・・・・・・・・・・・・・・・・・・・・・・170
ガロボシ・・・・・・・・・・・・・・・・・・・・170
カワウソ（愛媛県）・・・・・・・253, 256
カワウソ（大阪府）・・・・・・・・・・・192
カワウソ（香川県）・・・・・・・245, 247
カワウソ（岐阜県）・・・・・・・・・・・152
カワウソ（広島県）・・・・・・・・・・・229
カワウソ（北海道）・・・・・・・・・・・・35
カワウソ（三重県）・・・・・・・・・・・173
川嬶・・・・・・・・・・・・・・・・・・・・・・・・42

索　引　345

カワオナゴ	42	カワントン	265
カワクマ	123, 125	ガンゴ（ガンゴウ、宮崎県）	293
カワコ（島根県）	217	ガンゴジ	85
カワコ（鳥取県）	212	カンゴジメ	85
カワコボシ	169, 172	ガンタロウ	265
川女郎	247	カントン	289
カワソウ	270	カンパリ入道	23
ガワタロ（大分県）	289		
ガワタロ（長崎県）	277	消えずの火	228
カワワロ	301	喜左衛門	255
川太郎	17	キジムナー	304, 305
川太郎（大分県）	286	キジムン	304
川太郎（高知県）	258	鬼女（京都府）	182
川太郎（滋賀県）	177	鬼女（福島県）	71
川太郎（長野県）	147	鬼女（三重県）	172
川太郎（長崎県）	277	鬼女紅葉	147, 148, 151
川太郎（福岡県）	265	鬼神（岐阜県）	157
川太郎（三重県）	169	鬼神（三重県）	172
ガワッパ	283	鬼神社の鬼	43
カワッパ（群馬県）	90	貴船の鬼	182
カワッパ（福岡県）	265	狐	9, 14, 16, 21
ガワッポ	289	狐（愛知県）	165, 166
川天狗（神奈川県）	115	狐（青森県）	41, 43
川天狗（埼玉県）	98	狐（秋田県）	58, 61
川天狗（静岡県）	162	狐（石川県）	131
川天狗（東京都）	109	狐（茨城県）	77, 81
川天狗（三重県）	171	狐（岩手県）	49
カワトノ	265	狐（愛媛県）	255
川の詰の勘太郎	293	狐（大分県）	291
川者	289	狐（大阪府）	189, 190
河伯（青森県）	45	狐（岡山県）	221, 222
河伯（大分県）	286	狐（香川県）	245, 247
河伯（佐賀県）	271	狐（鹿児島県）	299
川姫（福岡県）	266	狐（京都府）	183
川姫（大分県）	289	狐（群馬県）	89
川坊主	289	狐（佐賀県）	269, 274
川原子地蔵	66	狐（島根県）	219
ガワロ	293	狐（東京都）	107
ガワロー	169	狐（徳島県）	239
カワントノ	265	狐（栃木県）	85

狐（鳥取県）・・・・・・・・・・・・・211, 212
狐（長崎県）・・・・・・・・・・・・・・・・276
狐（長野県）・・・・・・・・・・・・・・・・148
狐（奈良県）・・・・・・・・・・・・・・・・201
狐（兵庫県）・・・・・・・・・・・・・194, 196
狐（広島県）・・・・・・・・・・・・・228, 229
狐（福井県）・・・・・・・・・・・・・・・・134
狐（福岡県）・・・・・・・・・・・・・263, 266
狐（福島県）・・・・・・・・・・・・・・70, 73
狐（宮城県）・・・・・・・・・・・・・・・・・52
狐（山形県）・・・・・・・・・・・・・・65, 69
狐（山口県）・・・・・・・・・・・・・・・・234
狐（山梨県）・・・・・・・・・・・・・・・・143
狐（和歌山県）・・・・・・・・・・・・・・・208
狐館・・・・・・・・・・・・・・・・・・・・・・60
キツネタイマツ・・・・・・・・・・・・・・・・6
狐憑き・・・・・・・・・・・・・・・・・・・・96
狐の怪異・・・・・・・・・・・・・・・・・・266
狐の嫁入り・・・・・・・・・・・・・・・・・・6
狐の嫁入り（秋田県）・・・・・・・・・・・・60
狐の嫁入り（佐賀県）・・・・・・・・・・・274
狐の嫁入り（東京都）・・・・・・・・・・・108
狐の嫁入り（兵庫県）・・・・・・・・・・・194
狐火（秋田県）・・・・・・・・・・・・・・・・60
狐火（大分県）・・・・・・・・・・・・・・・288
狐火（大阪府）・・・・・・・・・・・・・・・190
狐火（群馬県）・・・・・・・・・・・・・・・・89
狐火（東京都）・・・・・・・・・・・・・・・108
狐火（福井県）・・・・・・・・・・・・・・・137
キディムヌ・・・・・・・・・・・・・・・・・304
杵下がり・・・・・・・・・・・・・・・・・・283
キネズー・・・・・・・・・・・・・・・・・・289
杵胴・・・・・・・・・・・・・・・・・・・・289
キの神・・・・・・・・・・・・・・・・・・・142
吉備塚・・・・・・・・・・・・・・・・・・・201
キムナー・・・・・・・・・・・・・・・・・・304
キャタロ・・・・・・・・・・・・・・・・・・277
九尾の狐・・・・・・・・・・・・・・・・・・・5
九尾の狐（京都府）・・・・・・・・・・・・183
九尾の狐（栃木県）・・・・・・・・・・・・・85

九尾の狐（兵庫県）・・・・・・・・・・・・196
九尾の狐（福島県）・・・・・・・・・・・・・73
刑部狸・・・・・・・・・・・・・・・・・・・255
巨人（青森県）・・・・・・・・・・・・・44, 45
巨人（石川県）・・・・・・・・・・・・・・・130
巨人（愛媛県）・・・・・・・・・・・・・・・253
巨人（神奈川県）・・・・・・・・・・・111, 112
巨人（佐賀県）・・・・・・・・・・・・・・・274
巨人（静岡県）・・・・・・・・・・・・・・・160
巨人（島根県）・・・・・・・・・・・・・・・217
巨人（千葉県）・・・・・・・・・・・・・・・103
巨人（長崎県）・・・・・・・・・・・・・・・280
巨人（長野県）・・・・・・・・・・・・・・・147
巨人（福島県）・・・・・・・・・・・・・・・・75
巨人（宮崎県）・・・・・・・・・・・・・・・296
巨人（山形県）・・・・・・・・・・・・・・・・67
巨人（和歌山県）・・・・・・・・・・・・・・208
清姫・・・・・・・・・・・・・・・・・・・・206
霧女・・・・・・・・・・・・・・・・・・・・294
金鬼・・・・・・・・・・・・・・・・・・・・172
金太郎（神奈川県）・・・・・・・・・・・・114
金太郎（長野県）・・・・・・・・・・・147, 151
金長狸・・・・・・・・・・・・・・・・・・・241
金時・・・・・・・・・・・・・・・・・・・・122
金平狸・・・・・・・・・・・・・・・・・・・255

『玖珂郡志』・・・・・・・・・・・・・・・・235
クサイ・・・・・・・・・・・・・・・・・・・・49
櫛引八幡宮の白狐・・・・・・・・・・・・・・43
葛葉狐・・・・・・・・・・・・・・・・・・・189
後生からの使者・・・・・・・・・・・・・・306
クダギツネ・・・・・・・・・・・・・・・・・148
クダギツネ（管狐）・・・・・・・・・・・・160
クダショー・・・・・・・・・・・・・・・・・150
件（クダン）（大分県）・・・・・・・・・・289
件（岡山県）・・・・・・・・・・・・・・・・223
件（宮崎県）・・・・・・・・・・・・・・・・294
口裂け女・・・・・・・・・・・・・・・・・・153
首おさえ・・・・・・・・・・・・・・・・・・241
首切れ馬・・・・・・・・・・・・・・・・・・・24

首切れ馬（徳島県）・・・・・・・・240, 244
首捜し火・・・・・・・・・・・・・・・・153
クビツリガミサン・・・・・・・・・・・・246
クビナシウマ・・・・・・・・・・・・・・・6
首無し馬・・・・・・・・・・・・・・・・254
首無し行列・・・・・・・・・・・・・・・137
狗賓（青森県）・・・・・・・・・・・・・・43
狗賓（狗ひん）（福島県）・・・・・・・・74
狗賓（岐阜県）・・・・・・・・・・・・・152
熊神・・・・・・・・・・・・・・・・・・・35
蜘蛛・・・・・・・・・・・・・・・・・・・9
蜘蛛（神奈川県）・・・・・・・・・・・・116
蜘蛛（京都府）・・・・・・・・・・・・・185
蜘蛛（滋賀県）・・・・・・・・・・・・・176
蜘蛛（奈良県）・・・・・・・・・・・・・203
蜘蛛（山口県）・・・・・・・・・・・・・236
蜘蛛（山梨県）・・・・・・・・・・・・・142
蜘蛛火・・・・・・・・・・・・・・・・・176
鞍馬の天狗・・・・・・・・・・・・・・・183
黒金座主・・・・・・・・・・・・・・・・307
黒坊・・・・・・・・・・・・・・・・・・・17
黒坊主・・・・・・・・・・・・・・・・・283
グワゴゼ・・・・・・・・・・・・・・・・293

経蔵坊（狐）・・・・・・・・・・・・・・212
ゲゲゲの鬼太郎・・・・・・・・・・・・2, 20
ケコロガシ・・・・・・・・・・・・・・・224
ケサランパサラン・・・・・・・・・・・・66
ケシボウズ・・・・・・・・・・・・・・・242
ケチ火・・・・・・・・・・・・・・257, 258
ケッコロボシ・・・・・・・・・・・・・・287
ケナシウナラペ・・・・・・・・・・・・・36
ケブルギ・・・・・・・・・・・・・・・・67
ケボロキ・・・・・・・・・・・・・・・・66
ケマリ・・・・・・・・・・・・・・245, 248
源九郎狐・・・・・・・・・・・・・・・・201
ケンケンジムナー・・・・・・・・・・・・304
ゲンノババ・・・・・・・・・・・・・・・290
玄蕃之丞狐・・・・・・・・・・・・・・・149
ケンムン・・・・・・・・・・・・・・・・301

ケンムンマチ・・・・・・・・・・・・・・301

小池の婆・・・・・・・・・・・・・・・・220
光源寺の幽霊・・・・・・・・・・・・・・278
コウモリ（大分県）・・・・・・・・・・・291
コウモリ（広島県）・・・・・・・・・・・231
ゴウラ・・・・・・・・・・・・・・・・・205
ゴウラボシ・・・・・・・・・・・・・・・205
コウラワロウ・・・・・・・・・・・・・・265
ゴギャナキ（高知県）・・・・・・・・・・258
ゴギャナキ（徳島県）・・・・・・・・・・242
小島天狗・・・・・・・・・・・・・・・・87
小女郎狸・・・・・・・・・・・・・・・・255
コシンプ（コシンプイ、コシンブク）
・・・・・・・・・・・・・・・・・・・36
牛頭天王・・・・・・・・・・・・・・・・183
ゴゼンボウ・・・・・・・・・・・・・・・248
子育て幽霊（沖縄県）・・・・・・・・・・306
子育て幽霊（島根県）・・・・・・・・・・218
子育て幽霊（長崎県）・・・・・・・・・・278
五体火・・・・・・・・・・・・・・・・・171
児抱かしゅう・・・・・・・・・・・・・・287
小太尻坊主・・・・・・・・・・・・・・・272
木魂・・・・・・・・・・・・・・・・・・・15
コダマ・・・・・・・・・・・・・・・・・207
ゴタロ・・・・・・・・・・・・・・・・・244
コッケラバチ・・・・・・・・・・・・・・287
ゴッタイビ・・・・・・・・・・・・・・・171
コッチュウ・・・・・・・・・・・・・・・291
子取り・・・・・・・・・・・・・・・・・289
コナキジジ・・・・・・・・・・・・・・・・2
コナキジジ（徳島県）・・・・・・・・・・242
ゴハッサン（大阪府）・・・・・・・・・・192
ゴハッサン（兵庫県）・・・・・・・・・・198
小人（福井県）・・・・・・・・・・・・・135
小人（宮城県）・・・・・・・・・・・・・55
小坊主・・・・・・・・・・・・・・・・・234
米とぎ婆さま・・・・・・・・・・・・・・83
小松和彦・・・・・・・・・・・・・・・・31
子持ち女の幽霊・・・・・・・・・・・・・272

狐狸·······18, 19, 27	猿（宮城県）·······53
狐狸（石川県）·······128	猿（宮崎県）·······293
狐狸（大阪府）·······191	猿鬼·······128, 130
狐狸（岐阜県）·······152	サルトラヘビ·······154
狐狸（埼玉県）·······95	さわげ婆·······114
狐狸（滋賀県）·······178	椹池の赤牛·······143
狐狸（千葉県）·······100	サン·······135
狐狸（東京都）·······106, 109	山鬼·······261
狐狸（和歌山県）·······208	三吉狐·······149
コロ（大分県）·······287	三尺坊·······161
コロ（大阪府）·······192	ザンネン火·······202
ゴンギャナキ·······242	ザンビキワラシ·······50
ゴンゴ·······222	三本足の鳥·······68
コンニャクの化け物·······272	サンボンユビ·······290
	サンマイタロウ·······130

さ 行

サイゾボン·······125	山本五郎左衛門·······229
犀竜·······147	
サガリ·······223	シイ（広島県）·······230
サクソモアイェブ·······36, 37	シイ（青・黒青）（山口県）·······237
鮭の大助·······67	シェーマ·······304
ササガミ·······79	シオキナ·······35
ザシキボウズ·······54	鹿（埼玉県）·······95, 96
ザシキボッコ·······61	鹿（兵庫県）·······195
ザシキワラシ（青森県）·······42	鹿（北海道）·······39
ザシキワラシ（秋田県）·······60, 61	鹿（山口県）·······237
ザシキワラシ（岩手県）·······49	鹿（山梨県）·······144
ザシキワラシ（宮城県）·······52, 54	慈戒和尚·······121
誘い神·······250	シガマニョウボウ·······44
サデ婆さん·······218	獅鬼·······272
サトリお化け·······91	シキボトケ·······267
鮫·······171	シキユウレイ（三重県）·······174
皿屋敷（石川県）·······129	シキユウレイ（福岡県）·······267
皿屋敷（神奈川県）·······112	四九火·······243
皿屋敷（兵庫県）·······193	シケビ·······256
猿（石川県）·······130	静か餅·······86
猿（岩手県）·······50	志段味の竜神·······167
猿（岐阜県）·······154	七人同行·······248
猿（長崎県）·······276	七人童子·······245, 248
猿（広島県）·······228	七人ミサキ（高知県）·······259
	七人ミサキ（山口県）·······236

索　引　349

シチブ・・・・・・・・・・・・・・・・・223
七本鮫・・・・・・・・・・・・・・・・・171
悉平太郎・・・・・・・・・・・・・・・159
芝右衛門狸・・・・・・・・・194, 197
芝天・・・・・・・・・・・・・・257, 259
シブヤサン・・・・・・・・・・・・・283
島村蟹・・・・・・・・・・・・・・・・・166
蛇体・・・・・・・・・・・・・・・・・・・206
しゃべり石・・・・・・・・・・・・・91
ジャン・・・・・・・・・・・・・・・・・259
ジャンジャン火・・・・・・・・・・6
ジャンジャン火・・・・・・・・・202
シューゥワ・・・・・・・・・・・・・299
十三天狗・・・・・・・・・・・・・・・79
重箱婆・・・・・・・・・・・・・・・・・283
酒呑童子・・・・・・・・・・・・・・・・5
酒呑童子（大阪府）・・・・・・・188
酒呑童子（神奈川県）・・・・・114
酒呑童子（京都府）・・・・・182, 183, 186
酒呑童子（長野県）・・・・・・・151
酒呑童子（新潟県）・・・・・・・120
朱の盤・・・・・・・・・・・・・・・・・73
巡礼の火の玉・・・・・・・・・・178
ショウカラビイ・・・・・・・・・249
城崩れ・・・・・・・・・・・・・・・・・249
状探しの狸・・・・・・・・・・・・・291
じょうど様・・・・・・・・・・・・・160
常念坊・・・・・・・・・・・・・・・・・149
ショキナ・・・・・・・・・・・・・・・35
ショロショロ狐・・・・・・・・・212
不知火・・・・・・・・・・・・281, 283
白羽火・・・・・・・・・・・・・・・・・160
白髭水・・・・・・・・・・・・・・・・・67
シリウマオイ・・・・・・・・・・・249
尻コボシ・・・・・・・・・・・169, 171
白い坊主・・・・・・・・・・・・・・・170
シロウヅマ・・・・・・・・・245, 249
白姥・・・・・・・・・・・・・・・・・・・262
白壁・・・・・・・・・・・・・・・・・・・291
白狐（青森県）・・・・・・・・・・・43

白狐（山形県）・・・・・・・・・・・69
じろさく天狗・・・・・・・・・・・87
白比丘尼・・・・・・・・・・・・・・・237
シロブスマ・・・・・・・・・・・・・249
白蛇・・・・・・・・・・・・・・・・・・・273
白坊主（大阪府）・・・・・・・・・190
白坊主（熊本県）・・・・・・・・・283
白坊主（静岡県）・・・・・・・・・160
白坊主（三重県）・・・・・・・・・170
神野悪五郎・・・・・・・・・・・・・230
塵輪・・・・・・・・・・・・・・・・・・・237
心霊スポット・・・・・・・・・・・113

水神（群馬県）・・・・・・・・・・・88
水神（新潟県）・・・・・・・・・・・119
スナカケボーズ・・・・・・・・・178
下水道の狸・・・・・・・・・・・・・188
スイトン・・・・・・・・・・・・・・・223
ズイトン・・・・・・・・・・・・・・・86
崇徳院・・・・・・・・・・・・・・・・・15
崇徳院（京都府）・・・・・・・・・184
菅原道真・・・・・・・・・・・・・・・184
スジンコ・・・・・・・・・・・・・・・119
すずかけ狐・・・・・・・・・・・・・149
鈴鹿御前・・・・・・・・・・・・・・・172
鈴鹿姫・・・・・・・・・・・・・・・・・172
スッポン・・・・・・・・・・・・・・・243
砂かけ婆・・・・・・・・・・2, 6, 17
砂かけ婆（大阪府）・・・・・・・190
砂かけ婆（滋賀県）・・・・・・・178
砂かけ婆（奈良県）・・・・・・・202
砂かけ婆（兵庫県）・・・・・・・197
砂ふり婆・・・・・・・・・・・・・・・266
砂ほりばばあ・・・・・・・・・・・178
砂磨き・・・・・・・・・・・・・・・・・247
スネコスリ・・・・・・・・・・・・・6
スネコスリ（岡山県）・・・・・223
スネッコロガシ・・・・・・・・・223
スマボン・・・・・・・・・・・・・・・132
スミツケ・・・・・・・・・・・・・・・197

摺子木手‥‥‥‥‥‥‥‥‥230

背高坊主（大阪府）‥‥‥‥‥190
背高坊主（岐阜県）‥‥‥‥‥154
セーマ‥‥‥‥‥‥‥‥‥‥‥304
背くらべ‥‥‥‥‥‥‥‥‥‥154
セコ（大分県）‥‥‥‥‥‥‥290
セコ（熊本県）‥‥‥‥‥‥‥282
セコ（島根県）‥‥‥‥‥‥‥218
セコ（福岡県）‥‥‥‥‥‥‥266
セコ（宮崎県）‥‥‥‥‥‥‥293
セコッポ‥‥‥‥‥‥‥‥‥‥293
セコドン‥‥‥‥‥‥‥‥‥‥290
セッコウサマ‥‥‥‥‥‥‥‥42
殺生石‥‥‥‥‥‥‥‥‥‥‥‥5
殺生石（大分県）‥‥‥‥‥‥290
殺生石（京都府）‥‥‥‥‥‥183
殺生石（栃木県）‥‥‥‥‥‥85
殺生石（福島県）‥‥‥‥‥‥73
銭神‥‥‥‥‥‥‥‥‥‥‥‥16
銭筒こかし‥‥‥‥‥‥205, 207
洗濯狐‥‥‥‥‥‥‥‥‥‥‥‥9
せんちん婆さん‥‥‥‥‥‥‥290
センチンボウズ‥‥‥‥‥‥‥290
千灯籠‥‥‥‥‥‥‥‥‥‥‥283
善徳虫‥‥‥‥‥‥‥‥‥‥‥137
仙人（福井県）‥‥‥‥‥‥‥139
仙人（山形県）‥‥‥‥‥‥‥67
仙人嶽‥‥‥‥‥‥‥‥‥‥‥67
千年もぐら‥‥‥‥‥‥‥‥‥160
センポクカンポク‥‥‥‥124, 125

双頭の鹿‥‥‥‥‥‥‥‥‥‥237
ソウレン火‥‥‥‥‥‥‥‥‥258
底主人‥‥‥‥‥‥‥‥‥‥‥208
袖引き小僧‥‥‥‥‥‥‥‥‥97
空飛ぶ円盤‥‥‥‥‥‥‥‥‥156
算盤小僧‥‥‥‥‥‥‥‥‥‥185
算盤坊主‥‥‥‥‥‥‥‥‥‥185

た　行

大魚‥‥‥‥‥‥‥‥‥‥‥‥37
大蛇‥‥‥‥‥‥‥‥‥‥‥‥12
大蛇（石川県）‥‥‥‥‥‥‥132
大蛇（愛媛県）‥‥‥‥‥‥‥254
大蛇（大分県）‥‥‥‥‥287, 288
大蛇（大阪府）‥‥‥‥‥‥‥192
大蛇（神奈川県）‥‥‥‥111, 113
大蛇（埼玉県）‥‥‥‥‥95, 98
大蛇（佐賀県）‥‥‥‥‥‥‥270
大蛇（滋賀県）‥‥‥‥‥176, 177
大蛇（千葉県）‥‥‥‥‥‥‥103
大蛇（東京都）‥‥‥‥‥108, 110
大蛇（徳島県）‥‥‥‥‥‥‥239
大蛇（新潟県）‥‥‥‥‥‥‥121
大蛇（福井県）‥‥‥‥‥‥‥134
大蛇（福島県）‥‥‥‥‥71, 74
大蛇（北海道）‥‥‥‥‥36, 37
大蛇（宮城県）‥‥‥‥‥‥‥55
大蛇（宮崎県）‥‥‥‥‥‥‥294
大蛇（山形県）‥‥‥‥‥‥‥65
ダイダラボッチ（神奈川県）‥‥‥112
ダイダラボッチ（群馬県）‥‥‥‥92
ダイダラボッチ（埼玉県）‥95, 97
ダイダラボッチ（静岡県）‥‥‥160
ダイダラボッチ（千葉県）‥‥‥103
ダイダラボッチ（東京都）‥‥‥108
ダイバ（高知県）‥‥‥‥‥‥259
ダイバ（福島県）‥‥‥‥‥‥74
ダイマナコ‥‥‥‥‥‥‥‥‥79
平将門‥‥‥‥‥‥‥‥‥‥‥171
高須の隠元‥‥‥‥‥‥‥‥‥243
タカセンボウ‥‥‥‥‥‥‥‥243
高々坊主（愛媛県）‥‥‥‥‥190
高々坊主（大阪府）‥‥‥‥‥256
高入道（大阪府）‥‥‥‥‥‥190
高入道（徳島県）‥‥‥‥‥‥243
高入道（兵庫県）‥‥‥‥‥‥197
高坊主（愛媛県）‥‥‥‥‥‥256

高坊主（大阪府）・・・・・・・・・・・・190
高坊主（徳島県）・・・・・・・・・・・・243
高坊主（三重県）・・・・・・・・・・・・170
タクシー幽霊・・・・・・・・・・・・・・・289
タクロウ火・・・・・・・・・・・・・・・・231
嶽の大人・・・・・・・・・・・・・・・・・・44
武文蟹・・・・・・・・・・・・・・・・・・・166
蛸（石川県）・・・・・・・・・・・・・・・132
蛸（熊本県）・・・・・・・・・・・・・・・284
蛸（長崎県）・・・・・・・・・・・・・・・277
蛸の足・・・・・・・・・・・・・・・・・・・284
太三郎狸・・・・・・・・・・・・・・・・・・249
畳叩き・・・・・・・・・・・・・・・・・・・231
祟り神・・・・・・・・・・・・・・・・・・・254
タタリモッケ・・・・・・・・・・・・・・・44
タチアヒの風・・・・・・・・・・・・・・291
たつこ・・・・・・・・・・・・・・・・・・・・45
立烏帽子・・・・・・・・・・・・・・・・・・47
タテカエシ・・・・・・・・・・・・・・・・243
タテカヤシ・・・・・・・・・・・・・・・・260
狸・・・・・・・・・・・・・9, 12, 16, 21
狸（愛知県）・・・・・・・・・・・・・・・165
狸（秋田県）・・・・・・・・・・・・58, 62
狸（岩手県）・・・・・・・・・・・・・・・・49
狸（愛媛県）・・・・・・・・・・・251, 255
狸（大分県）・・・・・・・・・・・・・・・291
狸（大阪府）・・・・・・・188, 190, 191, 192
狸（岡山県）・・・・・・・・・・・・・・・222
狸（香川県）・・・245, 246, 247, 249, 250
狸（神奈川県）・・・・・・・・・・・・・114
狸（岐阜県）・・・・・・・・・・・154, 155
狸（熊本県）・・・・・・・・・・・283, 284
狸（群馬県）・・・・・・・・・・・・88, 92
狸（高知県）・・・・・・・・・・・・・・・257
狸（佐賀県）・・・・・・・・・・・・・・・272
狸（滋賀県）・・・・・・・・177, 178, 179
狸（静岡県）・・・・・・・・・・・・・・・161
狸（徳島県）・・・・・・・・239, 241, 243
狸（長崎県）・・・・・・・・・・・・・・・276
狸（新潟県）・・・・・・・・・・・・・・・118

狸（兵庫県）・・・・・・194, 196, 197, 198
狸（福井県）・・・・・・・・・・・・・・・139
狸（福岡県）・・・・・・・・263, 264, 266
狸（三重県）・・・・・・・・・・・170, 173
狸（宮崎県）・・・・・・・・・・・・・・・294
狸（山形県）・・・・・・・・・・・・・・・・65
狸（和歌山県）・・・・・・・・・・・・・207
狸和尚（神奈川県）・・・・・・・・・・114
狸和尚（静岡県）・・・・・・・・・・・161
狸の金玉かぶせ・・・・・・・・・・・・179
狸のつるべおとし・・・・・・・・・・155
狸の腹鼓・・・・・・・・・・・・・・・・・207
狸囃子・・・・・・・・・・・・・・・・・・・・6
狸囃子（東京都）・・・・・・・・・・・109
狸火・・・・・・・・・・・・・・・・・・・・195
タマガイ・・・・・・・・・・・・・・・・・305
魂・・・・・・・・・・・・・・・・・・・・・295
玉藻前・・・・・・・・・・・・・・・・・・・・5
玉藻前（京都府）・・・・・・・・・・・183
玉藻前（栃木県）・・・・・・・・・・・・85
玉藻前（兵庫県）・・・・・・・・・・・196
玉藻前（福島県）・・・・・・・・・・・・73
タモトスズメ（袂雀）（愛媛県）
・・・・・・・・・・・・・・・・・・・・256
タモトスズメ（袂雀）（高知県）
・・・・・・・・・・・・・・・・・・・・262
ダリ（高知県）・・・・・・・・・・・・・260
ダリ（奈良県）・・・・・・・・・・・・・201
ダル・・・・・・・・・・・・・・・・・・・・201
タンコロリン・・・・・・・・・・・・・・44
タンザー山の化物・・・・・・・・・・115
団三郎・団九郎・・・・・・・・・・・・121
だんじり兵衛・・・・・・・・・・・・・・188
だんじり孫左衛門・・・・・・・・・・191
だんじり豆吉・・・・・・・・・・・・・・191
だんじり吉兵衛・・・・・・・・・・・・191
丹助坊・・・・・・・・・・・・・・・・・・・295
タンタンコロリン・・・・・・・・・・・44
たんたん法師・・・・・・・・・・・・・・130

乳鬼子	288	ツチノコ（岐阜県）	155
千方火	172	ツチノコ（徳島県）	243
チチケウ	38	ツチノコ（鳥取県）	212
チチケウナ	38	ツチノコ（奈良県）	203
チチケウニッネヒ	38	ツチノコ（兵庫県）	198
チッチ	262	ツチヘビ	156
チナガンバー	110	ツチヘンビ	156
チマタの風	261	土ほり	208
チャワンコロバシ	223	常光徹	23
チャンチャカお婆	191	椿さん	255
宙狐	224	椿女郎	137
長太のムジナ	128, 130	吊り上げモッコウ	259
チョウピラコ	49	ツリモッコウ	260
チョッキンカブリ	131	釣瓶落とし（石川県）	131
血綿	137	釣瓶落とし（大阪府）	190
		釣瓶落とし（三重県）	173
衝立狸	243	ツルベオドシ	155
ツキノワ	224	釣瓶下ろし	16
憑き物	26	釣瓶下ろし（京都府）	186
憑き物（埼玉県）	95, 96	釣瓶下ろし（滋賀県）	178
憑き物（徳島県）	240	釣瓶下ろし（三重県）	173
ツクナ	287		
付喪神（百鬼夜行）	185	デエデエボウ	67
つし婆	154	デデボ	103
槌（石川県）	131	デーデラボウ	103
槌（岡山県）	224	デーラボッチ	147
槌（岐阜県）	156	デーランボウ	147
槌（奈良県）	203	手賀沼の大鯉	102
土蜘蛛	5, 12	手杵	243
土蜘蛛（京都府）	185	テギノガエシ	260
土蜘蛛（奈良県）	203	テギノガヤシ	260
ツチコロビ	12	テコジロウ	92
ツチコロビ（青森県）	44	鉄鼠	176
ツチコロビ（岡山県）	224	手長足長（福島県）	71
ツチコロビ（鳥取県）	213	手長足長（山形県）	67
ツチノコ（青森県）	44	出羽三山の天狗	68
ツチノコ（秋田県）	61	テン	78
ツチノコ（石川県）	131	天蓋	208
ツチノコ（大分県）	287	天狗	4, 8, 9, 14, 15, 20
ツチノコ（大阪府）	192	天狗（青森県）	43

天狗（石川県）・・・・・・・・・・・・・・・128	天狗笑い・・・・・・・・・・・・・・・・・・・・9
天狗（茨城県）・・・・・・・・・・・・・・・79	天狗笑い（埼玉県）・・・・・・・・・・・・98
天狗（愛媛県）・・・・・・・252, 254, 255	天狗笑い（東京都）・・・・・・・・・・・・108
天狗（岡山県）・・・・・・・・・・222, 225	テンコロコロバシ・・・・・・・・・・・・・・224
天狗（鹿児島県）・・・・・・・・・・・・・・301	テンコロバシ・・・・・・・・・・・・・・・・44
天狗（神奈川県）・・・・・・・・111, 115	テンサラバサラ・・・・・・・・・・・・・・・66
天狗（岐阜県）・・・・・・・・・・・・・・・152	テンテンコブシ・・・・・・・・・・・・・・・56
天狗（京都府）・・・・・・・182, 183, 184	デンデンコロバシ・・・・・・・・・・・・・・44
天狗（埼玉県）・・・・・・・・・・・95, 97	天女・・・・・・・・・・・・・・・・・・・・・172
天狗（佐賀県）・・・・・・・・・・・・・・・273	天火・・・・・・・・・・・・・・・・・・・・・273
天狗（静岡県）・・・・・・・・・・161, 163	
天狗（千葉県）・・・・・・・・・・100, 103	トイレの怪・・・・・・・・・・・・・・・・・290
天狗（東京都）・・・・・・・・・・・・・・・108	トイレの怪談話・・・・・・・・・・・・・・・192
天狗（栃木県）・・・・・・・・・・・・・・・86	峠の砂まき・・・・・・・・・・・・・・・・・197
天狗（鳥取県）・・・・・・・・・・・・・・・213	東光坊・・・・・・・・・・・・・・・・・・・・86
天狗（奈良県）・・・・・・・・・・200, 203	唐人幽霊堂・・・・・・・・・・・・・・・・・278
天狗（新潟県）・・・・・・・・・・・・・・・121	豆腐　　・・・・・・・・・・・・・・・・・・250
天狗（広島県）・・・・・・・・・・・・・・・231	豆腐小僧・・・・・・・・・・・・・・・・・・109
天狗（福井県）・・・・・・・・・・・・・・・134	トオリモノ・・・・・・・・・・・・・・・・・261
天狗（福岡県）・・・・・・・・・・263, 267	徳尾の大坊主・・・・・・・・・・・・・・・・213
天狗（福島県）・・・・・・・・・・・・・・・74	都市伝説（岐阜県）・・・・・・・・・・・・153
天狗（三重県）・・・・・・・・・・・・・・・171	都市伝説（東京都）・・・・・・・・・・・・108
天狗（宮崎県）・・・・・・・・・・・・・・・295	都市伝説（兵庫県）・・・・・・・・・・・・195
天狗（山形県）・・・・・・・・・・・64, 68	戸立て坊主・・・・・・・・・・・・・・・・・79
天狗（山梨県）・・・・・・・・・・・・・・・142	徳利転がり・・・・・・・・・・・・・・・・・250
天狗（和歌山県）・・・・・・・・・・・・・207	徳利狸・・・・・・・・・・・・・・・・・・・250
天狗石・・・・・・・・・・・・・・・・・・・273	トックリヘビ・・・・・・・・・・・・・・・・287
天狗おどし・・・・・・・・・・・・・・・・・266	徳利回し・・・・・・・・・・・・・245, 250
天狗倒し・・・・・・・・・・・・・・・・6, 9	トッテンタテクリの杵五郎・・・・・295
天狗倒し（茨城県）・・・・・・・・・・・・79	鳥取の蒲団・・・・・・・・・・・・・・・・・213
天狗倒し（岡山県）・・・・・・・・・・・・222	戸無の八郎右衛門・・・・・・・・・・・・・293
天狗倒し（福岡県）・・・・・・・・・・・・266	トビツコウ・・・・・・・・・・・・・・・・・113
天狗礫・・・・・・・・・・・・・・・・・・・・8	トビノオガミ・・・・・・・・・・・・・・・・287
天狗礫（大分県）・・・・・・・・・・・・・290	トビノオサマ・・・・・・・・・・・・・・・・287
天狗礫（埼玉県）・・・・・・・・・・・・・98	富尾神・・・・・・・・・・・・・・・・・・・287
天狗礫（東京都）・・・・・・・・・・・・・108	トモ・・・・・・・・・・・・・・・・・・・・・173
天狗のカゴ下し・・・・・・・・・・・・・・214	トモカヅキ・・・・・・・・・・・・・・・・・173
天狗の火・・・・・・・・・・・・・・・・・・171	虎御石・・・・・・・・・・・・・・・・・・・115
天狗囃子・・・・・・・・・・・・・・・・・・・9	トリキ・・・・・・・・・・・・・・・・・・・250
天狗囃子（埼玉県）・・・・・・・・・・・・98	トリケ・・・・・・・・・・・・・・・・・・・250

ドンガン……243
トンチボ……4
トンネルの火の玉……137
トンベイ……258

な 行

ナガズト……224
長縄……258
仲山火……194
茄子婆ァさん……176
七窪の狐……131
ナナタケオンナ……219
ナナヒロオンナ……219
七尋女房……219
七不思議（大分県）……290
七不思議（埼玉県）……95, 98
七不思議（滋賀県）……175, 179, 180
七不思議（東京都）……106, 109
七不思議（新潟県）……118
ナベオロシ……69
ナベカツギ……198
鯰（群馬県）……90
鯰（佐賀県）……271
鯰（千葉県）……102
奈麻戸奴加奈之……302
ナマメスジ……225
波小僧……162
ナメラスジ……225
ナワメスジ（愛媛県）……254
納戸婆……225

肉吸い……208
二十六聖人に関する伝承……279
偽汽車……109
ニタッウナラペ……36
日中坊……213
二の舞面……61
ニライカナイ……306
二龍の松……168
似類……122
人魚（愛知県）……165
人魚（大分県）……289, 290
人魚（沖縄県）……306
人魚（滋賀県）……179
人魚（福井県）……137
人魚（福岡県）……266
人魚（宮城県）……53
人魚（山口県）……237
ニントゥチ……39

ヌエ（大分県）……291
鵺……5
鵼……16
鵺（岐阜県）……154
鵼（京都府）……186
鵼（兵庫県）……193
鵼（福井県）……138
抜け首（香川県）……250
抜け首（山口県）……234
ヌシ……9
主（神奈川県）……116
主（千葉県）……102
主（福島県）……74
主（山梨県）……143
沼御前……71, 74
沼小僧……98
ヌラリヒョン……225
ヌリカベ……2, 6, 9, 200, 245, 281
塗り壁（大分県）……291
塗り壁（熊本県）……284
塗り壁（福岡県）……267
ヌリボウ……279
ヌルカベ……291
濡れ女……216, 217

猫（秋田県）……58
猫（大阪府）……190
猫（沖縄県）……307
猫（鹿児島県）……299

猫（神奈川県）・・・・・・・・・・・・111, 116
猫（京都府）・・・・・・・・・・・・・・・・・182
猫（群馬県）・・・・・・・・・・・・・・90, 92
猫（熊本県）・・・・・・・・・・・・・・・・・284
猫（佐賀県）・・・・・・・・・・・・・・・・・273
猫（静岡県）・・・・・・・・・・・・・・・・・159
猫（島根県）・・・・・・・・・・・・・・・・・219
猫（鳥取県）・・・・・・・・・・・・・・・・・213
猫（富山県）・・・・・・・・・・・・・・・・・125
猫（新潟県）・・・・・・・・・・・・・・・・・119
猫（宮城県）・・・・・・・・・・・・・52, 56
猫（山口県）・・・・・・・・・・・・・・・・・236
猫の王・・・・・・・・・・・・・・・・・・・・・284
猫の踊・・・・・・・・・・・・・・・・・・・・・116
猫の宮・・・・・・・・・・・・・・・・・・・・・・65
猫化け・・・・・・・・・・・・・・・・・・・・・220
猫婆・・・・・・・・・・・・・・・・・・・・・・・・61
猫ばば・・・・・・・・・・・・・・・・・・・・・・92
猫魔ヶ岳の化け猫・・・・・・・・・・・・74
猫又・・・・・・・・・・・・・・・・・・・・・・・・・8
猫又（島根県）・・・・・・・・・・・・・・・220
猫又（新潟県）・・・・・・・・・・・・・・・119
猫又（福島県）・・・・・・・・・・・・・・・・74
猫マタ（山口県）・・・・・・・・・・・・・236
ネズミ・・・・・・・・・・・・・・・・・・・・・276
ネネコ（茨城県）・・・・・・・・・・・・・・78
ネネコ（千葉県）・・・・・・・・・・・・・102
ネモ・・・・・・・・・・・・・・・・・・・・・・・125
ネロハ・・・・・・・・・・・・・・・・・・・・・・79
念・・・・・・・・・・・・・・・・・・・・・・・・・213

ノウヅチ・・・・・・・・・・・・・・・・・・・209
野馬・・・・・・・・・・・・・・・・・・・・・・・219
ノーヅツ・・・・・・・・・・・・・・・・・・・209
ノガマ（愛媛県）・・・・・・・・・・・・・252
ノガマ（高知県）・・・・・・・・・・・・・260
ノガマ（徳島県）・・・・・・・・・・・・・244
ノヅチ・・・・・・・・・・・・・・・・・・・・・155
ノタバリコ・・・・・・・・・・・・・・・・・・49
ノツゴ（愛媛県）・・・・・・・・・252, 256

ノツゴ（高知県）・・・・・・・・・・・・・260
ノヅチ・・・・・・・・・・・・・・・・・・・・・・17
ノヅチ（大阪府）・・・・・・・・・・・・・192
ノヅチ（奈良県）・・・・・・・・・・・・・203
ノヅチ（和歌山県）・・・・・・・・・・・209
ノヅツ・・・・・・・・・・・・・・・・・・・・・243
ノビアガリ（愛媛県）・・・・・・・・・256
ノビアガリ（徳島県）・・・・・・・・・243
ノブスマ・・・・・・・・・・・・・・・・・・・・16
ノブスマ（大分県）・・・・・・・・・・・291
ノブスマ（岡山県）・・・・・・・・・・・225
ノブスマ（大分県）・・・・・・・・・・・291
ノブスマ（兵庫県）・・・・・・・・・・・198
ノブスマ（野衾）（広島県）・・・・・230
ノリコシ・・・・・・・・・・・・・・・・・・・・50

は　行

パウチ・・・・・・・・・・・・・・・・・・・・・・38
墓石磨き・・・・・・・・・・・・・・・・・・・・80
バカビ・・・・・・・・・・・・・・・・・・・・・256
禿童・・・・・・・・・・・・・・・・・・275, 279
白蔵主・・・・・・・・・・・・・・・・・・・・・143
化け石・・・・・・・・・・・・・・・・・・・・・・69
化け蟹・・・・・・・・・・・・・・・・・・・・・143
化け熊・・・・・・・・・・・・・・・・・・・・・・38
禿狸・・・・・・・・・・・・・・・・・・・・・・・250
化け猫（沖縄県）・・・・・・・・・・・・・307
化け猫（佐賀県）・・・・・・・・・・・・・273
化け猫（島根県）・・・・・・・・・・・・・219
化け猫（新潟県）・・・・・・・・・・・・・121
化け猫（広島県）・・・・・・・・・・・・・231
化け猫（福島県）・・・・・・・・・71, 73
化け猫おふじ・・・・・・・・・・・・・・・214
化け物屋敷・・・・・・・・・・・・128, 129
ハゲンゾウ・・・・・・・・・・・・・・・・・174
ハゲンボウズ・・・・・・・・・・・・・・・174
バタバタ（広島県）・・・・・・・・・・・231
バタバタ（山口県）・・・・・・・・・・・235
八人ミサキ・・・・・・・・・・・・・・・・・236
八の太郎・・・・・・・・・・・・・・・・・・・・45

八百比丘尼 ････････････････165
八面大王････････････147, 150, 151
八百八狸（愛媛県）････････････255
八百八狸（広島県）････････････230
脛巾脱ぎ････････････････････205
浜姫･･････････････････････････132
早鷹中央坊････････････････････295
早太郎（静岡県）･･････････････159
早太郎（長野県）･･････････150, 146
隼人坊････････････････････････86
ハンゲ････････････････････････174
半夏生坊主････････････････････174
はんざき大明神････････････････225
磐梯山の手長足長････････････････75
磐梯山の魔魅････････････････････75
ハンドコカシ････････････････････287

光り物･･･････････････････････16
光り物（大阪府）･･････････････189
ヒキミョージャ････････････････174
ヒキモーレン･･････････････････174
髭手の大男････････････････････229
ビシャがつく････････････････138
ヒダマ･･････････････････････267
ヒダリィガミ･･････････････････291
ヒダルガミ（ひだる神）･････ 9, 12
ヒダルガミ（大分県）････････291
ヒダルガミ（高知県）････････260
ヒダルガミ（奈良県）････････201
ヒダルガミ（兵庫県）････････198
ヒダルボウ････････････････････198
飛天夜叉････････････････････301
人喰鵺････････････････････138
人食い嫁････････････････････132
人声呼ばり････････････････････174
ヒトダマ････････････････････291
人魂（沖縄県）････････････････305
人魂（福岡県）････････････････267
人魂（三重県）････････････････174
一つたたら････････････････････205

一つ目小僧（茨城県）･･････････80
一つ目小僧（神奈川県）･････111, 116
一つ目小僧（滋賀県）･･････176, 179
一つ目の大男･･････････････････229
一つ目のお化け････････････････98
一つ目の団十郎･･･････････････79
人取石････････････････････････74
ヒトノマナコ･･････････････････79
人をだます猫･･････････････････56
火の玉（大分県）･･････････････291
火の玉（岡山県）･･････････････225
火の玉（神奈川県）････････････115
火の玉（岐阜県）･･････････････153
火の玉（京都府）･･････････････182
火の玉（滋賀県）･･････････176, 178
火の玉（長崎県）･･････････････276
火の玉（三重県）･･････････････172
火の玉（宮崎県）･･････････････295
火の玉（和歌山県）････････････209
ヒバゴン････････････････････231
ヒバシラ････････････････････126
ヒヒ（静岡県）･･････････････158
ヒヒ（長野県）･･････････････150
ヒヒ（宮城県）･･････････････56
ヒヒ（山梨県）･･････････････144
饑虫･･････････････････････291
百物語････････････････････170
百鬼夜行････････････････････30
ヒョウスベ････････････････9
ヒョウスベ（大分県）･･･････289
ヒョウスベ（兵主部）（佐賀県）
　　　･･･････････････････271
ヒョスボ････････････････････293
ヒョスンボ････････････････････293
ヒョッスンボ･･････････････････293
ヒルマン坊主･･････････････････260
ヒンナ･･･････････････････････126

風鬼･･････････････････････172
踏石･･････････････････････230

索　　引　357

フカゾークークー	304	平家蟹（愛知県）	166
フクマカブセ	179	平家蟹（福岡県）	265
フゴオロシ	214	平家の亡霊	226
ふご狐	190	ヘイサラバサラ	66
藤原千方	172	兵隊の幽霊	307
フスマ坊主	132	へえぼう太郎	150
豊前坊	267	ベトベトサン	6
豚	299	蛇	9, 13
ブチ	261	蛇（愛知県）	165, 167
フチサル	49	蛇（秋田県）	58, 61
フチザル（渕猿）（広島県）	233	蛇（大分県）	288, 289
経立	50	蛇（大阪府）	192
ブナガヤ	304	蛇（岐阜県）	154
船倉ボーコ	162	蛇（高知県）	257, 258, 261
フナゼンさん	288	蛇（佐賀県）	270, 271
船亡霊（宮崎県）	292	蛇（徳島県）	243
船亡霊（和歌山県）	209	蛇（鳥取県）	212
舟幽霊	9, 17	蛇（富山県）	125
船幽霊（愛媛県）	256	蛇（長崎県）	276
船幽霊（大分県）	288	蛇（奈良県）	201
船幽霊（岡山県）	226	蛇（新潟県）	121, 122
船幽霊（神奈川県）	112	蛇（山梨県）	145
船幽霊（熊本県）	282	蛇（和歌山県）	207, 208
船幽霊（滋賀県）	175	蛇神	45
船幽霊（千葉県）	100, 104	蛇蛸	132
船幽霊（富山県）	126		
船幽霊（長崎県）	275	ホイホイ火	202
船幽霊（福岡県）	263, 267	伯耆坊	213
船幽霊（三重県）	174	亡魂（香川県）	250
船幽霊（宮城県）	56	亡魂（福井県）	137
船幽霊（宮崎県）	292	疱瘡神	138
船幽霊（山口県）	235	棒振り	261
船幽霊（和歌山県）	209	亡霊（茨城県）	80
ブラリ火	126	亡霊（沖縄県）	304
ブリブリ	261	亡霊（神奈川県）	114
古柚	257, 260	亡霊（滋賀県）	176
プルパカヤー	304	亡霊（千葉県）	100
フントゥチ	39	亡霊（徳島県）	244
分福茶釜	92	亡霊（奈良県）	200
		亡霊（和歌山県）	209

亡霊子 ・・・・・・・・・・・・・・・・・・・・180	見越し入道（見こし入道、みこし入
ボーコン ・・・・・・・・・・・・・・・・・126	道）・・・・・・・・・・・・・・・・9, 16, 17
星鬼・・・・・・・・・・・・・・・・・・・・・・180	見越し入道（岡山県）・・・・・・・・・・226
ぼた餅化物 ・・・・・・・・・・・・・・・138	見越入道（兵庫県）・・・・・・・・・・・197
ホホロビ・・・・・・・・・・・・・・・・・・256	ミサキ ・・・・・・・・・・・・・・・・・・・236
ホヤウ・・・・・・・・・・・・・・・・・・・・・36	ミサキ・チッチ ・・・・・・・・・・・・296
法螺貝 ・・・・・・・・・・・・・・・・・・・109	ミサキ風 ・・・・・・・・・・・・・・・・・291

ま 行

マア・キムナー ・・・・・・・・・・・・304	ミシゲーマジムン ・・・・・・・・・・308
マーザ ・・・・・・・・・・・・・・・・・・・304	水鬼・・・・・・・・・・・・・・・・・・・・・172
マージャ ・・・・・・・・・・・・・・・・・304	水かけ狐・・・・・・・・・・・・・・・・・190
マージャッピ ・・・・・・・・・・・・・304	水木しげる ・・・・・・・・・2, 3, 9, 20
曲尺手・・・・・・・・・・・・・・・・・・・230	ミズクシ ・・・・・・・・・・・・・・・・・128
魔筋・・・・・・・・・・・・・・・・・・・・・225	水熊 ・・・・・・・・・・・・・・・・・・・・132
反枕・・・・・・・・・・・・・・・・・・・・・・・8	ミズシ ・・・・・・・・・・・・・・・・・4, 9
枕小僧 ・・・・・・・・・・・・・・・・・・250	水の神（青森県）・・・・・・・・・・・・・45
孫左衛門・・・・・・・・・・・・・・・・・141	水の神（北海道）・・・・・・・・・・・・・39
まさぼう滝 ・・・・・・・・・・・・・・・・57	水の神（山梨県）・・・・・・・・・・・144
マジムン ・・・・・・・・・・・・・・・・・304	味噌五郎 ・・・・・・・・・・・・・・・・・279
蠱物・・・・・・・・・・・・・・・・・・・・・291	味噌五郎どん・・・・・・・・・・・・・・274
マズムヌ ・・・・・・・・・・・・・・・・・304	ミソシコベ ・・・・・・・・・・・・・・・128
股くぐり ・・・・・・・・・・・・・・・・・223	三つ足ゴット ・・・・・・・・・・・・・133
真っ黒の大入道 ・・・・・・・・・・・・・76	ミヅチ ・・・・・・・・・・・・・・・・・・・45
マディムヌ ・・・・・・・・・・・・・・・304	海盗児 ・・・・・・・・・・・・・・・・・・139
マブイ ・・・・・・・・・305, 306, 307	緑色の塊 ・・・・・・・・・・・・・・・・・156
魔道（マミチ）・・・・・・・・・・・・・225	見沼の龍神 ・・・・・・・・・・・・・・・・99
豆狸・・・・・・・・・・・・・・・190, 192	蓑火・・・・・・・・・・・・・・・・・・・・・180
マヨイガ ・・・・・・・・・・・・・・・・・・50	ミノムシ（滋賀県）・・・・・・・・・・180
マヨイ船 ・・・・・・・・・・・・・・・・・267	ミノムシ（富山県）・・・・・・・・・・127
馬渡天狗 ・・・・・・・・・・・・・・・・・295	ミノムシ（福井県）・・・・・・・・・・139
廻渕の財賀小路安長 ・・・・・・・・・293	耳切り坊主 ・・・・・・・・・・・・・・・308
マンジャー ・・・・・・・・・・・・・・・304	都の鬼 ・・・・・・・・・・・・・・・・・・186
マンダー ・・・・・・・・・・・・・・・・・304	宮田登 ・・・・・・・・・・・・・・・22, 29
	ミントゥチ ・・・・・・・・・・・・・・・・39
見上げ入道 ・・・・・・・・・・・・・・・229	
未確認動物（岩手県）・・・・・・・・・48	ムカエイヌ ・・・・・・・・・・・・・・・147
未確認動物（兵庫県）・・・・・・・・198	麦わら坊主 ・・・・・・・・・・・・・・・174
ミカワリ婆さん ・・・・・・・・111, 116	ムササビ ・・・・・・・・・・・・・・・・・・57
見越・・・・・・・・・・・・・・・・・・・・・・・8	ムジナ ・・・・・・・・・・・・・・・・・・・・4
	ムジナ（秋田県）・・・・・・・・・58, 62
	ムジナ（石川県）・・・・・・・・・・・131

索　引　359

ムジナ（茨城県）・・・・・・・・・・・・・81
ムジナ（神奈川県）・・・・・・・・・・・114
ムジナ（静岡県）・・・・・・・・・・・・161
ムジナ（東京都）・・・・・106, 108, 109
ムジナ（富山県）・・・・・・・・・・・・127
ムジナ（福島県）・・・・・・・・・・・・・75
ムジナ（山形県）・・・・・・・・・・・・・65
ムジナ（山梨県）・・・・・・・・・・・・144
ムジナ和尚・・・・・・・・・・・・・・・・144
ムチ・・・・・・・・・・・・・・・・・・・・・259
ムラサキギモ・・・・・・・・・・・・・・・62

メイシル・・・・・・・・・・・・・・・・・128
目玉の化け物・・・・・・・・・・・・・・・93
目だらけの化物・・・・・・・・・・・・144
メッキコロガシ・・・・・・・・・・・・244
メツマミ・・・・・・・・・・・・・・・・・226
メドチ・・・・・・・・・・・・・・・・・・・・9
メドチ（青森県）・・・・・・・・・・・・・42
メドツ・・・・・・・・・・・・・・・42, 45
メヌリ・・・・・・・・・・・・・・・・・・209
目一つ小僧（神奈川県）・・・・・・・116
目一つ小僧（静岡県）・・・・・・・・162
メン・・・・・・・・・・・・・・・・・・・・299
メンドン・・・・・・・・・・・・・・・・・299

亡者船（岩手県）・・・・・・・・・・・・51
亡者船（大分県）・・・・・・・・・・・288
妄念・・・・・・・・・・・・・・・・・・・・202
モウレン・・・・・・・・・・・・・・・・・174
モウレンヤッサ・・・・・・・・・100, 104
モーレ・・・・・・・・・・・・・・・・・・174
モシリシンナイサム・・・・・・・・・・39
モックリコックリ・・・・・・・・・・・139
物言う魚・・・・・・・・・・・・・・・・・116
物の怪（気）・・・・・・・・・・・14, 16
紅葉鬼人・・・・・・・・・・・・・・・・・151
木綿ひき婆・・・・・・・・・・・・・・・267
モモンガ・・・・・・・・・・・・・・・・・291
靄船・・・・・・・・・・・・・・・175, 180

モンドリバア・・・・・・・・・・・・・・87

や 行

ヤイコンバーバ（ヤイコンババ）
・・・・・・・・・・・・・・・・・・・・・133
八百比丘尼・・・・・・・・・・・165, 238
ヤカン（薬缶）ヅル・・・・・・・・・・150
夜行・・・・・・・・・・・・・・・・・・・・261
夜行さん・・・・・・・・・・・・・・・・・・・6
夜行さん（徳島県）・・・・・・・・・・244
疫病神（青森県）・・・・・・・・・・・・41
疫病神（茨城県）・・・・・・・・・・・・79
疫病神（京都府）・・・・・・・・・・・183
疫病神（千葉県）・・・・・・・・・・・104
疫病神（福井県）・・・・・・・・・・・138
ヤクロ鹿・・・・・・・・・・・・・・・・・237
ヤコ（野狐）・・・・・・・・・・・・・・274
ヤコの鋸引き・・・・・・・・・・・・・274
弥五郎・・・・・・・・・・・・・・・・・・296
ヤサブロバサ・・・・・・・・・・・・・・121
ヤズクサエ・・・・・・・・・・・・・・・・49
八十松火・・・・・・・・・・・・・・・・・160
夜刀神・・・・・・・・・・・・・・・・・・287
八面王・・・・・・・・・・・・・・・・・・261
柳田國男・・・・・・・・・6, 9, 20, 28
柳田國男・・・・・・・・・・・・・・・・・97
柳の精・・・・・・・・・・・・・・・・・・145
ヤナムン・・・・・・・・・・・・・・・・・304
鳴屋・・・・・・・・・・・・・・・・・・・・・8
ヤヒコババ・・・・・・・・・・・・・・・133
山アロ・・・・・・・・・・・・・・・・・・290
山アロー・・・・・・・・・・・・・・・・・268
山犬（愛知県）・・・・・・・・・・・・165
山犬（高知県）・・・・・・・・・・・・261
山犬（埼玉県）・・・・・・・・・95, 96
山犬（静岡県）・・・・・・・・・・・・159
山犬（東京都）・・・・・・・・・・・・110
山犬（長野県）・・・・・・・・147, 150
山姥・・・・・・・・・・・・・・・・・・・・127
山男・・・・・・・・・・・・・・・・・・・・・9

山男（岩手県）・・・・・・・・・・・・51		山姫・・・・・・・・・・・・・・・・296		
山男（埼玉県）・・・・・・・・・・・・95		山舞い・・・・・・・・・・・・・・・243		
山男（東京都）・・・・・・・・・・・110		山童・・・・・・・・・・・・・・8, 9, 17		
山おらび・・・・・・・・・・・・・・268		ヤマワロ（鹿児島県）・・・・・・・300		
山オロビ・・・・・・・・・・・・・・236		ヤマワロ（熊本県）・・・・・・・・285		
山おんじ・・・・・・・・・・・・・・62		山ん神さん・・・・・・・・・・・・285		
山女（岩手県）・・・・・・・・・・・51		山ン太郎・・・・・・・・・・・・・282		
山女（山口県）・・・・・・・・・・238		山姥・・・・・・・・・・・・・・8, 30		
山小屋の妖怪・・・・・・・・・・・・57		山姥（神奈川）・・・・・・・・・・114		
山爺・・・・・・・・・・・・・・・・9		山姥（高知県）・・・・・・・257, 262		
山爺（高知県）・・・・・・・・・・261		山姥（埼玉県）・・・・・・・・・・95		
山爺（徳島県）・・・・・・・239, 244		山姥（島根県）・・・・・・・215, 217		
山女郎・・・・・・・・・・・257, 262		山姥（東京都）・・・・・・・・・・110		
山住様・・・・・・・・・・・・・・166		山姥（栃木県）・・・・・・・・・・87		
山セコ・・・・・・・・・・・・・・290		山姥（長野県）・・・・・・・149, 150		
山柚・・・・・・・・・・・・・・・244		山姥（新潟県）・・・・・・・・・・122		
八岐大蛇・・・・・・・・・・・・・195		山姥（福島県）・・・・・・・・・・75		
ヤマタロ・・・・・・・・・・・・・301		山姥（山口県）・・・・・・・・・・238		
山太郎・・・・・・・・・・・・・・290		山姥（宮崎県）・・・・・・・・・・296		
山ぢい・・・・・・・・・・・・・・261		山姥のかもじ（髢）・・・・・・・・75		
山父・・・・・・・・・・・・・・・9		山ん人・・・・・・・・・・・・・・285		
山父（高知県）・・・・・・・257, 261		山ん者・・・・・・・・・・・・・・285		
山父（徳島県）・・・・・・・239, 244		ヤロカ水・・・・・・・・・・・・・152		
山ヂチ・・・・・・・・・・・・・・244		ヤンブシ・・・・・・・・・・・・・296		
山てて（父）・・・・・・・・・・・214		山家清兵衛・・・・・・・・・・・254		
山人（ヤマド）・・・・・・・・・・122		ヤンボジ・・・・・・・・・・・・・296		
山猫（東京都）・・・・・・・106, 110				
山猫（宮崎県）・・・・・・・・・・295		幽霊・・・・・・・・10, 19, 20, 21, 26, 27		
山猫（山口県）・・・・・・・・・・234		幽霊（石川県）・・・・・・・・・・129		
山の神・・・・・・・・・・・・・・12		幽霊（沖縄県）・・・・・・・304, 307		
山の神（大分県）・・・・・・・・289		幽霊（鹿児島県）・・・・・・・・299		
山の神（熊本県）・・・・・・・・285		幽霊（神奈川県）・・・・・・・・113		
山の神（埼玉県）・・・・・・・・97		幽霊（熊本県）・・・・・・・・・282		
山の神（静岡県）・・・・・・・・163		幽霊（埼玉県）・・・・・・・95, 98		
山の神（長野県）・・・・・・・・149		幽霊（佐賀県）・・・・・・・・・272		
山の神（宮崎県）・・・・・・・・296		幽霊（滋賀県）・・・・・・・・・176		
山の神（山梨県）・・・・・・・・144		幽霊（島根県）・・・・・・・・・218		
ヤマノバーバノタイコ・・・・・・127		幽霊（東京都）・・・・・・・・・106		
山彦（鳥取県）・・・・・・・・・214		幽霊（長崎県）・・・・・・・276, 278		
山人・・・・・・・・・・・・・・・9		幽霊（兵庫県）・・・・・・・・・195		

幽霊（福岡県）・・・・・・・・264, 267, 268
幽霊（福島県）・・・・・・・・・・・・・・・72
幽霊（北海道）・・・・・・・・・・・・・・・38
幽霊（三重県）・・・・・・・・・・・・・173
幽霊（宮崎県）・・・・・・・・・・・・・297
幽霊（和歌山県）・・・・・・・・・・・209
幽霊船（三重県）・・・・・・・・・・・174
幽霊船（宮城県）・・・・・・・・・・・・56
幽霊船（宮崎県）・・・・・・・・・・・292
幽霊船（山口県）・・・・・・・・・・・235
幽霊船（和歌山県）・・・・・・・・・209
雪男（雪ばば）・・・・・・・・・・・・・・63
ユキオナゴ（岩手県）・・・・・・・・51
雪女郎（ユキオナゴ）（大分県）
・・・・・・・・・・・・・・・・・・・・・・・・・289
雪鬼・・・・・・・・・・・・・・・・・・・・・127
ユキオン（ナ）（富山県）・・・・・127
雪女・・・・・・・・・・・・・・・・・・・・・16
雪女（岩手県）・・・・・・・・・・・・・51
雪女（岐阜県）・・・・・・・・・・・・157
雪女（滋賀県）・・・・・・・・・・・・180
雪女（富山県）・・・・・・・・・・・・127
雪女（新潟県）・・・・・・・・・・・・120
雪女（山形県）・・・・・・・・・・・・・69
雪女郎・・・・・・・・・・・・・・・・・・180
雪女郎・雪女・・・・・・・・・・・・・110
雪入道・・・・・・・・・・・・・・・・・・156
雪女房・・・・・・・・・・・・・・・・・・・69
雪の像・・・・・・・・・・・・・・・・・・157
ユキノドー・・・・・・・・・・・・・・・157
雪姫・・・・・・・・・・・・・・・・・・・・289
湯平の蛇女・・・・・・・・・・・・・・288
ユルギカキ・・・・・・・・・・・・・・247

よい思案谷・・・・・・・・・・・・・・238
ヨウカゾウ・・・・・・・・・・・・・・116
ヨウダツ・・・・・・・・・・・・・・・・133
ヨコヅチ・・・・・・・・・・・・・・・・156
呼子鳥・・・・・・・・・・・・・・・・・・214
葦ヶ池の大蛇・・・・・・・・・・・・145

与次郎稲荷の狐・・・・・・・・・・・69
夜雀（愛媛県）・・・・・・・・・・・・256
夜雀（高知県）・・・・・・・・・・・・262
夜雀（和歌山県）・・・・・・・・・・206
ヨナイタマ・・・・・・・・・・・・・・306
ヨブコ・・・・・・・・・・・・・・・・・・214
ヨボリ・・・・・・・・・・・・・・・・・・174
四回婆さん・・・・・・・・・・・・・・290
四隅の怪・・・・・・・・・・・・・・・・132

ら 行

頼豪阿闍梨・・・・・・・・・・・・・・176
雷獣（栃木県）・・・・・・・・・83, 87
雷獣（広島県）・・・・・・・・・・・・232
雷神（熊本県）・・・・・・・・・・・・285
雷神（奈良県）・・・・・・・・・・・・201
雷龍・・・・・・・・・・・・・・・・・・・・211
ラプシオヤウ・・・・・・・・・・・・・36

離魂病・・・・・・・・・・・・・・・・・・139
龍（竜）・・・・・・・・・・・・・・・9, 22
龍（青森県）・・・・・・・・・・・・・・45
龍（大分県）・・・・・・・・・・・・・288
龍（神奈川県）・・・・・・・・・・・111
龍（埼玉県）・・・・・・・・・・・・・・95
龍（東京都）・・・・・・・・・・・・・109
龍（新潟県）・・・・・・・・・・・・・122
龍（宮崎県）・・・・・・・・・・・・・297
龍（和歌山県）・・・・・・・・・・・207
龍王（沖縄県）・・・・・・・・・・・306
竜王（長崎県）・・・・・・・・・・・279
龍宮（沖縄県）・・・・・・・・・・・306
龍宮（京都府）・・・・・・・・・・・183
龍宮（熊本県）・・・・・・・・・・・283
龍宮（滋賀県）・・・・・・・・・・・177
龍宮（千葉県）・・・・・・・・・・・103
竜宮（長崎県）・・・・・・・・・・・279
龍宮（福岡県）・・・・・・・・・・・266
龍宮（三重県）・・・・・・・・171, 172
龍宮さん・・・・・・・・・・・・・・・172

竜女······················167
竜神（愛知県）···········167
龍神（石川県）···········130
龍神（群馬県）············88
龍神（埼玉県）············95
龍神（滋賀県）···········177
龍神（福井県）···········136
龍神（三重県）···········172
龍大蛇··················128
龍灯（石川県）······128, 133
龍灯（熊本県）···········283
龍灯（広島県）···········232
龍灯（三重県）···········171
竜灯（山口県）···········236
龍蛇···················117
両面宿儺············153, 157

ルルコシンプ··············36

霊（青森県）··········41, 42
霊（秋田県）·············59
霊（香川県）············249
霊（滋賀県）············180
霊（富山県）············126

霊（福井県）············135

六丁目橋の怪音··········99
飛頭蛮··················8
轆轤首·················16
轆轤首（東京都）········110
轆轤首（福井県）········139

わ 行

ワウー·················93
ワカサマ···············65
分部火················172
渡辺綱················182
ワタボッサン···········198
ワタマワシ·············248
輪違い················229
笑い男················262
笑い女················262
和霊さま···············255
わんうり火·············291
椀貸伝説···············88

ヲサビ················295

索　引 363

編者・執筆者一覧

●監修者●

小 松 和 彦　国際日本文化研究センター所長
常 光　　徹　国立歴史民俗博物館名誉教授

●編　者●

香 川 雅 信　兵庫県立歴史博物館
飯 倉 義 之　國學院大學文学部

●執筆者●（50音順、［　］はご執筆担当箇所）

化 野　　燐　小説家［岐阜県、三重県、滋賀県、大阪府、和歌山県］
飯 倉 義 之　國學院大學文学部［第3章、第4章、埼玉県、東京都］
板 橋 春 夫　日本工業大学工学部［群馬県］
今 井 秀 和　国際日本文化研究センター研究部［青森県、岩手県、山形県］
植 田 千佳穂　奥田元宋・小由女美術館［広島県］
梅 野 光 興　高知県立歴史民俗資料館［高知県］
遠 藤 志 保　北海道博物館アイヌ民族文化研究センター［北海道］
大 田 利津子　NPO法人沖縄伝承話資料センター［沖縄県］
大 本 敬 久　愛媛県歴史文化博物館［愛媛県］
小 山　　博　宮崎県総合博物館［宮崎県］
香 川 雅 信　兵庫県立歴史博物館［第1章、第2章、兵庫県、徳島県、香川県］
金 谷 匡 人　山口県文書館［山口県］
川 島 秀 一　東北大学災害科学国際研究所［宮城県］
川 野 和 昭　鹿児島国際大学国際文化学部講師（非常勤）［鹿児島県］
神 田 朝 美　静岡県民俗学会［静岡県］
木 下　　浩　岡山民俗学会［岡山県］

熊 澤 美 弓	鈴鹿工業高等専門学校教養教育科 ［愛知県］
小 泉 凡	島根県立大学短期大学部 ［島根県］
才 津 祐美子	長崎大学多文化社会学部 ［長崎県］
佐々木 高 弘	京都学園大学人文学部 ［京都府］
佐 治 靖	日本民俗学会 ［福島県］
鈴 木 寛 之	熊本大学文学部 ［熊本県］
大 門 哲	石川県立歴史博物館 ［石川県］
髙 岡 弘 幸	福岡大学人文学部 ［福岡県］
高 塚 さより	江東区芭蕉記念館 ［神奈川県］
高 橋 郁 丸	新潟妖怪研究所所長 ［新潟県］
竹 内 邦 孔	世間話研究会 ［長野県］
立 石 尚 之	古河歴史博物館 ［茨城県、栃木県］
常 光 徹	国立歴史民俗博物館名誉教授 ［千葉県］
長 野 栄 俊	福井県立図書館 ［福井県］
原 田 寿 真	立療養所菊池恵楓園社会交流館 ［佐賀県］
福 代 宏	鳥取県立博物館 ［鳥取県］
丸 尾 依 子	山梨県立博物館 ［山梨県］
丸 谷 仁 美	秋田県立博物館展示・資料班 ［秋田県］
森 俊	富山民族の会代表 ［富山県］
安 井 眞奈美	国際日本研究センター研究部 ［奈良県］
山 﨑 潤 也	豊妖組合代表 ［大分県］

●各都道府県のイラスト●

東 雲 騎 人 イラストレーター

47都道府県・妖怪伝承百科

平成 29 年 9 月 25 日　発　行

監 修 者　　小　松　和　彦
　　　　　　常　光　　　徹

編　者　　香　川　雅　信
　　　　　　飯　倉　義　之

発 行 者　　池　田　和　博

発 行 所　　丸善出版株式会社

〒101-0051 東京都千代田区神田神保町二丁目17番
編　集： 電話 (03) 3512-3264／FAX (03) 3512-3272
営　業： 電話 (03) 3512-3256／FAX (03) 3512-3270
http://pub.maruzen.co.jp/

© Masanobu Kagawa, Yoshiyuki Iikura, 2017

組版印刷・富士美術印刷株式会社／製本・株式会社 星共社

ISBN 978-4-621-30158-6　C 0539　　　　　　Printed in Japan

JCOPY 〈(社)出版者著作権管理機構　委託出版物〉
本書の無断複写は著作権法上での例外を除き禁じられています。複写
される場合は、そのつど事前に、(社)出版者著作権管理機構（電話
03-3513-6969, FAX 03-3513-6979, e-mail：info@jcopy.or.jp) の許諾
を得てください。

【好評関連書】

ISBN 978-4-621-08065-8
定価（本体3,800円＋税）

ISBN 978-4-621-08204-1
定価（本体3,800円＋税）

ISBN 978-4-621-08406-9
定価（本体3,800円＋税）

ISBN 978-4-621-08543-1
定価（本体3,800円＋税）

ISBN 978-4-621-08553-0
定価（本体3,800円＋税）

ISBN 978-4-621-08681-0
定価（本体3,800円＋税）

ISBN 978-4-621-08801-2
定価（本体3,800円＋税）

ISBN 978-4-621-08761-9
定価（本体3,800円＋税）

ISBN 978-4-621-08826-5
定価（本体3,800円＋税）

ISBN 978-4-621-08947-7
定価（本体3,800円＋税）

ISBN 978-4-621-08996-5
定価（本体3,800円＋税）

ISBN 978-4-621-08975-0
定価（本体3,800円＋税）

ISBN 978-4-621-30122-7
定価（本体3,800円＋税）

ISBN 978-4-621-30047-3
定価（本体3,800円＋税）

ISBN 978-4-621-30167-8
定価（本体3,800円＋税）

ISBN 978-4-621-30180-7
定価（本体3,800円＋税）